À conserver.

OEUVRES
DE MOLIÈRE.

TOME SIXIÈME.

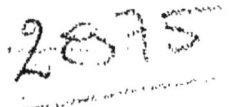

DE L'IMPRIMERIE DE FIRMIN DIDOT,
IMPRIMEUR DU ROI ET DE L'INSTITUT, RUE JACOB, N° 24.

OEUVRES
DE MOLIÈRE,

AVEC UN COMMENTAIRE,

UN DISCOURS PRÉLIMINAIRE, ET UNE VIE DE MOLIÈRE,

Par M. AUGER,

DE L'ACADÉMIE FRANÇOISE.

TOME VI.

A PARIS,

CHEZ TH. DESOER, LIBRAIRE,

RUE CHRISTINE, N° 2.

1821.

LE TARTUFFE,

OU

L'IMPOSTEUR,

COMÉDIE EN CINQ ACTES.

1667.

PRÉFACE.[1]

Voici une comédie dont on a fait beaucoup de bruit, qui a été long-temps persécutée; et les gens qu'elle joue ont bien fait voir qu'ils étoient plus puissans en France que tous ceux que j'ai joués jusque ici. Les marquis, les précieuses, les cocus et les médecins, ont souffert doucement qu'on les ait représentés, et ils ont fait semblant de se divertir, avec tout le monde, des peintures que l'on a faites d'eux; mais les hypocrites n'ont point entendu raillerie; ils se sont effarouchés d'abord, et ont trouvé étrange que j'eusse la hardiesse de jouer leurs grimaces, et de vouloir décrier un métier dont tant d'honnêtes gens se mêlent. C'est un crime qu'ils ne sauroient me pardonner; et ils se sont tous armés contre ma comédie avec une fureur épouvantable. Ils n'ont eu garde de l'attaquer par le côté qui les a blessés: ils sont trop politiques pour cela, et savent trop

---

[1] Cette préface a été mise par Molière en tête de la première édition du *Tartuffe*, publiée en 1669, quelques mois après la seconde représentation de cet ouvrage, et plus de deux ans après la première.

PRÉFACE.

bien vivre pour découvrir le fond de leur ame. Suivant leur louable coutume, ils ont couvert leurs intérêts de la cause de Dieu; et *le Tartuffe*, dans leur bouche, est une pièce qui offense la piété (1). Elle est, d'un bout à l'autre, pleine d'abominations, et l'on n'y trouve rien qui ne mérite le feu. Toutes les syllabes en sont impies; les gestes même y sont criminels; et le moindre coup d'œil, le moindre branlement de tête, le moindre pas à droit* ou à gauche, y cache** des mystères qu'ils trouvent moyen d'expliquer à mon désavantage.

J'ai eu beau la soumettre aux lumières de mes amis, et à la censure de tout le monde : les corrections que j'y ai pu faire***; le jugement du roi et de la reine, qui l'ont vue (2) ; l'approbation des

VARIANTES. * *A droite.* — ** *Y cachent.* — *** *Que j'ai pu faire.*

---

(1) *Le Tartuffe, dans leur bouche, est une pièce qui offense la piété.* — Je doute que Molière ait bien rendu son idée. *Le Tartuffe, dans leur bouche*, signifieroit, *le Tartuffe*, quand ils le récitent, quand ils le déclament; et Molière veut seulement dire, suivant eux, à les en croire : c'est de cette manière qu'il auroit dû s'exprimer.

(2) Molière atteste ici en sa faveur le jugement de la reine ; et le sieur de Rochemont, dans ses *Observations sur le Festin de Pierre*, avoit prétendu, au contraire, que la reine s'étoit ouvertement déclarée contre Molière, et particulièrement contre sa comédie du *Tartuffe*. « Molière, « avoit-il dit, ne doit pas abuser de la piété d'une reine si religieuse, « à qui il est à charge, et dont il fait gloire de choquer les sentimens. « L'on sait qu'il se vante hautement qu'il fera paroître son *Tartuffe*

PRÉFACE.

grands princes et de messieurs les ministres, qui l'ont honorée publiquement de leur présence; le témoignage des gens de bien qui l'ont trouvée profitable, tout cela n'a de rien servi. Ils n'en veulent point démordre; et, tous les jours encore, ils font crier en public des zélés indiscrets*, qui me disent des injures pieusement, et me damnent par charité.

Je me soucierois fort peu de tout ce qu'ils peuvent dire, n'étoit l'artifice qu'ils ont de me faire des ennemis que je respecte, et de jeter dans leur parti de véritables gens de bien, dont ils préviennent la bonne foi, et qui, par la chaleur qu'ils ont pour les intérêts du ciel, sont faciles à recevoir les impressions qu'on veut leur donner. Voilà ce qui m'oblige à me défendre. C'est aux vrais dévots que je veux partout me justifier sur la conduite de ma comédie; et je les conjure, de tout mon cœur, de ne point condamner les choses avant que de les voir, de se

VARIANTE. * *De zélés indiscrets.*

« d'une façon ou d'autre; et le déplaisir que cette grande reine en a té-
« moigné, n'a pu faire impression sur son esprit, ni mettre des bornes
« à son insolence. » Ou la reine est revenue depuis des préventions dont parle le sieur de Rochemont, ou le sieur de Rochemont s'est permis une allégation fausse pour nuire à Molière; car Molière n'auroit sûrement pas eu l'effronterie de se parer si publiquement du suffrage de cette princesse, s'il ne lui avoit pas été accordé plus tôt ou plus tard.

défaire de toute prévention, et de ne point servir la passion de ceux dont les grimaces les déshonorent.

Si l'on prend la peine d'examiner de bonne foi ma comédie, on verra, sans doute, que mes intentions y sont partout innocentes, et qu'elle ne tend nullement à jouer les choses que l'on doit révérer ; que je l'ai traitée avec toutes les précautions que me demandoit* la délicatesse de la matière ; et que j'ai mis tout l'art et tous les soins qu'il m'a été possible, pour bien distinguer le personnage de l'hypocrite d'avec celui du vrai dévot. J'ai employé pour cela deux actes entiers à préparer la venue de mon scélérat. Il ne tient pas un seul moment l'auditeur en balance ; on le connoît d'abord aux marques que je lui donne ; et, d'un bout à l'autre, il ne dit pas un mot, il ne fait pas une action, qui ne peigne aux spectateurs le caractère d'un méchant homme, et ne fasse éclater celui du véritable homme de bien que je lui oppose.

Je sais bien que, pour réponse, ces messieurs tâchent d'insinuer que ce n'est point au théâtre à parler de ces matières ; mais je leur demande, avec leur permission, sur quoi ils fondent cette belle maxime. C'est une proposition qu'ils ne

VARIANTE. * *Que demandoit.*

PRÉFACE.

font que supposer, et qu'ils ne prouvent en aucune façon; et, sans doute, il ne seroit pas difficile de leur faire voir que la comédie, chez les anciens, a pris son origine de la religion, et faisoit partie de leurs mystères; que les Espagnols, nos voisins, ne célèbrent guère de fête où la comédie ne soit mêlée; et que, même parmi nous, elle doit sa naissance aux soins d'une confrérie à qui appartient encore aujourd'hui l'Hôtel de Bourgogne; que c'est un lieu qui fut donné pour y représenter les plus importans mystères de notre foi; qu'on en voit encore des comédies imprimées en lettres gothiques, sous le nom d'un docteur de Sorbonne; et, sans aller chercher si loin, que l'on a joué, de notre temps, des pièces saintes de M. de Corneille[1], qui ont été l'admiration de toute la France.

Si l'emploi de la comédie est de corriger les vices des hommes, je ne vois pas par quelle raison il y en aura de privilégiés. Celui-ci est, dans l'état, d'une conséquence bien plus dangereuse que tous les autres; et nous avons vu que le théâtre a une grande vertu pour la correction. Les plus beaux traits d'une sérieuse morale sont moins puissans, le plus souvent, que ceux de la satire; et rien

---

(1) *Polyeucte*, et *Théodore, vierge et martyre*.

ne reprend mieux la plupart des hommes, que la peinture de leurs défauts. C'est une grande atteinte aux vices, que de les exposer à la risée de tout le monde. On souffre aisément des répréhensions; mais on ne souffre point la raillerie. On veut bien être méchant; mais on ne veut point être ridicule.

On me reproche d'avoir mis des termes de piété dans la bouche de mon imposteur. Hé! pouvois-je m'en empêcher, pour bien représenter le caractère d'un hypocrite? Il suffit, ce me semble, que je fasse connoître les motifs criminels qui lui font dire les choses, et que j'en aie retranché les termes consacrés, dont on auroit eu peine à lui entendre faire un mauvais usage [1]. — Mais il débite au quatrième acte une morale pernicieuse. — Mais cette morale est-elle quelque chose, dont tout le monde n'eût les oreilles rebattues [2]? Dit-

---

[1] Quels sont les *termes consacrés* que Molière a *retranchés* du rôle de Tartuffe? on l'ignore; mais on peut conjecturer de quelle nature ils étoient, d'après ceux qu'il avoit mis dans la bouche de don Juan, et qu'il fut obligé de supprimer : ce sont les mots de *mystère*, de *sacrement*, de *saint*, de *chrétien*, de *religion*, et surtout celui de *Dieu*, constamment remplacé par le mot de *ciel* dans les deux pièces.

[2] Cette *morale* est la doctrine de plusieurs écrivains molinistes, sur *la manière de diriger l'intention*, autrement, de corriger le vice du moyen par la pureté de la fin, doctrine que, depuis plus de vingt ans, les jansénistes reprochoient à leurs adversaires, et que Pascal avoit foudroyée dans sa septième *Provinciale*. Molière a raison de dire que *tout le monde en avoit les oreilles rebattues*.

elle rien de nouveau dans ma comédie? Et peut-on craindre que des choses si généralement détestées fassent quelque impression dans les esprits ; que je les rende dangereuses, en les faisant monter sur le théâtre ; qu'elles reçoivent quelque autorité de la bouche d'un scélérat ? Il n'y a nulle apparence à cela ; et l'on doit approuver la comédie du *Tartuffe*, ou condamner généralement toutes les comédies.

C'est à quoi l'on s'attache furieusement depuis un temps ; et jamais on ne s'étoit si fort déchaîné contre le théâtre. Je ne puis pas nier qu'il n'y ait eu des pères de l'église qui ont condamné la comédie ; mais on ne peut pas me nier aussi qu'il n'y en ait eu quelques-uns qui l'ont traitée un peu plus doucement. Ainsi l'autorité, dont on prétend appuyer la censure, est détruite par ce partage ; et toute la conséquence qu'on peut tirer de cette diversité d'opinions en des esprits éclairés des mêmes lumières, c'est qu'ils ont pris la comédie différemment, et que les uns l'ont considérée dans sa pureté, lorsque les autres l'ont regardée dans sa corruption, et confondue avec tous ces vilains spectacles qu'on a eu raison de nommer des spectacles de turpitude.

Et en effet, puisqu'on doit discourir des choses, et non pas des mots, et que la plupart des contrariétés viennent de ne se pas entendre, et d'envelopper dans un même mot des choses opposées, il ne faut qu'ôter le voile de l'équivoque, et regarder ce qu'est la comédie en soi, pour voir si elle est condamnable. On connoîtra, sans doute, que, n'étant autre chose qu'un poëme ingénieux, qui, par des leçons agréables, reprend les défauts des hommes, on ne sauroit la censurer sans injustice; et, si nous voulons ouïr là-dessus le témoignage de l'antiquité, elle nous dira que ses plus célèbres philosophes ont donné des louanges à la comédie, eux qui faisoient profession d'une sagesse si austère, et qui crioient sans cesse après les vices de leur siècle. Elle nous fera voir qu'Aristote a consacré des veilles au théâtre, et s'est donné le soin de réduire en préceptes l'art de faire des comédies. Elle nous apprendra que de ses plus grands hommes, et des premiers en dignité, ont fait gloire d'en composer eux-mêmes; qu'il y en a eu d'autres qui n'ont pas dédaigné de réciter en public celles qu'ils avoient composées; que la Grèce a fait pour cet art éclater son estime, par les prix glorieux et par les superbes théâtres dont elle a voulu l'honorer; et que, dans Rome enfin, ce même art a reçu aussi des honneurs extraordinaires: je ne dis pas dans Rome débauchée, et sous la licence des empereurs, mais dans Rome disciplinée, sous la sagesse des consuls, et dans le temps de la vigueur de la vertu romaine.

J'avoue qu'il y a eu des temps où la comédie s'est corrompue. Et qu'est-ce que dans le monde on ne corrompt point tous les jours? Il n'y a chose si innocente, où les hommes ne puissent porter du crime; point d'art si salutaire, dont ils ne soient capables de renverser les intentions; rien de si bon en soi, qu'ils ne puissent tourner à de mauvais usages. La médecine est un art profitable, et chacun la révère comme une des plus excellentes choses que nous ayons [1]; et cependant il y a eu des temps où elle s'est rendue odieuse, et souvent on en a fait un art d'empoisonner les hommes. La philosophie est un présent du ciel; elle nous a été donnée pour porter nos esprits à la connoissance d'un Dieu, par la contemplation des merveilles de la nature; et pourtant on n'ignore pas que souvent on l'a détournée de son emploi, et qu'on l'a occupée pu-

---

[1] Il y a un peu loin du langage que Molière tient ici sur la médecine, à ce qu'il en dit ailleurs par la bouche de ses divers personnages. Don Juan, entre autres, prétend que la médecine est *une des grandes erreurs qui soient parmi les hommes*. Molière, harcelé par la foule d'ennemis que lui avoit faits *le Tartuffe*, vouloit-il donc empêcher les médecins de s'y réunir, en signant avec eux une espèce de trêve?

bliquement à soutenir l'impiété. Les choses même les plus saintes ne sont point à couvert de la corruption des hommes; et nous voyons des scélérats qui, tous les jours, abusent de la piété, et la font servir méchamment aux crimes les plus grands. Mais on ne laisse pas pour cela de faire les distinctions qu'il est besoin de faire. On n'enveloppe point dans une fausse conséquence la bonté des choses que l'on corrompt, avec la malice des corrupteurs. On sépare toujours le mauvais usage d'avec l'intention de l'art; et, comme on ne s'avise point de défendre la médecine, pour avoir été bannie de Rome, ni la philosophie, pour avoir été condamnée publiquement dans Athènes, on ne doit point aussi vouloir interdire la comédie, pour avoir été censurée en de certains temps. Cette censure a eu ses raisons, qui ne subsistent point ici. Elle s'est renfermée dans ce qu'elle a pu voir; et nous ne devons point la tirer des bornes qu'elle s'est données, l'étendre plus loin qu'il ne faut, et lui faire embrasser l'innocent avec le coupable. La comédie qu'elle a eu dessein d'attaquer, n'est point du tout la comédie que nous voulons défendre. Il se faut bien garder de confondre celle-là avec celle-ci. Ce sont deux personnes de qui les mœurs sont tout-à-fait opposées. Elles n'ont aucun rapport l'une avec l'autre

PRÉFACE.

que la ressemblance du nom; et ce seroit une injustice épouvantable, que de vouloir condamner Olympe, qui est femme de bien, parce qu'il y a une Olympe qui a été une débauchée [1]. De semblables arrêts, sans doute, feroient un grand désordre dans le monde. Il n'y auroit rien par-là qui ne fût condamné; et, puisque l'on ne garde point cette rigueur à tant de choses dont on abuse tous les jours, on doit bien faire la même grace à la comédie, et approuver les pièces de théâtre où l'on verra régner l'instruction et l'honnêteté.

Je sais qu'il y a des esprits dont la délicatesse ne peut souffrir aucune comédie, qui disent que les plus honnêtes sont les plus dangereuses; que les passions que l'on y dépeint sont d'autant plus touchantes, qu'elles sont pleines de vertu, et que les ames sont attendries par ces sortes de représentations. Je ne vois pas quel grand crime c'est

---

[1] Le nom d'*Olympe* est-il un nom en l'air? ou bien Molière, en parlant d'*une Olympe qui a été une débauchée*, a-t-il eu en vue dona Olimpia, belle-sœur et, dit-on, maîtresse du pape Innocent X.? On ne peut rien affirmer à cet égard. Ce qui pourroit faire croire qu'ici le nom d'Olympe est historique, c'est qu'Innocent X, mort depuis douze ans seulement, avoit excité le mécontentement d'un grand nombre de personnes en France par sa bulle contre les cinq propositions de Jansénius, et que certainement les ennemis du pontife avoient fait grand bruit de son commerce incestueux, faux ou vrai.

6.

que de s'attendrir à la vue d'une passion honnête; et c'est un haut étage de vertu que cette pleine insensibilité où ils veulent faire monter notre ame. Je doute qu'une si grande perfection soit dans les forces de la nature humaine; et je ne sais s'il n'est pas mieux de travailler à rectifier et adoucir les passions des hommes, que de vouloir les retrancher entièrement. J'avoue qu'il y a des lieux qu'il vaut mieux fréquenter que le théâtre; et, si l'on veut blâmer toutes les choses qui ne regardent pas directement Dieu et notre salut, il est certain que la comédie en doit être, et je ne trouve point mauvais qu'elle soit condamnée avec le reste; mais, supposé, comme il est vrai, que les exercices de la piété souffrent des intervalles, et que les hommes aient besoin de divertissement, je soutiens qu'on ne leur en peut trouver un qui soit plus innocent que la comédie. Je me suis étendu trop loin. Finissons par un mot d'un grand prince [1] sur la comédie du *Tartuffe*.

Huit jours après qu'elle eut été défendue, on représenta, devant la cour, une pièce intitulée *Scaramouche hermite;* et le roi, en sortant, dit

---

[1] Ce *grand prince* étoit le grand Condé.

au grand prince que je veux dire : *Je voudrois bien savoir pourquoi les gens qui se scandalisent si fort de la comédie de Molière, ne disent mot de celle de Scaramouche;* à quoi le prince répondit : *La raison de cela, c'est que la comédie de Scaramouche joue le ciel et la religion, dont ces messieurs-là ne se soucient point; mais celle de Molière les joue eux-mêmes; c'est ce qu'ils ne peuvent souffrir.*

PREMIER PLACET

PRÉSENTÉ AU ROI,

Sur la comédie du TARTUFFE, *qui n'avoit pas encore été représentée en public.* (1)

SIRE,

LE devoir de la comédie étant de corriger les hommes en les divertissant, j'ai cru que, dans l'emploi où je me trouve (2), je n'avois rien de mieux à faire que d'attaquer, par des peintures ridicules, les vices de mon siècle; et, comme l'hypocrisie, sans doute, en est un des plus en usage, des plus incommodes et des plus dangereux, j'avois eu, SIRE, la pensée que je ne rendrois pas un petit service à tous les honnêtes gens de votre royaume, si je faisois une comédie qui décriât les hypocrites, et mît en vue, comme il faut, toutes les grimaces étudiées de ces gens de bien à outrance, toutes les friponneries couvertes de ces faux monnoyeurs en dévotion, qui veulent attraper les hommes avec un zèle contrefait et une charité sophistique. *

VARIANTE. * *Sophistiquée.*

---

(1) On ne sait pas de quelle date est ce premier placet, mais il est antérieur au 5 août 1667, époque à laquelle *le Tartuffe* fut joué pour la première fois.

(2) La troupe de Molière avoit reçu le titre de troupe du Roi; Molière en étoit le chef : c'est là *l'emploi* dont il parle.

Je l'ai faite, SIRE, cette comédie, avec tout le soin, comme je crois, et toutes les circonspections que pouvoit demander la délicatesse de la matière ; et, pour mieux conserver l'estime et le respect qu'on doit aux vrais dévots, j'en ai distingué, le plus que j'ai pu, le caractère que j'avois à toucher ; je n'ai point laissé d'équivoque ; j'ai ôté ce qui pouvoit confondre le bien avec le mal, et ne me suis servi, dans cette peinture, que des couleurs expresses et des traits essentiels qui font reconnoître d'abord un véritable et franc hypocrite.

Cependant toutes mes précautions ont été inutiles. On a profité, SIRE, de la délicatesse de votre ame sur les matières de religion, et l'on a su vous prendre par l'endroit seul que vous êtes prenable (1), je veux dire par le respect des choses saintes. Les tartuffes (2), sous main, ont eu l'adresse de trouver grace auprès de Votre Majesté ; et les originaux, enfin, ont fait supprimer la copie, quelque innocente qu'elle fût, et quelque ressemblante qu'on la trouvât.

---

(1) *Et l'on a su vous prendre par l'endroit seul que vous êtes prenable.* — On dira bien, *c'est par ce seul endroit que vous êtes prenable* ; c'est comme si l'on disoit, *vous êtes prenable par ce seul endroit* ; mais, dans la phrase de Molière, *prendre* et *prenable*, appartenant à deux propositions distinctes, devroient avoir chacun leur complément indirect, et ils n'en ont qu'un à eux deux : c'est là qu'est la faute. Il faudroit, *on a su vous prendre par l'endroit seul par lequel vous êtes prenable*, parce que l'idée est : vous êtes prenable par un seul endroit, et c'est par cet endroit qu'on a su vous prendre. De même, on diroit, *c'est à cette personne que je voulois parler* ; mais on ne diroit pas, *vous parliez à la personne que je voulois parler* : il faudroit, *à qui.*

(2) *Les tartuffes...* — Il est à remarquer que Molière, avant même que sa pièce fût représentée publiquement, faisoit, du nom propre de son personnage principal, comme nous le faisons tous aujourd'hui, un nom appellatif, synonyme d'hypocrite. C'est que depuis plusieurs années il étoit beaucoup question de cette pièce dans le monde, et que l'usage avoit déja consacré l'espèce d'antonomase dont je parle.

Bien que ce m'ait été un coup sensible que la suppression de cet ouvrage, mon malheur pourtant étoit adouci par la manière dont Votre Majesté s'étoit expliquée sur ce sujet; et j'ai cru, SIRE, qu'elle m'ôtoit tout lieu de me plaindre, ayant eu la bonté de déclarer qu'elle ne trouvoit rien à dire dans cette comédie qu'elle me défendoit de produire en public (1).

Mais, malgré cette glorieuse déclaration du plus grand roi du monde et du plus éclairé, malgré l'approbation encore de M. le légat, et de la plus grande partie de nos prélats, qui tous, dans les lectures particulières que je leur ai faites de mon ouvrage, se sont trouvés d'accord avec les sentimens de Votre Majesté; malgré tout cela, dis-je, on voit un livre composé par le curé de..... (2) qui donne hautement un démenti à tous ces augustes témoignages. Votre Majesté a beau dire; et M. le légat, et messieurs les prélats ont beau donner leur jugement; ma comédie, sans l'avoir vue, est diabolique, et diabolique mon cerveau; je suis un démon vêtu de chair et habillé en homme, un libertin, un impie digne d'un supplice exemplaire. Ce n'est pas assez que le feu expie en public mon offense, j'en serois quitte à trop bon marché; le

---

(1) C'est, en effet, ce que le roi avoit déclaré, lorsque, en 1664, le sixième jour des fêtes de Versailles, connues sous le nom de *Plaisirs de l'Ile enchantée*, on avoit joué devant lui les trois premiers actes du *Tartuffe*. La relation de ces fêtes s'exprime ainsi sur cet incident: « Quoi-« que la pièce eût été trouvée fort divertissante.... et quoiqu'on ne dou-« tât point des bonnes intentions de l'auteur, le roi la défendit pourtant « en public, et se priva soi-même de ce plaisir, pour n'en pas laisser « abuser à d'autres, moins capables d'en faire un juste discernement. »

(2) Molière, faisant imprimer son placet, a supprimé, par modération, le nom de la paroisse dont ce curé étoit le chef, et ce nom est ignoré aujourd'hui. Peut-être étoit-il sur le livre dont se plaint Molière; mais il paroit que le livre même est inconnu: du moins aucun bibliographe, à ma connoissance, n'en a fait mention.

zèle charitable de ce galant homme de bien n'a garde de demeurer là ; il ne veut point que j'aie de miséricorde auprès de Dieu, il veut absolument que je sois damné, c'est une affaire résolue.

Ce livre, Sire, a été présenté à Votre Majesté ; et, sans doute, elle juge bien elle-même combien il m'est fâcheux de me voir exposé tous les jours aux insultes de ces messieurs ; quel tort me feront dans le monde de telles calomnies, s'il faut qu'elles soient tolérées ; et quel intérêt j'ai enfin à me purger de son imposture, et à faire voir au public que ma comédie n'est rien moins que ce qu'on veut qu'elle soit. Je ne dirai point, Sire, ce que j'aurois à demander pour ma réputation, et pour justifier à tout le monde l'innocence de mon ouvrage ; les rois éclairés comme vous, n'ont pas besoin qu'on leur marque ce qu'on souhaite ; ils voient, comme Dieu, ce qu'il nous faut, et savent, mieux que nous, ce qu'ils nous doivent accorder. Il me suffit de mettre mes intérêts entre les mains de Votre Majesté, et j'attends d'elle, avec respect, tout ce qu'il lui plaira d'ordonner là-dessus.

SECOND PLACET

Présenté au Roi, dans son camp devant la ville de Lille en Flandre, par les sieurs la Thorillière et la Grange, comédiens de Sa Majesté, et compagnons du sieur Molière, sur la défense qui fut faite le 6 août 1667 de représenter LE TARTUFFE *jusques à nouvel ordre de Sa Majesté.*

SIRE,

C'EST une chose bien téméraire à moi que de venir importuner un grand monarque au milieu de ses glorieuses conquêtes; mais, dans l'état où je me vois, où trouver, SIRE, une protection, qu'au lieu où je la viens chercher? et qui puis-je solliciter contre l'autorité de la puissance qui m'accable, que la source de la puissance et de l'autorité, que le juste dispensateur des ordres absolus, que le souverain juge et le maître de toutes choses?

Ma comédie, SIRE, n'a pu jouir ici des bontés de Votre Majesté. En vain je l'ai produite sous le titre de *l'Imposteur*, et déguisé le personnage sous l'ajustement d'un homme du monde (1). J'ai eu beau lui donner un petit chapeau, de

---

(1) Molière ne s'étoit pas borné à *produire sa comédie sous le titre de l'Imposteur;* il avoit encore changé le nom de *Tartuffe* en celui de *Panulphe*, comme on le voit par une *Lettre sur la comédie de l'Imposteur;*

grands cheveux, un grand collet, une épée, et des dentelles sur tout l'habit; mettre en plusieurs endroits des adoucissemens, et retrancher avec soin tout ce que j'ai jugé capable de fournir l'ombre d'un prétexte aux célèbres originaux du portrait que je voulois faire; tout cela n'a de rien servi. La cabale s'est réveillée aux simples conjectures qu'ils ont pu avoir de la chose (1). Ils ont trouvé moyen de surprendre des esprits qui, dans toute autre matière, font une haute profession de ne se point laisser surprendre (2). Ma comédie n'a pas plus tôt paru, qu'elle s'est vue foudroyée par le coup d'un pouvoir qui doit imposer du respect; et tout ce que j'ai pu faire en cette rencontre, pour me sauver moi-même de l'éclat de cette tempête, c'est de dire que Votre Majesté avoit eu la bonté de m'en permettre la représentation, et que je n'avois pas cru qu'il fût besoin de demander cette permission à d'autres, puisqu'il n'y avoit qu'elle seule qui me l'eût défendue.

Je ne doute point, SIRE, que les gens que je peins dans ma comédie, ne remuent bien des ressorts auprès de Votre

---

publiée quelques jours après cette représentation du 5 août 1667, qui fut suivie d'une interruption de deux ans.

Molière, en déclarant qu'il avoit *déguisé son personnage sous l'ajustement d'un homme du monde,* fait entendre assez clairement, ce me semble, qu'il avoit été prendre l'original de ce personnage dans la classe des hommes d'église, et que sa première intention étoit de donner à Tartuffe un costume qui permît peu de s'y tromper. Cette circonstance, qui ajoutoit beaucoup à la hardiesse de son projet, avoit dû augmenter aussi beaucoup la résistance qu'il éprouva.

(1) *La cabale s'est réveillée aux simples conjectures qu'ils ont pu avoir de la chose.* — On dit, *tirer, former,* mais non pas, *avoir des conjectures.*

(2) Molière désigne par cette phrase et par la suivante, M. de Lamoignon, premier président du parlement de Paris, de qui étoit venue la défense de continuer les représentations du *Tartuffe.*

Majesté, et ne jettent dans leur parti, comme ils ont déja fait, de véritables gens de bien, qui sont d'autant plus prompts à se laisser tromper, qu'ils jugent d'autrui par eux-mêmes. Ils ont l'art de donner de belles couleurs à toutes leurs intentions. Quelque mine qu'ils fassent, ce n'est point du tout l'intérêt de Dieu qui les peut émouvoir; ils l'ont assez montré dans les comédies qu'ils ont souffert qu'on ait jouées tant de fois en public sans en dire le moindre mot. Celles-là n'attaquoient que la piété et la religion, dont ils se soucient fort peu; mais celle-ci les attaque et les joue eux-mêmes, et c'est ce qu'ils ne peuvent souffrir (1). Ils ne sauroient me pardonner de dévoiler leurs impostures aux yeux de tout le monde; et, sans doute, on ne manquera pas de dire à Votre Majesté, que chacun s'est scandalisé de ma comédie. Mais la vérité pure, SIRE, c'est que tout Paris ne s'est scandalisé que de la défense qu'on en a faite; que les plus scrupuleux en ont trouvé la représentation profitable, et qu'on s'est étonné que des personnes d'une probité si connue aient eu une si grande déférence pour des gens qui devroient être l'horreur de tout le monde, et sont si opposés à la véritable piété dont elles font profession.

J'attends, avec respect, l'arrêt que Votre Majesté daignera prononcer sur cette matière; mais il est très-assuré, SIRE, qu'il ne faut plus que je songe à faire des comédies, si les tartuffes ont l'avantage; qu'ils prendront droit par-là de me persécuter plus que jamais, et voudront trouver à redire aux choses les plus innocentes qui pourront sortir de ma plume.

---

(1) Cette phrase est presque mot pour mot la réponse que le grand Condé avoit faite au roi relativement à *Scaramouche hermite*, et que Molière a rapportée à la fin de la préface du *Tartuffe*. Dans ce placet, qui est antérieur de deux années à la préface, il a la discrétion de ne pas citer le prince; il fait seulement usage de ses paroles, persuadé sans doute que le monarque se rappellera suffisamment par qui et à quelle occasion elles ont été dites.

Daignent vos bontés, SIRE, me donner une protection contre leur rage envenimée; et puissé-je, au retour d'une campagne si glorieuse, délasser Votre Majesté des fatigues de ses conquêtes, lui donner d'innocens plaisirs après de si nobles travaux, et faire rire le monarque qui fait trembler toute l'Europe (1)!

---

(1) La Grange, un des porteurs de ce placet, le même qui, dans la troupe de Molière, étoit chargé de tenir le registre de la comédie, y a rendu compte en ces termes de la cause, du but et du résultat de son voyage :

« *Vendredi*, 5. TARTUFFE, etc.

« Le lendemain 6, un huissier de la cour du parlement est venu, de « la part du premier président M. de Lamoignon, défendre la pièce. « Le 8, le sieur de La Thorillière et moi de La Grange sommes partis « de Paris en poste pour aller trouver le roi au sujet de ladite défense. « S. M. étoit au siége de Lille en Flandre, où nous fûmes très-bien re- « çus. MONSIEUR nous protégea à son ordinaire; et S. M. nous fit dire « qu'à son retour à Paris elle feroit examiner la pièce de *Tartuffe*, et « que nous la jouerions. Après quoi nous sommes revenus. Le voyage « a coûté 1000 francs à la troupe. La troupe n'a point joué pendant « notre voyage; et nous avons recommencé le 25 de septembre. «

Ce ne fut que deux ans après environ, au commencement de 1669, que Molière obtint du roi la permission écrite de faire représenter *le Tartuffe*.

TROISIÈME PLACET

PRÉSENTÉ AU ROI LE 5 FÉVRIER 1669.

SIRE,

Un fort honnête médecin, dont j'ai l'honneur d'être le malade (1), me promet, et veut s'obliger, pardevant notaires, de me faire vivre encore trente années, si je puis lui obtenir une grace de Votre Majesté. Je lui ai dit, sur sa promesse, que je ne lui demandois pas tant, et que je serois satisfait de lui, pourvu qu'il s'obligeât de ne me point tuer. Cette grace, SIRE, est un canonicat de votre chapelle royale de Vincennes, vacant par la mort de.....

Oserois-je demander encore cette grace à Votre Majesté, le propre jour de la grande résurrection de Tartuffe, ressuscité par vos bontés? Je suis, par cette première faveur, réconcilié avec les dévots; et je le serois, par cette seconde, avec les médecins. C'est pour moi, sans doute, trop de graces à la fois; mais peut-être n'en est-ce pas trop pour Votre Majesté; et j'attends, avec un peu d'espérance respectueuse, la réponse de mon placet (2).

---

(1) Ce médecin se nommoit Mauvilain. C'est en parlant de lui que Louis XIV dit un jour à Molière: *Vous avez un médecin, que vous fait-il? Sire*, répondit Molière, *nous causons ensemble; il m'ordonne des remèdes, je ne les fais point, et je guéris.*

(2) Molière obtint le canonicat qu'il demandoit.

ACTEURS.

MADAME PERNELLE, mère d'Orgon.
ORGON, mari d'Elmire.
ELMIRE, femme d'Orgon.
DAMIS, fils d'Orgon.
MARIANE, fille d'Orgon et amante de Valère.
VALÈRE, amant de Mariane.
CLÉANTE, beau-frère d'Orgon.
TARTUFFE, faux dévot.
DORINE, suivante de Mariane.
MONSIEUR LOYAL, sergent.
UN EXEMPT.
FLIPOTE, servante de madame Pernelle.

La scène est à Paris, dans la maison d'Orgon.

ELMIRE.

Ouvrez un peu la porte, et voyez, je vous prie,
Si mon mari n'est point dans cette galerie.

L'Imposteur, Acte IV, Scène V.

L'IMPOSTEUR,

COMÉDIE.

ACTE PREMIER.

SCÈNE PREMIERE.

MADAME PERNELLE, ELMIRE, MARIANE, CLÉANTE, DAMIS, DORINE, FLIPOTE.

MADAME PERNELLE.
Allons, Flipote, allons ; que d'eux je me délivre.

ELMIRE.
Vous marchez d'un tel pas, qu'on a peine à vous suivre.

MADAME PERNELLE.
Laissez, ma bru, laissez ; ne venez pas plus loin :
Ce sont toutes façons dont je n'ai pas besoin.

ELMIRE.
De ce que l'on vous doit envers vous on s'acquitte.
Mais, ma mère, d'où vient que vous sortez si vîte ?

MADAME PERNELLE.
C'est que je ne puis voir tout ce ménage-ci,
Et que de me complaire on ne prend nul souci.
Oui, je sors de chez vous fort mal édifiée :

Dans toutes mes leçons j'y suis contrariée ;
On n'y respecte rien, chacun y parle haut,
Et c'est tout justement la cour du roi Pétaud. (1)

DORINE.

Si...

MADAME PERNELLE.

Vous êtes, mamie (2), une fille suivante,
Un peu trop forte en gueule, et fort impertinente ;
Vous vous mêlez sur tout de dire votre avis.

DAMIS.

Mais...

MADAME PERNELLE.

Vous êtes un sot, en trois lettres, mon fils ; (3)
C'est moi qui vous le dis, qui suis votre grand' mère ;
Et j'ai prédit cent fois à mon fils, votre père,

---

(1) Lorsque, en France, toutes les corporations avoient leur chef, autrement leur *roi*, les mendians avoient le leur qu'ils appeloient *Pétaud*, par corruption du verbe latin *peto* (je demande), lequel exprime l'action la plus ordinaire de cette espèce de gens. Comme on a supposé que le roi des gueux avoit peu d'autorité sur sa nation, on a nommé, *cour du roi Pétaud*, et plus brièvement, *pétaudière*, toute société, toute maison où chacun est maître.

(2) C'est à tort que toutes les éditions nouvelles portent, *ma mie*. *Mamie*, en un seul mot, est l'abréviation de *ma amie*, qui se disoit autrefois. On voit, dans de vieux livres, *m'amie*, avec une apostrophe, pour marquer l'élision.

(3) *Un sot en trois lettres* est un homme dont la sottise manifeste n'a besoin, pour être exprimée, que des trois lettres qui forment l'adjectif *sot*. Le Pays, méchant auteur immortalisé par Boileau, avoit dit à Linières : *Vous êtes un sot en trois lettres*. Linières lui répondit : *Vous en êtes un, vous, en mille que vous avez composées*. En effet, Le Pays a publié, sous le titre d'*Amitiés, amours et amourettes*, un recueil de lettres fort ridicules.

Que vous preniez tout l'air d'un méchant garnement,
Et ne lui donneriez jamais que du tourment.

MARIANE.

Je crois...

MADAME PERNELLE.

  Mon dieu! sa sœur, vous faites la discrète,
Et vous n'y touchez pas, tant vous semblez doucette!
Mais il n'est, comme on dit, pire eau que l'eau qui dort;
Et vous menez, sous chape*, un train que je hais fort. (1)

ELMIRE.

Mais, ma mère...

MADAME PERNELLE.

  Ma bru, qu'il ne vous en déplaise,
Votre conduite, en tout, est tout-à-fait mauvaise;
Vous devriez leur mettre un bon exemple aux yeux; (2)

VARIANTE. * *Et vous menez sous cape.*

---

(1)   Et vous menez, sous chape, un train que je hais fort.

On dit aujourd'hui, *sous cape.* L'édition originale de 1669 et celle de 1682, portent, *sous chape :* je ne doute pas que ce ne fût alors la manière de l'écrire et de le prononcer. *Chape* et *cape* sont un même mot, venant de *caput,* et désignant une sorte de vêtement qui couvroit la tête. Le mot *chape,* dont on ne se sert plus qu'en parlant du manteau des chantres d'église, existe encore, selon son ancienne acception, dans le proverbe, *Trouver chape-chute,* qui signifie, au propre, trouver une chape tombée et s'en emparer, et dont un des sens figurés est, profiter du malheur ou de la négligence de quelqu'un.

(2)   Vous devriez leur mettre un bon exemple aux yeux.

Mettre aux yeux, au lieu de, *mettre sous les yeux, devant les yeux,* comme on dit aujourd'hui, étoit probablement une expression usitée du temps de Molière, qui s'en est déja servi dans *le Misanthrope* et dans *Mélicerte.* (Voir tome V, pages 140 et 401).

Et leur défunte mère en usoit beaucoup mieux.
Vous êtes dépensière; et cet état me blesse,
Que vous alliez vêtue ainsi qu'une princesse. [1]
Quiconque à son mari veut plaire seulement,
Ma bru, n'a pas besoin de tant d'ajustement.

CLÉANTE.

Mais, madame, après tout...

MADAME PERNELLE.

Pour vous, monsieur son frère,
Je vous estime fort, vous aime, et vous révère;
Mais enfin, si j'étois de mon fils son époux, [2]
Je vous prierois bien fort de n'entrer point chez nous.
Sans cesse vous prêchez des maximes de vivre [3]
Qui par d'honnêtes gens ne se doivent point suivre.
Je vous parle un peu franc; mais c'est là mon humeur,
Et je ne mâche point ce que j'ai sur le cœur.

---

(1) Vous êtes dépensière; et cet état me blesse,
Que vous alliez vêtue ainsi qu'une princesse.

On diroit, dans le langage de la conversation, *cela me blesse que vous alliez vêtue*, etc. cela me blesse, savoir que vous alliez vêtue. Mais, *cet état que vous alliez vêtue*, offre une construction tout-à-fait bizarre et forcée.

(2) Mais enfin, si j'étois de mon fils son époux.

On dit, *si j'étois que de vous*, et, *si j'étois de mon fils*. Le premier est un pur gallicisme; le second n'est qu'une phrase elliptique: *si j'étois de mon fils*, c'est-à-dire, à la place de mon fils.

(3) Sans cesse vous prêchez des maximes de vivre.

Si *vivre* est verbe, on ne dit pas plus, *des maximes de vivre*, que, *des maximes d'agir, de se conduire*, etc.; s'il est substantif, l'expression est encore impropre: on dit, *des maximes de morale, de politique*, mais non pas, *des maximes de conduite, de savoir-vivre*, etc. Règles de conduite seroit peut-être l'expression juste.

DAMIS.

Votre monsieur Tartuffe est bien heureux, sans doute...

MADAME PERNELLE.

C'est un homme de bien, qu'il faut que l'on écoute ;
Et je ne puis souffrir, sans me mettre en courroux,
De le voir querellé* par un fou comme vous.

DAMIS.

Quoi! je souffrirai, moi, qu'un cagot de critique
Vienne usurper céans [1] un pouvoir tyrannique ;
Et que nous ne puissions à rien nous divertir,
Si ce beau monsieur-là n'y daigne consentir?

DORINE.

S'il le faut écouter et croire à ses maximes,
On ne peut faire rien qu'on ne fasse des crimes ;
Car il contrôle tout, ce critique zélé.

MADAME PERNELLE.

Et tout ce qu'il contrôle est fort bien contrôlé.
C'est au chemin du ciel qu'il prétend vous conduire :
Et mon fils à l'aimer vous devroit tous induire.

DAMIS.

Non, voyez-vous, ma mère, il n'est père, ni rien,

VARIANTE. * *De le voir quereller.*

---

(1) *Céans*, ici dedans. On disoit autrefois, par opposition, *léans*, qui signifioit là-dedans : ils viennent de *hic intùs, illic intùs. Céans* n'est plus guère usité que dans cette phrase familière, *le maître de céans.* Je remarquerai une fois pour toutes, et sans en tirer aucune conséquence, que Molière, dans *le Tartuffe,* a prodigué le mot *céans :* on l'y trouve peut-être plus de fois que dans tout le reste de ses ouvrages.

Qui me puisse obliger à lui vouloir du bien : (1)
Je trahirois mon cœur de parler d'autre sorte.
Sur ses façons de faire à tous coups je m'emporte :
J'en prévois une suite, et qu'avec ce pied-plat,
Il faudra que j'en vienne à quelque grand éclat. (2)

DORINE.

Certes, c'est une chose aussi qui scandalise,
De voir qu'un inconnu céans s'impatronise ;
Qu'un gueux, qui, quand il vint, n'avoit pas de souliers,
Et dont l'habit entier valoit bien six deniers,
En vienne jusque-là, que de se méconnoître,
De contrarier tout, et de faire le maître. (3)

MADAME PERNELLE.

Hé! merci de ma vie! il en iroit bien mieux (4)

---

(1) Myrtil, dans *Mélicerte*, a un mouvement tout semblable :
> Non, chère Mélicerte, il n'est père, ni dieux,
> Qui me puissent forcer à quitter vos beaux yeux.

(2) Voilà le caractère impétueux de Damis déja connu, et l'esclandre du troisième acte presque indiqué. Je ne saurois trop faire remarquer l'art de Molière en ce qui regarde les préparations.

(3)   En vienne jusque-là, que de se méconnoître,
      De contrarier tout, et de faire le maître.

On diroit bien, *en vienne jusqu'à se méconnoître*, *jusqu'au point de se méconnoître*, mais non pas, *jusque-là que de se méconnoître*. Cette construction est irrégulière; l'exactitude grammaticale voudroit, *en vienne jusque-là qu'il se méconnoisse*.

(4)   Hé! merci de ma vie! il en iroit bien mieux.

L'usage bannit maintenant ces tournures impersonnelles, lorsqu'elles prêtent à l'équivoque, en donnant lieu de prendre *il* pour un pronom représentant le nom d'une personne ou d'une chose déterminée. On diroit aujourd'hui, *tout en iroit bien mieux*, *les choses en iroient bien mieux*.

Si tout se gouvernoit par ses ordres pieux.

DORINE.

Il passe pour un saint dans votre fantaisie :
Tout son fait, croyez-moi, n'est rien qu'hypocrisie.

MADAME PERNELLE.

Voyez la langue !

DORINE.

A lui, non plus qu'à son Laurent,
Je ne me fierois, moi, que sur un bon garant.

MADAME PERNELLE.

J'ignore ce qu'au fond le serviteur peut être ;
Mais pour homme de bien je garantis le maître.
Vous ne lui voulez mal et ne le rebutez
Qu'à cause qu'il vous dit à tous vos vérités.
C'est contre le péché que son cœur se courrouce,
Et l'intérêt du ciel est tout ce qui le pousse.

DORINE.

Oui ; mais pourquoi, surtout depuis un certain temps,
Ne sauroit-il souffrir qu'aucun hante céans ?
En quoi blesse le ciel une visite honnête,
Pour en faire un vacarme à nous rompre la tête ?
Veut-on que là-dessus je m'explique entre nous ?...

(*montrant Elmire.*)

Je crois que de madame il est, ma foi, jaloux. (1)

---

(1) Ce vers, jeté en manière de saillie, annonce toute l'action de la pièce. Il n'en falloit dire ni plus ni moins. L'infamie de Tartuffe voulant séduire la femme de son bienfaiteur, ne devoit pas être entièrement révélée avant qu'elle éclatât : elle n'eût pas causé assez de surprise. Il ne falloit pas non plus qu'elle éclatât sans avoir été au moins pressentie : elle eût peut-être excité trop d'horreur.

MADAME PERNELLE.

Taisez-vous, et songez aux choses que vous dites.
Ce n'est pas lui tout seul qui blâme ces visites :
Tout ce tracas qui suit les gens que vous hantez,
Ces carrosses sans cesse à la porte plantés,
Et de tant de laquais le bruyant assemblage,
Font un éclat fâcheux dans tout le voisinage.
Je veux croire qu'au fond il ne se passe rien :
Mais enfin, on en parle; et cela n'est pas bien.

CLÉANTE.

Hé! voulez-vous, madame, empêcher qu'on ne cause?
Ce seroit dans la vie une fâcheuse chose,
Si, pour les sots discours où l'on peut être mis,
Il falloit renoncer à ses meilleurs amis.
Et, quand même on pourroit se résoudre à le faire,
Croiriez-vous obliger tout le monde à se taire?
Contre la médisance il n'est point de rempart.
A tous les sots caquets n'ayons donc nul égard;
Efforçons-nous de vivre avec toute innocence,
Et laissons aux causeurs une pleine licence.

DORINE.

Daphné, notre voisine, et son petit époux,
Ne seroient-ils point ceux qui parlent mal de nous?
Ceux de qui la conduite offre le plus à rire,
Sont toujours sur autrui les premiers à médire : (1)
Ils ne manquent jamais de saisir promptement

---

(1) Sont toujours sur autrui les premiers à médire.
On *médit de quelqu'un*, et non pas, *sur quelqu'un*. C'est une légère faute que Molière eût facilement évitée, en mettant :
Des autres sont toujours les premiers à médire.

ACTE I, SCÈNE I.

L'apparente lueur du moindre attachement,
D'en semer la nouvelle avec beaucoup de joie,
Et d'y donner le tour qu'ils veulent qu'on y croie : (1)
Des actions d'autrui, teintes de leurs couleurs,
Ils pensent dans le monde autoriser les leurs,
Et, sous le faux espoir de quelque ressemblance,
Aux intrigues qu'ils ont donner de l'innocence,
Ou faire ailleurs tomber quelques traits partagés
De ce blâme public dont ils sont trop chargés. (2)

MADAME PERNELLE.

Tous ces raisonnemens ne font rien à l'affaire.
On sait qu'Orante mène une vie exemplaire ;
Tous ses soins vont au ciel : et j'ai su par des gens
Qu'elle condamne fort le train qui vient céans. (3)

DORINE.

L'exemple est admirable, et cette dame est bonne !

---

(1)   Et d'y donner le tour qu'ils veulent qu'on y croie.

Le tour qu'ils veulent qu'on y croie, le tour qu'on y croit, y croire un tour, ces trois phrases, formées des mêmes élémens, sont également barbares. La faute eût été beaucoup moindre, ce me semble, si Molière eût mis, *qu'ils veulent qu'on y voie*. La rime s'en fût accommodée aussi bien, et le sens y eût peut-être gagné.

(2) Cette tirade et quelques autres du rôle de Dorine peuvent paroître d'un ton un peu trop relevé, un peu trop noble pour une simple suivante. C'est peut-être la seule fois que Molière puisse donner lieu à une pareille observation.

(3)   Qu'elle condamne fort le train qui vient céans.

Si, par ces mots, *le train qui vient céans*, madame Pernelle entend ces nombreuses et bruyantes visites dont elle se plaignoit tout-à-l'heure, son expression ne manque pas entièrement de justesse, quoiqu'on puisse dire qu'elle est bien éloignée de ce qui en détermine le sens ; mais si *le train qui vient céans*, veut dire, le train qu'on mène ici, la manière dont on s'y comporte, l'expression est tout-à-fait impropre.

Il est vrai qu'elle vit en austère personne ;
Mais l'âge dans son ame a mis ce zèle ardent,
Et l'on sait qu'elle est prude à son corps défendant. (1)
Tant qu'elle a pu des cœurs attirer les hommages,
Elle a fort bien joui de tous ses avantages :
Mais, voyant de ses yeux tous les brillans baisser, (2)
Au monde, qui la quitte, elle veut renoncer,
Et du voile pompeux d'une haute sagesse
De ses attraits usés déguiser la foiblesse.
Ce sont là les retours des coquettes du temps :
Il leur est dur de voir déserter les galans.
Dans un tel abandon, leur sombre inquiétude
Ne voit d'autre recours que le métier de prude ;
Et la sévérité de ces femmes de bien
Censure toute chose, et ne pardonne à rien ; (3)

---

(1)   Et l'on sait qu'elle est prude à son corps défendant.

A son corps défendant, c'est-à-dire, contre son gré. Un homme en tue, en blesse un autre ; il se justifie en disant qu'il l'a fait *en son corps* ou *à son corps défendant* : telle est l'origine de cette expression. Regnier l'avoit employée long-temps avant Molière :

Or si parfois j'écris, suivant mon ascendant,
Je vous jure, encore est-ce à mon corps défendant.

(2)   Mais, voyant de ses yeux tous les brillans baisser.

Je l'ai déja remarqué dans les notes sur *le Misanthrope* et sur *Mélicerte* (voir tome V, pages 199 et 389), le mot *brillans*, au figuré, qui autrefois s'employoit seul et dans un sens favorable, n'est plus d'usage qu'accompagné de l'adjectif *faux*, comme en cette phrase : *ce discours est plein de faux brillans.*

(3)   Censure toute chose, et ne pardonne à rien.

On *pardonne quelque chose à quelqu'un* ; on *pardonne à quelqu'un*, en sous-entendant la chose qu'on lui pardonne ; mais on ne *pardonne* pas *à quelque chose* : Molière devoit dire, *et ne pardonne rien.*

Hautement d'un chacun elles blâment la vie,
Non point par charité, mais par un trait d'envie
Qui ne sauroit souffrir qu'une autre ait les plaisirs
Dont le penchant de l'âge a sevré leurs desirs. (1)

MADAME PERNELLE, *à Elmire.*

Voilà les contes bleus qu'il vous faut pour vous plaire,
Ma bru. L'on est chez vous contrainte de se taire :
Car madame, à jaser, tient le dé tout le jour.
Mais enfin je prétends discourir à mon tour :
Je vous dis que mon fils n'a rien fait de plus sage
Qu'en recueillant chez soi ce dévot personnage ; (2)
Que le ciel au besoin l'a céans envoyé
Pour redresser à tous votre esprit fourvoyé ;
Que, pour votre salut, vous le devez entendre,
Et qu'il ne reprend rien qui ne soit à reprendre.
Ces visites, ces bals, ces conversations,
Sont du malin esprit toutes inventions.
Là, jamais on n'entend de pieuses paroles ;

---

(1) Dont le penchant de l'âge a sevré leurs desirs.

Le mot *penchant* signifiant à-la-fois, déclin et inclination, on éviteroit aujourd'hui, de peur d'équivoque, de l'employer dans le premier sens, hors de ces phrases consacrées, *sur le penchant du précipice, sur le penchant de sa ruine;* et l'on diroit plus volontiers, *dont le déclin de l'âge a sevré leurs desirs.*

(2) Qu'en recueillant chez soi ce dévot personnage.

La règle actuelle veut que *soi* ne puisse se rapporter aux personnes, hors des cas où le sujet de la proposition est indéterminé, comme en ces phrases, *on n'aime que soi, chacun vit pour soi.* Il est regrettable qu'on n'ait pas la faculté d'employer le pronom *soi* à la manière des Latins, qui prévenoient les ambiguités, en distinguant par *se* et par *ille* ce qui étoit le sujet du verbe, de ce qui n'en étoit que le régime. Il est certain que, dans le vers de Molière, *lui* seroit grammaticalement équivoque, puisqu'il pourroit se rapporter à Tartuffe aussi bien qu'à Orgon.

Ce sont propos oisifs, chansons et fariboles :
Bien souvent le prochain en a sa bonne part,
Et l'on y sait médire et du tiers et du quart.
Enfin les gens sensés ont leurs têtes troublées
De la confusion de telles assemblées :
Mille caquets divers s'y font en moins de rien;
Et, comme l'autre jour un docteur dit fort bien,
C'est véritablement la tour de Babylone,
Car chacun y babille (1), et tout du long de l'aune :
Et pour conter l'histoire où ce point l'engagea...

  (montrant Cléante.)

Voilà-t-il pas monsieur qui ricane déja!
Allez chercher vos fous qui vous donnent à rire,

  (à Elmire.)

Et sans... Adieu, ma bru; je ne veux plus rien dire.
Sachez que pour céans j'en rabats la moitié *,
Et qu'il fera beau temps quand j'y mettrai le pied.

VARIANTE. * *J'en rabats de moitié.*

---

(1)   C'est véritablement la tour de Babylone,
    Car chacun y babille.

Il est inutile d'avertir que la bonne femme, trompée par la ressemblance de *babil* et de *Babylone*, dit, *la tour de Babylone*, pour, *la tour de Babel*, cette tour que, suivant l'Écriture, Dieu empêcha les hommes d'élever, en introduisant parmi eux la confusion des langues, et dont le nom est employé proverbialement pour désigner une assemblée où, tout le monde parlant à-la-fois, il est impossible de s'entendre.

 Le Père Caussin, jésuite, dit, dans sa *Cour sainte*, que *les hommes ont bâti la tour de Babel, et les femmes la tour de Babil.* Le quolibet du jésuite n'auroit-il pas donné l'idée de celui que Molière met dans la bouche de madame Pernelle? et le Père Caussin ne seroit-il pas le *docteur* dont parle la vieille dévote?

ACTE I, SCÈNE I.

(*donnant un soufflet à Flipote.*)

Allons, vous, vous rêvez, et bayez aux corneilles. (1)
Jour de dieu! je saurai vous frotter les oreilles.
Marchons, gaupe, marchons. (2)

---

(1)   Allons, vous, vous rêvez, et bayez aux corneilles.
Bayer vient de l'italien *baja*, qui signifie, baie, ouverture. *Bayer*, c'est ouvrir la bouche, comme on fait en regardant quelque chose d'élevé. *Bâiller* a la même origine; mais il ne faut pas les confondre, comme font ceux qui disent, *bâiller aux corneilles*.

(2) Cette exposition est la meilleure peut-être qu'ait imaginée un homme qui n'en a fait que d'excellentes. Tous les personnages de la pièce nous sont déja connus, à l'exception de Valère, dont nous allons entendre parler tout-à-l'heure; et, comme je l'ai remarqué plus haut, l'action même est déja indiquée. L'intérieur de la maison d'Orgon et le caractère de ceux qui l'habitent sont peints de la manière la plus vive et la plus piquante par madame Pernelle, qui, en peignant les autres, se peint admirablement elle-même. La bonne femme, en qualité de vieille et de dévote, manque d'indulgence pour sa jeune famille; elle transforme en défauts des habitudes et des manières d'être innocentes qui tiennent à l'humeur ou à l'âge; mais, à travers l'exagération et l'infidélité de ses peintures, nous apercevons l'image exacte de ses modèles. Ainsi, Damis n'est ni un sot ni un mauvais garnement; c'est tout simplement un jeune homme étourdi et emporté. Sa sœur est douce et timide sans être dissimulée. Elmire n'est point dépensière ni coquette; seulement elle aime à être bien vêtue, et elle conforme son état à sa fortune. Il en est de même des autres personnages. La forme de la scène est aussi naturelle qu'originale. De la part de madame Pernelle, venir dans la maison en l'absence de son fils, sans doute pour voir ce qui s'y passe, et en sortir brusquement, scandalisée de ce qu'elle y a vu, c'est déja un excellent trait de caractère; et cette simple saillie d'humeur donne lieu au poëte de mettre en jeu à-la-fois tous les acteurs de sa comédie. Il faut le redire, c'est là vraiment le chef-d'œuvre des expositions comiques.

SCÈNE II. (1)

CLÉANTE, DORINE.

CLÉANTE.

Je n'y veux point aller,
De peur qu'elle ne vînt encor me quereller ;
Que cette bonne femme...

DORINE.

Ah ! certes, c'est dommage
Qu'elle ne vous ouît tenir un tel langage :
Elle vous diroit bien qu'elle vous trouve bon,
Et qu'elle n'est point d'âge à lui donner ce nom. (2)

---

(1) J'ai parlé, dans une note sur le second placet de Molière au sujet du *Tartuffe*, d'une *Lettre sur la comédie de l'Imposteur*, publiée quinze jours après l'unique représentation donnée en 1667. Cette lettre contient une analyse tellement exacte de la pièce, que, sur ce seul fondement, beaucoup de personnes n'ont pu s'empêcher de l'attribuer à Molière lui-même. On y voit qu'originairement Elmire seule reconduisoit madame Pernelle, et que tous les autres personnages, restés en scène, discouroient entre eux du mariage de Mariane avec Valère, arrêté depuis long-temps, et, cherchant d'où pouvoit provenir l'opposition actuelle d'Orgon à ce mariage, l'attribuoient aux conseils de Panulphe, sans comprendre toutefois par quel intérêt celui-ci étoit poussé. « Et là, « poursuit l'auteur de la Lettre, on commence à raffiner le caractère du « saint personnage, en montrant, par l'exemple de cette affaire domes- « tique, comment les dévots, ne s'arrêtant pas simplement à ce qui est « plus directement de leur métier, qui est de critiquer et mordre, pas- « sent au-delà, sous des prétextes plausibles, à s'ingérer dans les affaires « les plus secrètes et les plus séculières des familles. » Il est possible que, par la suite, on ait exigé de Molière la suppression du passage que ces lignes indiquent.

(2) Cette réflexion, qui veut être maligne, me semble manquer de sel et d'à-propos. Il étoit tout simple que Cléante, parlant de madame

ACTE I, SCÈNE II.

CLÉANTE.

Comme elle s'est pour rien contre nous échauffée!
Et que de son Tartuffe elle paroît coîffée!

DORINE.

Oh! vraiment, tout cela n'est rien au prix du fils :
Et, si vous l'aviez vu, vous diriez, c'est bien pis!
Nos troubles l'avoient mis sur le pied d'homme sage,
Et, pour servir son prince, il montra du courage : (1)
Mais il est devenu comme un homme hébêté,
Depuis que de Tartuffe on le voit entêté;
Il l'appelle son frère, et l'aime dans son ame
Cent fois plus qu'il ne fait mère, fils, fille, et femme.
C'est de tous ses secrets l'unique confident,
Et de ses actions le directeur prudent;
Il le choie, il l'embrasse; et pour une maîtresse
On ne sauroit, je pense, avoir plus de tendresse :
A table, au plus haut bout il veut qu'il soit assis;
Avec joie il l'y voit manger autant que six;
Les bons morceaux de tout, il fait qu'on les lui cède*;

VARIANTE. * *Il faut qu'on les lui cède.*

Pernelle, l'appelât, *cette bonne femme;* et ce n'étoit peut-être pas la peine de remarquer qu'elle s'offenseroit de cette qualification, si elle l'entendoit. On ne voit pas, d'ailleurs, que madame Pernelle ait la prétention de passer pour plus jeune qu'elle ne l'est.

(1) Cléante sait au moins aussi bien que Dorine ce qu'a fait autrefois son beau-frère; mais il étoit bon de nous en informer nous-mêmes, d'abord pour nous faire prendre quelque intérêt à Orgon, ensuite pour nous préparer à voir le monarque pardonner à ce brave homme une faute grave, et le venger des perfidies de Tartuffe, en considération de ses anciens services, pendant les troubles de la Fronde.

Et, s'il vient à rotter, il lui dit : Dieu vous aide! (1)
Enfin il en est fou; c'est son tout, son héros;
Il l'admire à tous coups, le cite à tous propos;
Ses moindres actions lui semblent des miracles,
Et tous les mots qu'il dit sont pour lui des oracles.
Lui, qui connoît sa dupe, et qui veut en jouir,
Par cent dehors fardés a l'art de l'éblouir;
Son cagotisme en tire, à toute heure, des sommes,
Et prend droit de gloser sur tous tant que nous sommes.
Il n'est pas jusqu'au fat qui lui sert de garçon
Qui ne se mêle aussi de nous faire leçon;
Il vient nous sermoner avec des yeux farouches,
Et jeter nos rubans, notre rouge et nos mouches.
Le traître, l'autre jour, nous rompit de ses mains
Un mouchoir qu'il trouva dans une Fleur des Saints, (2)

---

(1) Dans l'édition de 1669 et dans celle de 1682, on lit, à cet endroit, *C'est une servante qui parle.* Bret se moque de la *naïveté* de cet avertissement qu'il attribue aux éditeurs. Je crains qu'il ne se moque de Molière lui-même; car on ne peut guère douter que l'édition originale du *Tartuffe* n'ait été faite sous les yeux et par les soins de l'auteur, et qu'en conséquence la note ne lui appartienne. Quoi qu'il en soit, cette note est une apologie insuffisante. Sans doute, Dorine est une servante, et son langage ne doit pas être trop raffiné; mais il ne faut pas non plus qu'il soit trop grossier, et le trait dont il s'agit tombe dans cet excès. Les comédiens le retranchent, et on ne peut les en blâmer.

(2)   Le traître, l'autre jour, nous rompit de ses mains
    Un mouchoir qu'il trouva dans une Fleur des Saints.

Rompre s'employoit quelquefois alors dans le sens de, déchirer; on disoit, *rompre une lettre, une étoffe*, etc. Il ne signifie plus aujourd'hui que, briser, casser, mettre en pièces quelque chose de solide et de consistant.

La Fleur des Saints, ou plutôt *les Fleurs des vies des Saints*, sont un ouvrage de Pierre Ribadeneira, jésuite espagnol, mort en 1611. Il a été traduit en françois, et il forme deux volumes in-folio.

Disant que nous mêlions, par un crime effroyable,
Avec la sainteté les parures du diable. (1)

SCÈNE III.

ELMIRE, MARIANE, DAMIS, CLÉANTE, DORINE.

ELMIRE, *à Cléante.*

Vous êtes bien heureux de n'être point venu
Au discours qu'à la porte elle nous a tenu.
Mais j'ai vu mon mari; comme il ne m'a point vue,
Je veux aller là-haut attendre sa venue. (2)

CLÉANTE.

Moi, je l'attends ici pour moins d'amusement; (3)
Et je vais lui donner le bonjour seulement.

---

(1) De tous les acteurs de la scène précédente, Cléante et Dorine étoient ceux qui pouvoient le plus se dispenser de reconduire madame Pernelle; et ce sont eux aussi qui sont demeurés, non pas uniquement pour empêcher que la scène ne restât vide, mais pour achever de peindre les deux principaux personnages de la pièce, le scélérat et sa victime, Tartuffe et Orgon.

(2) Elmire est une femme attachée à tous ses devoirs, et les remplissant avec exactitude. Nous venons de voir avec quelle civilité respectueuse elle a reconduit sa vieille belle-mère jusqu'à la porte de la rue, quoique à peine remise d'une indisposition assez grave. N'est-il pas un peu singulier, après cela, qu'ayant vu son mari qui revient après deux jours d'absence, elle profite de ce qu'il ne l'a pas vue lui-même, pour aller l'attendre dans sa chambre, au lieu de rester là pour recevoir ses premiers embrassemens? Cette légère inconvenance, si toutefois c'en est une, pouvoit être facilement évitée.

(3)   Moi, je l'attends ici pour moins d'amusement.
Pour moins d'amusement, c'est-à-dire, pour perdre moins de temps,

SCÈNE IV.

CLÉANTE, DAMIS, DORINE.

DAMIS.

De l'hymen de ma sœur touchez-lui quelque chose.
J'ai soupçon que Tartuffe à son effet s'oppose,
Qu'il oblige mon père à des détours si grands ;
Et vous n'ignorez pas quel intérêt j'y prends.
Si même ardeur enflamme et ma sœur et Valère,
La sœur de cet ami, vous le savez, m'est chère ;
Et s'il falloit... (1)

DORINE.
Il entre.

SCÈNE V.

ORGON, CLÉANTE, DORINE.

ORGON.

Ah ! mon frère, bonjour.

CLÉANTE.

Je sortois, et j'ai joie à vous voir de retour. (2)

---

pour avoir plus tôt fait : comme aujourd'hui le mot *amusement* ne signifie plus guère que, divertissement, plaisir, emploi agréable du temps, on exprimeroit autrement cette idée.

(1) Voilà Valère et son amour pour Mariane ; voilà, par conséquent, tous les acteurs de la pièce connus, et toute l'action exposée.

(2) Je sortois, et j'ai joie à vous voir de retour.
J'ai joie est une légère faute contre l'usage ; on dit, *j'ai de la joie*, et

ACTE I, SCÈNE V.

La campagne à présent n'est pas beaucoup fleurie.

ORGON.

(*à Cléante.*)

Dorine... Mon beau-frère, attendez, je vous prie.
Vous voulez bien souffrir, pour m'ôter de souci,
Que je m'informe un peu des nouvelles d'ici.

(*à Dorine.*)

Tout s'est-il, ces deux jours, passé de bonne sorte?
Qu'est-ce qu'on fait céans? Comme est-ce qu'on s'y porte?(1)

DORINE.

Madame eut avant-hier la fièvre jusqu'au soir,
Avec un mal de tête étrange à concevoir.

ORGON.

Et Tartuffe?

DORINE.

Tartuffe? Il se porte à merveille,
Gros et gras, le teint frais, et la bouche vermeille.

ORGON.

Le pauvre homme!

DORINE.

Le soir, elle eut un grand dégoût,
Et ne put, au souper, toucher à rien du tout,
Tant sa douleur de tête étoit encor cruelle!

---

mieux encore, *j'ai du plaisir à vous revoir, je suis bien aise de vous revoir.*

(1) Qu'est-ce qu'on fait céans? Comme est-ce qu'on s'y porte? Molière devoit dire, *comment est-ce qu'on s'y porte?* Vaugelas avoit déja décidé qu'en interrogeant, ou en se servant du verbe *demander*, il falloit dire, *comment*, et non pas, *comme*.

ORGON.

Et Tartuffe?

DORINE.

Il soupa, lui tout seul, devant elle;
Et fort dévotement il mangea deux perdrix,
Avec une moitié de gigot en hachis.

ORGON.

Le pauvre homme!

DORINE.

La nuit se passa tout entière
Sans qu'elle pût fermer un moment la paupière;
Des chaleurs l'empêchoient de pouvoir sommeiller,
Et jusqu'au jour, près d'elle, il nous fallut veiller.

ORGON.

Et Tartuffe?

DORINE.

Pressé d'un sommeil agréable,
Il passa dans sa chambre au sortir de la table;
Et dans son lit bien chaud il se mit tout soudain,
Où, sans trouble, il dormit jusques au lendemain.

ORGON.

Le pauvre homme!

DORINE.

A la fin, par nos raisons gagnée,
Elle se résolut à souffrir la saignée;
Et le soulagement suivit tout aussitôt.

ORGON.

Et Tartuffe?

DORINE.

Il reprit courage comme il faut;

Et, contre tous les maux fortifiant son ame,
Pour réparer le sang qu'avoit perdu madame,
But, à son déjeûner, quatre grands coups de vin. (1)

ORGON.

Le pauvre homme!

DORINE.

Tous deux se portent bien enfin;
Et je vais à madame annoncer, par avance,
La part que vous prenez à sa convalescence. (2)

---

(1) On a remarqué de tout temps que les dévots, en général, avoient de l'amour pour la bonne chère et pour quelques autres douceurs de la vie. Comme il semble que leur devoir soit de se mortifier, ils doivent paroître plus sensuels que les autres hommes; et, s'ils le sont réellement davantage, c'est qu'il est naturel que des gens qui, par raison de piété, s'interdisent les voluptés corruptrices, s'en dédommagent par des plaisirs plus innocens. Quant à Tartuffe, qui n'est qu'un hypocrite, il sembleroit que devant autrui il dût cacher sa sensualité, sauf à la satisfaire en secret; mais, sûr qu'Orgon sera dupe de tout, il ne veut, lui, être dupe de rien; et un bon déjeûner, un bon lit ne sont pas des choses qu'il doive dédaigner.

(2) Dans une des précédentes scènes, Orgon a été peint supérieurement par Dorine; mais combien l'action même du personnage l'emporte-t-elle sur les portraits qui ont le plus de ressemblance et de vigueur! Orgon, dans cette scène, ne dit que deux mots qu'il répète; et ces deux mots renferment tout son caractère, toute sa passion, toute sa folie: le reste de son rôle n'en sera que le commentaire. « On peut, dit « La Harpe, attendre tout d'un homme qui, arrivant dans sa maison, « répond à tout ce qu'on lui dit, par cette seule question, *Et Tartuffe?* « et s'apitoie sur lui de plus en plus, quand on lui dit que Tartuffe a « fort bien mangé et fort bien dormi. Cela n'est point exagéré: c'est « ainsi qu'est fait ce que les Anglois appellent l'*infatuation*, mot assez « peu usité parmi nous, mais nécessaire pour exprimer un travers très-« commun. »

Une anecdote connue fait honneur à Louis XIV de la fameuse exclamation, *Le pauvre homme!* Pendant la campagne de 1662, il lui arriva

SCÈNE VI.

ORGON, CLÉANTE.

CLÉANTE.

A votre nez, mon frère, elle se rit de vous :
Et, sans avoir dessein de vous mettre en courroux,
Je vous dirai tout franc que c'est avec justice.
A-t-on jamais parlé d'un semblable caprice?
Et se peut-il qu'un homme ait un charme aujourd'hui
A vous faire oublier toutes choses pour lui ;
Qu'après avoir chez vous réparé sa misère,
Vous en veniez au point?...

ORGON.

              Alte-là, mon beau-frère ;
Vous ne connoissez pas celui dont vous parlez.

CLÉANTE.

Je ne le connois pas, puisque vous le voulez ;

---

un soir, au moment où il alloit se mettre à table, de dire à Péréfixe, évêque de Rhodez, qui avoit été son précepteur, qu'il lui conseilloit d'en aller faire autant. C'étoit jour de vigile et jeûne. Le prélat, en se retirant, dit qu'il n'avoit qu'une légère collation à faire. Quelqu'un sourit de la réponse. Louis XIV, qui s'en aperçut, voulut savoir pourquoi. Le rieur lui dit que Sa Majesté pouvoit être tranquille sur le compte de M. de Rhodez ; et puis il lui fit un détail exact du dîner de l'évêque, dont il avoit été le témoin. A chaque plat recherché qu'il nommoit, le roi s'écrioit : *Le pauvre homme!* en variant, chaque fois, l'inflexion de sa voix d'une manière fort plaisante. Molière, qui étoit présent à cette scène, en fit son profit, et la rappela au roi, lorsqu'il lui fit la lecture des trois premiers actes du *Tartuffe*. On dit que Louis XIV ne fut pas fâché de voir son mot si bien mis en œuvre. Qui oseroit assurer que cette légère circonstance n'a contribué en rien au parti qu'il prit de protéger la pièce?

Mais enfin, pour savoir quel homme ce peut être...

ORGON.

Mon frère, vous seriez charmé de le connoître,
Et vos ravissemens ne prendroient point de fin.
C'est un homme... qui... ah!... un homme... un homme, enfin. [1]
Qui suit bien ses leçons goûte une paix profonde,
Et comme du fumier regarde tout le monde.
Oui, je deviens tout autre avec son entretien;
Il m'enseigne à n'avoir affection pour rien,
De toutes amitiés il détache mon ame; [2]
Et je verrois mourir frère, enfans, mère, et femme,
Que je m'en soucierois autant que de cela.

CLÉANTE.

Les sentimens humains, mon frère, que voilà!

ORGON.

Ah! si vous aviez vu comme j'en fis rencontre,
Vous auriez pris pour lui l'amitié que je montre.
Chaque jour à l'église il venoit, d'un air doux,
Tout vis-à-vis de moi se mettre à deux genoux.

---

(1) C'est un homme... qui... ah!... un homme... un homme, enfin.
Un homme enfin, ces mots, tout simples qu'ils sont, peuvent être interprétés diversement. J'ai entendu des comédiens appuyer dessus avec emphase, comme si Orgon attachoit au mot *homme* une idée d'excellence et de supériorité. Il y a, dans cette acception, quelque chose d'orgueilleusement philosophique qui ne s'accorde pas avec les principes de l'humilité chrétienne. Je ne puis voir, dans la phrase d'Orgon, que l'embarras d'un ridicule enthousiaste, qui ne sait comment louer assez son héros, et qui répète trois fois le même mot, faute d'en trouver d'autres suffisamment énergiques pour rendre sa pensée.

(2) C'est assurément ce que pouvoit faire de plus habile le scélérat qui se propose d'amener Orgon à dépouiller ses enfans de leur bien, pour l'en enrichir lui-même.

Il attiroit les yeux de l'assemblée entière
Par l'ardeur dont au ciel il poussoit sa prière ;
Il faisoit des soupirs, de grands élancemens,
Et baisoit humblement la terre à tous momens :
Et, lorsque je sortois, il me devançoit vîte
Pour m'aller, à la porte, offrir de l'eau bénite. [1]
Instruit par son garçon, qui dans tout l'imitoit,
Et de son indigence, et de ce qu'il étoit,
Je lui faisois des dons : mais, avec modestie,
Il me vouloit toujours en rendre une partie.
« C'est trop, me disoit-il, c'est trop de la moitié ;
« Je ne mérite pas de vous faire pitié. »
Et, quand je refusois de le vouloir reprendre,
Aux pauvres, à mes yeux, il alloit le répandre.
Enfin le ciel chez moi me le fit retirer,
Et depuis ce temps-là tout semble y prospérer.
Je vois qu'il reprend tout, et qu'à ma femme même
Il prend, pour mon honneur, un intérêt extrême ;
Il m'avertit des gens qui lui font les yeux doux,
Et plus que moi six fois il s'en montre jaloux. [2]

---

[1] Admirable effet de la prévention ! Cet éloge de Tartuffe dans la bouche d'Orgon en seroit la plus cruelle satire dans la bouche d'un autre. Que Cléante, par exemple, ait été témoin du manége de notre hypocrite, il rapportera, pour en inspirer l'horreur et le mépris, précisément les mêmes circonstances qu'Orgon rapporte ici pour justifier sa vénération et sa tendresse. Orgon cependant, avec son caractère donné, ne dit rien qu'il ne doive dire.

[2] Ce vers donne lieu à une remarque qui rentre dans la remarque précédente. Dorine avoit dit malicieusement de Tartuffe, et peut-être sans penser elle-même tout ce qu'elle disoit :

Je crois que de madame il est, ma foi, jaloux.

Et voilà qu'Orgon dit la même chose, mais plus affirmativement et de la meilleure foi du monde :

Mais vous ne croiriez point jusqu'où monte son zèle :
Il s'impute à péché la moindre bagatelle ;
Un rien presque suffit pour le scandaliser ;
Jusque-là qu'il se vint, l'autre jour, accuser
D'avoir pris une puce en faisant sa prière,
Et de l'avoir tuée avec trop de colère. (1)

CLÉANTE.

Parbleu ! vous êtes fou, mon frère, que je croi.
Avec de tels discours vous moquez-vous de moi ?
Et que prétendez-vous que tout ce badinage... *

ORGON.

Mon frère, ce discours sent le libertinage :
Vous en êtes un peu dans votre ame entiché ;
Et, comme je vous l'ai plus de dix fois prêché,
Vous vous attirerez quelque méchante affaire.

CLÉANTE.

Voilà de vos pareils le discours ordinaire :

VARIANTE. * *Et que prétendez-vous ? Que tout ce badinage...*

    Il m'avertit de ceux qui lui font les yeux doux,
    Et plus que moi six fois il s'en montre jaloux.

Comment tirer de son erreur un homme qui, voyant les mêmes choses que vous, les voit si différemment, et qui aperçoit, dans un sentiment injurieux pour son honneur, la preuve d'un grand zèle pour cet honneur même ?

(1) C'est une règle de haute dévotion, que, lorsqu'on assiste à l'office divin ou qu'on vaque à la prière, on doit être ou du moins paroître insensible à toutes les incommodités corporelles ; et cela est fondé sur ce que la pensée de Dieu doit absorber notre ame et suspendre en quelque sorte l'action de nos sens. On raconte que saint Ludger, premier évêque de Munster, disant l'office divin dans sa chambre avec ses clercs, en mit un en pénitence, parce qu'il avoit raccommodé le feu qui fumoit.

Ils veulent que chacun soit aveugle comme eux.
C'est être libertin que d'avoir de bons yeux;
Et qui n'adore pas de vaines simagrées,
N'a ni respect ni foi pour les choses sacrées.
Allez, tous vos discours ne me font point de peur;
Je sais comme je parle, et le ciel voit mon cœur.
De tous vos façonniers on n'est point les esclaves. (1)
Il est de faux dévots ainsi que de faux braves :
Et, comme on ne voit pas qu'où l'honneur les conduit
Les vrais braves soient ceux qui font beaucoup de bruit,
Les bons et vrais dévots, qu'on doit suivre à la trace,
Ne sont pas ceux aussi qui font tant de grimace.
Hé quoi! vous ne ferez nulle distinction
Entre l'hypocrisie et la dévotion?
Vous les voulez traiter d'un semblable langage, (2)
Et rendre même honneur au masque qu'au visage;
Égaler l'artifice à la sincérité,
Confondre l'apparence avec la vérité,
Estimer le fantôme autant que la personne,
Et la fausse monnoie à l'égal de la bonne? (3)
Les hommes la plupart sont étrangement faits;

---

(1) De tous vos façonniers on n'est point les esclaves.

On n'est point les dupes seroit la véritable expression; *esclaves* ne rend point la pensée : c'est une des plus grandes impropriétés causées par la tyrannie de la rime.

(2) Vous les voulez traiter d'un semblable langage.

Traiter d'un semblable langage deux choses différentes, pour dire, en parler de la même manière, est une expression que l'usage n'a jamais autorisée.

(3) Voilà, dans huit vers, la même idée rendue de sept manières différentes, tant propres que figurées. C'est abuser un peu de la répétition.

Dans la juste nature on ne les voit jamais :
La raison a pour eux des bornes trop petites;
En chaque caractère ils passent ses limites,
Et la plus noble chose, ils la gâtent souvent
Pour la vouloir outrer et pousser trop avant.
Que cela vous soit dit en passant, mon beau-frère.

ORGON.

Oui, vous êtes sans doute un docteur qu'on révère;
Tout le savoir du monde est chez vous retiré;
Vous êtes le seul sage et le seul éclairé,
Un oracle, un Caton dans le siècle où nous sommes;
Et près de vous ce sont des sots que tous les hommes. (1)

CLÉANTE.

Je ne suis point, mon frère, un docteur révéré;
Et le savoir chez moi n'est pas tout retiré.
Mais, en un mot, je sais, pour toute ma science,
Du faux avec le vrai faire la différence. (2)
Et comme je ne vois nul genre de héros

---

(1) Remarquez qu'Orgon et sa mère, qui sont d'un esprit également borné, répondent de la même manière au sage Cléante. *Je vous estime fort, vous aime et vous révère*, a dit madame Pernelle. *Vous êtes sans doute un docteur qu'on révère*, dit Orgon, son digne fils. Cette espèce d'ironie est la ressource ordinaire des sots, lorsque, pressés par les raisonnemens d'un homme d'esprit, ils ne veulent point s'y rendre, et ne peuvent pas les réfuter.

(2) L'oserai-je dire? j'ai toujours été un peu choqué de cette parole de Cléante. Il veut être modeste; il se défend d'être *un docteur révéré chez qui tout le savoir du monde est retiré*, et il avoue humblement qu'*il sait, pour toute sa science, du faux avec le vrai faire la différence.* Mais vraiment, savoir cela, c'est savoir tout, ou du moins c'est savoir ce qui importe le plus. Apprendre à distinguer en tout le faux du vrai est le principal but de la philosophie : le savoir est le terme le plus glorieux de ses travaux.

58 L'IMPOSTEUR.

Qui soient plus à priser * que les parfaits dévots,
Aucune chose au monde et plus noble et plus belle
Que la sainte ferveur d'un véritable zèle ;
Aussi ne vois-je rien qui soit plus odieux
Que le dehors plâtré d'un zèle spécieux,
Que ces francs charlatans, que ces dévots de place,
De qui la sacrilége et trompeuse grimace
Abuse impunément, et se joue, à leur gré,
De ce qu'ont les mortels de plus saint et sacré ; (1)
Ces gens qui, par une ame à l'intérêt soumise,
Font de dévotion métier et marchandise,
Et veulent acheter crédit et dignités
A prix de faux clins d'yeux et d'élans affectés ; (2)
Ces gens, dis-je, qu'on voit, d'une ardeur non commune,
Par le chemin du ciel courir à leur fortune ;
Qui, brûlans et prians, demandent chaque jour, (3)

VARIANTE. * *Qui soit plus à priser.*

---

(1) De ce qu'ont les mortels de plus saint et sacré.

Dans toute autre circonstance, il faudroit répéter, *de plus*, devant le second adjectif, et dire, *de plus saint et de plus sacré;* mais *saint* et *sacré* forment, en quelque sorte, un seul et même mot, répondant au *sacrosanctus* des Latins. On lit, dans les lettres de Guy Patin : « Ne voilà-
« t-il pas de bonnes gens, qui se moquent ainsi de ce saint et sacré feu
« qui fait si heureusement bouillir leur marmite ? »

(2) A prix de faux clins d'yeux et d'élans affectés.

On ne diroit pas, *des coups d'yeux;* il sembleroit qu'on ne dût pas dire non plus, *des clins d'yeux.* L'idée de pluralité s'attache plus naturellement aux mouvemens de l'œil qu'à l'œil même, bien que, à vrai dire, ces mouvemens soient exécutés le plus souvent par les deux yeux à-la-fois.

(3) Qui, brûlans et prians, demandent chaque jour.

Autrefois, les participes présens s'accordoient toujours en nombre et en

ACTE I, SCÈNE VI.

Et prêchent la retraite au milieu de la cour ;
Qui savent ajuster leur zèle avec leurs vices,
Sont prompts, vindicatifs, sans foi, pleins d'artifices,
Et, pour perdre quelqu'un, couvrent insolemment
De l'intérêt du ciel leur fier ressentiment ;
D'autant plus dangereux dans leur âpre colère,
Qu'ils prennent contre nous des armes qu'on révère,
Et que leur passion, dont on leur sait bon gré,
Veut nous assassiner avec un fer sacré :
De ce faux caractère on en voit trop paroître.
Mais les dévots de cœur sont aisés à connoître.
Notre siècle, mon frère, en expose à nos yeux
Qui peuvent nous servir d'exemples glorieux. (1)
Regardez Ariston, regardez Périandre,
Oronte, Alcidamas, Polydore, Clitandre ;

---

genre avec les substantifs auxquels ils se rapportoient. Aujourd'hui ils sont invariables, à moins qu'ils ne soient adjectifs verbaux. Toute la difficulté consiste à bien faire la distinction. *Brûlant* est quelquefois adjectif verbal ; on dit, *avoir les mains brûlantes* ; mais on ne pourroit dire d'une femme, *je l'ai vue brûlante d'amour, brûlante pour cet homme*. Il y a moins de doute encore pour le mot *priant* ; en aucun cas, on ne dira, *une femme priante*. D'où il suit que, dans le vers de Molière, *brûlans* et *prians* devroient être indéclinables. — *Demandent chaque jour*. *Demander*, employé absolument, n'est pas assez clair. On dit d'un homme, *il demande toujours* ; mais il ne seroit pas aussi bien de dire, *il demande chaque jour*, à moins qu'on ne joignît au verbe un régime qui déterminât l'objet de la demande.

(1)   Qui peuvent nous servir d'exemples glorieux.

Il y a ici la même faute que d'Olivet a justement relevée dans ce vers de Racine :

..... On va donner en spectacle funeste.

On dit absolument, *servir d'exemple* ; c'est une phrase faite, dans laquelle le substantif joint au verbe par la préposition *de*, ne peut être accompagné d'un adjectif.

Ce titre par aucun ne leur est débattu; (1)
Ce ne sont point du tout fanfarons de vertu;
On ne voit point en eux ce faste insupportable,
Et leur dévotion est humaine, est traitable * :
Ils ne censurent point toutes nos actions,
Ils trouvent trop d'orgueil dans ces corrections;
Et, laissant la fierté des paroles aux autres,
C'est par leurs actions qu'ils reprennent les nôtres.
L'apparence du mal a chez eux peu d'appui,
Et leur ame est portée à juger bien d'autrui.
Point de cabale en eux, point d'intrigues à suivre; (2)
On les voit, pour tous soins, se mêler de bien vivre.
Jamais contre un pécheur ils n'ont d'acharnement,
Ils attachent leur haine au péché seulement,
Et ne veulent point prendre, avec un zèle extrême,
Les intérêts du ciel plus qu'il ne veut lui-même.
Voilà mes gens, voilà comme il en faut user,
Voilà l'exemple enfin qu'il se faut proposer.
Votre homme, à dire vrai, n'est pas de ce modèle :
C'est de fort bonne foi que vous vantez son zèle;
Mais par un faux éclat je vous crois ébloui. (3)

VARIANTE. * *Est humaine et traitable.*

---

(1)   Ce titre par aucun ne leur est débattu.
On ne *débat* pas *un titre à quelqu'un;* on *le lui conteste,* on *le lui refuse.*

(2)   Point de cabale en eux, point d'intrigues à suivre.
Point de cabale en eux doit signifier, entre eux point de cabale, ou bien, point d'esprit de cabale en eux. Le sens, quel qu'il soit, n'est ni assez clairement ni assez exactement rendu par l'hémistiche.

(3) La Harpe dit : « La distinction entre la vraie piété et la fausse « dévotion, si solidement établie par Cléante, est en même temps la

ORGON.

Monsieur mon cher beau-frère, avez-vous tout dit?

CLÉANTE.

Oui.

ORGON, *s'en allant.*

Je suis votre valet.

CLÉANTE.

De grace, un mot, mon frère.
Laissons là ce discours. Vous savez que Valère,
Pour être votre gendre, a parole de vous.

ORGON.

Oui.

CLÉANTE.

Vous aviez pris jour pour un lien si doux.

ORGON.

Il est vrai.

CLÉANTE.

Pourquoi donc en différer la fête?

ORGON.

Je ne sais.

« morale de la pièce et l'apologie de l'auteur. Elle est si convaincante
« que le bon Orgon n'y trouve d'autre réponse que celle qui a été et qui
« sera à jamais sur cette matière le refrain des imbécilles ou des fripons :

« Mon frère, ce discours sent le libertinage. »

La Harpe a été trompé par sa mémoire. Orgon ne répond pas à la belle tirade de Cléante par le vers qu'il cite, mais par celui-ci qui vaut bien autant, qui vaut mieux encore, puisqu'il annonce encore davantage l'invincible et stupide opiniâtreté du personnage :

Monsieur mon cher beau-frère, avez-vous tout dit? — Oui.
— Je suis votre valet.

CLÉANTE.
Auriez-vous autre pensée en tête?

ORGON.
Peut-être.

CLÉANTE.
Vous voulez manquer à votre foi?

ORGON.
Je ne dis pas cela.

CLÉANTE.
Nul obstacle, je croi,
Ne vous peut empêcher d'accomplir vos promesses.

ORGON.
Selon.

CLÉANTE.
Pour dire un mot faut-il tant de finesses?
Valère, sur ce point, me fait vous visiter.

ORGON.
Le ciel en soit loué!

CLÉANTE.
Mais que lui reporter?

ORGON.
Tout ce qu'il vous plaira.

CLÉANTE.
Mais il est nécessaire
De savoir vos desseins. Quels sont-ils donc?

ORGON.
De faire

Ce que le ciel voudra. ⁽¹⁾

CLÉANTE.

Mais parlons tout de bon.
Valère a votre foi; la tiendrez-vous, ou non ? ⁽²⁾

ORGON.

Adieu.

CLÉANTE, *seul*.

Pour son amour je crains une disgrace,
Et je dois l'avertir de tout ce qui se passe. ⁽³⁾

---

(1) Orgon a bien profité : Tartuffe ne répondroit pas mieux; il n'auroit pas mieux l'art d'éluder des questions positives par des réponses vagues, de reculer devant sa parole sans oser la désavouer, et de faire intervenir le ciel où il n'a que faire.

(2) Valère a votre foi; la tiendrez-vous, ou non ?
Il est certain qu'on dit, *garder sa foi,* et, *tenir sa parole;* mais, *foi* et *parole* ayant exactement le même sens, d'assurance donnée, de promesse faite, il semble qu'un poëte puisse employer indifféremment chacun de ces deux substantifs avec chacun des deux verbes *tenir* et *garder.*

(3) C'est probablement de cette scène que date l'usage suivi par tous ceux qui ont voulu faire des comédies de caractère, d'y placer ce qu'on est convenu d'appeler la scène de raisonnement, scène dans laquelle le poëte montre les bons et les mauvais côtés du caractère principal, ou, s'il n'en a que de mauvais, les met en contraste avec les qualités du caractère opposé, comme fait ici Molière de la fausse dévotion et de la véritable piété. Mais combien l'original est resté supérieur aux copies même les plus estimées ! Je prendrai pour exemples *le Méchant* et *la Métromanie.* Dans *le Tartuffe,* la scène de raisonnement, cette scène nécessairement privée d'action, est placée au premier acte, lorsque l'action n'est point encore entamée. Placée au troisième acte dans *la Métromanie,* et au quatrième dans *le Méchant,* elle ralentit et refroidit la marche de l'ouvrage, au moment où elle ne sauroit être trop vive et trop rapide. Dans *la Métromanie,* Baliveau et son neveu soutiennent thèse l'un contre l'autre : c'est un assaut d'esprit plutôt qu'une scène comique. Dans *le Méchant,* Ariste gourmande longuement Valère qui

n'ose lui répondre : c'est, si l'on veut, un excellent chapitre de morale; mais au théâtre la morale est plus ennuyeuse encore que la controverse. Dans *le Tartuffe*, la scène est vraiment dramatique et comique. Ici, je vois deux beaux-frères, ayant même âge et mêmes droits, avec des sentimens tout contraires, et pouvant, par conséquent, disputer ensemble. Mais Orgon n'est point homme à discussion : rien ne peut le faire changer d'avis, et il n'a ni la volonté ni le desir d'amener Cléante à son opinion. Si celui-ci parle seul, c'est que l'autre fait trop peu de cas de ses discours pour y répondre. Cléante touche et persuade le public qui l'entend; mais il ne persuade ni ne touche Orgon à qui il s'adresse. C'est la véritable image du monde; c'est la fidèle peinture de l'éloquence inutilement passionnée d'un sage, aux prises avec la dédaigneuse taciturnité d'un sot opiniâtre.

FIN DU PREMIER ACTE.

ACTE II.

SCÈNE PREMIÈRE.

ORGON, MARIANE.

ORGON.

Mariane.

MARIANE.

Mon père.

ORGON.

Approchez, j'ai de quoi
Vous parler en secret. ⁽¹⁾

MARIANE, *à Orgon qui regarde dans un cabinet.*

Que cherchez-vous ?

ORGON.

Je voi
Si quelqu'un n'est point là qui pourroit nous entendre ;
Car ce petit endroit est propre pour surprendre. ⁽²⁾

---

(1) J'ai de quoi
    Vous parler en secret.
On dit, *j'ai de quoi vous amuser, de quoi vous faire rire ;* mais il n'est point usité de dire, *j'ai de quoi vous parler,* pour, *j'ai à vous parler.*

(2) C'est de ce *petit endroit* qu'au troisième acte Damis entendra la

Or sus, nous voilà bien. J'ai, Mariane, en vous
Reconnu de tout temps un esprit assez doux,
Et de tout temps aussi vous m'avez été chère.

MARIANE.

Je suis fort redevable à cet amour de père.

ORGON.

C'est fort bien dit, ma fille; et, pour le mériter,
Vous devez n'avoir soin que de me contenter.

MARIANE.

C'est où je mets aussi ma gloire la plus haute.

ORGON.

Fort bien. Que dites-vous de Tartuffe notre hôte?

MARIANE.

Qui? moi?

ORGON.

Vous. Voyez bien comme vous répondrez.

MARIANE.

Hélas! j'en dirai, moi, tout ce que vous voudrez.

SCÈNE II.

ORGON, MARIANE, DORINE, *entrant doucement, et se tenant derrière Orgon, sans être vue.*

ORGON.

C'est parler sagement. Dites-moi donc, ma fille,

---

déclaration d'amour faite par Tartuffe à Elmire. Il étoit bon que nous fussions instruits d'avance de cette particularité locale; et Orgon ne pouvoit nous en informer d'une manière plus naturelle.

Qu'en toute sa personne un haut mérite brille,
Qu'il touche votre cœur, et qu'il vous seroit doux
De le voir, par mon choix, devenir votre époux.
Hé?

MARIANE.

Hé?

ORGON.

Qu'est-ce?

MARIANE.

Plaît-il?

ORGON.

Quoi?

MARIANE.

Me suis-je méprise?

ORGON.

Comment?

MARIANE.

Qui voulez-vous, mon père, que je dise
Qui me touche le cœur, et qu'il me seroit doux
De voir, par votre choix, devenir mon époux? (1)

ORGON.

Tartuffe.

---

(1)   ... Qui voulez-vous, mon père, que je dise,
          Qui me touche le cœur, et qu'il me seroit doux
          De voir, par votre choix, devenir mon époux?

Qui voulez-vous que je dise, qui me touche le cœur, est un pur gallicisme. Le second *qui* est un relatif dont il est impossible d'assigner grammaticalement la relation. La construction exacte seroit : de qui voulez-vous que je dise, qu'il me touche le cœur, etc.

5.

MARIANE.

Il n'en est rien, mon père, je vous jure.
Pourquoi me faire dire une telle imposture?

ORGON.

Mais je veux que cela soit une vérité;
Et c'est assez pour vous que je l'aie arrêté.

MARIANE.

Quoi! vous voulez, mon père?...

ORGON.

Oui, je prétends, ma fille,
Unir, par votre hymen, Tartuffe à ma famille.
Il sera votre époux, j'ai résolu cela;

(*apercevant Dorine.*)

Et comme sur vos vœux je... Que faites-vous là?
La curiosité qui vous presse est bien forte,
Mamie, à nous venir écouter de la sorte. [1]

DORINE.

Vraiment, je ne sais pas si c'est un bruit qui part
De quelque conjecture, ou d'un coup de hasard; [2]

---

(1)   La curiosité qui vous presse est bien forte,
Mamie, à nous venir écouter de la sorte.

Le dernier vers ne se construit bien avec rien de ce qui précède : on ne dit pas, *curiosité à venir*, ni *qui vous presse à venir*, ni *bien forte à venir*. A tient donc la place de *pour*; c'est comme s'il y avoit : *votre curiosité est bien forte, pour que vous veniez ainsi nous écouter.*

(2)   Vraiment, je ne sais pas si c'est un bruit qui part
De quelque conjecture, ou d'un coup de hasard.

Un bruit qui part d'un coup de hasard est une expression qui manque de netteté. Dorine veut dire apparemment, un bruit fondé sur quelque méprise, quelque malentendu, effet du hasard.

Mais de ce mariage on m'a dit la nouvelle,
Et j'ai traité cela de pure bagatelle.

ORGON.

Quoi donc! la chose est-elle incroyable?

DORINE.

       A tel point
Que vous-même, monsieur, je ne vous en crois point.

ORGON.

Je sais bien le moyen de vous le faire croire.

DORINE.

Oui! oui! vous nous contez une plaisante histoire!

ORGON.

Je conte justement ce qu'on verra dans peu.

DORINE.

Chansons!

ORGON.

  Ce que je dis, ma fille, n'est point jeu.

DORINE.

Allez, ne croyez point à monsieur votre père; [1]
Il raille.

ORGON.

 Je vous dis...

DORINE.

    Non, vous avez beau faire,
On ne vous croira point.

---

[1] Allez, ne croyez point à monsieur votre père.
Croire à quelqu'un, dans le sens de, ajouter foi à ses paroles, est un latinisme : *Credo tibi hoc ;* mais, en françois, on ne dit pas, *il m'a parlé, je lui ai cru.*

ORGON.
                A la fin mon courroux...
DORINE.

Hé bien! on vous croit donc; et c'est tant pis pour vous.
Quoi! se peut-il, monsieur, qu'avec l'air d'homme sage,
Et cette large barbe au milieu du visage,
Vous soyez assez fou pour vouloir?...

ORGON.
                        Écoutez :

Vous avez pris céans certaines privautés
Qui ne me plaisent point; je vous le dis, mamie.

DORINE.

Parlons sans nous fâcher, monsieur, je vous supplie.
Vous moquez-vous des gens d'avoir fait ce complot?
Votre fille n'est point l'affaire d'un bigot :
Il a d'autres emplois auxquels il faut qu'il pense.
Et puis, que vous apporte une telle alliance?
A quel sujet aller, avec tout votre bien,
Choisir un gendre gueux?...

ORGON.
                    Taisez-vous. S'il n'a rien,
Sachez que c'est par-là qu'il faut qu'on le révère.
Sa misère est sans doute une honnête misère;
Au-dessus des grandeurs elle doit l'élever,
Puisque enfin de son bien il s'est laissé priver
Par son trop peu de soin des choses temporelles,
Et sa puissante attache aux choses éternelles.
Mais mon secours pourra lui donner les moyens
De sortir d'embarras, et rentrer dans ses biens :
Ce sont fiefs qu'à bon titre au pays on renomme;
Et, tel que l'on le voit, il est bien gentilhomme.

ACTE II, SCÈNE II.

DORINE.

Oui, c'est lui qui le dit; et cette vanité,
Monsieur, ne sied pas bien avec la piété.
Qui d'une sainte vie embrasse l'innocence
Ne doit point tant prôner son nom et sa naissance;
Et l'humble procédé de la dévotion
Souffre mal les éclats de cette ambition.
A quoi bon cet orgueil?... Mais ce discours vous blesse:
Parlons de sa personne, et laissons sa noblesse.
Ferez-vous possesseur, sans quelque peu d'ennui,
D'une fille comme elle un homme comme lui?
Et ne devez-vous pas songer aux bienséances,
Et de cette union prévoir les conséquences? (1)
Sachez que d'une fille on risque la vertu,
Lorsque dans son hymen son goût est combattu;
Que le dessein d'y vivre en honnête personne
Dépend des qualités du mari qu'on lui donne;
Et que ceux dont partout on montre au doigt le front
Font leurs femmes souvent ce qu'on voit qu'elles sont.
Il est bien difficile enfin d'être fidèle
A de certains maris faits d'un certain modèle; (2)

---

(1) Dorine parle peut-être encore ici d'un ton un peu trop relevé; mais s'il est vrai qu'en général la passion exalte le discours et le rende éloquent, Dorine, animée d'une haine violente contre Tartuffe et d'un profond attachement pour ses maîtres, ne peut-elle pas puiser dans ces deux sentimens une énergie et une noblesse d'expressions qui s'écartent des habitudes ordinaires de son langage? Quel bon sens, d'ailleurs! quelle vérité, quelle justesse dans les pensées et dans les termes!

(2) Les actrices qui, en disant ces deux vers, regardent Orgon de la tête aux pieds, avec une grimace de mépris, font une insolence gratuite qui n'est ni dans l'intention de l'auteur, ni dans l'esprit du rôle. Dorine prend beaucoup de libertés avec son maître, elle lui parle même

Et qui donne à sa fille un homme qu'elle hait,
Est responsable au ciel des fautes qu'elle fait.
Songez à quels périls votre dessein vous livre.

ORGON.

Je vous dis qu'il me faut apprendre d'elle à vivre!

DORINE.

Vous n'en feriez que mieux de suivre mes leçons.

ORGON.

Ne nous amusons point, ma fille, à ces chansons;
Je sais ce qu'il vous faut, et je suis votre père.
J'avois donné pour vous ma parole à Valère :
Mais, outre qu'à jouer on dit qu'il est enclin,
Je le soupçonne encor d'être un peu libertin;
Je ne remarque point qu'il hante les églises.

DORINE.

Voulez-vous qu'il y coure à vos heures précises,
Comme ceux qui n'y vont que pour être aperçus?

ORGON.

Je ne demande pas votre avis là-dessus.
Enfin avec le ciel l'autre est le mieux du monde,
Et c'est une richesse à nulle autre seconde.
Cet hymen de tous biens comblera vos desirs,
Il sera tout confit * en douceurs et plaisirs.
Ensemble vous vivrez, dans vos ardeurs fidèles,
Comme deux vrais enfans, comme deux tourterelles :

VARIANTE. * *Et sera tout confit.*

---

impertinemment; mais elle lui est attachée, et elle n'a pour lui ni dédain ni dégoût.

ACTE II, SCÈNE II.

A nul fâcheux débat jamais vous n'en viendrez;
Et vous ferez de lui tout ce que vous voudrez.

DORINE.

Elle? Elle n'en fera qu'un sot, je vous assure. (1)

ORGON.

Ouais! quels discours!

DORINE.

Je dis qu'il en a l'encolure,
Et que son ascendant, monsieur, l'emportera
Sur toute la vertu que votre fille aura. (2)

ORGON.

Cessez de m'interrompre, et songez à vous taire,
Sans mettre votre nez où vous n'avez que faire.

DORINE.

Je n'en parle, monsieur, que pour votre intérêt.

ORGON.

C'est prendre trop de soin; taisez-vous, s'il vous plaît.

---

(1) Elle? Elle n'en fera qu'un sot, je vous assure.

Le sens donné à certains mots suffit pour faire connoître les préjugés d'une nation. On sait quel ridicule la nôtre attache au malheur d'un mari dont la femme est infidèle : en faudroit-il une autre preuve que l'acception dans laquelle l'adjectif *sot* est pris ici par Dorine ?

(2) Et que son ascendant, monsieur, l'emportera
Sur toute la vertu que votre fille aura.

Suivant les idées de l'astrologie judiciaire, le point du ciel qui montoit sur l'horizon au moment de la naissance d'une personne, avoit sur sa destinée une influence irrésistible : ce point s'appeloit *ascendant*. Molière a employé le même mot au même sens dans ce vers de *l'École des Maris* :

Au sort d'être cocu son ascendant l'expose.

DORINE.

Si l'on ne vous aimoit...

ORGON.

Je ne veux pas qu'on m'aime. (1)

DORINE.

Et je veux vous aimer, monsieur, malgré vous-même. (2)

ORGON.

Ah!

DORINE.

Votre honneur m'est cher, et je ne puis souffrir
Qu'aux brocards d'un chacun vous alliez vous offrir.

ORGON.

Vous ne vous tairez point!

DORINE.

C'est une conscience
Que de vous laisser faire une telle alliance.

ORGON.

Te tairas-tu, serpent, dont les traits effrontés?...

---

(1) Orgon force nature : il fait tout ce qu'il peut pour être méchant et pour se faire haïr; il n'en viendra pas à bout. Sa dispute avec Dorine rappelle la scène où Scapin soutient à M. Argante qu'il ne déshéritera pas son fils. « Mon dieu, lui dit Scapin, je vous connois, vous êtes bon « naturellement. — Je ne suis pas bon, répond-il, et je suis méchant « quand je veux. » *Je ne veux pas qu'on m'aime* est un mot de la même trempe.

(2) Regnard, dans sa comédie du *Divorce*, jouée au théâtre Italien, a imité ce dialogue. Le bourgeois Sotinet veut chasser sa servante Colombine. Elle dit qu'elle ne sortira pas; son maître lui en demande la raison. « C'est que je vous aime trop. — Je ne veux pas que tu m'aimes, « moi; je veux que tu me haïsses. — Il m'est impossible; je sens pour « vous une tendresse... »

ACTE II, SCÈNE II.

DORINE.

Ah! vous êtes dévot, et vous vous emportez! [1]

ORGON.

Oui, ma bile s'échauffe à toutes ces fadaises,
Et tout résolument je veux que tu te taises.

DORINE.

Soit. Mais, ne disant mot, je n'en pense pas moins.

ORGON.

Pense, si tu le veux; mais applique tes soins

(*à sa fille.*)

A ne m'en point parler, ou... Suffit... Comme sage, [2]
J'ai pesé mûrement toutes choses.

DORINE, *à part.*

      J'enrage
De ne pouvoir parler.

ORGON.

    Sans être damoiseau,
Tartuffe est fait de sorte...

DORINE, *à part.*

     Oui, c'est un beau museau.

ORGON.

Que, quand tu n'aurois même aucune sympathie
Pour tous les autres dons...

---

(1) Trait admirable, qui produit toujours beaucoup d'effet au théâtre, et dont il faut convenir qu'en général la pantomime des acteurs sait tirer un grand parti.

(2)   Suffit... Comme sage,
  J'ai pesé mûrement toutes choses.

On ne peut dire, *comme sage*, pour, *comme homme sage, en homme sage. Comme,* signifiant, en qualité de, ne se joint bien qu'à des substantifs : *comme ami, comme père, comme maître*, etc.

DORINE, *à part.*
La voilà bien lotie!

(*Orgon se tourne du côté de Dorine, et, les bras croisés, l'écoute, et la regarde en face.*)

Si j'étois en sa place, un homme assurément
Ne m'épouseroit pas de force impunément;
Et je lui ferois voir, bientôt après la fête,
Qu'une femme a toujours une vengeance prête.

ORGON, *à Dorine.*

Donc de ce que je dis on ne fera nul cas?

DORINE.

De quoi vous plaignez-vous? Je ne vous parle pas.

ORGON.

Qu'est-ce que tu fais donc?

DORINE.

Je me parle à moi-même. [1]

ORGON, *à part.*

Fort bien. Pour châtier son insolence extrême,
Il faut que je lui donne un revers de ma main.

(*Il se met en posture de donner un soufflet à Dorine; et, à chaque mot qu'il dit à sa fille, il se tourne pour regarder Dorine, qui se tient droite sans parler.*)

---

[1] Destouches, dans sa comédie de l'*Ingrat*, a imité presque toute cette scène, et notamment cet endroit du dialogue qu'il a parodié ainsi:

GÉRONTE.
Pourquoi me réponds-tu? Je ne te parle pas.
LISETTE.
Je me réponds à moi.
GÉRONTE.
Réponds-toi donc tout bas.

ACTE II, SCÈNE II.

Ma fille, vous devez approuver mon dessein...
Croire que le mari... que j'ai su vous élire... (1)

(*à Dorine.*)

Que ne te parles-tu?

DORINE.

Je n'ai rien à me dire.

ORGON.

Encore un petit mot.

DORINE.

Il ne me plaît pas, moi. (2)

ORGON.

Certes, je t'y guettois.

DORINE.

Quelque sotte, ma foi!...

ORGON.

Enfin, ma fille, il faut payer d'obéissance,
Et montrer pour mon choix entière déférence.

DORINE, *en s'enfuyant.*

Je me moquerois fort de prendre un tel époux. (3)

---

(1) Croire que le mari... que j'ai su vous élire.

Ce même Orgon dit plus loin qu'un ami a voulu l'*élire* pour lui confier des papiers importans; et, dans un autre endroit, Cléante parle à Orgon, du conseil, c'est-à-dire du parti qu'il doit *élire*. *Élire* et *élection* sont des termes consacrés en certains cas, hors desquels il faut toujours employer *choix* et *choisir.*

(2) Voir *le Misanthrope,* où se trouve ce même hémistiche, p. 225, note 1.

(3) Je me moquerois fort de prendre un tel époux.

Voici la seconde fois que Molière s'est servi de l'expression, *se moquer*

ORGON, *après avoir manqué de donner un soufflet
à Dorine.*

Vous avez là, ma fille, une peste avec vous,
Avec qui, sans péché, je ne saurois plus vivre.
Je me sens hors d'état maintenant de poursuivre;
Ses discours insolens m'ont mis l'esprit en feu,
Et je vais prendre l'air pour me rasseoir un peu. (1)

---

de faire une chose, expression que l'usage n'autorise pas, et dont le sens précis n'est pas facile à déterminer. Il a dit, dans le prologue de *la princesse d'Élide :*

Moquez-vous d'affecter cet orgueil indomptable.

Ce qui paroît signifier, donnez-vous de garde, ou, pour se rapprocher davantage du sens du verbe *moquer*, trouvez ridicule d'affecter cet orgueil indomptable. Dans la bouche de Dorine, *je me moquerois fort*, signifie de même, je me garderois bien, je saurois bien me dispenser, etc.

(1) Ce motif de sortie est des plus simples, et il vaut mieux que si l'auteur y avoit mis beaucoup d'art et d'apprêt. Il est tout naturel qu'un homme bilieux et irascible comme Orgon sente le besoin de prendre l'air pour se calmer, après avoir si longuement essuyé les discours insolens d'une servante qui l'a contrarié sans cesse, et, qui pis est, lui a fait commettre un gros péché.

Molière a recommencé toute cette scène dans *le Malade imaginaire*. Le fond est exactement le même, et les détails ne diffèrent qu'en ce qui regarde l'état des personnages. Argan, ne consultant que son intérêt de malade, veut donner un médecin pour mari à Angélique, comme Orgon, n'écoutant que ses préventions dévotes, prétend que Mariane épouse ce saint homme de Tartuffe. Toinette, servante attachée et familière comme Dorine, combat comme elle la résolution de son maître, d'abord en feignant de n'y pas croire, ensuite en faisant ressortir ce qu'elle a de ridicule. La colère des deux pères est toute semblable; chacun d'eux veut frapper l'impertinente servante qui le contrarie; et Toinette dit à Argan : « Doucement, vous ne songez pas que vous êtes malade, » de même que Dorine dit à Orgon:

Ah! vous êtes dévot, et vous vous emportez!

SCÈNE III.

MARIANE, DORINE.

DORINE.

Avez-vous donc perdu, dites-moi, la parole ?
Et faut-il qu'en ceci je fasse votre rôle ?
Souffrir qu'on vous propose un projet insensé,
Sans que du moindre mot vous l'ayez repoussé !

MARIANE.

Contre un père absolu que veux-tu que je fasse ? [1]

DORINE.

Ce qu'il faut pour parer une telle menace.

MARIANE.

Quoi ?

DORINE.

Lui dire qu'un cœur n'aime point par autrui ;
Que vous vous mariez pour vous, non pas pour lui,
Qu'étant celle pour qui se fait toute l'affaire,
C'est à vous, non à lui, que le mari doit plaire ;
Et que si son Tartuffe est pour lui si charmant,
Il le peut épouser sans nul empêchement. [2]

---

[1] On lit dans *l'École des Pères*, de Baron :
  Contre un père absolu que pouvons-nous tenter ?

[2] Cette saillie plaisante se trouve dans une comédie de Claveret, intitulée, *l'Écuyer ou les Faux nobles mis au billon*. Fanchon dit à son père Aroate, qui veut lui donner pour mari Clidamor qu'elle n'aime pas :
  S'il vous semble si beau, vous pouvez l'épouser.
Je ne sais si Molière a imité Claveret ; mais nombre d'auteurs ont imité Molière.

MARIANE.

Un père, je l'avoue, a sur nous tant d'empire,
Que je n'ai jamais eu la force de rien dire.

DORINE.

Mais raisonnons. Valère a fait pour vous des pas :
L'aimez-vous, je vous prie, ou ne l'aimez-vous pas ?

MARIANE.

Ah! qu'envers mon amour ton injustice est grande,
Dorine! Me dois-tu faire cette demande ?
T'ai-je pas là-dessus ouvert cent fois mon cœur ?
Et sais-tu pas pour lui jusqu'où va mon ardeur ? [1]

DORINE.

Que sais-je si le cœur a parlé par la bouche,
Et si c'est tout de bon que cet amant vous touche ?

MARIANE.

Tu me fais un grand tort, Dorine, d'en douter ;
Et mes vrais sentimens ont su trop éclater.

DORINE.

Enfin, vous l'aimez donc ?

MARIANE.

                Oui, d'une ardeur extrême.

---

(1)   T'ai-je pas là-dessus ouvert cent fois mon cœur ?
          Et sais-tu pas pour lui jusqu'où va mon ardeur ?

T'ai-je pas ? sais-tu pas ? pour, ne t'ai-je pas ? ne sais-tu pas ? Vaugelas approuvoit, comme plus élégante, cette suppression de la particule *ne* dans les phrases interrogatives. C'étoit une négligence qui avoit pu s'introduire dans la conversation ; mais, dans les écrits, c'étoit une licence que rien ne justifioit. En ce point, l'autorité de Vaugelas a égaré les écrivains.

ACTE II, SCÈNE III.

DORINE.

Et selon l'apparence il vous aime de même?

MARIANE.

Je le crois.

DORINE.

Et tous deux brûlez également [1]
De vous voir mariés ensemble?

MARIANE.

Assurément.

DORINE.

Sur cette autre union quelle est donc votre attente?

MARIANE.

De me donner la mort, si l'on me violente.

DORINE.

Fort bien. C'est un recours où je ne songeois pas. [2]
Vous n'avez qu'à mourir pour sortir d'embarras.
Le remède sans doute est merveilleux. J'enrage
Lorsque j'entends tenir ces sortes de langage.

MARIANE.

Mon dieu! de quelle humeur, Dorine, tu te rends!
Tu ne compatis point aux déplaisirs des gens.

---

[1] .... Et tous deux brûlez également.
L'exactitude grammaticale voudroit, *et tous deux vous brûlez*, etc.

[2] Fort bien. C'est un recours où je ne songeois pas.
J'ai déja eu souvent occasion de remarquer que la particule de lieu *où* ne remplaçoit bien les pronoms *auquel* et *dans lequel*, que quand la phrase exprimoit une idée de tendance ou de localité, comme dans, *le bonheur où j'aspire, le péril où je suis tombé*. Cette condition n'existe nullement dans ces mots, *un recours où je ne songeois pas*.

DORINE.

Je ne compatis point à qui dit des sornettes,
Et dans l'occasion mollit comme vous faites.

MARIANE.

Mais que veux-tu ? si j'ai de la timidité.

DORINE.

Mais l'amour dans un cœur veut de la fermeté.

MARIANE.

Mais n'en gardé-je pas pour les feux de Valère ?
Et n'est-ce pas à lui de m'obtenir d'un père ?

DORINE.

Mais quoi! si votre père est un bourru fieffé,
Qui s'est de son Tartuffe entièrement coiffé,
Et manque à l'union qu'il avoit arrêtée,
La faute à votre amant doit-elle être imputée ?

MARIANE.

Mais, par un haut refus et d'éclatans mépris,
Ferai-je, dans mon choix, voir un cœur trop épris ?
Sortirai-je pour lui, quelque éclat dont il brille,
De la pudeur du sexe, et du devoir de fille ?
Et veux-tu que mes feux par le monde étalés ?...

DORINE.

Non, non, je ne veux rien. Je vois que vous voulez
Être à monsieur Tartuffe; et j'aurois, quand j'y pense,
Tort de vous détourner d'une telle alliance.
Quelle raison aurois-je à combattre vos vœux ?
Le parti de soi-même est fort avantageux.
Monsieur Tartuffe! oh! oh! n'est-ce rien qu'on propose ?
Certes, monsieur Tartuffe, à bien prendre la chose,

N'est pas un homme, non, qui se mouche du pied; (1)
Et ce n'est pas peu d'heur que d'être sa moitié.
Tout le monde déja de gloire le couronne;
Il est noble chez lui, bien fait de sa personne;
Il a l'oreille rouge et le teint bien fleuri :
Vous vivrez trop contente avec un tel mari.

MARIANE.

Mon dieu!...

DORINE.

Quelle allégresse aurez-vous dans votre ame,
Quand d'un époux si beau vous vous verrez la femme!

MARIANE.

Ah! cesse, je te prie, un semblable discours;
Et contre cet hymen ouvre-moi du secours.
C'en est fait, je me rends, et suis prête à tout faire.

DORINE.

Non, il faut qu'une fille obéisse à son père,
Voulût-il lui donner un singe pour époux.
Votre sort est fort beau : de quoi vous plaignez-vous?
Vous irez par le coche en sa petite ville,
Qu'en oncles et cousins vous trouverez fertile,
Et vous vous plairez fort à les entretenir.
D'abord chez le beau monde on vous fera venir.
Vous irez visiter, pour votre bien-venue,
Madame la baillive et madame l'élue,

---

(1) Un homme qui *ne se mouche pas du pied*, est un homme fin, à qui il n'est pas aisé d'en faire accroire. Les Latins appeloient un tel homme, *homo emunctæ naris*. Un homme qui ne pourroit se moucher que du pied, seroit certainement mal mouché; il ne seroit pas *emunctæ naris*; il ne seroit pas fin. Il est possible que le proverbe latin ait donné naissance au proverbe françois.

6.

Qui d'un siége pliant vous feront honorer.
Là, dans le carnaval, vous pourrez espérer
Le bal et la grand' bande, à savoir, deux musettes,
Et parfois Fagotin et les marionnettes; (1)
Si pourtant votre époux...

MARIANE.

Ah! tu me fais mourir.
De tes conseils plutôt songe à me secourir.

DORINE.

Je suis votre servante.

MARIANE.

Hé! Dorine, de grace...

DORINE.

Il faut, pour vous punir, que cette affaire passe.

MARIANE.

Ma pauvre fille!

DORINE.

Non.

MARIANE.

Si mes vœux déclarés...

---

(1) *Fagotin* est le nom d'un singe fameux qui étoit venu faire admirer à Paris sa souplesse et sa dextérité. La Fontaine fait aussi mention de lui dans sa fable de la *Cour du Lion* :

.... L'écrit portoit
Qu'un mois durant le roi tiendroit
Cour plénière, dont l'ouverture
Devoit être un fort grand festin,
Suivi des tours de Fagotin.

Les *marionnettes* datent du même temps en France. Le premier qui les fit jouer en public à Paris, fut un nommé Brioché, le père de celui dont Boileau parle dans ce vers :

Que non loin de la place où Brioché préside, etc.

ACTE II, SCÈNE III.

DORINE.

Point. Tartuffe est votre homme, et vous en tâterez.

MARIANE.

Tu sais qu'à toi toujours je me suis confiée :
Fais-moi...

DORINE.

Non, vous serez, ma foi, tartuffiée. [1]

MARIANE.

Hé bien! puisque mon sort ne sauroit t'émouvoir,
Laisse-moi désormais toute à mon désespoir :
C'est de lui que mon cœur empruntera de l'aide;
Et je sais de mes maux l'infaillible remède.

(*Mariane veut s'en aller.*)

DORINE.

Hé! là, là, revenez. Je quitte mon courroux.
Il faut, nonobstant tout, avoir pitié de vous.

MARIANE.

Vois-tu, si l'on m'expose à ce cruel martyre,
Je te le dis, Dorine, il faudra que j'expire.

DORINE.

Ne vous tourmentez point. On peut adroitement
Empêcher... Mais voici Valère, votre amant. [2]

---

[1] Ce mot de *tartuffiée* est très-heureusement forgé. Il faut que, dans sa précision, il ait bien de l'énergie, puisqu'il semble enchérir sur ces mots déja très-forts par lesquels Dorine vient d'exprimer la même pensée : *Point. Tartuffe est votre homme, et vous en tâterez.*

[2] Cette scène est charmante. Dorine y soutient son caractère, et Mariane y développe le sien qui est celui d'une jeune fille douce, timide, soumise à ses parens, et plus capable de prendre une résolution

SCÈNE IV.

VALÈRE, MARIANE, DORINE.

VALÈRE.

On vient de débiter, madame, une nouvelle
Que je ne savois pas, et qui sans doute est belle.

MARIANE.

Quoi?

VALÈRE.

Que vous épousez Tartuffe.

MARIANE.

       Il est certain
Que mon père s'est mis en tête ce dessein.

VALÈRE.

Votre père, madame...

MARIANE.

     A changé de visée :
La chose vient par lui de m'être proposée.

VALÈRE.

Quoi! sérieusement?

MARIANE.

     Oui, sérieusement.
Il s'est pour cet hymen déclaré hautement.

---

violente contre elle-même, que de résister à leurs plus injustes volontés. Mariane respecte autant son père qu'elle chérit son amant : pressée entre ces deux sentimens qui se combattent, elle nous intéresse doublement; et notre haine s'en accroît d'autant pour le fourbe maudit qui est la cause de son tourment.

ACTE II, SCÈNE IV.

VALÈRE.

Et quel est le dessein où votre ame s'arrête, Madame?

MARIANE.

Je ne sais.

VALÈRE.

La réponse est honnête. Vous ne savez?

MARIANE.

Non.

VALÈRE.

Non?

MARIANE.

Que me conseillez-vous? [1]

VALÈRE.

Je vous conseille, moi, de prendre cet époux.

MARIANE.

Vous me le conseillez?

VALÈRE.

Oui.

MARIANE.

Tout de bon?

---

(1) Je sens combien la position de Mariane étoit délicate et embarrassante; elle ne pouvoit pas dire à son amant que son dessein étoit de désobéir à son père : c'est une résolution que sa timidité l'empêche de former, et que sa retenue d'ailleurs ne lui permettroit pas de déclarer formellement. Mais, s'il étoit difficile qu'elle répondit à Valère autrement qu'elle n'a fait, il étoit difficile aussi que Valère n'en fût pas formalisé. La querelle qui va s'engager est donc aussi bien fondée que querelle d'amans puisse l'être.

VALÈRE.
Sans doute.
Le choix est glorieux, et vaut bien qu'on l'écoute.

MARIANE.
Hé bien! c'est un conseil, monsieur, que je reçois.

VALÈRE.
Vous n'aurez pas grand' peine à le suivre, je crois.

MARIANE.
Pas plus qu'à le donner en a souffert votre ame.

VALÈRE.
Moi, je vous l'ai donné pour vous plaire, madame.

MARIANE.
Et moi, je le suivrai pour vous faire plaisir.

DORINE, *se retirant dans le fond du théâtre.*
Voyons ce qui pourra de ceci réussir. (1)

VALÈRE.
C'est donc ainsi qu'on aime? Et c'étoit tromperie
Quand vous...

MARIANE.
Ne parlons point de cela, je vous prie.
Vous m'avez dit tout franc que je dois accepter
Celui que pour époux on me veut présenter :
Et je déclare, moi, que je prétends le faire,
Puisque vous m'en donnez le conseil salutaire.

---

(1) Voyons ce qui pourra de ceci réussir.

Molière fait ici du verbe *réussir* un emploi que n'autorise l'usage ni de son temps, ni du nôtre. On dit bien, *voyons comment ceci pourra réussir* ; mais non pas, *voyons ce qui pourra réussir de ceci*. Dans cette dernière phrase, *résulter* ou *arriver* seroit le mot propre.

ACTE II, SCÈNE IV.

VALÈRE.

Ne vous excusez point sur mes intentions.
Vous aviez pris déja vos résolutions;
Et vous vous saisissez d'un prétexte frivole
Pour vous autoriser à manquer de parole.

MARIANE.

Il est vrai, c'est bien dit.

VALÈRE.

Sans doute; et votre cœur
N'a jamais eu pour moi de véritable ardeur.

MARIANE.

Hélas! permis à vous d'avoir cette pensée.

VALÈRE.

Oui, oui, permis à moi : mais mon ame offensée
Vous préviendra peut-être en un pareil dessein;
Et je sais où porter et mes vœux et ma main.

MARIANE.

Ah! je n'en doute point; et les ardeurs qu'excite
Le mérite...

VALÈRE.

Mon dieu! laissons là le mérite; (1)
J'en ai fort peu, sans doute, et vous en faites foi.
Mais j'espère aux bontés qu'une autre aura pour moi; (2)

---

(1) Alceste dans *le Misanthrope*, dit de même à Arsinoé qui lui parle de son mérite :

.... Mon dieu! laissons mon mérite, de grace.

(2) Mais j'espère aux bontés qu'une autre aura pour moi.
On dit, *j'espère en vous*, *j'espère en vos bontés*, c'est-à-dire, je mets mon espoir *dans vous*, *dans vos bontés*. Aucune raison d'analogie n'autorise à se servir de la préposition *à*, et à dire, *j'espère à vous*, *j'espère à vos bontés*.

Et j'en sais de qui l'ame, à ma retraite ouverte,
Consentira sans honte à réparer ma perte.

MARIANE.

La perte n'est pas grande; et de ce changement
Vous vous consolerez assez facilement.

VALÈRE.

J'y ferai mon possible; et vous le pouvez croire.
Un cœur qui nous oublie engage notre gloire;
Il faut à l'oublier mettre aussi tous nos soins :
Si l'on n'en vient à bout, on le doit feindre au moins;
Et cette lâcheté jamais ne se pardonne,
De montrer de l'amour pour qui nous abandonne.

MARIANE.

Ce sentiment, sans doute, est noble et relevé.

VALÈRE.

Fort bien; et d'un chacun il doit être approuvé.
Hé quoi! vous voudriez qu'à jamais dans mon ame
Je gardasse pour vous les ardeurs de ma flamme,
Et vous visse, à mes yeux, passer en d'autres bras,
Sans mettre ailleurs un cœur dont vous ne voulez pas?

MARIANE.

Au contraire; pour moi, c'est ce que je souhaite;
Et je voudrois déja que la chose fût faite.

VALÈRE.

Vous le voudriez?

MARIANE.

Oui.

VALÈRE.

C'est assez m'insulter,

ACTE II, SCÈNE IV.

Madame; et, de ce pas, je vais vous contenter.

(*Il fait un pas pour s'en aller.*)

MARIANE.

Fort bien.

VALÈRE, *revenant.*

Souvenez-vous au moins que c'est vous-même
Qui contraignez mon cœur à cet effort extrême.

MARIANE.

Oui.

VALÈRE, *revenant encore.*

Et que le dessein que mon ame conçoit
N'est rien qu'à votre exemple.

MARIANE.

A mon exemple, soit.

VALÈRE, *en sortant.*

Suffit : vous allez être à point nommé servie.

MARIANE.

Tant mieux.

VALÈRE, *revenant encore.*

Vous me voyez, c'est pour toute ma vie.

MARIANE.

A la bonne heure.

VALÈRE, *se retournant lorsqu'il est prêt à sortir.*

Hé?

MARIANE.

Quoi?

VALÈRE.

Ne m'appelez-vous pas?

MARIANE.

Moi! Vous rêvez.

VALÈRE.

Hé bien! je poursuis donc mes pas. Adieu, madame.

(*Il s'en va lentement.*)

MARIANE.

Adieu, monsieur.

DORINE, *à Mariane.*

Pour moi, je pense
Que vous perdez l'esprit par cette extravagance ;
Et je vous ai laissés tout du long quereller,
Pour voir où tout cela pourroit enfin aller.
Holà! seigneur Valère.

(*Elle arrête Valère par le bras.*)

VALÈRE, *feignant de résister.*

Hé! que veux-tu, Dorine?

DORINE.

Venez ici.

VALÈRE.

Non, non, le dépit me domine.
Ne me détourne point de ce qu'elle a voulu.

DORINE.

Arrêtez.

VALÈRE.

Non, vois-tu, c'est un point résolu.

DORINE.

Ah!

ACTE II, SCÈNE IV.

MARIANE, *à part.*

Il souffre à me voir, ma présence le chasse;
Et je ferai bien mieux de lui quitter la place.

DORINE, *quittant Valère, et courant après Mariane.*

A l'autre! Où courez-vous?

MARIANE.

Laisse.

DORINE.

Il faut revenir.

MARIANE.

Non, non, Dorine; en vain tu veux me retenir.

VALÈRE, *à part.*

Je vois bien que ma vue est pour elle un supplice;
Et, sans doute, il vaut mieux que je l'en affranchisse.

DORINE, *quittant Mariane, et courant après Valère.*

Encor! Diantre soit fait de vous, si je le veux. *(1)
Cessez ce badinage; et venez çà tous deux.

(*Elle prend Valère et Mariane par la main, et les ramène.*)

VARIANTE. * *Diantre soit fait de vous! Si... Je le veux.*

---

(1) Ne sachant quel sens donner aux mots, *si je le veux*, des éditeurs modernes ont imaginé de les écrire de cette manière, *Si... Je le veux*, ce qui est contraire au texte de l'édition originale et de celle de 1682. Ce mot *Si...* formant un sens suspendu très-difficile à suppléer, ne seroit qu'un pur remplissage, une syllabe intercalée uniquement pour compléter le vers. Molière a écrit, ou du moins l'édition faite sous ses yeux porte, *Diantre soit fait de vous, si je le veux*. Je ne comprends pas beaucoup mieux la phrase ainsi écrite; mais, à égale obscurité, le parti de s'attacher au texte me paroit le plus sûr.

VALÈRE, *à Dorine.*

Mais quel est ton dessein?

MARIANE, *à Dorine.*

Qu'est-ce que tu veux faire?

DORINE.

Vous bien remettre ensemble, et vous tirer d'affaire.
(*à Valère.*)
Êtes-vous fou d'avoir un pareil démêlé?

VALÈRE.

N'as-tu pas entendu comme elle m'a parlé?

DORINE, *à Mariane.*

Êtes-vous folle, vous, de vous être emportée?

MARIANE.

N'as-tu pas vu la chose, et comme il m'a traitée?

DORINE.

(*à Valère.*)
Sottise des deux parts. Elle n'a d'autre soin
Que de se conserver à vous, j'en suis témoin.
(*à Mariane.*)
Il n'aime que vous seule, et n'a point d'autre envie
Que d'être votre époux, j'en réponds sur ma vie.

MARIANE, *à Valère.*

Pourquoi donc me donner un semblable conseil?

VALÈRE, *à Mariane.*

Pourquoi m'en demander sur un sujet pareil?

DORINE.

Vous êtes fous tous deux. Çà, la main l'un et l'autre.

ACTE II, SCÈNE IV.

(*à Valère.*)

Allons, vous.

VALÈRE, *en donnant sa main à Dorine.*

A quoi bon ma main?

DORINE, *à Mariane.*

Ah çà! la vôtre.

MARIANE, *en donnant aussi sa main.*

De quoi sert tout cela?

DORINE.

Mon dieu! vîte, avancez.
Vous vous aimez tous deux plus que vous ne pensez.

(*Valère et Mariane se tiennent quelque temps par la main sans se regarder.*)

VALÈRE, *se tournant vers Mariane.*

Mais ne faites donc point les choses avec peine;
Et regardez un peu les gens sans nulle haine.

(*Mariane se tourne du côté de Valère en lui souriant.*)

DORINE.

A vous dire le vrai, les amans sont bien fous!

VALÈRE, *à Mariane.*

Oh çà! n'ai-je pas lieu de me plaindre de vous?[1]

---

[1] Voilà le trait le plus délicieux d'une scène qui en est remplie. Ce n'est pas là un mot plaisant, un joli vers; c'est la nature observée et saisie admirablement. Nous voyons à la représentation combien ce trait répond juste au cœur, je dirois presque à la conscience de tous les spectateurs: on se récrie universellement, comme si chacun se souvenoit d'avoir parlé, d'avoir agi de même en pareil cas. « Relisez, dit « La Harpe, toute cette admirable scène où deux amans viennent de se

Et, pour n'en point mentir, n'êtes-vous pas méchante [1]
De vous plaire à me dire une chose affligeante?

MARIANE.

Mais vous, n'êtes-vous pas l'homme le plus ingrat?...

DORINE.

Pour une autre saison laissons tout ce débat,
Et songeons à parer ce fâcheux mariage.

MARIANE.

Dis-nous donc quels ressorts il faut mettre en usage.

DORINE.

Nous en ferons agir de toutes les façons.

(à Mariane.) (à Valère.)

Votre père se moque; et ce sont des chansons.

(à Mariane.)

Mais, pour vous, il vaut mieux qu'à son extravagance
D'un doux consentement vous prêtiez l'apparence,
Afin qu'en cas d'alarme il vous soit plus aisé
De tirer en longueur cet hymen proposé.
En attrapant du temps, à tout on remédie.

« raccommoder, et où l'un des deux, après la paix faite et scellée, dit
« pour première parole :

Oh çà! n'ai-je pas lieu de me plaindre de vous?

« Relisez cent traits de cette force; et, si vous avez aimé, vous tombe-
« rez aux genoux de Molière, et vous répéterez ce mot de Sadi : *Voilà*
« *celui qui sait comme on aime.* »

(1) Et, pour n'en point mentir, n'êtes-vous pas méchante.
Comme on ne dit pas, *mentir d'une chose,* on ne doit pas dire non
plus, *pour n'en point mentir.* C'étoit une faute bien facile à éviter,
puisqu'il suffisoit de mettre, *pour ne point mentir.*

ACTE II, SCÈNE IV.

Tantôt vous payerez de quelque maladie, (1)
Qui viendra tout-à-coup, et voudra des délais;
Tantôt vous payerez de présages mauvais;
Vous aurez fait d'un mort la rencontre fâcheuse,
Cassé quelque miroir, ou songé d'eau bourbeuse: (2)
Enfin, le bon de tout, c'est qu'à d'autres qu'à lui
On ne vous peut lier, que vous ne disiez oui.
Mais, pour mieux réussir, il est bon, ce me semble,
Qu'on ne vous trouve point tous deux parlant ensemble.

(*à Valère.*)

Sortez; et, sans tarder, employez vos amis
Pour vous faire tenir ce qu'on vous a promis.
Nous allons réveiller les efforts de son frère,
Et dans notre parti jeter la belle-mère.
Adieu.

VALÈRE, *à Mariane.*
Quelques efforts que nous préparions tous,

---

(1) Tantôt vous payerez de quelque maladie.

Ici, et deux vers plus bas, *payerez* est de trois syllabes. C'est une faute contre la versification, que Vaugelas avoit signalée en ces termes : « Dans les vers, on dit, *pairai*, *lourai*, et non pas, *payerai* ni *louerai*; « ce sont des mots dissyllabes dans la poésie. »

(2) Ce moyen de gagner du temps pourroit ne paroître digne ni de Mariane, ni même de Dorine qui le suggère, si l'on ne réfléchissoit qu'alors la superstition des songes et des présages étoit plus commune qu'aujourd'hui, ou que peut-être seulement on s'en cachoit moins. Si elle n'avoit pas fait partie des mœurs de son temps, Molière n'en auroit pas parlé jusqu'à trois fois; ici d'abord; puis dans *le Dépit amoureux*, acte V, scène VII; enfin, dans *les Amans magnifiques*, acte I, scène II.

Ma plus grande espérance, à vrai dire, est en vous. (1)

MARIANE, *à Valère.*

Je ne vous réponds pas des volontés d'un père ;
Mais je ne serai point à d'autre qu'à Valère.

VALÈRE.

Que vous me comblez d'aise ! Et quoi que puisse oser...

DORINE.

Ah ! jamais les amans ne sont las de jaser.
Sortez, vous dis-je.

VALÈRE, *revenant sur ses pas.*

Enfin...

DORINE.

Quel caquet est le vôtre !
Tirez de cette part ; et vous, tirez de l'autre. (2)

(*Dorine les pousse chacun par l'épaule, et les oblige
de se séparer.*)

---

(1) Dans *les Femmes savantes*, Clitandre dit de même à Henriette :
Quelque secours puissant qu'on promette à ma flamme,
Mon plus solide espoir, c'est votre cœur, madame.

(2) Voilà une de ces trois belles scènes de dépit amoureux employées par Molière, scènes dont le fond est exactement le même et dont la forme est si heureusement variée. Celle-ci, fort supérieure à la scène du *Bourgeois gentilhomme*, qui toutefois est charmante, mérite presque d'être mise sur la même ligne que la scène du *Dépit amoureux*, au-dessus de laquelle on ne peut rien placer. C'est encore ici le lieu d'observer quel aimable et doux intérêt Molière sait répandre sur ses amans, quelque peu de place qu'ils occupent dans l'action. Valère, par exemple, ne paroît que dans deux scènes ; mais ici, il vient de se montrer amant passionné, et au cinquième acte, nous le verrons homme généreux. N'est-ce pas réunir sur lui les qualités qui peuvent nous prévenir le plus en sa faveur ?

Je remarquerai que, dans les deux principaux chefs-d'œuvre de Molière, *le Misanthrope*, et *le Tartuffe*, il y a un acte presque entièrement épisodique. Dans *le Misanthrope*, c'est le troisième, dont la dernière scène seulement appartient au sujet. Ici, c'est le second, sauf la première scène, où Orgon propose à Mariane d'épouser Tartuffe. Le reste consiste en débats étrangers à l'action principale, débat entre le père et la servante, débat entre la servante et la jeune fille, enfin débat entre les deux amans. Ce ne sont là certainement que des épisodes; mais qu'ils sont naturellement amenés! qu'ils se suivent bien! surtout qu'ils sont piquans! Il falloit sans doute qu'ils le fussent beaucoup pour amuser et tromper l'impatience où l'on est de voir paroître Tartuffe.

Ce second acte finissoit originairement par une scène entre Dorine, Elmire, Cléante et Damis. J'en trouve la preuve dans cette *Lettre sur la comédie de l'Imposteur*, dont j'ai déja parlé. Voici le passage : « Enfin, Dorine, demeurée seule, est abordée par sa maîtresse et le frère « de sa maîtresse avec Damis. Tous ensemble, parlant de ce beau mariage, et ne sachant quelle autre voie prendre pour le rompre, se « résolvent d'en faire parler à Panulphe même par la dame, parce « qu'ils commencent à croire qu'il ne la hait pas. Et par là finit l'acte « qui laisse, comme on voit, dans toutes les règles de l'art, une curiosité et une impatience extrême de savoir ce qui arrivera de cette « entrevue, comme le premier avoit laissé le spectateur en suspens et « en doute de la cause pour quoi le mariage de Valère et de Mariane « étoit rompu. »

FIN DU SECOND ACTE.

ACTE III.

SCÈNE PREMIÈRE.

DAMIS, DORINE.

DAMIS.

Que la foudre, sur l'heure, achève mes destins,
Qu'on me traite partout du plus grand des faquins,
S'il est aucun respect, ni pouvoir qui m'arrête,
Et si je ne fais pas quelque coup de ma tête !

DORINE.

De grace, modérez un tel emportement :
Votre père n'a fait qu'en parler simplement.
On n'exécute pas tout ce qui se propose ;
Et le chemin est long du projet à la chose.

DAMIS.

Il faut que de ce fat j'arrête les complots,
Et qu'à l'oreille un peu je lui dise deux mots. [1]

---

(1) La fougue de ce jeune homme est amusante et vraie : elle est de son âge ; et, de plus, elle lui convient particulièrement : n'est-il pas le fils du bilieux Orgon et le petit-fils de la colérique madame Pernelle ? Ce caractère emporté qui ne prend conseil que de lui-même, donne au personnage la seule physionomie qu'il pût avoir, et en même temps il concourt doublement à l'action. C'est Damis qui, à la fin de cet acte, repoussant les sages instances d'Elmire, apprend à son père

ACTE III, SCÈNE I.

DORINE.

Ah! tout doux! envers lui, comme envers votre père,
Laissez agir les soins de votre belle-mère.
Sur l'esprit de Tartuffe elle a quelque crédit;
Il se rend complaisant à tout ce qu'elle dit,
Et pourroit bien avoir douceur de cœur pour elle. (1)
Plût à Dieu qu'il fût vrai! la chose seroit belle.
Enfin, votre intérêt l'oblige à le mander :
Sur l'hymen qui vous trouble elle veut le sonder,
Savoir ses sentimens, et lui faire connoître
Quels fâcheux démêlés il pourra faire naître
S'il faut qu'à ce dessein il prête quelque espoir. (2)
Son valet dit qu'il prie; et je n'ai pu le voir :
Mais ce valet m'a dit qu'il s'en alloit descendre.
Sortez donc, je vous prie, et me laissez l'attendre.

DAMIS.

Je puis être présent à tout cet entretien.

---

l'infamie de Tartuffe; et la violence même de son éclat contre le monstre, dont elle fait ressortir l'hypocrite douceur, n'en dispose que mieux Orgon à ne rien croire de ce que son fils vient de lui raconter.

(1)   Et pourroit bien avoir douceur de cœur pour elle.

On lit, dans *le Misanthrope* :

        Et même pour Alceste elle a tendresse d'ame.

Avoir douceur de cœur ou *tendresse d'ame pour quelqu'un* sont deux expressions que l'absence de l'article rend également singulières; mais la même idée qui est rendue exactement par *tendresse d'ame*, est mal exprimée par *douceur de cœur*.

(2)   S'il faut qu'à ce dessein il prête quelque espoir.

Prêter quelque espoir à un dessein est une phrase barbare qu'on n'est pas même sûr de bien comprendre; car elle peut signifier, se flatter de l'espoir que ce dessein réussira, ou bien, le seconder de manière que celui qui l'a conçu en espère le succès.

DORINE.

Point. Il faut qu'ils soient seuls.

DAMIS.

Je ne lui dirai rien.

DORINE.

Vous vous moquez : on sait vos transports ordinaires ;
Et c'est le vrai moyen de gâter les affaires.
Sortez.

DAMIS.

Non ; je veux voir, sans me mettre en courroux.

DORINE.

Que vous êtes fâcheux ! Il vient. Retirez-vous.

(*Damis va se cacher dans un cabinet qui est au fond du théâtre.*)

SCÈNE II.

TARTUFFE, DORINE.

TARTUFFE, *parlant haut à son valet, qui est dans la maison, dès qu'il aperçoit Dorine.*

Laurent, serrez ma haire avec ma discipline,
Et priez que toujours le ciel vous illumine.
Si l'on vient pour me voir, je vais aux prisonniers
Des aumônes que j'ai partager les deniers. (1)

---

(1) Nous voici à la deuxième scène du troisième acte, c'est-à-dire presque à la moitié de la pièce, et Tartuffe paroît pour la première fois. Après deux actes tout remplis de lui malgré son absence, il se montre enfin ; et cette apparition, si longuement préparée, si longuement attendue, a tout l'effet du coup de théâtre le plus inopiné. Des critiques

ACTE III, SCÈNE II.

DORINE, *à part.*

Que d'affectation et de forfanterie!

TARTUFFE.

Que voulez-vous?

DORINE.

Vous dire...

TARTUFFE, *tirant un mouchoir de sa poche.*

Ah! mon dieu! je vous prie,
Avant que de parler, prenez-moi ce mouchoir. (1)

DORINE.

Comment!

TARTUFFE.

Couvrez ce sein que je ne saurois voir.

---

ont pensé que Molière n'avoit ainsi suspendu et retardé l'entrée en scène de son imposteur, que pour épargner le plus possible au spectateur la vue d'un odieux personnage dont la présence trop continuelle auroit fatigué sa sensibilité. Je doute que ce motif, d'ailleurs ingénieux et plausible, soit celui qui a déterminé Molière. L'auteur de la *Lettre sur la comédie de l'Imposteur*, cet écrivain qui, s'il n'est pas Molière lui-même, peut du moins être soupçonné d'avoir été mis par lui dans le secret de ses intentions, assigne une autre cause à l'apparition tardive de Tartuffe. « C'est peut-être, dit-il, une adresse de l'auteur de ne l'avoir pas fait « voir plus tôt, mais seulement quand l'action est échauffée; car un carac- « tère de cette force tomberoit s'il paroissoit sans faire d'abord un jeu « digne de lui. » Il me semble que cette explication simple et presque naïve est beaucoup plus satisfaisante que la première, en ce qu'elle se fonde, non pas sur une raison morale, dont l'application peut manquer ici d'exactitude, mais sur un principe dramatique dont la vérité ne sauroit être mise en doute. C'est aux maîtres de l'art à prononcer.

(1) *Prenez-moi ce mouchoir.* — *Moi*, dans cette phrase, est purement explétif, car on ne *prend* pas *à* une personne la chose qu'elle offre, on la *prend d'elle* ou simplement on la *prend*. Prenez-moi est donc pour, *prenez*.

Par de pareils objets les ames sont blessées,
Et cela fait venir de coupables pensées.

DORINE.

Vous êtes donc bien tendre à la tentation; ⁽¹⁾
Et la chair sur vos sens fait grande impression!
Certes, je ne sais pas quelle chaleur vous monte: ⁽²⁾
Mais à convoiter, moi, je ne suis point si prompte;
Et je vous verrois nu, du haut jusques en bas,
Que toute votre peau ne me tenteroit pas.

TARTUFFE.

Mettez dans vos discours un peu de modestie, ⁽³⁾
Ou je vais sur le champ vous quitter la partie.

DORINE.

Non, non, c'est moi qui vais vous laisser en repos,
Et je n'ai seulement qu'à vous dire deux mots. ⁽⁴⁾

---

(1) Lanoue a parodié ce vers dans *la Coquette corrigée*, en disant:
    Je vous trouve bien tendre à la compassion.

(2)   Certes, je ne sais pas quelle chaleur vous monte.
On éprouve quelque peine à critiquer des expressions aussi consacrées que celle de ce vers; mais les droits de l'usage et de la raison doivent passer avant tout. *Monter*, dans le sens où il est employé ici, veut un complément indirect; on dit, *le vin me monte à la tête; la chaleur, le feu, le sang me monte au visage*, etc. Molière lui-même a dit dans *les Fâcheux* :
    Au visage, sur l'heure, un rouge m'est monté.

(3) L'avis a du bon; et, donné par un autre que Tartuffe, il ne sembleroit nullement déplacé. Mais aussi Dorine ne parleroit pas à un autre qu'à Tartuffe avec si peu de modestie : on sent que la maligne suivante se plaît à décontenancer par des propos plus que vifs l'hypocrite qui tout-à-l'heure feignoit de voir avec horreur une chose dont sans doute sa luxure étoit intérieurement charmée.

(4)   Et je n'ai seulement qu'à vous dire deux mots.
Dans l'usage ordinaire, *je n'ai qu'à vous dire deux mots, et je n'ai que*

Madame va venir dans cette salle basse,
Et d'un mot d'entretien vous demande la grace.

TARTUFFE.

Hélas! très-volontiers.

DORINE, *à part.*

Comme il se radoucit!
Ma foi, je suis toujours pour ce que j'en ai dit. (1)

TARTUFFE.

Viendra-t-elle bientôt?

DORINE.

Je l'entends, ce me semble.
Oui, c'est elle en personne, et je vous laisse ensemble.

SCÈNE III.

ELMIRE, TARTUFFE.

TARTUFFE.

Que le ciel à jamais, par sa toute bonté,
Et de l'ame et du corps vous donne la santé,
Et bénisse vos jours autant que le desire
Le plus humble de ceux que son amour inspire!

---

deux mots à vous dire, ont des sens tout-à-fait différens. *Je n'ai qu'à vous dire deux mots*, deux mots suffiront pour vous convaincre, pour vous confondre, etc. *Je n'ai que deux mots à vous dire*, deux mots sont tout ce que j'ai à vous dire. Sans la rime, Molière eût employé la seconde façon de parler.

(1) La déclaration d'amour qui va suivre, est préparée ici de nouveau, et l'est, comme la première fois, par les soupçons de Dorine.

ELMIRE.

Je suis fort obligée à ce souhait pieux.
Mais prenons une chaise, afin d'être un peu mieux.

TARTUFFE, *assis.*

Comment de votre mal vous sentez-vous remise?

ELMIRE, *assise.*

Fort bien; et cette fièvre a bientôt quitté prise.

TARTUFFE.

Mes prières n'ont pas le mérite qu'il faut
Pour avoir attiré cette grace d'en haut;
Mais je n'ai fait au ciel nulle dévote instance
Qui n'ait eu pour objet votre convalescence.

ELMIRE.

Votre zèle pour moi s'est trop inquiété.

TARTUFFE.

On ne peut trop chérir votre chère santé;
Et, pour la rétablir j'aurois donné la mienne.

ELMIRE.

C'est pousser bien avant la charité chrétienne;
Et je vous dois beaucoup pour toutes ces bontés.

TARTUFFE.

Je fais bien moins pour vous que vous ne méritez.

ELMIRE.

J'ai voulu vous parler en secret d'une affaire,
Et suis bien aise, ici, qu'aucun ne nous éclaire. (1)

---

(1) Et suis bien aise, ici, qu'aucun ne nous éclaire.
On dit encore, *éclairer les actions, les démarches de quelqu'un* pour dire, les surveiller, les observer, les épier; mais, dans le même sens, *éclairer quelqu'un*, commence à n'être plus d'usage.

ACTE III, SCÈNE III.

TARTUFFE.

J'en suis ravi de même; et, sans doute, il m'est doux,
Madame, de me voir seul à seul avec vous.
C'est une occasion qu'au ciel j'ai demandée,
Sans que, jusqu'à cette heure, il me l'ait accordée.

ELMIRE.

Pour moi, ce que je veux, c'est un mot d'entretien,
Où tout votre cœur s'ouvre, et ne me cache rien.

(*Damis, sans se montrer, entr'ouvre la porte du cabinet dans lequel il s'étoit retiré, pour entendre la conversation.*)

TARTUFFE.

Et je ne veux aussi, pour grace singulière,
Que montrer à vos yeux mon ame tout entière,
Et vous faire serment que les bruits que j'ai faits
Des visites qu'ici reçoivent vos attraits
Ne sont pas envers vous l'effet d'aucune haine, [1]
Mais plutôt d'un transport de zèle qui m'entraîne,
Et d'un pur mouvement...

ELMIRE.

                   Je le prends bien aussi, [2]
Et crois que mon salut vous donne ce souci.

---

[1]   Ne sont pas envers vous l'effet d'aucune haine.
Pas est de trop dans ce vers.

[2]   .... Je le prends bien aussi.
L'édition originale de 1669 et toutes les éditions suivantes les plus estimées portent, *aussi*. *Aussi* forme un sens tout-à-fait raisonnable; mais il semble qu'*ainsi* seroit plus juste encore : *je le prends bien ainsi*, c'est-à-dire, ainsi que vous le dites, que vous l'expliquez. Ne pourroit-on pas soupçonner une légère faute d'impression?

TARTUFFE, *prenant la main d'Elmire, et lui serrant les doigts.*

Oui, madame, sans doute; et ma ferveur est telle...

ELMIRE.

Ouf! vous me serrez trop.

TARTUFFE.

C'est par excès de zèle.
De vous faire aucun mal je n'eus jamais dessein,
Et j'aurois bien plutôt...

(*Il met la main sur les genoux d'Elmire.*)

ELMIRE.

Que fait là votre main?

TARTUFFE.

Je tâte votre habit : l'étoffe en est moëlleuse.

ELMIRE.

Ah! de grace, laissez, je suis fort chatouilleuse.

(*Elmire recule son fauteuil, et Tartuffe se rapproche d'elle.*)

TARTUFFE, *maniant le fichu d'Elmire.*

Mon dieu! que de ce point l'ouvrage est merveilleux!
On travaille aujourd'hui d'un air miraculeux :
Jamais, en toute chose, on n'a vu si bien faire. [1]

---

[1] Tous les galans et libertins de mauvais ton emploient le même manège dont Tartuffe se sert ici. C'est une des gentillesses que Rabelais prête à Panurge : « Quand il se trouvoit en compaignie de quelques « bonnes dames, il leur mettoit sus le propos de lingerie, et leur met- « toit la main au sein demandant : Et cest ouvraige est-il de Flandres, « ou de Haynault? »

ELMIRE.

Il est vrai. Mais parlons un peu de notre affaire.
On tient que mon mari veut dégager sa foi,
Et vous donner sa fille. Est-il vrai? dites-moi.

TARTUFFE.

Il m'en a dit deux mots : mais, madame, à vrai dire,
Ce n'est pas le bonheur après quoi je soupire ; (1)
Et je vois autre part les merveilleux attraits
De la félicité qui fait tous mes souhaits.

ELMIRE.

C'est que vous n'aimez rien des choses de la terre.

TARTUFFE.

Mon sein n'enferme pas un cœur qui soit de pierre.

ELMIRE.

Pour moi, je crois qu'au ciel tendent tous vos soupirs,
Et que rien ici-bas n'arrête vos desirs.

TARTUFFE.

L'amour qui nous attache aux beautés éternelles
N'étouffe pas en nous l'amour des temporelles :
Nos sens facilement peuvent être charmés
Des ouvrages parfaits que le ciel a formés.

---

(1)   Ce n'est pas le bonheur après quoi je soupire.
Suivant Vaugelas, *quoi*, pour *lequel*, étoit *fort élégant et fort commode*. « Aujourd'hui, dit Marmontel, l'usage et l'oreille désavouent ce « goût fantasque. » Je conviens que *quoi* est peu harmonieux ; mais il m'est impossible d'y voir de la bizarrerie. S'il n'étoit élégant, comme le trouvoit Vaugelas, il étoit du moins commode et presque nécessaire. On ne peut plus dire, *le bonheur après quoi*; on n'a jamais pu dire en vers, *le bonheur après lequel* : voilà donc un tour de phrase qui est tout-à-fait interdit aux poëtes.

Ses attraits réfléchis brillent dans vos pareilles :
Mais il étale en vous ses plus rares merveilles ;
Il a sur votre face épanché des beautés
Dont les yeux sont surpris, et les cœurs transportés ;
Et je n'ai pu vous voir, parfaite créature,
Sans admirer en vous l'auteur de la nature,
Et d'une ardente amour * sentir mon cœur atteint,
Au plus beau des portraits où lui-même il s'est peint. (1)
D'abord j'appréhendai que cette ardeur secrète
Ne fût du noir esprit une surprise adroite ; (2)
Et même à fuir vos yeux mon cœur se résolut,
Vous croyant un obstacle à faire mon salut. (3)
Mais enfin je connus, ô beauté tout aimable,
Que cette passion peut n'être point coupable,
Que je puis l'ajuster avecque la pudeur ;

VARIANTE. * Et d'un ardent amour.

---

(1)   Et d'une ardente amour sentir mon cœur atteint,
        Au plus beau des portraits où lui-même il s'est peint.

Au plus beau des portraits n'est pas et ne peut pas être régi par le participe *atteint*; c'est l'abréviation de cette phrase conforme à l'usage : *à la vue, à l'aspect du plus beau des portraits*, etc. Il en est de même de ces deux vers du cinquième acte :

        Il est vrai ; mais qu'y faire ? A l'orgueil de ce traître,
        De mes ressentimens je n'ai pas été maître.

A l'orgueil, c'est-à-dire en voyant l'orgueil.

(2) *Adroite* et *secrète* rimoient alors : le bel usage l'avoit décidé ainsi, et Vaugelas y avoit donné son assentiment.

(3)   Vous croyant un obstacle à faire mon salut.

Selon la grammaire, c'est le mot *obstacle* qui est le sujet du verbe *faire*, et, selon le sens, c'est Tartuffe, autrement la personne qui parle. Le vers ne seroit tout-à-fait correct que s'il y avoit, *vous croyant un obstacle à mon salut*, ou bien, *à ce que je fisse mon salut*.

ACTE III, SCÈNE III.

Et c'est ce qui m'y fait abandonner mon cœur.
Ce m'est, je le confesse, une audace bien grande
Que d'oser de ce cœur vous adresser l'offrande;
Mais j'attends en mes vœux tout de votre bonté,
Et rien des vains efforts de mon infirmité.
En vous est mon espoir, mon bien, ma quiétude;
De vous dépend ma peine ou ma béatitude;
Et je vais être enfin, par votre seul arrêt,
Heureux, si vous voulez; malheureux, s'il vous plaît.

ELMIRE.

La déclaration est tout-à-fait galante;
Mais elle est, à vrai dire, un peu bien surprenante.
Vous deviez, ce me semble, armer mieux votre sein,
Et raisonner un peu sur un pareil dessein.
Un dévot comme vous, et que partout on nomme...

TARTUFFE.

Ah! pour être dévot, je n'en suis pas moins homme: (1)
Et, lorsqu'on vient à voir vos célestes appas,
Un cœur se laisse prendre, et ne raisonne pas.
Je sais qu'un tel discours de moi paroît étrange :
Mais, madame, après tout, je ne suis pas un ange;
Et, si vous condamnez l'aveu que je vous fais,

---

(1)   Ah! pour être dévot, je n'en suis pas moins homme.
On a cru que ce vers étoit une parodie du vers de Corneille, dans *Sertorius :*
    Et pour être Romain, je n'en suis pas moins homme.
Il étoit plus naturel d'y voir une traduction de cette phrase de Boccace, dans une nouvelle qui a beaucoup d'analogie avec *le Tartuffe : Comechè io sia abbate, io sono uomo come gli altri :* « Encore que je sois abbé, « je suis homme comme les autres. » Et moins littéralement, « Pour être « abbé, je n'en suis pas moins homme. »

Vous devez vous en prendre à vos charmans attraits.(1)
Dès que j'en vis briller la splendeur plus qu'humaine,
De mon intérieur vous fûtes souveraine ;
De vos regards divins l'ineffable douceur
Força la résistance où s'obstinoit mon cœur;
Elle surmonta tout, jeûnes, prières, larmes,
Et tourna tous mes vœux du côté de vos charmes.
Mes yeux et mes soupirs vous l'ont dit mille fois ;
Et, pour mieux m'expliquer, j'emploie ici la voix.
Que si vous contemplez, d'une ame un peu bénigne,
Les tribulations de votre esclave indigne ;
S'il faut que vos bontés veuillent me consoler,
Et jusqu'à mon néant daignent se ravaler,
J'aurai toujours pour vous, ô suave merveille,
Une dévotion à nulle autre pareille.
Votre honneur avec moi ne court point de hasard,
Et n'a nulle disgrace à craindre de ma part.
Tous ces galans de cour, dont les femmes sont folles,
Sont bruyans dans leurs faits et vains dans leurs paroles;
De leurs progrès sans cesse on les voit se targuer ;
Ils n'ont point de faveurs qu'ils n'aillent divulguer ;
Et leur langue indiscrète, en qui l'on se confie,
Déshonore l'autel où leur cœur sacrifie.
Mais les gens comme nous brûlent d'un feu discret,
Avec qui, pour toujours, on est sûr du secret.
Le soin que nous prenons de notre renommée

---

(1) L'abbé, qui est le héros de la nouvelle de Boccace, dont il est question dans la note précédente, dit de même à la femme qu'il veut séduire : *Tanta forza ha avuta la vostra vaga bellezza, che amoro mi costringe a così fare :* « C'est votre beauté toute puissante, c'est « l'amour insurmontable qu'elle m'inspire, qui me force à en agir « ainsi. »

ACTE III, SCÈNE III.

Répond de toute chose à la personne aimée;
Et c'est en nous qu'on trouve, acceptant notre cœur,
De l'amour sans scandale, et du plaisir sans peur. (1)

ELMIRE.

Je vous écoute dire; et votre rhétorique
En termes assez forts à mon ame s'explique.
N'appréhendez-vous point que je ne sois d'humeur
A dire à mon mari cette galante ardeur,
Et que le prompt avis d'un amour de la sorte
Ne pût bien altérer l'amitié qu'il vous porte?

TARTUFFE.

Je sais que vous avez trop de bénignité,
Et que vous ferez grace à ma témérité;
Que vous m'excuserez, sur l'humaine foiblesse,
Des violens transports d'un amour qui vous blesse,
Et considérerez, en regardant votre air,
Que l'on n'est pas aveugle, et qu'un homme est de chair.

ELMIRE.

D'autres prendroient cela d'autre façon peut-être;
Mais ma discrétion se veut faire paroître.
Je ne redirai point l'affaire à mon époux;
Mais je veux, en revanche, une chose de vous:
C'est de presser tout franc, et sans nulle chicane,

---

(1) Tartuffe devoit terminer sa déclaration par cet argument cynique et impudent. Un hypocrite luxurieux, pour qui l'amour tout entier est dans la jouissance physique, et qui ne peut être détourné du mal que par la peur du châtiment ou de la honte, ne sauroit imaginer qu'une femme puisse résister à l'offre d'un plaisir qui ne doit rien coûter à sa réputation; et il croit avoir écarté tous ses scrupules quand il a dissipé toutes ses craintes.

L'union de Valère avecque Mariane,
De renoncer vous-même à l'injuste pouvoir
Qui veut du bien d'un autre enrichir votre espoir ;
Et... (1)

SCÈNE IV.

ELMIRE, DAMIS, TARTUFFE.

DAMIS, *sortant du cabinet où il s'étoit retiré.*

Non, madame, non ; ceci doit se répandre.
J'étois en cet endroit, d'où j'ai pu tout entendre ;
Et la bonté du ciel m'y semble avoir conduit
Pour confondre l'orgueil d'un traître qui me nuit,
Pour m'ouvrir une voie à prendre la vengeance
De son hypocrisie et de son insolence, (2)
A détromper mon père, et lui mettre en plein jour
L'âme d'un scélérat qui vous parle d'amour.

---

(1) Quel art dans ce discours d'Elmire ! On ne peut douter qu'elle ne soit révoltée de la déclaration de Tartuffe, déclaration insolente et presque obscène, qui ne doit pas lui inspirer moins de dégoût que d'horreur. Mais sa vertu n'est ni farouche ni fastueuse : elle ne dira rien à son mari ; et cette discrétion indulgente, qui est un effet de son caractère, est en même temps un calcul de sa prudence, puisque, profitant de ses avantages sur Tartuffe, et de l'ascendant de Tartuffe sur Orgon, elle exige du fourbe, pour prix de son silence, qu'il presse le mariage de Valère avec Mariane. Si Elmire n'avoit pas de si bonnes raisons pour ménager Tartuffe, elle révolteroit elle-même ; et si elle le traitoit comme il le mérite, il n'y auroit plus de pièce, puisque la scène de la table au quatrième acte deviendroit impossible.

(2)   Pour m'ouvrir une voie à prendre la vengeance
    De son hypocrisie et de son insolence.

On dit, *prendre,* et plus souvent, *tirer vengeance d'une chose. Prendre la vengeance* est une faute contre l'usage.

ACTE III, SCÈNE IV.

ELMIRE.

Non, Damis; il suffit qu'il se rende plus sage,
Et tâche à mériter la grace où je m'engage.
Puisque je l'ai promis, ne m'en dédites pas.
Ce n'est point mon humeur de faire des éclats;
Une femme se rit de sottises pareilles,
Et jamais d'un mari n'en trouble les oreilles.

DAMIS.

Vous avez vos raisons pour en user ainsi;
Et pour faire autrement j'ai les miennes aussi.
Le vouloir épargner est une raillerie;
Et l'insolent orgueil de sa cagoterie
N'a triomphé que trop de mon juste courroux,
Et que trop excité de désordre chez nous. *
Le fourbe trop long-temps a gouverné mon père,
Et desservi mes feux avec ceux de Valère.
Il faut que du perfide il soit désabusé;
Et le ciel pour cela m'offre un moyen aisé.
De cette occasion je lui suis redevable,
Et, pour la négliger, elle est trop favorable :
Ce seroit mériter qu'il me la vînt ravir
Que de l'avoir en main et ne m'en pas servir.

ELMIRE.

Damis...

DAMIS.

Non, s'il vous plaît, il faut que je me croie.
Mon ame est maintenant au comble de sa joie;
Et vos discours en vain prétendent m'obliger

VARIANTE. * *De désordres chez nous.*

A quitter le plaisir de me pouvoir venger. ⁽¹⁾
Sans aller plus avant, je vais vider l'affaire ;
Et voici justement de quoi me satisfaire.

SCÈNE V.

ORGON, ELMIRE, DAMIS, TARTUFFE.

DAMIS.

Nous allons régaler, mon père, votre abord
D'un incident tout frais qui vous surprendra fort.
Vous êtes bien payé de toutes vos caresses,
Et monsieur d'un beau prix reconnoît vos tendresses.
Son grand zèle pour vous vient de se déclarer :
Il ne va pas à moins qu'à vous déshonorer ;
Et je l'ai surpris là qui faisoit à madame
L'injurieux aveu d'une coupable flamme.
Elle est d'une humeur douce, et son cœur trop discret
Vouloit à toute force en garder le secret ;
Mais je ne puis flatter une telle impudence,
Et crois que vous la taire est vous faire une offense. ⁽²⁾

---

(1) Et vos discours, en vain, prétendent m'obliger
A quitter le plaisir de me pouvoir venger.

On *renonce à un plaisir*, on *s'en prive*, on *en fait le sacrifice ;* mais on ne *le quitte* pas : l'expression est tout-à-fait impropre.

(2) C'est ici qu'on voit à quoi sert le caractère bouillant et impétueux que Molière a donné à Damis. Ce jeune homme résiste aux vives instances et aux sages raisons d'une belle-mère qu'il aime, pour satisfaire sa haine contre Tartuffe : il n'appréhende pas de faire rougir son père en lui apprenant, d'un air satisfait et presque triomphant, les tentatives qu'on vient de faire contre son honneur : rien ne l'embarrasse pourvu qu'il se venge. C'est un heureux artifice du poëte. Si Elmire eût elle-

ELMIRE.

Oui, je tiens que jamais de tous ces vains propos
On ne doit d'un mari traverser le repos ;
Que ce n'est point de là que l'honneur peut dépendre ;
Et qu'il suffit pour nous de savoir nous défendre.
Ce sont mes sentimens ; et vous n'auriez rien dit,
Damis, si j'avois eu sur vous quelque crédit. (1)

SCÈNE VI.

ORGON, DAMIS, TARTUFFE.

ORGON.

Ce que je viens d'entendre, ô ciel ! est-il croyable !

TARTUFFE.

Oui, mon frère, je suis un méchant, un coupable,
Un malheureux pécheur, tout plein d'iniquité,
Le plus grand scélérat qui jamais ait été.
Chaque instant de ma vie est chargé de souillures ;
Elle n'est qu'un amas de crimes et d'ordures ;
Et je vois que le ciel, pour ma punition,

---

même dénoncé Tartuffe à son mari, si seulement elle eût permis qu'on l'accusât, il devenoit impossible que, dans l'acte suivant, elle renouât l'entretien avec lui, et le fît tomber dans le piège qu'elle doit tendre à sa convoitise.

(1) Toujours la même modération dans les paroles d'Elmire au sujet de Tartuffe, mais une modération qui ne coûte rien à son honnêteté, qui ne trahit en rien son devoir ; c'est celle d'une femme vertueuse, sûre d'elle-même, et ennemie des débats que peuvent susciter d'indiscrètes révélations. Il faut continuer à admirer l'adresse du poëte qui, après l'infâme déclaration de Tartuffe, a rendu possible une seconde conversation d'Elmire avec lui.

Me veut mortifier en cette occasion.
De quelque grand forfait qu'on me puisse reprendre,
Je n'ai garde d'avoir l'orgueil de m'en défendre.
Croyez ce qu'on vous dit, armez votre courroux,
Et comme un criminel chassez-moi de chez vous ;
Je ne saurois avoir tant de honte en partage,
Que je n'en aie encor mérité davantage.

ORGON, *à son fils.*

Ah ! traître, oses-tu bien, par cette fausseté,
Vouloir de sa vertu ternir la pureté ?

DAMIS.

Quoi ! la feinte douceur de cette ame hypocrite
Vous fera démentir...

ORGON.

Tais-toi, peste maudite.

TARTUFFE.

Ah ! laissez-le parler ; vous l'accusez à tort,
Et vous ferez bien mieux de croire à son rapport.
Pourquoi sur un tel fait m'être si favorable ?
Savez-vous, après tout, de quoi je suis capable ?
Vous fiez-vous, mon frère, à mon extérieur ?
Et, pour tout ce qu'on voit, me croyez-vous meilleur ?
Non, non : vous vous laissez tromper à l'apparence ;
Et je ne suis rien moins, hélas ! que ce qu'on pense.
Tout le monde me prend pour un homme de bien ;
Mais la vérité pure est que je ne vaux rien.

(*s'adressant à Damis.*)

Oui, mon cher fils, parlez ; traitez-moi de perfide,
D'infâme, de perdu, de voleur, d'homicide ;
Accablez-moi de noms encor plus détestés :

Je n'y contredis point, je les ai mérités;
Et j'en veux à genoux souffrir l'ignominie,
Comme une honte due aux crimes de ma vie.

ORGON.

(à Tartuffe.)   (à son fils.)

Mon frère, c'en est trop. Ton cœur ne se rend point,
Traître!

DAMIS.

Quoi! ses discours vous séduiront au point...

ORGON.

(relevant Tartuffe.)

Tais-toi, pendard. Mon frère, hé! levez-vous, de grace!
(à son fils.)
Infâme!

DAMIS.

Il peut...

ORGON.

Tais-toi.

DAMIS.

J'enrage. Quoi! je passe...

ORGON.

Si tu dis un seul mot, je te romprai les bras.

TARTUFFE.

Mon frère, au nom de Dieu, ne vous emportez pas!
J'aimerois mieux souffrir la peine la plus dure,
Qu'il eût reçu pour moi la moindre égratignure. (1)

---

(1)   J'aimerois mieux souffrir la peine la plus dure,
      Qu'il eût reçu pour moi la moindre égratignure.
Cette phrase est vicieuse, et voici pourquoi : le *que* qui en joint les

ORGON, *à son fils.*

Ingrat!

TARTUFFE.

Laissez-le en paix. S'il faut, à deux genoux,
Vous demander sa grace...

ORGON, *se jetant aussi à genoux, et embrassant
Tartuffe.*

Hélas! vous moquez-vous?

(*à son fils.*)
Coquin! vois sa bonté!

DAMIS.

Donc...

ORGON.

Paix.

DAMIS.

Quoi! je...

ORGON.

Paix, dis-je:
Je sais bien quel motif à l'attaquer t'oblige.
Vous le haïssez tous; et je vois aujourd'hui
Femme, enfans, et valets, déchaînés contre lui.

---

deux membres, fait à la fois deux fonctions différentes et inconciliables.
D'abord, il complète le comparatif, et répond à la conjonction latine
quàm : *meliùs quam*, mieux que. Ensuite, il fait partie du subjonctif
françois, et répond à *ut*, autre conjonction latine : *ut accepisset*, qu'il
eût reçu. Comme un seul *que* ne peut suffire pour ces deux emplois, et
que l'usage se refuse à ce qu'on en mette deux à la suite l'un de l'autre,
la phrase devoit être tournée de cette manière : *j'aimerois mieux souffrir...
que de voir qu'il eût reçu,* ou bien, *que s'il avoit reçu pour moi la
moindre égratignure.*

On met impudemment toute chose en usage
Pour ôter de chez moi ce dévot personnage :
Mais plus on fait d'efforts afin de l'en bannir,
Plus j'en veux employer à l'y mieux retenir ;
Et je vais me hâter de lui donner ma fille,
Pour confondre l'orgueil de toute ma famille.

DAMIS.

A recevoir sa main on pense l'obliger ?

ORGON.

Oui, traître, et dès ce soir, pour vous faire enrager.
Ah ! je vous brave tous, et vous ferai connoître
Qu'il faut qu'on m'obéisse, et que je suis le maître.
Allons, qu'on se rétracte ; et qu'à l'instant, fripon,
On se jette à ses pieds pour demander pardon.

DAMIS.

Qui ? moi ! de ce coquin, qui, par ses impostures...

ORGON.

Ah ! tu résistes, gueux, et lui dis des injures !

(*à Tartuffe.*)

Un bâton ! un bâton ! Ne me retenez pas. [1]

(*à son fils.*)

Sus ; que de ma maison on sorte de ce pas,
Et que d'y revenir on n'ait jamais l'audace.

---

(1) A la représentation, Tartuffe reste immobile, et Orgon traverse le théâtre pour venir lui dire, *Ne me retenez pas.* C'est une espèce de lazzi qui fait rire, mais que je ne crois conforme ni au bon goût ni à la véritable intention de Molière. Tartuffe peut ne pas vouloir s'opposer bien sérieusement à ce qu'Orgon maltraite son fils ; mais, par respect humain seulement, il doit en faire le semblant, et c'est son geste qui amène ces paroles d'Orgon : *Ne me retenez pas.*

DAMIS.

Oui, je sortirai; mais...

ORGON.

Vîte, quittons la place.
Je te prive, pendard, de ma succession,
Et te donne, de plus, ma malédiction. (1)

---

(1) L'idée de cette scène, une des plus belles du plus bel ouvrage de Molière, est due à Scarron : c'est une obligation qu'il ne serviroit à rien de taire ou d'affoiblir; elle ajoute quelque chose à la gloire de l'auteur du *Roman comique*, sans rien retrancher de celle de l'auteur du *Tartuffe*. Dans une Nouvelle tragi-comique de Scarron, intitulée *les Hypocrites*, Montufar, sous le nom de frère Martin, trompe tous les habitans de Séville par les dehors de la vie la plus sainte et la plus austère. Un gentilhomme, qui l'avoit connu à Madrid pour un franc scélérat, l'aperçoit à la sortie d'une église, au moment où le peuple l'entouroit pour baiser ses vêtemens et se recommander à ses prières. Ce galant homme, ne pouvant contenir son indignation, va droit au prétendu saint, et lui donne un coup de poing, en s'écriant : *Malheureux fourbe, ne crains-tu ni Dieu ni les hommes?* Il alloit en dire davantage; mais le peuple se jette sur lui, le renverse, le frappe; il y auroit laissé la vie, si Montufar, le couvrant de son corps, et s'exposant lui-même aux coups, ne fût parvenu à écarter ces furieux. *Mes frères*, s'écrioit-il de toute sa force, *laissez-le en paix pour l'amour du Seigneur; appaisez-vous pour l'amour de la Sainte-Vierge.* « Ce peu de paroles appaisa cette grande
« tempête, et le peuple fit place à frère Martin, qui s'approcha du mal-
« heureux gentilhomme, bien aise, en son ame, de le voir si maltraité,
« mais faisant paroître sur son visage qu'il en avoit un extrême déplai-
« sir. Il le releva de terre où on l'avoit jeté, l'embrassa et le baisa, tout
« plein qu'il étoit de sang et de boue, et fit une rude réprimande au
« peuple. *Je suis le méchant*, disoit-il à ceux qui le voulurent entendre;
« *je suis le pécheur; je suis celui qui n'ai jamais rien fait d'agréable*
« *aux yeux de Dieu.* Pensez-vous, continuoit-il, *parce que vous me*
« *voyez vêtu en homme de bien, que je n'aie pas été toute ma vie un*
« *larron, le scandale des autres et la perdition de moi-même? Vous*
« *êtes trompés, mes frères; faites-moi le but de vos injures et de vos*
« *pierres, et tirez sur moi vos épées.* Après avoir dit ces paroles avec
« une fausse douceur, il s'alla jeter, avec un zèle encore plus faux, aux

SCÈNE VII.

ORGON, TARTUFFE.

ORGON.

Offenser de la sorte une sainte personne!

TARTUFFE.

O ciel! pardonne-lui la douleur qu'il me donne! * (1)

VARIANTE. * *O ciel! pardonne-lui comme je lui pardonne!*

« pieds de son ennemi, et les lui baisant, non seulement il lui demanda
« pardon, mais aussi il alla ramasser son épée, son manteau et son cha-
« peau qui s'étoient perdus dans la confusion. Il les rajusta sur lui, et
« l'ayant ramené par la main presque au bout de la rue, se sépara de
« lui, après lui avoir donné plusieurs embrassemens et autant de béné-
« dictions. Le pauvre homme étoit comme enchanté, et de ce qu'il avoit
« vu et de ce qu'on lui avoit fait, et si plein de confusion, qu'on ne le
« vit point paroître dans les rues tant que ses affaires le retinrent à Sé-
« ville. Montufar cependant y avoit gagné les cœurs de tout le monde
« par cet acte d'humilité contrefaite. »

Dans la Nouvelle et dans la comédie, l'action est absolument la même;
dans toutes deux, un hypocrite qu'on veut démasquer, confesse, exa-
gère même le mal qu'on dit de lui, afin d'infirmer, par cette fausse
apparence d'humilité chrétienne, le témoignage de celui qui l'accuse. Et,
ce qui achève de prouver que Molière a pris à Scarron cette excellente
idée, c'est qu'il prête à Tartuffe les propres paroles de Montufar, dans
ces vers où il est impossible de les méconnoître :

    Oui, mon frère, je suis un méchant, un coupable,
    Un malheureux pécheur, tout plein d'iniquité.
    . . . .
    Vous fiez-vous, mon frère, à mon extérieur?
    Et, pour tout ce qu'on voit, me croyez-vous meilleur?
    Non, non, vous vous laissez tromper à l'apparence;
    Et je ne suis rien moins, hélas! que ce qu'on pense.
    Tout le monde me prend pour un homme de bien;
    Mais la vérité pure est que je ne vaux rien.

(1) On assure qu'à la première représentation publique, qui se donna

(*à Orgon.*)

Si vous pouviez savoir avec quel déplaisir
Je vois qu'envers mon frère on tâche à me noircir...

ORGON.

Hélas!

TARTUFFE.

Le seul penser de cette ingratitude
Fait souffrir à mon ame un supplice si rude...
L'horreur que j'en conçois... J'ai le cœur si serré
Que je ne puis parler, et crois que j'en mourrai.

ORGON, *courant tout en larmes à la porte par où il a chassé son fils.*

Coquin! je me repens que ma main t'ait fait grace,
Et ne t'ait pas d'abord assommé sur la place.

(*à Tartuffe.*)

Remettez-vous, mon frère, et ne vous fâchez pas.

TARTUFFE.

Rompons, rompons le cours de ces fâcheux débats.
Je regarde céans quels grands troubles j'apporte,

---

le 5 août 1667, ce vers fut ainsi prononcé :

O ciel! pardonne-lui comme je lui pardonne!

Il paroît que ce fut un des endroits de la pièce qui excitèrent le plus l'animadversion des personnes scrupuleuses : elles crurent y voir sans doute une parodie sacrilège de ces paroles du *Pater : Mon Dieu, pardonne-nous nos offenses, comme nous les pardonnons à ceux qui nous ont offensés.* Quoi qu'il en soit, Molière sacrifia le vers, et le remplaça par un autre beaucoup moins énergique. M. P. Didot, dans une édition récente, a rétabli le premier ; mais l'authenticité de celui-ci n'ayant pas d'autre garant que la tradition, j'ai cru devoir me borner à le donner comme variante, en laissant dans le texte celui que Molière lui-même y a placé.

ACTE III, SCÈNE VII.

Et crois qu'il est besoin, mon frère, que j'en sorte.

ORGON.

Comment! vous moquez-vous?

TARTUFFE.

On m'y hait, et je voi
Qu'on cherche à vous donner des soupçons de ma foi.

ORGON.

Qu'importe? Voyez-vous que mon cœur les écoute?

TARTUFFE.

On ne manquera pas de poursuivre, sans doute;
Et ces mêmes rapports qu'ici vous rejetez
Peut-être une autre fois seront-ils écoutés.

ORGON.

Non, mon frère, jamais.

TARTUFFE.

Ah! mon frère, une femme
Aisément d'un mari peut bien surprendre l'ame.

ORGON.

Non, non.

TARTUFFE.

Laissez-moi vîte, en m'éloignant d'ici,
Leur ôter tout sujet de m'attaquer ainsi.

ORGON.

Non, vous demeurerez; il y va de ma vie.

TARTUFFE.

Hé bien! il faudra donc que je me mortifie.
Pourtant, si vous vouliez...

ORGON.

Ah!

TARTUFFE.

Soit : n'en parlons plus.
Mais je sais comme il faut en user là-dessus.
L'honneur est délicat, et l'amitié m'engage
A prévenir les bruits et les sujets d'ombrage.
Je fuirai votre épouse, et vous ne me verrez... [1]

ORGON.

Non, en dépit de tous vous la fréquenterez.
Faire enrager le monde est ma plus grande joie ;
Et je veux qu'à toute heure avec elle on vous voie.
Ce n'est pas tout encor : pour les mieux braver tous,
Je ne veux point avoir d'autre héritier que vous ;
Et je vais, de ce pas, en fort bonne manière,
Vous faire de mon bien donation entière.
Un bon et franc ami, que pour gendre je prends,
M'est bien plus cher que fils, que femme, et que parens.
N'accepterez-vous pas ce que je vous propose ?

TARTUFFE.

La volonté du ciel soit faite en toute chose ! [2]

---

(1) L'adresse infernale de Tartuffe ne se dément pas un seul instant. En feignant de craindre qu'Orgon ne finisse par ajouter foi aux discours de sa femme, il prévient, aussi bien qu'il le peut, l'effet de ces discours, et il pique d'honneur sa dupe, dont les prétentions à la fermeté du caractère sont d'autant plus grandes qu'elles sont moins fondées. En s'engageant à fuir Elmire, il donne un démenti à ceux qui l'accusent d'avoir eu des vues coupables sur elle. Enfin, en opposant des refus à toutes les offres d'Orgon, il produit l'effet qu'une résistance calculée obtient toujours de l'opiniâtreté, celui de l'augmenter en l'irritant.

(2) Ces abus d'une formule religieuse par laquelle le chrétien exprime sa résignation aux maux que Dieu lui envoie, est certainement ce qu'il peut y avoir de plus scandaleux, de plus sacrilège dans la bouche du scélérat qui vient d'obtenir, à son profit, la spoliation des enfans de

ACTE III, SCÈNE VII.

ORGON.

Le pauvre homme! Allons vîte en dresser un écrit :
Et que puisse l'envie en crever de dépit! [1]

---

son bienfaiteur. Il faut qu'on ait le besoin d'exécrer Tartuffe pour supporter un trait si révoltant.

[1] *Le pauvre homme!* que cette exclamation est heureusement ramenée ici! Remarquons-le : à mesure que Tartuffe se montre plus odieux, Orgon devient plus infatué de lui : c'est que tout ce qui ne détruit pas une passion de cette espèce, doit nécessairement l'augmenter. Observons encore que, chez Orgon, l'endurcissement de l'ame croit avec l'aveuglement de l'esprit. Ainsi se développe le fruit des leçons de l'homme qui lui *enseigne à n'avoir affection pour rien. Faire enrager le monde est sa plus grande joie;* et il ne sera heureux qu'à moitié d'avoir enrichi son cher Tartuffe, s'il ne voit pas *l'envie,* c'est-à-dire toute sa famille, *en crever de dépit.* Voilà donc à quel degré d'insensibilité et de malfaisance peut arriver un homme né bon, mais foible, dont l'ame est dans les mains d'un scélérat!

FIN DU TROISIÈME ACTE.

ACTE IV.

SCÈNE PREMIÈRE.

CLÉANTE, TARTUFFE.

CLÉANTE.

Oui, tout le monde en parle, et vous m'en pouvez croire,
L'éclat que fait ce bruit n'est point à votre gloire;
Et je vous ai trouvé, monsieur, fort à propos
Pour vous en dire net ma pensée en deux mots.
Je n'examine point à fond ce qu'on expose;
Je passe là-dessus, et prends au pis la chose.
Supposons que Damis n'en ait pas bien usé,
Et que ce soit à tort qu'on vous ait accusé;
N'est-il pas d'un chrétien de pardonner l'offense,
Et d'éteindre en son cœur tout desir de vengeance?
Et devez-vous souffrir, pour votre démêlé,
Que du logis d'un père un fils soit exilé?
Je vous le dis encore, et parle avec franchise,
Il n'est petit ni grand qui ne s'en scandalise;
Et, si vous m'en croyez, vous pacifierez tout,
Et ne pousserez point les affaires à bout.
Sacrifiez à Dieu toute votre colère,
Et remettez le fils en grace avec le père.

TARTUFFE.

Hélas! je le voudrois, quant à moi, de bon cœur;

Je ne garde pour lui, monsieur, aucune aigreur;
Je lui pardonne tout; de rien je ne le blâme,
Et voudrois le servir du meilleur de mon ame:
Mais l'intérêt du ciel n'y sauroit consentir;
Et, s'il rentre céans, c'est à moi d'en sortir.
Après son action, qui n'eut jamais d'égale,
Le commerce entre nous porteroit du scandale:
Dieu sait ce que d'abord tout le monde en croiroit!
A pure politique on me l'imputeroit:
Et l'on diroit partout que, me sentant coupable,
Je feins pour qui m'accuse un zèle charitable;
Que mon cœur l'appréhende, et veut le ménager
Pour le pouvoir, sous main, au silence engager. (1)

CLÉANTE.

Vous nous payez ici d'excuses colorées,
Et toutes vos raisons, monsieur, sont trop tirées.
Des intérêts du ciel pourquoi vous chargez-vous?
Pour punir le coupable a-t-il besoin de nous?
Laissez-lui, laissez-lui le soin de ses vengeances :
Ne songez qu'au pardon qu'il prescrit des offenses;
Et ne regardez point aux jugemens humains,

---

(1) Ici la fourbe se trahit par les efforts mêmes qu'elle fait pour ne pas se découvrir. On ne peut soupçonner Molière d'avoir affoibli les argumens de Tartuffe, afin que son adversaire les réfute plus aisément : il n'est pas de ces auteurs qui éludent la difficulté d'une situation, et font de tel personnage un sot, pour mieux faire briller son interlocuteur. Tartuffe, pressé par Cléante, tire le meilleur parti possible de sa cause; et cependant tout son raisonnement aboutit à ceci : *l'intérêt du ciel* ne veut pas que Damis reste dans la maison de son père, parce que *le monde* croiroit que, lui Tartuffe, a des raisons pour le ménager. Ainsi, la réputation de Tartuffe est l'intérêt du ciel même. Il est difficile de dire avec plus d'adresse une chose plus absurde.

Quand vous suivez du ciel les ordres souverains.
Quoi! le foible intérêt de ce qu'on pourra croire
D'une bonne action empêchera la gloire!
Non, non; faisons toujours ce que le ciel prescrit,
Et d'aucun autre soin ne nous brouillons l'esprit.

TARTUFFE.

Je vous ai déja dit que mon cœur lui pardonne;
Et c'est faire, monsieur, ce que le ciel ordonne :
Mais, après le scandale et l'affront d'aujourd'hui,
Le ciel n'ordonne pas que je vive avec lui.

CLÉANTE.

Et vous ordonne-t-il, monsieur, d'ouvrir l'oreille
A ce qu'un pur caprice à son père conseille,
Et d'accepter le don qui vous est fait d'un bien
Où le droit vous oblige à ne prétendre rien? [1]

TARTUFFE.

Ceux qui me connoîtront n'auront pas la pensée
Que ce soit un effet d'une ame intéressée.
Tous les biens de ce monde ont pour moi peu d'appas;
De leur éclat trompeur je ne m'éblouis pas :
Et si je me résous à recevoir du père

---

[1] Orgon, à la fin de l'acte précédent, est sorti pour aller faire dresser l'acte de donation. Mais comment Cléante en est-il informé? Ce n'est pas Tartuffe qui le lui a dit. Seroit-ce Orgon ou bien le notaire? Il a parlé de bruit public, mais seulement par rapport à l'expulsion de Damis. Orgon a dit à ce même Damis qu'il *le privoit de sa succession;* mais ce pouvoit n'être qu'une menace en l'air, et Cléante n'auroit pas fondé là-dessus l'assertion si positive que nous venons d'entendre sortir de sa bouche. Nous aurons à remarquer plus loin, que cette donation, connue des uns dans la famille, est ignorée des autres, sans qu'il soit possible d'expliquer pourquoi ceux-là en sont instruits et pourquoi ceux-ci ne le sont pas.

ACTE IV, SCÈNE I.

Cette donation qu'il a voulu me faire,
Ce n'est, à dire vrai, que parce que je crains
Que tout ce bien ne tombe en de méchantes mains;
Qu'il ne trouve des gens qui, l'ayant en partage,
En fassent dans le monde un criminel usage,
Et ne s'en servent pas, ainsi que j'ai dessein,
Pour la gloire du ciel et le bien du prochain. (1)

CLÉANTE.

Hé! monsieur, n'ayez point ces délicates craintes,
Qui d'un juste héritier peuvent causer les plaintes.
Souffrez, sans vous vouloir embarrasser de rien,
Qu'il soit, à ses périls, possesseur de son bien;
Et songez qu'il vaut mieux encor qu'il en mésuse,
Que si de l'en frustrer il faut qu'on vous accuse.
J'admire seulement que, sans confusion,
Vous en ayez souffert la proposition.
Car enfin le vrai zèle a-t-il quelque maxime
Qui montre à dépouiller l'héritier légitime?
Et, s'il faut que le ciel dans votre cœur ait mis
Un invincible obstacle à vivre avec Damis,
Ne vaudroit-il pas mieux qu'en personne discrète
Vous fissiez de céans une honnête retraite,
Que de souffrir ainsi, contre toute raison,
Qu'on en chasse pour vous le fils de la maison?
Croyez-moi, c'est donner de votre prud'hommie,
Monsieur...

---

(1) Il faut être bien à court même de mauvaises raisons, et avoir un bien grand fonds d'impudence, pour donner un pareil motif. Mais Tartuffe est justement dans ce cas-là. Il ne craint que d'être réduit au silence; aussi tout-à-l'heure, pour échapper à la honte de rester muet, il va faire retraite et laisser le champ libre à son adversaire.

9.

TARTUFFE.

Il est, monsieur, trois heures et demie :
Certain devoir pieux me demande là-haut, (1)
Et vous m'excuserez de vous quitter si tôt. (2)

CLÉANTE, *seul.*

Ah!

SCÈNE II.

ELMIRE, MARIANE, CLÉANTE, DORINE.

DORINE, *à Cléante.*

De grace avec nous employez-vous pour elle,
Monsieur : son ame souffre une douleur mortelle;
Et l'accord que son père a conclu pour ce soir
La fait à tous momens entrer en désespoir.
Il va venir. Joignons nos efforts, je vous prie,
Et tâchons d'ébranler, de force ou d'industrie, (3)
Ce malheureux dessein qui nous a tous troublés.

---

(1) On diroit que Regnard a voulu parodier cette sortie et ce vers, en faisant dire à Géronte, du *Légataire,* au moment où il traite de mariage avec Isabelle et sa mère :

Certain devoir pressant m'appelle en certain lieu.

On sait bien, sans que je le dise, ce que c'est que ce *certain devoir* et ce *certain lieu.*

(2) Admirable sortie! Le serpent, las de se débattre inutilement contre un ennemi vigoureux qui le serre de plus en plus, lui échappe, et, pour ainsi dire, lui glisse des mains, le laissant presque confus et, peu s'en faut, regrettant de ne pas l'avoir un peu plus ménagé.

(3)   Et tâchons d'ébranler, de force ou d'industrie.

On dit, *de force ou de gré, par force ou par adresse;* mais on ne dit pas, *de force ou d'industrie :* ainsi l'a décidé l'usage.

Au reste, que signifie le mot de *force* en cette occasion? Dorine n'en-

SCÈNE III.

ORGON, ELMIRE, MARIANE, CLÉANTE, DORINE.

ORGON.

Ah! je me réjouis de vous voir assemblés.
(à Mariane.)
Je porte en ce contrat de quoi vous faire rire,
Et vous savez déja ce que cela veut dire. [1]

---

tend sûrement pas qu'on doive user de violence envers Orgon. Tout ce qu'elle peut vouloir dire, c'est qu'il faut employer la force, ou l'adresse des paroles, pour ébranler sa résolution.

[1] Quel est ce *contrat* dont parle Orgon? L'auteur de la *Lettre sur l'Imposteur* hésite entre le contrat de mariage et la donation. Il est difficile de croire que ce soit la donation. Il est plus probable qu'il s'agit du contrat de mariage, puisque Orgon dit à Mariane qu'*elle sait déja ce que cela veut dire*, ce qui se rapporte fort bien à l'ordre qu'il lui a donné de se préparer à épouser Tartuffe. Présumeroit-on que le mariage et la donation ont été l'objet d'un seul et même acte? Mais il faut bien que ces deux choses aient été stipulées distinctement; car, si elles avoient été confondues, la donation, qui n'auroit été faite que sous la condition du mariage, n'auroit plus de valeur, le mariage rompu; et nous verrons qu'elle conserve toute sa force. Si, comme je le pense, c'est du contrat de mariage qu'Orgon vient de parler, il se présente une autre objection. Ce contrat a-t-il pu être fait en l'absence et sans le consentement de Mariane, une des deux parties intéressées? Il faut supposer alors que ce n'est qu'un projet d'acte, dont Orgon a fait rédiger les articles à sa fantaisie, et qu'il se propose de faire expédier en forme, quand le moment sera venu. Voilà sans doute beaucoup de paroles sur une bien légère circonstance; mais tout est important dans un chef-d'œuvre tel que *le Tartuffe*; et, d'ailleurs, Molière nous a accoutumés à tant d'exactitude, même dans les petites choses, que lorsqu'il semble en avoir un peu moins, il est difficile de ne pas l'apercevoir ou de le passer sous silence.

L'IMPOSTEUR.

MARIANE, *aux genoux d'Orgon.*

Mon père, au nom du ciel qui connoît ma douleur,
Et par tout ce qui peut émouvoir votre cœur,
Relâchez-vous un peu des droits de la naissance, (1)
Et dispensez mes vœux de cette obéissance.
Ne me réduisez point, par cette dure loi,
Jusqu'à me plaindre au ciel de ce que je vous doi;
Et cette vie, hélas! que vous m'avez donnée,
Ne me la rendez pas, mon père, infortunée.
Si, contre un doux espoir que j'avois pu former,
Vous me défendez d'être à ce que j'ose aimer,
Au moins, par vos bontés qu'à vos genoux j'implore,
Sauvez-moi du tourment d'être à ce que j'abhorre;
Et ne me portez point à quelque désespoir,
En vous servant sur moi de tout votre pouvoir.

ORGON, *se sentant attendrir.*

Allons, ferme! mon cœur, point de foiblesse humaine!

MARIANE.

Vos tendresses pour lui ne me font point de peine;
Faites-les éclater, donnez-lui votre bien,
Et, si ce n'est assez, joignez-y tout le mien; (2)
J'y consens de bon cœur, et je vous l'abandonne:

---

(1) . Relâchez-vous un peu des droits de la naissance.
Cette expression, *les droits de la naissance*, ne peut s'entendre que de la noblesse; on diroit bien, *les droits de la naissance et du rang doivent disparoître devant ceux du talent et de la vertu*. Mariane veut dire, relâchez des droits que vous avez sur moi pour m'avoir donné la naissance. Ces droits s'appellent *les droits de la paternité*.

(2) Il faut se rappeler que Mariane, ainsi que Damis, est un enfant d'un premier lit, et que, par conséquent, elle a sa part du bien de sa mère, indépendamment de ce que son père doit lui laisser.

Mais, au moins, n'allez pas jusques à ma personne;
Et souffrez qu'un couvent, dans les austérités,
Use les tristes jours que le ciel m'a comptés.

ORGON.

Ah! voilà justement de mes religieuses,
Lorsqu'un père combat leurs flammes amoureuses! (1)
Debout. Plus votre cœur répugne à l'accepter,
Plus ce sera pour vous matière à mériter.
Mortifiez vos sens avec ce mariage,
Et ne me rompez pas la tête davantage.

DORINE.

Mais quoi!...

ORGON.

Taisez-vous, vous. Parlez à votre écot.
Je vous défends, tout net, d'oser dire un seul mot.

CLÉANTE.

Si par quelque conseil vous souffrez qu'on réponde...

ORGON.

Mon frère, vos conseils sont les meilleurs du monde;
Ils sont bien raisonnés, et j'en fais un grand cas :
Mais vous trouverez bon que je n'en use pas. (2)

---

(1) Dans *Clarice*, comédie de Rotrou, un père dit de même à sa fille, qui veut entrer dans un couvent, parce qu'on veut lui donner pour époux un autre que l'homme qu'elle aime :

> Quand les foibles esprits de ces jeunes coquettes
> Se sont embarrassés de quelques amourettes,
> Et que leur fol espoir ne peut avoir de lieu,
> Lors, au défaut du monde, elles songent à Dieu.

(2) Toujours de la part d'Orgon, aussi-bien que de la part de madame Pernelle, la même manière de répondre à Cléante; toujours des complimens ironiques, pour se dispenser de combattre ses raisons ou de s'y rendre.

ELMIRE, *à Orgon.*

A voir ce que je vois, je ne sais plus que dire;
Et votre aveuglement fait que je vous admire.
C'est être bien coiffé, bien prévenu de lui,
Que de nous démentir sur le fait d'aujourd'hui!

ORGON.

Je suis votre valet, et crois les apparences.
Pour mon fripon de fils je sais vos complaisances;
Et vous avez eu peur de le désavouer
Du trait qu'à ce pauvre homme il a voulu jouer.
Vous étiez trop tranquille, enfin, pour être crue;
Et vous auriez paru d'autre manière émue. (1)

ELMIRE.

Est-ce qu'au simple aveu d'un amoureux transport
Il faut que notre honneur se gendarme si fort?
Et ne peut-on répondre à tout ce qui le touche,
Que le feu dans les yeux, et l'injure à la bouche?
Pour moi, de tels propos je me ris simplement;
Et l'éclat, là-dessus, ne me plaît nullement.

---

(1) La modération décente, raisonnable, mais peu commune avec laquelle Elmire en a usé envers Tartuffe après son impudente déclaration, est, je ne me lasse pas de le dire, la chose la plus heureuse qu'un auteur comique pût imaginer. Il en résulte un nombre infini d'effets de situation et de traits de caractère. Il y a plus, c'est le nœud de l'action, c'est le pivot sur lequel elle tourne. Sans cette modération, Damis n'eût point fait éclater sa fougue impétueuse; par conséquent, il n'eût pas été déshérité et chassé de la maison paternelle. Sans cette modération, Orgon n'éleveroit pas ici sur la bonne foi d'Elmire des soupçons outrageans qui vont la pousser à bout et lui faire tenter une épreuve à laquelle son caractère doit naturellement répugner. Sans cette modération enfin, comme je l'ai déja dit plus d'une fois, Elmire ne pourroit vaincre la juste défiance que Tartuffe a conçue de ses dispositions pour lui, et lui persuader qu'elle est sensible à son amour.

ACTE IV, SCÈNE III.

J'aime qu'avec douceur nous nous montrions sages;
Et ne suis point du tout pour ces prudes sauvages
Dont l'honneur est armé de griffes et de dents,
Et veut, au moindre mot, dévisager les gens.
Me préserve le ciel d'une telle sagesse!
Je veux une vertu qui ne soit point diablesse,
Et crois que d'un refus la discrète froideur
N'en est pas moins puissante à rebuter un cœur. (1)

ORGON.

Enfin, je sais l'affaire, et ne prends point le change.

ELMIRE.

J'admire, encore un coup, cette foiblesse étrange:
Mais que me répondroit votre incrédulité
Si je vous faisois voir qu'on vous dit vérité?

ORGON.

Voir!

ELMIRE.

Oui.

ORGON.

Chansons.

---

(1)   Et crois que d'un refus la discrète froideur
       N'en est pas moins puissante à rebuter un cœur.

Il y a dans le second vers quelque chose d'un peu louche. *N'en est pas moins puissante*, signifie, est puissante nonobstant cela, malgré ce que je viens de dire, comme dans cette phrase : *il est un peu étourdi, mais il n'en est pas moins aimable.* Or, dans le passage de Molière, cette restriction qui doit précéder nécessairement, n'est pas exprimée, et ne peut pas être sous-entendue. Il me semble qu'Elmire veut dire : Je crois qu'un refus, pour être fait avec une discrète froideur, n'en est pas moins puissant à rebuter un cœur. Le vers ne le dit pas assez clairement. Je ne parle pas de *puissante à* ; Molière, de même que tous les autres poëtes de son temps, employoit souvent *à*, au lieu de *pour*.

L'IMPOSTEUR.

ELMIRE.

Mais quoi! si je trouvois manière
De vous le faire voir avec pleine lumière?...

ORGON.

Contes en l'air.

ELMIRE.

Quel homme! Au moins, répondez-moi.
Je ne vous parle pas de nous ajouter foi;
Mais supposons ici que, d'un lieu qu'on peut prendre,
On vous fît clairement tout voir et tout entendre,
Que diriez-vous alors de votre homme de bien?

ORGON.

En ce cas, je dirois que... Je ne dirois rien,
Car cela ne se peut. (1)

ELMIRE.

L'erreur trop long-temps dure,
Et c'est trop condamner ma bouche d'imposture. (2)
Il faut que, par plaisir, et sans aller plus loin,
De tout ce qu'on vous dit je vous fasse témoin.

ORGON.

Soit. Je vous prends au mot. Nous verrons votre adresse,

---

(1) Il est clair qu'avec un homme si obstinément prévenu, le seul moyen de lui prouver qu'on en veut à son honneur, est de lui faire, comme on dit, toucher la chose au doigt et à l'œil. Orgon aura toute satisfaction là-dessus, et il ne tiendra pas à lui que la preuve ne soit aussi complète qu'elle peut l'être.

(2)   Et c'est trop condamner ma bouche d'imposture.

On dit, *accuser d'imposture*, et non pas, *condamner d'imposture*. L'impropriété est si sensible, et il étoit si facile à Molière de l'éviter, qu'on est étonné d'avoir à la reprendre.

Et comment vous pourrez remplir cette promesse.

ELMIRE, *à Dorine.*

Faites-le moi venir.

DORINE, *à Elmire.*

Son esprit est rusé,
Et peut-être à surprendre il sera malaisé.

ELMIRE, *à Dorine.*

Non; on est aisément dupé par ce qu'on aime,
Et l'amour-propre engage à se tromper soi-même. (1)

(*à Cléante et à Mariane.*)

Faites-le moi descendre. Et vous, retirez-vous.

SCÈNE IV.

ELMIRE, ORGON.

ELMIRE.

Approchons cette table, et vous mettez dessous. (2)

---

(1) Molière a très-habilement chargé Dorine de faire une objection qui ne pouvoit manquer de naître dans l'esprit du spectateur; et la réponse d'Elmire est charmante : elle appartient bien au sexe qui a si souvent occasion d'observer les foiblesses du nôtre, et qui sait en tirer une si grande force.

(2) On a blâmé les mots, *Approchons cette table.* Il auroit fallu, a-t-on dit, que, dès le commencement de l'action, la table se trouvât à la place même où elle doit être pendant le nouvel entretien d'Elmire avec Tartuffe. L'observation est minutieuse et n'est même pas juste. Il est certain qu'il importoit de n'exciter en rien les soupçons de l'habile fourbe qui, s'étant déja vu pris une fois, va n'approcher qu'avec une extrême défiance du piège qui lui est tendu ; mais il faut faire attention qu'à cette époque il y avoit, dans la principale pièce de tout appartement, une grande table, couverte d'un tapis jusqu'à terre, laquelle n'a-

ORGON.

Comment!

ELMIRE.

Vous bien cacher est un point nécessaire.

ORGON.

Pourquoi sous cette table?

ELMIRE.

Ah! mon dieu! laissez faire;
J'ai mon dessein en tête, et vous en jugerez.
Mettez-vous là, vous dis-je; et, quand vous y serez,
Gardez qu'on ne vous voie et qu'on ne vous entende.

ORGON.

Je confesse qu'ici ma complaisance est grande :
Mais de votre entreprise il vous faut voir sortir.

ELMIRE.

Vous n'aurez, que je crois, rien à me repartir.

(*à Orgon qui est sous la table.*)

Au moins, je vais toucher une étrange matière,
Ne vous scandalisez en aucune manière.
Quoi que je puisse dire, il doit m'être permis; [1]
Et c'est pour vous convaincre, ainsi que j'ai promis.
Je vais par des douceurs, puisque j'y suis réduite,
Faire poser le masque à cette ame hypocrite,

---

voit point de place fixe, et pouvoit être avancée ou reculée au gré des personnes. Cette explication répond à ceux qui, jugeant d'après les usages actuels, pourroient trouver que cette table, sous laquelle va se cacher Orgon, sent un peu trop la machine.

(1) Quoi que je puisse dire, il doit m'être permis.
Il pour *cela*. (Voir page 36, note 4).

Flatter de son amour les desirs effrontés,
Et donner un champ libre à ses témérités.
Comme c'est pour vous seul, et pour mieux le confondre,
Que mon ame à ses vœux va feindre de répondre,
J'aurai lieu de cesser dès que vous vous rendrez,
Et les choses n'iront que jusqu'où vous voudrez.
C'est à vous d'arrêter son ardeur insensée,
Quand vous croirez l'affaire assez avant poussée, (1)
D'épargner votre femme, et de ne m'exposer
Qu'à ce qu'il vous faudra pour vous désabuser. (2)
Ce sont vos intérêts, vous en serez le maître,
Et... L'on vient. Tenez-vous, et gardez de paroître.

---

(1) J'ai regret d'avoir à dire qu'ordinairement le parterre a le mauvais goût d'accueillir ce vers avec une gaieté embarrassante pour les femmes honnêtes. Certainement Molière, quoiqu'il ne dédaignât pas toujours assez d'exciter le rire aux dépens de la pudeur, n'a pas aspiré ici à produire un tel effet; il auroit craint, en prêtant à Elmire l'ombre même d'une équivoque libertine, de profaner les graces décentes dont il s'est plu à la décorer. Le tort de l'allusion est donc tout entier à ceux qui la saisissent; et l'actrice mériteroit sa part du blâme, si elle n'avoit en ce moment, plus qu'en aucun autre endroit de son rôle, l'air, le maintien et l'accent le plus modeste.

(2) On conviendra qu'avec un autre homme qu'Orgon, cette recommandation seroit superflue, et même qu'il en faudroit peut-être faire une toute contraire. Avec un autre homme, en effet, le danger seroit qu'il prît trop promptement feu aux discours de Tartuffe, et que, se montrant trop tôt, il n'acquît pas une conviction suffisante de sa scélératesse, et lui laissât quelque moyen de se justifier encore.

SCÈNE V.

TARTUFFE, ELMIRE, ORGON, *sous la table.*

TARTUFFE.

On m'a dit qu'en ce lieu vous me vouliez parler.

ELMIRE.

Oui. L'on a des secrets à vous y révéler.
Mais tirez cette porte avant qu'on vous les dise, (1)
Et regardez partout, de crainte de surprise.
  (*Tartuffe va fermer la porte, et revient.*)
Une affaire pareille à celle de tantôt
N'est pas assurément ici ce qu'il nous faut :
Jamais il ne s'est vu de surprise de même. (2)

---

(1)   Oui, l'on a des secrets à vous y révéler ;
   Mais tirez cette porte avant qu'on vous les dise.

Je veux faire remarquer, dès ce début de scène, un certain mode d'adoucissement et d'atténuation qu'Elmire emploie pendant la scène entière. Dans cette conversation d'une nature délicate et scabreuse, ayant souvent à parler de son mari, de Tartuffe et d'elle-même, elle évite presque toujours les désignations personnelles qui auroient quelque chose de trop vif, de trop cru ; et elle les remplace par le mot le plus indéfini de notre langue, par la particule *on*. *On*, c'est Tartuffe, c'est Orgon, c'est Elmire. Il résulte bien quelque défaut de clarté de cet emploi du même mot pour désigner plusieurs personnes fort distinctes ; mais cette légère obscurité même est un voile de plus qui favorise la délicatesse d'Elmire. Il arrive aussi quelquefois que, le mot *on* désignant deux personnes différentes dans la même phrase, il y a véritablement irrégularité grammaticale ; mais c'est une petite faute qui naît d'une grande beauté, et que cette beauté doit racheter à tous les yeux.

(2)   Jamais il ne s'est vu de surprise de même.

On ne dit pas, *de surprise de même*, pour, *de surprise pareille*. Molière a déjà fait la même faute dans ce vers de *l'École des Maris* :

  C'est un transport si grand, qu'il n'en est point de même.

Damis m'a fait pour vous une frayeur extrême;
Et vous avez bien vu que j'ai fait mes efforts
Pour rompre son dessein et calmer ses transports.
Mon trouble, il est bien vrai, m'a si fort possédée,
Que de le démentir je n'ai point eu l'idée;
Mais par là, grace au ciel, tout a bien mieux été
Et les choses en sont dans plus de sûreté.*
L'estime où l'on vous tient a dissipé l'orage,
Et mon mari de vous ne peut prendre d'ombrage.
Pour mieux braver l'éclat des mauvais jugemens,
Il veut que nous soyons ensemble à tous momens;
Et c'est par où je puis, sans peur d'être blâmée, (1)
Me trouver ici seule avec vous enfermée,
Et ce qui m'autorise à vous ouvrir un cœur
Un peu trop prompt peut-être à souffrir votre ardeur.

TARTUFFE.

Ce langage à comprendre est assez difficile,
Madame; et vous parliez tantôt d'un autre style.

VARIANTE. * *En plus de sûreté.*

---

(1)   Et c'est par où je puis, sans peur d'être blâmée.

Où, précédé de la préposition *par*, signifie, quel chemin, quel moyen, quel motif; et il peut être exactement remplacé par l'un ou par l'autre dans toutes les phrases où on l'emploie. Ainsi, *voilà par où j'ai passé;* voilà par *quel chemin* j'ai passé. *Par où me tirerai-je d'affaire?* par *quel moyen* me tirerai-je d'affaire? *Je ne sais par où vous lui plaisez tant;* je ne sais par *quel motif* vous lui plaisez tant, etc.; mais dans la phrase ainsi tournée : *c'est par où je puis*, il seroit impossible de substituer au mot *où*, ceux qui peuvent le remplacer dans tous les autres cas; on ne diroit pas, *c'est par quel motif je puis, sans peur d'être blâmée, me trouver ici seule avec vous enfermée.* Il faut dire, *c'est par là que je puis, voilà par où je puis*, ou quelque autre tour équivalent.

ELMIRE.

Ah! si d'un tel refus vous êtes en courroux,
Que le cœur d'une femme est mal connu de vous!
Et que vous savez peu ce qu'il veut faire entendre
Lorsque si foiblement on le voit se défendre!
Toujours notre pudeur combat, dans ces momens,
Ce qu'on peut nous donner de tendres sentimens.
Quelque raison qu'on trouve à l'amour qui nous dompte,
On trouve à l'avouer toujours un peu de honte.
On s'en défend d'abord; mais de l'air qu'on s'y prend
On fait connoître assez que notre cœur se rend;
Qu'à nos vœux, par honneur, notre bouche s'oppose,
Et que de tels refus promettent toute chose.
C'est vous faire, sans doute, un assez libre aveu,
Et sur notre pudeur me ménager bien peu.
Mais, puisque la parole enfin en est lâchée,
A retenir Damis me serois-je attachée,
Aurois-je, je vous prie, avec tant de douceur
Écouté tout au long l'offre de votre cœur,
Aurois-je pris la chose ainsi qu'on m'a vu faire,
Si l'offre de ce cœur n'eût eu de quoi me plaire?
Et lorsque j'ai voulu moi-même vous forcer
A refuser l'hymen qu'on venoit d'annoncer,
Qu'est-ce que cette instance a dû vous faire entendre,
Que l'intérêt qu'en vous on s'avise de prendre,
Et l'ennui qu'on auroit que ce nœud qu'on résout [1]
Vînt partager du moins un cœur que l'on veut tout?

---

(1) C'est dans cette longue phrase surtout que le mot *on*, pris en deux sens différens, fait un peu confusion, et produit même un vice de construction. Dans *l'hymen qu'on venoit d'annoncer*, ON est Orgon;

ACTE IV, SCÈNE V.

TARTUFFE.

C'est sans doute, madame, une douceur extrême
Que d'entendre ces mots d'une bouche qu'on aime;
Leur miel dans tous mes sens fait couler à longs traits
Une suavité qu'on ne goûta jamais.
Le bonheur de vous plaire est ma suprême étude,
Et mon cœur de vos vœux fait sa béatitude;
Mais ce cœur vous demande ici la liberté
D'oser douter un peu de sa félicité.
Je puis croire ces mots un artifice honnête
Pour m'obliger à rompre un hymen qui s'apprête;
Et, s'il faut librement m'expliquer avec vous,
Je ne me fierai point à des propos si doux,
Qu'un peu de vos faveurs, après quoi je soupire,
Ne vienne m'assurer tout ce qu'ils m'ont pu dire,
Et planter dans mon ame une constante foi
Des charmantes bontés que vous avez pour moi. (1)

---

dans *l'intérêt qu'en vous on s'avise de prendre,* on est Elmire; enfin, dans ces deux vers:

  Et l'ennui qu'on auroit que ce nœud qu'on résout,
  Vînt partager du moins un cœur que l'on veut tout.

Le premier *on* désigne la femme, le second désigne le mari, et le troisième désigne la femme encore.

(1) Voilà certainement la première et la seule comédie, du moins sur notre théâtre, où un homme propose à une femme de se livrer à lui sur le champ et sur place. De cette proposition ainsi faite, à l'acte qui en est l'objet, l'intervalle est si court à franchir pour l'imagination, que la chose lui devient, pour ainsi dire, présente. Que de génie, d'art et de bonheur peut-être n'a-t-il pas fallu pour concevoir et exécuter une pareille situation de manière qu'elle ne révoltât pas les moins scrupuleux? Orgon, à la fois présent et invisible, ne suffit pas pour en couvrir l'indécence. Il falloit que cette indécence bien réelle fût la chose dont le spectateur pût être le moins touché dans ce moment; il falloit qu'il fût

ELMIRE, *après avoir toussé pour avertir son mari.*

Quoi! vous voulez aller avec cette vîtesse,
Et d'un cœur tout d'abord épuiser la tendresse?
On se tue à vous faire un aveu des plus doux;
Cependant ce n'est pas encore assez pour vous?
Et l'on ne peut aller jusqu'à vous satisfaire,
Qu'aux dernières faveurs on ne pousse l'affaire?

TARTUFFE.

Moins on mérite un bien, moins on l'ose espérer.
Nos vœux sur des discours ont peine à s'assurer.
On soupçonne aisément un sort tout plein de gloire, (1)
Et l'on veut en jouir avant que de le croire.
Pour moi, qui crois si peu mériter vos bontés,
Je doute du bonheur de mes témérités; (2)
Et je ne croirai rien, que vous n'ayez, madame,
Par des réalités, su convaincre ma flamme.

---

amené à vouloir avant tout et à tout prix la ruine de Tartuffe, et qu'il n'y eût absolument que ce moyen-là pour la consommer. Le génie comique n'a jamais rien imaginé de plus fort que cette situation.

(1)   On soupçonne aisément un sort tout plein de gloire.

On *doute d'un sort tout plein de gloire*, on *y croit difficilement*; mais on ne *le soupçonne* pas. L'expression est impropre et obscure : elle a besoin, pour être comprise, de ce qui précède et de ce qui suit.

(2) Voilà six vers que Molière s'est empruntés à lui-même; on les lit ainsi dans *Don Garcie de Navarre* :

>Moins on mérite un bien qu'on nous fait espérer,
>Plus notre ame a de peine à pouvoir s'assurer.
>Un sort trop plein de gloire à nos yeux est fragile,
>Et nous laisse aux soupçons une pente facile.
>Pour moi, qui crois si peu mériter vos bontés,
>J'ai douté du bonheur de mes témérités.

ACTE IV, SCÈNE V.

ELMIRE.

Mon dieu! que votre amour en vrai tyran agit!
Et qu'en un trouble étrange il me jette l'esprit!
Que sur les cœurs il prend un furieux empire!
Et qu'avec violence il veut ce qu'il desire! [1]
Quoi! de votre poursuite on ne peut se parer,
Et vous ne donnez pas le temps de respirer?
Sied-il bien de tenir une rigueur si grande, [2]
De vouloir sans quartier les choses qu'on demande,
Et d'abuser ainsi, par vos efforts pressans,
Du foible que pour vous vous voyez qu'ont les gens? [3]

TARTUFFE.

Mais si d'un œil benin vous voyez mes hommages,
Pourquoi m'en refuser d'assurés témoignages?

ELMIRE.

Mais comment consentir à ce que vous voulez,
Sans offenser le ciel, dont toujours vous parlez?

TARTUFFE.

Si ce n'est que le ciel qu'à mes vœux on oppose,

---

(1) Ariste, dans *les Femmes savantes*, dit, en parlant d'un amant:
   Et qu'impatiemment il veut ce qu'il desire!

(2) Sied-il bien de tenir une rigueur si grande?
Tenir rigueur est une de ces phrases faites qu'on peut modifier par un adverbe, mais non par un adjectif. On diroit mieux, *vous me tenez grandement rigueur*, que, *vous me tenez une grande rigueur*.

(3) Il y a beaucoup de ressemblance entre ces quatre vers et ceux-ci des *Fâcheux* :

   Allez, il vous sied mal de railler ma douleur,
   Et d'abuser, ingrate, à maltraiter ma flamme,
   Du foible que pour vous vous sentez qu'a mon ame.

Lever un tel obstacle est à moi peu de chose ; [1]
Et cela ne doit pas retenir votre cœur.

ELMIRE.

Mais des arrêts du ciel on nous fait tant de peur !

TARTUFFE.

Je puis vous dissiper ces craintes ridicules,
Madame ; et je sais l'art de lever les scrupules.
Le ciel défend, de vrai, certains contentemens ;
Mais on trouve avec lui des accommodemens. [2]
Selon divers besoins, il est une science
D'étendre les liens de notre conscience,
Et de rectifier le mal de l'action
Avec la pureté de notre intention. [3]
De ces secrets, madame, on saura vous instruire ;
Vous n'avez seulement qu'à vous laisser conduire.
Contentez mon desir, et n'ayez point d'effroi ;

---

(1) Lever un tel obstacle est à moi peu de chose.
On diroit aujourd'hui, *est pour moi peu de chose.*

(2) L'édition originale et celle de 1682 portent en marge à côté de ce vers : *C'est un scélérat qui parle.* Encore cette fois, le commentateur Bret, croyant ne s'égayer qu'aux dépens d'un pauvre éditeur, se moque probablement de Molière lui-même. La note nous paroît aujourd'hui d'une superfluité ridicule ; mais, en se reportant à l'apparition du *Tartuffe*, on conçoit que Molière n'ait pas cru pouvoir user de trop de précautions pour prévenir ou détourner les fâcheuses interprétations dont quelques endroits de sa pièce étoient susceptibles.

(3) Si l'on pouvoit douter que Molière eût lu *les Provinciales*, ces deux vers suffiroient pour en convaincre. On y retrouve, en propres termes, la prose de Pascal, dans sa septième lettre, sur la manière de diriger l'intention : « Quand nous ne pouvons pas empêcher l'action, « nous purifions au moins l'intention ; et ainsi nous corrigeons le vice « du moyen par la pureté de la fin. »

ACTE IV, SCÈNE V.

Je vous réponds de tout, et prends le mal sur moi.

(*Elmire tousse plus fort.*)

Vous toussez fort, madame.

ELMIRE.

Oui, je suis au supplice.

TARTUFFE.

Vous plaît-il un morceau de ce jus de réglisse?

ELMIRE.

C'est un rhume obstiné, sans doute; et je vois bien
Que tous les jus du monde ici ne feront rien. (1)

TARTUFFE.

Cela, certe, est fâcheux.

ELMIRE.

Oui, plus qu'on ne peut dire.

TARTUFFE.

Enfin, votre scrupule est facile à détruire.
Vous êtes assurée ici d'un plein secret,
Et le mal n'est jamais que dans l'éclat qu'on fait.
Le scandale du monde est ce qui fait l'offense,

---

(1) Ici, j'ai un peu moins d'assurance à défendre Molière du reproche d'indécence; car je ne pourrois le faire qu'aux dépens de son esprit, et on sait qu'il est plus facile de le trouver en faute sur le premier point que sur le second. Si la réponse d'Elmire n'étoit pas un trait d'une licence extrême, elle en seroit un du plus mauvais goût, et Molière auroit eu le tort de ne pas prévoir à quel point les esprits corrompus pourroient en abuser. Ils n'y manquent jamais, et naguère l'acteur qui jouoit Tartuffe les mettoit lui-même sur la voie par un moyen que je ne pourrois expliquer sans que le scandale de la note surpassât encore celui du texte.

Et ce n'est pas pécher, que pécher en silence. (1)

ELMIRE, *après avoir encore toussé, et frappé sur la table.*

Enfin je vois qu'il faut se résoudre à céder;
Qu'il faut que je consente à vous tout accorder;
Et qu'à moins de cela je ne dois point prétendre
Qu'on puisse être content, et qu'on veuille se rendre.
Sans doute il est fâcheux d'en venir jusques-là,
Et c'est bien malgré moi que je franchis cela;
Mais, puisque l'on s'obstine à m'y vouloir réduire,
Puisqu'on ne veut point croire à tout ce qu'on peut dire,
Et qu'on veut des témoins qui soient plus convaincans,
Il faut bien s'y résoudre, et contenter les gens.
Si ce contentement porte en soi quelque offense,
Tant pis pour qui me force à cette violence;
La faute assurément n'en doit pas être à moi. (2)

TARTUFFE.

Oui, madame, on s'en charge; et la chose de soi...

---

(1) Il est difficile de ne pas croire qu'ici Molière se soit souvenu de ces trois vers de Regnier, dans la fameuse satire de *Macette* :

Le péché que l'on cache est demi pardonné.
La faute seulement ne gît en la défense :
Le scandale, l'opprobre est cause de l'offense.

(2) Toute cette tirade d'Elmire est un chef-d'œuvre d'adresse. Elle ne dit pas un mot qui ne soit pour son mari, et que cependant Tartuffe ne doive prendre pour lui-même. C'est ici surtout qu'on peut voir de quelle ressource le mot *on* est pour Elmire, et combien elle a eu raison d'adopter d'abord cette formule. Si elle ne l'avoit employée dès le début pour désigner successivement plusieurs personnes, elle ne pourroit s'en servir en ce moment pour produire le double sens dont elle a besoin, ou du moins son discours auroit quelque chose de mystérieux et d'équivoque qui seroit capable d'éveiller les soupçons de Tartuffe.

ACTE IV, SCÈNE VI.

ELMIRE.

Ouvrez un peu la porte, et voyez, je vous prie,
Si mon mari n'est point dans cette galerie.

TARTUFFE.

Qu'est-il besoin pour lui du soin que vous prenez?
C'est un homme, entre nous, à mener par le nez.
De tous nos entretiens il est pour faire gloire,
Et je l'ai mis au point de voir tout sans rien croire. (1)

ELMIRE.

Il n'importe. Sortez, je vous prie, un moment;
Et partout là-dehors voyez exactement.

SCÈNE VI.

ORGON, ELMIRE.

ORGON, *sortant de dessous la table.*
Voilà, je vous l'avoue, un abominable homme! (2)

---

(1) Si Tartuffe n'étoit pas un misérable, étranger à toute idée de délicatesse, il sauroit qu'une femme qui n'est pas tout-à-fait dissolue, lors même qu'elle outrage le plus grièvement son mari, doit être blessée de le voir offenser gratuitement par le complice de sa faute. Mais Tartuffe ignore ces choses-là; il parle comme il doit parler, et son discours produit un de ces admirables traits de nature et de vérité dont Molière est rempli. Orgon a écouté avec une longanimité sans exemple les infâmes propositions de Tartuffe; mais, impassible tant qu'on n'attaquoit que son honneur, il devient irritable dès qu'on offense son amour-propre : c'est alors seulement qu'il sort de sa cachette; c'est là principalement ce qui le porte à s'écrier :

Voilà, je vous l'avoue, un abominable homme!

(2) Regnard a dit, dans *les Menechmes* :

Voilà, je le confesse, un homme abominable!

Je n'en puis revenir, et tout ceci m'assomme.

ELMIRE.

Quoi! vous sortez sitôt! Vous vous moquez des gens.
Rentrez sous le tapis, il n'est pas encor temps;
Attendez jusqu'au bout pour voir les choses sûres,
Et ne vous fiez point aux simples conjectures.

ORGON.

Non, rien de plus méchant n'est sorti de l'enfer.

ELMIRE.

Mon dieu! l'on ne doit point croire trop de léger. [1]
Laissez-vous bien convaincre avant que de vous rendre;
Et ne vous hâtez point, de peur de vous méprendre. [2]

(*Elmire fait mettre Orgon derrière elle.*)

---

[1]   Mon dieu! l'on ne doit point croire trop de léger.
Léger ne rime pas avec *enfer*. — *De léger*, se disoit alors pour, *légèrement*, *facilement*; et, dans notre ancien langage, *légier* étoit synonyme de *facile*, comme le prouvent les exemples suivans : « Moult parayma « Dieu l'hom : c'est légier à prouver. » (*Codicile de Jehan de Meung.*)
         Legier feust le chastel à prendre.
                    Roman de la Rose.

[2] Ce n'est pas là une ironie légère et badine; c'est la plainte assez amère d'une femme honnête que son mari semble avoir laissée à plaisir dans la plus embarrassante, la plus critique de toutes les situations. L'actrice qui dit ces vers, feroit un grossier contre-sens, si elle les disoit d'un ton plaisant et moqueur.

SCÈNE VII.

TARTUFFE, ELMIRE, ORGON.

TARTUFFE, *sans voir Orgon.*

Tout conspire, madame, à mon contentement.
J'ai visité de l'œil tout cet appartement;
Personne ne s'y trouve; et mon ame ravie...
   (*Dans le temps que Tartuffe s'avance, les bras ouverts, pour embrasser Elmire, elle se retire, et Tartuffe aperçoit Orgon.*)

ORGON, *arrêtant Tartuffe.*

Tout doux! vous suivez trop votre amoureuse envie,
Et vous ne devez pas vous tant passionner.
Ah! ah! l'homme de bien, vous m'en voulez donner! *
Comme aux tentations s'abandonne votre ame!
Vous épousiez ma fille, et convoitiez ma femme!
J'ai douté fort long-temps que ce fût tout de bon,
Et je croyois toujours qu'on changeroit de ton : (¹)
Mais c'est assez avant pousser le témoignage;
Je m'y tiens, et n'en veux, pour moi, pas davantage.

VARIANTE. * *Vous m'en vouliez donner.*

---

(1)   Et je croyois toujours qu'on changeroit de ton.
La pensée de ce vers est équivoque et presque obscure. De qui Orgon dit-il, *Je croyois qu'on changeroit de ton?* Ce ne peut être de Tartuffe, puisqu'il n'a rien cru jusqu'ici des abominables discours qu'on lui attribuoit. Il veut dire apparemment : J'espérois que ceux qui vous avoient imputé ces propositions criminelles, cesseroient de vous en accuser. Ce sens ne se présente pas assez nettement à l'esprit.

ELMIRE, *à Tartuffe.*

C'est contre mon humeur que j'ai fait tout ceci;
Mais on m'a mise au point de vous traiter ainsi.

TARTUFFE, *à Orgon.*

Quoi! vous croyez?... (1)

ORGON.

Allons, point de bruit, je vous prie.
Dénichons de céans, et sans cérémonie.

TARTUFFE.

Mon dessein... (2)

ORGON.

Ces discours ne sont plus de saison :
Il faut, tout sur le champ, sortir de la maison.

TARTUFFE.

C'est à vous d'en sortir, vous qui parlez en maître : (3)

---

(1) *Quoi! vous croyez...* est excellent. Cela ne peut se dire qu'à Orgon, et il faut être Tartuffe pour le dire. Le fourbe veut effectuer ici trop à la lettre ce dont il se vantoit tout-à-l'heure, d'avoir mis sa dupe *au point de voir tout sans rien croire.*

(2) *Mon dessein...* Tartuffe alloit sûrement dire : Mon dessein étoit d'éprouver la vertu de votre femme. L'excuse est détestable, sans doute; mais on peut défier qui que ce soit d'en imaginer une meilleure.

S'il falloit s'en rapporter à l'auteur de la *Lettre sur la comédie de l'Imposteur,* Panulphe auroit conservé en ce moment beaucoup d'assurance et de sang-froid; il auroit même poussé l'impudence jusqu'à nommer encore Orgon, *son frère.* Ou le narrateur a été trompé par sa mémoire, ou Molière a fait depuis quelques changemens dans cette scène.

(3) On a peu ri pendant tout cet acte : le rire, qui suppose la plus grande liberté possible d'esprit, ne pouvoit naître que bien difficilement au milieu du puissant intérêt produit par tant de situations si fortes. Mais, à partir de ce vers, ce n'est plus seulement absence de gaîté; il

La maison m'appartient, je le ferai connoître,
Et vous montrerai bien qu'en vain on a recours,
Pour me chercher querelle, à ces lâches détours;
Qu'on n'est pas où l'on pense en me faisant injure;
Que j'ai de quoi confondre et punir l'imposture,
Venger le ciel qu'on blesse, et faire repentir
Ceux qui parlent ici de me faire sortir.

SCÈNE VIII.

ELMIRE, ORGON.

ELMIRE.

Quel est donc ce langage? et qu'est-ce qu'il veut dire?

ORGON.

Ma foi, je suis confus, et n'ai pas lieu de rire.

ELMIRE.

Comment?

ORGON.

Je vois ma faute, aux choses qu'il me dit;
Et la donation m'embarrasse l'esprit.

ELMIRE.

La donation! (1)

---

y a serrement de cœur, consternation, terreur, presque comme à une tragédie; et cependant c'est toujours de la belle, de la bonne, de la franche comédie.

(1) On croit voir, par la surprise d'Elmire et par ses questions répétées, qu'elle ne sait rien de la donation, qu'elle ignore, non-seulement que ce soit une chose faite, mais peut-être même qu'on en ait eu le projet; et cependant nous avons entendu, au commencement de l'acte, Cléante en parler comme d'un fait dont il étoit positivement informé.

ORGON.

Oui. C'est une affaire faite.
Mais j'ai quelque autre chose encor qui m'inquiète.

ELMIRE.

Et quoi ?

ORGON.

Vous saurez tout. Mais voyons au plus tôt
Si certaine cassette est encore là-haut. [1]

---

[1] Si, en général, les incidens demandent à être préparés, il en est qui doivent être imprévus ; et celui-ci est du nombre. Le poëte le tenoit en réserve, pour accroître, pour porter au comble l'intérêt déja puissamment excité, en faisant craindre pour la famille d'Orgon des malheurs plus grands que celui d'une entière spoliation. D'un autre côté, le mystère attaché à cette cassette provoque la curiosité du spectateur, et augmente le desir qu'il a de voir commencer l'acte suivant.

FIN DU QUATRIÈME ACTE.

ACTE V.

SCÈNE PREMIÈRE.

ORGON, CLÉANTE.

CLÉANTE.

Où voulez-vous courir ?

ORGON.

Las ! que sais-je ?

CLÉANTE.

Il me semble
Que l'on doit commencer par consulter ensemble
Les choses qu'on peut faire en cet évènement. (1)

ORGON.

Cette cassette-là me trouble entièrement.
Plus que le reste encore, elle me désespère.

CLÉANTE.

Cette cassette est donc un important mystère ?

---

(1) Que l'on doit commencer par consulter ensemble.
Les choses qu'on peut faire en cet évènement.

On dit, en termes de pratique et de médecine, *consulter une affaire*, *consulter une maladie;* mais, hors de ces cas et dans le langage ordinaire, l'usage veut qu'on dise, *consulter sur une chose*, *consulter sur ce qu'on doit faire*.

ORGON.

C'est un dépôt qu'Argas, cet ami que je plains,
Lui-même en grand secret m'a mis entre les mains.
Pour cela, dans sa fuite, il me voulut élire; [1]
Et ce sont des papiers, à ce qu'il m'a pu dire,
Où sa vie et ses biens se trouvent attachés. [2]

---

[1] Pour cela, dans sa fuite, il me voulut élire.
Voir page 77, note 1.

[2] Les Mémoires du siècle de Louis XIV nous ont transmis une anecdote qui a quelque rapport avec la cassette confiée à Orgon. Le président de Lamoignon, fils du premier président qui défendit les représentations du *Tartuffe*, avoit reçu en dépôt des papiers importans qui, peut-être, comme ceux d'Argas, appartenoient à quelque personnage compromis dans les troubles de la Fronde. Un secrétaire d'état, qui en fut informé, écrivit à M. de Lamoignon que le roi vouloit savoir ce que contenoit le dépôt. M. de Lamoignon répondit : *Je n'ai point de dépôt, et, si j'en avois un, l'honneur exigeroit que ma réponse fût la même.* M. de Lamoignon, mandé à la cour, parut devant le roi, en la présence du secrétaire d'état; il supplia le roi de vouloir bien l'entendre en particulier; il lui avoua pour lors qu'il avoit un dépôt de papiers, et l'assura qu'il ne s'en seroit jamais chargé, si ces papiers eussent contenu quelque chose de contraire à son service et au bien de l'état. *Votre Majesté*, ajouta-t-il, *me refuseroit son estime si j'étois capable d'en dire davantage. Aussi*, dit le roi, *vous voyez que je ne demande rien de plus.* Le secrétaire d'état rentra dans ce moment, et dit au roi : *Sire, je ne doute pas que M. de Lamoignon n'ait rendu compte à Votre Majesté des papiers qui sont entre ses mains. Vous me faites là,* dit le roi, *une belle proposition, d'obliger un homme d'honneur à manquer à sa parole.* Puis se tournant vers M. de Lamoignon, *Monsieur,* dit-il, *ne vous dessaisissez de ces papiers que suivant la loi qui vous a été imposée par le dépôt.*

Cette anecdote, où le monarque et le dépositaire font l'un et l'autre un personnage si noble, paroît être postérieure à la comédie du *Tartuffe*. Il seroit sans doute ridicule de croire que Louis XIV ait été prendre une règle de conduite dans le rôle que le poëte lui avoit prêté; mais il est permis de remarquer que, dans la réalité, il se montra tel qu'on

ACTE V, SCÈNE I.

CLÉANTE.

Pourquoi donc les avoir en d'autres mains lâchés?

ORGON.

Ce fut par un motif de cas de conscience.
J'allai droit à mon traître en faire confidence;
Et son raisonnement me vint persuader
De lui donner plutôt la cassette à garder,
Afin que pour nier, en cas de quelque enquête,
J'eusse d'un faux-fuyant la faveur toute prête,
Par où ma conscience eût pleine sûreté
A faire des sermens contre la vérité. (1)

CLÉANTE.

Vous voilà mal, au moins si j'en crois l'apparence ;
Et la donation, et cette confidence,
Sont, à vous en parler selon mon sentiment,
Des démarches par vous faites légèrement.
On peut vous mener loin avec de pareils gages :

---

l'avoit fait voir dans la fiction, c'est-à-dire généreux, indulgent, incapable de punir dans un de ses sujets l'assistance prêtée au malheur et la foi gardée à l'amitié.

(1) C'est ici la doctrine des *restrictions mentales*, que Tartuffe a enseignée à Orgon, de même qu'il a voulu enseigner à Elmire celle de la *direction d'intention*. Sanchez, cité par Pascal, dans sa neuvième Provinciale, dit : « On peut jurer qu'on n'a pas fait une chose, quoiqu'on « l'ait faite effectivement, en entendant en soi-même qu'on ne l'a point « faite un certain jour, ou avant qu'on fût né, ou en sous-entendant « quelque autre circonstance pareille, sans que les paroles dont on se « sert aient aucun sens qui le puisse faire connoître. » Quand on voit Molière vouer ainsi au ridicule et à l'indignation publique les maximes du molinisme, et qu'on songe à l'immense crédit dont jouissoit alors la société des jésuites, on ne peut être surpris des difficultés qu'éprouva la représentation de son ouvrage.

Et, cet homme sur vous ayant ces avantages,
Le pousser est encor grande imprudence à vous;
Et, vous deviez chercher quelque biais plus doux. (1)

ORGON.

Quoi! sur un beau semblant de ferveur si touchante
Cacher un cœur si double, une ame si méchante! (2)
Et moi, qui l'ai reçu gueusant et n'ayant rien...
C'en est fait, je renonce à tous les gens de bien;
J'en aurai désormais une horreur effroyable,
Et m'en vais devenir pour eux pire qu'un diable. (3)

---

(1) Et vous deviez chercher quelque biais plus doux.

Molière ne s'accordoit pas avec lui-même sur la mesure du mot *biais*. Dans ses premières comédies, il le faisoit de deux syllabes; dans le *Misanthrope*, il lui en a donné une seule, et il revient ici à lui en donner deux. Dans l'usage actuel, ce mot est toujours monosyllabe.

(2) Quoi! sur un beau semblant de ferveur si touchante,
   Cacher un cœur si double, une ame si méchante!

Toutes les éditions, sans exception, portent, *sur un beau semblant*. Cependant, *cacher un cœur double* SUR *un beau semblant de ferveur*, est une figure si peu exacte dans les termes, et il étoit si naturel d'écrire, *cacher* SOUS *un beau semblant*, qu'il est impossible de ne pas supposer une faute d'impression.

(3) Passer tout-à-coup d'un extrême à l'autre est ce qui distingue principalement les caractères foibles. Les extrêmes sont, pour ainsi dire, leur région ordinaire et habituelle; ils y sont poussés ou par leur propre passion qu'ils n'ont pas la force de contenir, ou par une impulsion étrangère à laquelle ils ne peuvent pas résister; et, quand l'un ou l'autre de ces mobiles cesse d'agir, ils sont portés, par leur tendance naturelle, vers l'excès opposé à celui qu'ils viennent d'abandonner, semblables au pendule qui, descendant d'une des extrémités de sa courbe, remonte par sa seule pesanteur jusqu'à l'autre extrémité. Trop foible pour pouvoir s'arrêter à ce milieu qui est la raison même, Orgon a besoin d'une folie, et il n'en a pas le choix. Comme il cesse d'être dupe d'un excès de confiance, il faut nécessairement qu'il le devienne d'un excès de défiance : il ne seroit plus le même homme, il ne seroit plus le foible

CLÉANTE.

Hé bien! ne voilà pas de vos emportemens!
Vous ne gardez en rien les doux tempéramens.
Dans la droite raison jamais n'entre la vôtre; (1)
Et toujours d'un excès vous vous jetez dans l'autre.
Vous voyez votre erreur, et vous avez connu
Que par un zèle feint vous étiez prévenu;
Mais, pour vous corriger, quelle raison demande
Que vous alliez passer dans une erreur plus grande,
Et qu'avecque le cœur d'un perfide vaurien
Vous confondiez les cœurs de tous les gens de bien?
Quoi! parce qu'un fripon vous dupe avec audace
Sous le pompeux éclat d'une austère grimace,
Vous voulez que partout on soit fait comme lui,
Et qu'aucun vrai dévot ne se trouve aujourd'hui?
Laissez aux libertins ces sottes conséquences :
Démêlez la vertu d'avec ses apparences,
Ne hasardez jamais votre estime trop tôt,

Orgon, jouet de la passion d'autrui ou de la sienne, si, après avoir été trompé par un scélérat, il ne renonçoit à croire aux honnêtes gens. Mais qu'avois-je besoin de disserter sur sa folie? Le sage Cléante va la lui démontrer beaucoup mieux que je n'ai pu le faire; et ce qui rendra la démonstration complète, c'est que ce sera une leçon tout-à-fait en pure perte.

(1) Dans la droite raison jamais n'entre la vôtre.
Raison, soit qu'on le dise de l'attribut commun à tous les hommes, soit qu'on l'entende de la faculté particulière d'un individu, ne peut jamais signifier que, justesse de sens, rectitude de jugement. On dira bien à un homme : *votre raison s'égare, votre raison est pervertie, vous perdez la raison*; mais on ne lui dira pas, *votre raison n'entre jamais dans la droite raison*, parce que c'est comme si on lui disoit : *votre raison déraisonne.* Je n'ai pas besoin, d'ailleurs, de faire remarquer combien le tour et l'expression du vers manquent de naturel.

Et soyez pour cela dans le milieu qu'il faut.
Gardez-vous, s'il se peut, d'honorer l'imposture :
Mais au vrai zèle aussi n'allez pas faire injure ;
Et, s'il vous faut tomber dans une extrémité,
Péchez plutôt encor de cet autre côté. (1)

SCÈNE II. (2)

ORGON, CLÉANTE, DAMIS.

DAMIS.

Quoi ! mon père, est-il vrai qu'un coquin vous menace ;

---

(1) Cléante n'est pas seulement l'honnête homme de la pièce, il en est aussi l'apologiste. Il ne se borne pas à réfuter ce que la mauvaise foi et la déraison profèrent dans l'ouvrage même ; il va au-devant des coups qu'elles pourroient vouloir porter du dehors, et il les écarte habilement. La plus forte objection qu'on pût faire contre cette comédie, c'étoit qu'en attaquant la fausse dévotion, elle tendoit à ridiculiser et à discréditer la dévotion véritable. La passion et la sottise concluent presque toujours du particulier au général. Il y a de faux dévots ; donc il n'y a pas de dévots sincères : telle est la logique de l'irréligion presque toujours absolue et injuste dans ses raisonnemens. Cléante ou plutôt Molière s'empresse de flétrir cette absurde conséquence ; il veut qu'on la laisse aux libertins, c'est-à-dire aux hommes qui ont intérêt à nier l'existence d'une vertu qu'ils ne possèdent pas et dont ils ne sont pas dignes, et il finit par déclarer qu'il vaudroit mieux encore être dupe de l'hypocrisie qu'injuste envers la vraie piété. Parler ainsi, c'étoit à-la-fois servir la religion et se servir soi-même.

(2) L'auteur de la *Lettre sur la comédie de l'Imposteur* ne fait aucune mention de cette petite scène. Après avoir analysé soigneusement la scène précédente, il dit : « Là-dessus la vieille arrive, et tous les autres. « Elle demande d'abord quel bruit c'est qui court d'eux par le monde. » Comme l'entrée particulière de Damis produit peu de chose, il est possible que l'auteur de la Lettre ne se la soit pas rappelée, il est possible aussi que Molière l'ait ajoutée après coup.

Qu'il n'est point de bienfait qu'en son ame il n'efface;
Et que son lâche orgueil, trop digne de courroux,
Se fait de vos bontés des armes contre vous?

ORGON.

Oui, mon fils; et j'en sens des douleurs nonpareilles.

DAMIS.

Laissez-moi, je lui veux couper les deux oreilles.
Contre son insolence on ne doit point gauchir : (1)
C'est à moi, tout d'un coup, de vous en affranchir;
Et, pour sortir d'affaire, il faut que je l'assomme.

CLÉANTE.

Voilà tout justement parler en vrai jeune homme.
Modérez, s'il vous plaît, ces transports éclatans.
Nous vivons sous un règne et sommes dans un temps,
Où par la violence on fait mal ses affaires. (2)

---

(1)   Contre son insolence on ne doit point gauchir.
Gauchir, au figuré, signifie seulement, ne pas agir franchement, ne pas aller droit en affaire, ce qu'on appelle autrement, *biaiser.* Dans le vers de Molière, *gauchir* a le sens de plier, reculer, fléchir : c'est une légère impropriété.

(2) Déjà un éloge de Louis XIV et de son gouvernement, mais un éloge juste et bien amené, qui est en même temps une bonne leçon d'ordre public. Ces louanges données par un poëte reconnaissant à un souverain qui les mérite, sont bien aussi nobles que des traits de satire uniquement dictés soit par quelque ressentiment de l'intérêt ou de la vanité, soit par le desir de flatter les passions d'un parti.

SCÈNE III.

MADAME PERNELLE, ORGON, ELMIRE, CLÉANTE, MARIANE, DAMIS, DORINE.

MADAME PERNELLE.

Qu'est-ce? J'apprends ici de terribles mystères!

ORGON.

Ce sont des nouveautés dont mes yeux sont témoins,
Et vous voyez le prix dont sont payés mes soins.
Je recueille avec zèle un homme en sa misère,
Je le loge, et le tiens comme mon propre frère;
De bienfaits chaque jour il est par moi chargé;
Je lui donne ma fille et tout le bien que j'ai :
Et, dans le même temps, le perfide, l'infâme,
Tente le noir dessein de suborner ma femme;
Et, non content encor de ces lâches essais,
Il m'ose menacer de mes propres bienfaits,
Et veut, à ma ruine, user des avantages
Dont le viennent d'armer mes bontés trop peu sages,
Me chasser de mes biens où je l'ai transféré, (1)
Et me réduire au point d'où je l'ai retiré!

---

(1) Me chasser de mes biens où je l'ai transféré.

On peut dire, dans le langage du palais ou de la finance, *transférer à quelqu'un la propriété d'un bien, d'une rente;* mais on ne dit pas, *transférer quelqu'un dans des biens.* C'est une des nombreuses incorrections dont le style de cet acte est entaché, et que je ne prendrai pas le soin de relever toutes. Il y a apparence que Molière a terminé sa pièce avec un peu de précipitation et de négligence.

ACTE V, SCÈNE III.

DORINE.

Le pauvre homme ! (1)

MADAME PERNELLE.

Mon fils, je ne puis du tout croire
Qu'il ait voulu commettre une action si noire.

ORGON.

Comment ?

MADAME PERNELLE.

Les gens de bien sont enviés toujours.

ORGON.

Que voulez-vous donc dire avec votre discours,
Ma mère ?

MADAME PERNELLE.

Que chez vous on vit d'étrange sorte,
Et qu'on ne sait que trop la haine qu'on lui porte. (2)

ORGON.

Qu'a cette haine à faire avec ce qu'on vous dit ?

MADAME PERNELLE.

Je vous l'ai dit cent fois quand vous étiez petit :
La vertu dans le monde est toujours poursuivie ;

---

(1) J'avouerai que, dans un moment si triste pour toute cette honnête famille, je suis fâché que Dorine, servante attachée à ses maîtres, trouve la force de plaisanter et de se moquer d'Orgon, en lui rappelant sa ridicule infatuation à l'égard de Tartuffe.

(2)   Et qu'on ne sait que trop la haine qu'on lui porte.
Ici, rien n'excuse la faute du mot *on* pris en deux sens dans une même phrase, et désignant un sujet différent pour chacune des deux propositions dont elle est formée. Ce n'est pas la même personne qui porte de la haine à Tartuffe, et qui sait que cette haine lui est portée.

Les envieux mourront, mais non jamais l'envie. (1)

ORGON.

Mais que fait ce discours aux choses d'aujourd'hui?

MADAME PERNELLE.

On vous aura forgé cent sots contes de lui.

ORGON.

Je vous ai dit déja que j'ai vu tout moi-même.

MADAME PERNELLE.

Des esprits médisans la malice est extrême.

ORGON.

Vous me feriez damner, ma mère. Je vous di
Que j'ai vu de mes yeux un crime si hardi.

MADAME PERNELLE.

Les langues ont toujours du venin à répandre;
Et rien n'est ici-bas qui s'en puisse défendre.

ORGON.

C'est tenir un propos de sens bien dépourvu.
Je l'ai vu, dis-je, vu, de mes propres yeux vu,
Ce qu'on appelle vu. Faut-il vous le rebattre
Aux oreilles cent fois, et crier comme quatre?

MADAME PERNELLE.

Mon dieu! le plus souvent l'apparence déçoit:
Il ne faut pas toujours juger sur ce qu'on voit.

ORGON.

J'enrage!

---

(1) On lit, dans *la Comédie des Proverbes*, d'Adrien de Montluc: « L'envie ne mourra jamais; mais les envieux mourront. » Molière a donné un sens bien plus fort à ce proverbe, en renversant l'ordre des propositions.

ACTE V, SCÈNE III.

MADAME PERNELLE.

Aux faux soupçons la nature est sujette,
Et c'est souvent à mal que le bien s'interprète.

ORGON.

Je dois interpréter à charitable soin
Le desir d'embrasser ma femme !

MADAME PERNELLE.

                              Il est besoin,
Pour accuser les gens, d'avoir de justes causes;
Et vous deviez attendre à vous voir sûr des choses.

ORGON.

Hé ! diantre ! le moyen de m'en assurer mieux ?
Je devois donc, ma mère, attendre qu'à mes yeux
Il eût... Vous me feriez dire quelque sottise.

MADAME PERNELLE.

Enfin d'un trop pur zèle on voit son ame éprise;
Et je ne puis du tout me mettre dans l'esprit
Qu'il ait voulu tenter les choses que l'on dit. [1]

ORGON.

Allez, je ne sais pas, si vous n'étiez ma mère,
Ce que je vous dirois, tant je suis en colère.

DORINE, *à Orgon.*

Juste retour, monsieur, des choses d'ici-bas :

---

[1] « Quel surcroît de comique, dit La Harpe, et comme l'auteur
« enchérit sur ce qu'il semble avoir épuisé, quand madame Pernelle joue
« avec Orgon le même rôle que cet Orgon a joué avec tous les autres
« personnages de la pièce, lorsqu'elle refuse obstinément de se rendre à
« toutes les preuves qu'il allègue contre Tartuffe ! Cette progression
« d'effets comiques, si imprévue et pourtant si naturelle, est le plus
« grand effort de l'art. »

Vous ne vouliez point croire, et l'on ne vous croit pas. (1)

CLÉANTE.

Nous perdons des momens en bagatelles pures,
Qu'il faudroit employer à prendre des mesures.
Aux menaces du fourbe on doit ne dormir point. (2)

DAMIS.

Quoi! son effronterie iroit jusqu'à ce point?

ELMIRE.

Pour moi, je ne crois pas cette instance possible, (3)
Et son ingratitude est ici trop visible.

CLÉANTE, *à Orgon.*

Ne vous y fiez pas; il aura des ressorts
Pour donner contre vous raison à ses efforts;
Et, sur moins que cela, le poids d'une cabale
Embarrasse les gens dans un fâcheux dédale.
Je vous le dis encore : armé de ce qu'il a,
Vous ne deviez jamais le pousser jusque-là.

ORGON.

Il est vrai; mais qu'y faire? A l'orgueil de ce traître,

---

(1) Que cette réflexion de Dorine est juste et piquante, sans être cette fois trop insultante et trop cruelle! Chacun la fait avant qu'elle l'exprime, et elle l'exprime mieux que personne ne pourroit le faire. Voilà ce que doivent être les réflexions au théâtre.

(2) Aux menaces du fourbe on doit ne dormir point.
Au sens figuré, on ne dit pas, *dormir*, mais *s'endormir*, comme en ces phrases : *il s'endort sur ses intérêts; il ne faut pas s'endormir sur cette affaire; s'endormir au sein des voluptés; s'endormir au doux bruit de la louange,* etc.

(3) Pour moi, je ne crois pas cette instance possible.
Au palais, on appelle *instance*, une demande, une poursuite; mais ce mot si technique est déplacé dans la bouche d'Elmire.

De mes ressentimens je n'ai pas été maître.

CLÉANTE.

Je voudrois, de bon cœur, qu'on pût entre vous deux
De quelque ombre de paix raccommoder les nœuds. (1)

ELMIRE.

Si j'avois su qu'en main il a de telles armes, (2)
Je n'aurois pas donné matière à tant d'alarmes;
Et mes...

ORGON, *à Dorine, voyant entrer M. Loyal.*

Que veut cet homme? Allez tôt le savoir.
Je suis bien en état que l'on me vienne voir!

---

(1) Je voudrois, de bon cœur, qu'on pût entre vous deux,
De quelque ombre de paix, raccommoder les nœuds.

Ces deux vers sont plus que négligemment écrits. On ne dit pas, *raccommoder les nœuds entre deux personnes;* on dit moins encore, *les raccommoder de quelque ombre,* ou *par quelque ombre de paix* Molière a mal exprimé sa pensée qui étoit: Je voudrois de bon cœur qu'on pût vous réconcilier et vous rapprocher, du moins en apparence.

(2) Si j'avois su qu'en main il a de telles armes.

Ces armes, Tartuffe les a encore, les a actuellement dans les mains. L'action est donc présente, et, à la rigueur, le verbe qui l'exprime peut être au présent. Mais c'est ici un de ces cas où l'usage veut que, sans avoir égard au temps de l'action, le temps du second verbe soit déterminé par celui du verbe principal. Ainsi, on diroit mieux: *si j'avois su qu'en main il avoit,* ou *il eût de telles armes.*

SCÈNE IV.

ORGON, MADAME PERNELLE, ELMIRE, MARIANE, CLÉANTE, DAMIS, DORINE, M. LOYAL.

MONSIEUR LOYAL, *à Dorine dans le fond du théâtre.*

Bonjour, ma chère sœur [1] ; faites, je vous supplie,
Que je parle à monsieur.

DORINE.

Il est en compagnie ;
Et je doute qu'il puisse à présent voir quelqu'un.

MONSIEUR LOYAL.

Je ne suis pas pour être en ces lieux importun.
Mon abord n'aura rien, je crois, qui lui déplaise ;
Et je viens pour un fait dont il sera bien aise.

DORINE.

Votre nom ?

MONSIEUR LOYAL.

Dites-lui seulement que je vien
De la part de monsieur Tartuffe, pour son bien. [2]

---

(1) *Bonjour, ma chère sœur.* Cette salutation cénobitique et l'air de douceur hypocrite qui doit l'accompagner, annoncent tout de suite que M. Loyal est un huissier digne *d'occuper*, comme on dit, pour le bon monsieur Tartuffe. C'est, à n'en pas douter, l'honnête sergent que les spéculateurs en dévotion emploient d'habitude dans leurs affaires de donations extorquées, de dépôts niés ou violés, etc.

(2)   Dites-lui seulement que je vien
De la part de monsieur Tartuffe, pour son bien.
Ce dernier vers est tout-à-fait privé de césure, faute ou, si l'on veut,

ACTE V, SCÈNE IV.

DORINE, *à Orgon.*

C'est un homme qui vient, avec douce manière,
De la part de monsieur Tartuffe, pour affaire
Dont vous serez, dit-il, bien aise.

CLÉANTE, *à Orgon.*

                           Il vous faut voir
Ce que c'est que cet homme, et ce qu'il peut vouloir.

ORGON, *à Cléante.*

Pour nous raccommoder il vient ici peut-être :
Quels sentimens aurai-je à lui faire paroître ?

CLÉANTE.

Votre ressentiment ne doit point éclater ;
Et, s'il parle d'accord, il le faut écouter.

MONSIEUR LOYAL, *à Orgon.*

Salut, monsieur. Le ciel perde qui vous veut nuire,
Et vous soit favorable autant que je desire ! [1]

ORGON, *bas, à Cléante.*

Ce doux début s'accorde avec mon jugement,
Et présage déja quelque accommodement.

---

licence qui est répétée deux vers plus bas. — *Pour son bien*, doit signifier ici naturellement, pour son utilité, pour son avantage ; mais comme, dans le fait, M. Loyal vient pour s'emparer du *bien* d'Orgon au profit de Tartuffe, ces mots sont à double entente, et il se pourroit que Molière eût mis à dessein cette équivoque dans la bouche d'un personnage qu'il a voulu rendre grotesque.

(1)   Et vous soit favorable autant que je desire.

La phrase n'est pas complète ; il falloit donner le pronom *le* pour complément au verbe *desire*, comme dans ces deux vers du troisième acte :

      Et bénisse vos jours autant que *le* desire
      Le plus humble de ceux que son amour inspire.

MONSIEUR LOYAL.

Toute votre maison m'a toujours été chère,
Et j'étois serviteur de monsieur votre père.

ORGON.

Monsieur, j'ai grande honte et demande pardon
D'être sans vous connoître, ou savoir votre nom. (1)

MONSIEUR LOYAL.

Je m'appelle Loyal, natif de Normandie,
Et suis huissier à verge, en dépit de l'envie.
J'ai, depuis quarante ans, grace au ciel, le bonheur
D'en exercer la charge avec beaucoup d'honneur,
Et je vous viens, monsieur, avec votre licence,
Signifier l'exploit de certaine ordonnance...

ORGON.

Quoi! vous êtes ici...

MONSIEUR LOYAL.

Monsieur, sans passion.
Ce n'est rien seulement qu'une sommation,
Un ordre de vider d'ici, vous et les vôtres,
Mettre vos meubles hors, et faire place à d'autres,
Sans délai ni remise, ainsi que besoin est.

ORGON.

Moi! sortir de céans?

---

(1)   Monsieur, j'ai grande honte, et demande pardon
    D'être sans vous connoître, ou savoir votre nom.

Si quelqu'un, au lieu de dire à une personne qu'il n'a jamais vue, *je ne vous connois pas*, lui disoit, *je suis sans vous connoître*, il s'exprimeroit certainement d'une manière barbare. Ce qui seroit mal dit dans une conversation, ne sauroit l'être bien dans une comédie.

ACTE V, SCÈNE IV.

MONSIEUR LOYAL.

Oui, monsieur, s'il vous plaît.
La maison à présent, comme savez de reste,
Au bon monsieur Tartuffe appartient sans conteste.
De vos biens désormais il est maître et seigneur,
En vertu d'un contrat duquel je suis porteur.
Il est en bonne forme, et l'on n'y peut rien dire.

DAMIS, *à M. Loyal.*

Certes, cette impudence est grande, et je l'admire.

MONSIEUR LOYAL, *à Damis.*

Monsieur, je ne dois point avoir affaire à vous :
   (*montrant Orgon.*)
C'est à monsieur ; il est et raisonnable et doux,
Et d'un homme de bien il sait trop bien l'office [1]
Pour se vouloir du tout opposer à justice.

ORGON.

Mais...

MONSIEUR LOYAL.

Oui, monsieur, je sais que pour un million
Vous ne voudriez pas faire rébellion,
Et que vous souffrirez, en honnête personne,
Que j'exécute ici les ordres qu'on me donne.

DAMIS.

Vous pourriez bien ici sur votre noir jupon,

---

(1)   Et d'un homme de bien il sait trop bien l'office.

Office, pour, *devoir*, est vieux, mais fort bien placé dans la bouche de M. Loyal. Quant au mot *bien* deux fois répété, c'est une pure négligence que Molière pouvoit très-facilement éviter en mettant : *il connoit trop l'office.*

Monsieur l'huissier à verge, attirer le bâton. (1)

MONSIEUR LOYAL, *à Orgon.*

Faites que votre fils se taise ou se retire,
Monsieur. J'aurois regret d'être obligé d'écrire,
Et de vous voir couché dans mon procès-verbal.

DORINE, *à part.*

Ce monsieur Loyal porte un air bien déloyal. (2)

MONSIEUR LOYAL.

Pour tous les gens de bien j'ai de grandes tendresses.
Et ne me suis voulu, monsieur, charger des pièces
Que pour vous obliger et vous faire plaisir,
Que pour ôter par là le moyen d'en choisir

---

(1)   Vous pourriez bien ici sur votre noir jupon,
      Monsieur l'huissier à verge, attirer le bâton.

Damis est toujours pour les voies de fait. Je demanderai si, dans la fureur qui le possède, il est bien naturel qu'il fasse des jeux de mots, comme celui de *verge* et de *bâton*. — On appeloit alors *jupon* une espèce de grand pourpoint à longues basques, qui apparemment étoit le vêtement des huissiers.

(2)   Ce monsieur Loyal porte un air bien déloyal.

Lorsque le hasard de la naissance a donné à un homme un nom significatif, et que son extérieur ou son caractère n'y répond pas, on peut, dans le monde, badiner de cette espèce de contradiction; mais, au théâtre, où les personnages ont reçu leurs noms de l'auteur lui-même, ce genre de plaisanterie est trop facile pour avoir le moindre mérite. Le vers sur M. Loyal, quoique dans la bouche de Dorine, est indigne de la pièce et du poëte. Regnard a commis la même faute lorsque, dans *le Légataire*, ayant appelé son notaire M. Scrupule, il fait dire par Crispin :

Voilà pour un notaire un nom bien ridicule.

L'actrice qui joue Dorine, a tort, en disant le vers qui est l'objet de cette note, de prendre à deux mains la tête de M. Loyal pour la faire tourner sur ses épaules. C'est une gentillesse déplacée, et contraire à l'intention de Molière, qui a voulu que le vers fût dit *a parte*.

Qui, n'ayant pas pour vous le zèle qui me pousse,
Auroient pu procéder d'une façon moins douce.

ORGON.

Et que peut-on de pis que d'ordonner aux gens
De sortir de chez eux?

MONSIEUR LOYAL.

On vous donne du temps;
Et jusques à demain je ferai surséance
A l'exécution, monsieur, de l'ordonnance.
Je viendrai seulement passer ici la nuit,
Avec dix de mes gens, sans scandale et sans bruit.
Pour la forme, il faudra, s'il vous plaît, qu'on m'apporte,
Avant que se coucher, les clefs de votre porte.
J'aurai soin de ne pas troubler votre repos,
Et de ne rien souffrir qui ne soit à propos.
Mais demain, du matin, il vous faut être habile
A vider de céans jusqu'au moindre ustensile;
Mes gens vous aideront, et je les ai pris forts
Pour vous faire service à tout mettre dehors.
On n'en peut pas user mieux que je fais, je pense;
Et, comme je vous traite avec grande indulgence,
Je vous conjure aussi, monsieur, d'en user bien,
Et qu'au dû de ma charge on ne me trouble en rien. (1)

ORGON, *à part*.

Du meilleur de mon cœur je donnerois sur l'heure

---

(1) Et qu'au dû de ma charge on ne me trouble en rien.
Un homme demande *son dû*, ce qu'on lui doit; il remplit le *dû de sa charge*, ce qu'il doit à sa charge, ce à quoi sa charge l'oblige. *Dû* est la traduction du mot latin *debitum* qui avoit les deux sens. Tous les termes surannés et barbares de la basse pratique sont très-plaisamment employés dans le rôle de M. Loyal.

Les cent plus beaux louis de ce qui me demeure,
Et pouvoir, à plaisir, sur ce mufle assener
Le plus grand coup de poing qui se puisse donner.

CLÉANTE, *bas, à Orgon.*

Laissez, ne gâtons rien.

DAMIS.

A cette audace étrange
J'ai peine à me tenir, et la main me démange.

DORINE.

Avec un si bon dos, ma foi, monsieur Loyal,
Quelques coups de bâton ne vous siéroient pas mal.

MONSIEUR LOYAL.

On pourroit bien punir ces paroles infâmes,
M'amie; et l'on décrète aussi contre les femmes.

CLÉANTE, *à M. Loyal.*

Finissons tout cela, monsieur; c'en est assez.
Donnez tôt ce papier, de grace, et nous laissez.

MONSIEUR LOYAL.

Jusqu'au revoir. Le ciel vous tienne tous en joie!

ORGON.

Puisse-t-il te confondre, et celui qui t'envoie! (1)

---

(1) Des critiques d'un goût délicat et sévère ont pensé que le rôle un peu bas de M. Loyal s'accordoit mal avec le ton généralement élevé de la pièce, et que, d'ailleurs, le ridicule grotesque de ce personnage formoit un contraste presque choquant avec la touchante désolation de tous les autres. Ce reproche n'est pas dénué de fondement. Mais, comme Molière pensoit que la comédie doit avoir, sinon pour unique but, du moins pour unique moyen d'exciter le rire, on diroit que, se reprochant, pour ainsi dire, d'avoir si long-temps attristé la scène par le spectacle des douleurs d'une famille entière, il a voulu l'égayer un mo-

SCÈNE V.

ORGON, MADAME PERNELLE, ELMIRE, CLÉANTE, MARIANE, DAMIS, DORINE.

ORGON.

Hé bien! vous le voyez, ma mère, si j'ai droit;
Et vous pouvez juger du reste par l'exploit.
Ses trahisons enfin vous sont-elles connues?

MADAME PERNELLE.

Je suis tout ébaubie, et je tombe des nues!

DORINE, *à Orgon.*

Vous vous plaignez à tort, à tort vous le blâmez,
Et ses pieux desseins par là sont confirmés.
Dans l'amour du prochain sa vertu se consomme: [1]
Il sait que très-souvent les biens corrompent l'homme,
Et, par charité pure, il veut vous enlever
Tout ce qui vous peut faire obstacle à vous sauver.

ORGON.

Taisez-vous. C'est le mot qu'il vous faut toujours dire. [2]

---

ment par la présence d'un personnage risible, au risque de sortir un peu trop du ton du sujet, en essayant de rentrer dans celui du genre.

(1)   Dans l'amour du prochain sa vertu se consomme.

On dit, *être consommé*, et non pas, *se consommer en science, en sagesse, en vertu*, etc. Molière a commis plusieurs fois cette faute contre l'usage; il a dit, dans *l'École des Maris:*

La vertu fait ses soins, et son cœur s'y consomme.

(2) Je suis cette fois de l'avis d'Orgon. Dorine, dans un si affreux moment, auroit dû épargner à son maître, déjà trop cruellement puni de sa foiblesse, une insulte dont la forme ironique augmente l'inconvé-

CLÉANTE, *à Orgon.*

Allons voir quel conseil on doit vous faire élire. [1]

ELMIRE.

Allez faire éclater l'audace de l'ingrat.
Ce procédé détruit la vertu du contrat ;
Et sa déloyauté va paroître trop noire,
Pour souffrir qu'il en ait le succès qu'on veut croire. [2]

SCÈNE VI.

VALÈRE, ORGON, MADAME PERNELLE, ELMIRE, CLÉANTE, MARIANE, DAMIS, DORINE.

VALÈRE.

Avec regret, monsieur, je viens vous affliger ;
Mais je m'y vois contraint par le pressant danger.
Un ami, qui m'est joint d'une amitié fort tendre,
Et qui sait l'intérêt qu'en vous j'ai lieu de prendre,
A violé pour moi, par un pas délicat,

---

nance et la dureté. Autant j'aimois ses libertés et ses insolences même, quand Orgon étoit le tyran de sa famille, aussi peu je les aime depuis qu'il est la victime d'un scélérat.

[1] Voici la troisième fois que le verbe *élire* est employé dans des phrases où *choisir* seroit le terme convenable et usité. (Voir page 77, note 1.)

[2]   Et sa déloyauté va paroître trop noire,
   Pour souffrir qu'il en ait le succès qu'on veut croire.

Suivant la grammaire, *déloyauté* est le sujet du verbe *souffrir* ; mais il ne l'est pas suivant la raison, suivant le sens. *Pour souffrir*, doit signifier, pour qu'on souffre, pour qu'on permette.

ACTE V, SCÈNE VI.

Le secret que l'on doit aux affaires d'état,
Et me vient d'envoyer un avis dont la suite
Vous réduit au parti d'une soudaine fuite.
Le fourbe, qui long-temps a pu vous imposer,
Depuis une heure au prince a su vous accuser,
Et remettre en ses mains, dans les traits qu'il vous jette,
D'un criminel d'état l'importante cassette,
Dont, au mépris, dit-il, du devoir d'un sujet,
Vous avez conservé le coupable secret.
J'ignore le détail du crime qu'on vous donne; (1)
Mais un ordre est donné contre votre personne;
Et lui-même est chargé, pour mieux l'exécuter,
D'accompagner celui qui vous doit arrêter.

CLÉANTE.

Voilà ses droits armés; et c'est par où le traître (2)
De vos biens qu'il prétend cherche à se rendre maître.

ORGON.

L'homme est, je vous l'avoue, un méchant animal! (3)

---

(1)   J'ignore le détail du crime qu'on vous donne.

On dit, *le crime qu'on vous impute, qu'on vous attribue, dont on vous accuse*, mais jamais, *le crime qu'on vous donne*. L'impropriété est des plus fortes.

(2)   Voilà ses droits armés; et c'est par où le traître, etc.

C'est par où, au lieu de, *voilà par où, c'est par là que,* etc. (Voir page 143, note 1.)

(3) Voyez si Orgon a bien profité de la leçon de Cléante qui l'engageoit à ne pas comprendre injustement tous les gens de bien dans sa juste haine pour un scélérat. Ce n'est pas Tartuffe qui est *un méchant animal*, c'est l'homme; voilà l'humanité toute entière complice de Tartuffe et condamnée comme lui. Quand Orgon s'en prend à tout le genre

VALÈRE.

Le moindre amusement vous peut être fatal. (1)
J'ai, pour vous emmener, mon carrosse à la porte,
Avec mille louis qu'ici je vous apporte.
Ne perdons point de temps : le trait est foudroyant;
Et ce sont de ces coups que l'on pare en fuyant.
A vous mettre en lieu sûr je m'offre pour conduite, (2)
Et veux accompagner jusqu'au bout votre fuite.

ORGON.

Las! que ne dois-je point à vos soins obligeans!
Pour vous en rendre grace, il faut un autre temps;
Et je demande au ciel de m'être assez propice,
Pour reconnoître un jour ce généreux service.
Adieu : prenez le soin, vous autres...

CLÉANTE.
         Allez tôt;
Nous songerons, mon frère, à faire ce qu'il faut.

---

humain du crime d'un seul homme, ne cherche-t-il pas à atténuer l'horreur de ce crime, et ne montre-t-il pas un reste de foiblesse pour le coupable?

(1)   Le moindre amusement vous peut être fatal.

C'est peu de chose que ce vers; mais enfin, tel qu'il est, Dancourt l'a pris en entier pour le mettre dans sa comédie de *Sancho Pança gouverneur*, en changeant seulement *vous* en *nous*. *Amusement*, ne se diroit guère aujourd'hui dans le sens de retardement, perte de temps. Nous avons déja vu, scène III du premier acte:

  Moi, je l'attends ici pour moins d'amusement.

(2)   A vous mettre en lieu sûr je m'offre pour conduite.

On dit, *je me charge de votre conduite*; on dit même, dans le style très-familier, *je m'offre à vous faire la conduite*; mais *je m'offre pour conduite*, comme si l'on disoit, *je m'offre pour guide, pour escorte*, est une expression des plus vicieuses.

SCÈNE VII.

TARTUFFE, UN EXEMPT, MADAME PERNELLE, ORGON, ELMIRE, CLÉANTE, MARIANE, VALÈRE, DAMIS, DORINE.

TARTUFFE, *arrêtant Orgon.*

Tout beau, monsieur, tout beau, ne courez point si vîte :
Vous n'irez pas fort loin pour trouver votre gîte ;
Et, de la part du prince, on vous fait prisonnier.

ORGON.

Traître ! tu me gardois ce trait pour le dernier :
C'est le coup, scélérat, par où tu m'expédies ;
Et voilà couronner toutes tes perfidies.

TARTUFFE.

Vos injures n'ont rien à me pouvoir aigrir ;
Et je suis, pour le ciel, appris à tout souffrir. [1]

CLÉANTE.

La modération est grande, je l'avoue.

DAMIS.

Comme du ciel l'infâme impudemment se joue !

TARTUFFE.

Tous vos emportemens ne sauroient m'émouvoir ;

---

(1)   Vos injures n'ont rien à me pouvoir aigrir,
        Et je suis, pour le ciel, appris à tout souffrir.

N'ont rien à me pouvoir aigrir, pour, *n'ont rien qui me puisse aigrir,* est un barbarisme de phrase. — On dit, absolument, être *bien appris, mal appris,* avoir reçu une bonne, une mauvaise éducation : l'usage consacre cet emploi extraordinaire du participe ; mais il ne va pas jusqu'à permettre de dire, *être appris à faire quelque chose.*

Et je ne songe à rien qu'à faire mon devoir.

MARIANE.

Vous avez de ceci grande gloire à prétendre ;
Et cet emploi pour vous est fort honnête à prendre. (1)

TARTUFFE.

Un emploi ne sauroit être que glorieux,
Quand il part du pouvoir qui m'envoie en ces lieux.

ORGON.

Mais t'es-tu souvenu que ma main charitable,
Ingrat, t'a retiré d'un état misérable?

TARTUFFE.

Oui, je sais quels secours j'en ai pu recevoir ;
Mais l'intérêt du prince est mon premier devoir.
De ce devoir sacré la juste violence
Étouffe dans mon cœur toute reconnoissance ;
Et je sacrifierois à de si puissans nœuds
Ami, femme, parens, et moi-même avec eux.

ELMIRE.

L'imposteur !

DORINE.

Comme il sait, de traîtresse manière,
Se faire un beau manteau de tout ce qu'on révère !

CLÉANTE.

Mais, s'il est si parfait que vous le déclarez,

―――――

(1) Comme chaque acteur de cette scène se montre fidèle à son caractère, à son humeur, dans la manière dont il apostrophe Tartuffe! Cléante se borne à l'accabler d'une méprisante ironie; Orgon et Damis éclatent contre lui en injures violentes; à son tour, la douce et timide Mariane veut lui témoigner son indignation, et les mots qu'elle lui adresse sont à peine offensans.

ACTE V, SCÈNE VII.

Ce zèle qui vous pousse et dont vous vous parez,
D'où vient que, pour paroître, il s'avise d'attendre
Qu'à poursuivre sa femme il ait su vous surprendre,
Et que vous ne songez à l'aller dénoncer,
Que lorsque son honneur l'oblige à vous chasser?
Je ne vous parle point, pour devoir en distraire, [1]
Du don de tout son bien qu'il venoit de vous faire;
Mais, le voulant traiter en coupable aujourd'hui,
Pourquoi consentiez-vous à rien prendre de lui?

TARTUFFE, *à l'exempt.*

Délivrez-moi, monsieur, de la criaillerie;
Et daignez accomplir votre ordre, je vous prie. [2]

L'EXEMPT.

Oui, c'est trop demeurer, sans doute, à l'accomplir;
Votre bouche à propos m'invite à le remplir :
Et, pour l'exécuter, suivez-moi tout à l'heure
Dans la prison qu'on doit vous donner pour demeure. [3]

---

[1]   Je ne vous parle point, pour devoir en distraire.
Pour devoir en distraire, est mal construit et presque obscur. Cléante veut dire : je ne vous parle pas du don de tout son bien qui auroit dû vous distraire, autrement, vous détourner du projet de l'aller dénoncer.

[2] De toute cette famille, Cléante est celui que Tartuffe redoute le plus. Il a entendu, sans s'émouvoir, les paroles outrageantes de tous les autres, et il a trouvé de quoi y répondre; mais les questions pressantes et positives de Cléante ne lui laissent ni le même sang-froid, ni la même faculté : il veut s'en débarrasser par le moyen de l'exempt, comme tantôt il s'en est délivré en alléguant un *devoir pieux*.

[3] Voilà un coup de théâtre qui est, si j'ose dire ainsi, le pendant de celui qu'ont produit au quatrième acte ces paroles de Tartuffe :
    C'est à vous d'en sortir, vous qui parlez en maître.
Autant l'un a causé de terreur et de consternation, autant l'autre pro-

TARTUFFE.

Qui? moi? monsieur?

L'EXEMPT.

Oui, vous.

TARTUFFE.

Pourquoi donc la prison?

L'EXEMPT.

Ce n'est pas vous à qui j'en veux rendre raison.

(à Orgon.)

Remettez-vous, monsieur, d'une alarme si chaude.
Nous vivons sous un prince ennemi de la fraude,
Un prince dont les yeux se font jour dans les cœurs,
Et que ne peut tromper tout l'art des imposteurs.
D'un fin discernement sa grande ame pourvue
Sur les choses toujours jette une droite vue;
Chez elle jamais rien ne surprend trop d'accès,
Et sa ferme raison ne tombe en nul excès.
Il donne aux gens de bien une gloire immortelle;
Mais sans aveuglement il fait briller ce zèle,
Et l'amour pour les vrais ne ferme point son cœur
A tout ce que les faux doivent donner d'horreur.
Celui-ci n'étoit pas pour le pouvoir surprendre, [1]
Et de piéges plus fins on le voit se défendre.
D'abord il a percé, par ses vives clartés,
Des replis de son cœur toutes les lâchetés.

---

cure de soulagement et de plaisir. On oublie cette vive et douce impression, quand on prend sur soi de condamner le dénouement du *Tartuffe*.

(1)   Celui-ci n'étoit pas pour le pouvoir surprendre.
N'étoit pas pour, sous-entendu, *fait*. L'ellipse est peu usitée.

Venant vous accuser, il s'est trahi lui-même,
Et, par un juste trait de l'équité suprême, (1)
S'est découvert au prince un fourbe renommé,
Dont sous un autre nom il étoit informé;
Et c'est un long détail d'actions toutes noires
Dont on pourroit former des volumes d'histoires.
Ce monarque, en un mot, a vers vous détesté
Sa lâche ingratitude et sa déloyauté; (2)
A ses autres horreurs il a joint cette suite,
Et ne m'a jusqu'ici soumis à sa conduite,
Que pour voir l'impudence aller jusques au bout,
Et vous faire, par lui, faire raison de tout.
Oui, de tous vos papiers, dont il se dit le maître,
Il veut qu'entre vos mains je dépouille le traître.
D'un souverain pouvoir, il brise les liens
Du contrat qui lui fait un don de tous vos biens, (3)
Et vous pardonne enfin cette offense secrète
Où vous a d'un ami fait tomber la retraite;
Et c'est le prix qu'il donne au zèle qu'autrefois
On vous vit témoigner en appuyant ses droits,

---

(1) C'est-à-dire, par un effet de la justice divine.

(2)   Ce monarque, en un mot, a vers vous détesté
   Sa lâche ingratitude et sa déloyauté.

Vers, pour, *envers :* c'est une faute que Molière a souvent faite. *Vers vous*, d'ailleurs, est trop éloigné des mots *ingratitude* et *déloyauté*, dont il est le complément : l'inversion est forcée.

(3) Quel que fût le pouvoir absolu de Louis XIV et son caractère plus absolu encore, il n'auroit point cassé, par un acte de sa volonté personnelle, un contrat civil que les tribunaux seuls avoient le droit d'annuler. Mais le poëte ne pouvoit confier la punition de son scélérat à la justice ordinaire, dont les lenteurs ne se concilient pas avec les règles étroites du théâtre; et, de son plein pouvoir, il a mis en jeu celui du monarque, sans craindre que le monarque ou les parlemens s'en plaignissent.

Pour montrer que son cœur sait, quand moins on y pense,
D'une bonne action verser la récompense ; (1)
Que jamais le mérite avec lui ne perd rien ;
Et que, mieux que du mal, il se souvient du bien. (2)

---

(1) *D'une bonne action verser la récompense.*

Verser est si impropre, et le mot propre, *donner*, qui est de la même mesure, se présentoit si naturellement, que Molière n'a pu être détourné d'en faire usage, que par la seule raison qu'il l'avoit déja employé trois vers plus haut. La répétition eût été préférable.

(2) Ce fut, pendant long-temps, une opinion généralement admise, que ce dénouement étoit vicieux et indigne du reste de l'ouvrage. Voltaire lui-même avoit adopté cette espèce de préjugé ; il disoit : « On « admire la conduite de la pièce jusqu'au dénouement ; on sent combien « il est forcé, et combien les louanges du roi, quoique mal amenées, « étoient nécessaires pour soutenir Molière contre ses ennemis. » Ainsi Voltaire, en condamnant le dénouement, excusoit le poëte. On peut les justifier, les absoudre l'un et l'autre ; on peut les louer tous deux autant qu'on les a blâmés. Le dénouement devant sortir des entrailles du sujet, et être le résultat nécessaire ou du moins vraisemblable des événemens qui l'ont précédé, il est certain que celui du *Tartuffe* est contraire aux règles, puisqu'il est l'effet imprévu de la volonté toute puissante d'un personnage étranger à l'action ; il est certain, en un mot, que l'intrigue de la pièce est dénouée à la manière du nœud gordien tranché par l'épée d'Alexandre. Mais à cette objection, dont on ne peut nier la solidité, il y a pourtant une réponse victorieuse à faire, c'est que le dénouement du *Tartuffe* est non-seulement le plus satisfaisant pour le spectateur qu'il fût possible d'imaginer, mais encore le seul, absolument le seul que comportât la nature du sujet. Écoutons d'abord l'auteur de la *Lettre sur la comédie de l'Imposteur*

« L'esprit de tout cet acte (le cinquième) et son seul effet et but jus-
« qu'ici n'a été que de représenter les affaires de cette pauvre famille dans
« la désolation par la violence et l'impudence de l'Imposteur, jusques-
« là qu'il paraît que c'est une affaire sans ressource dans les formes,
« de sorte qu'à moins de quelque dieu qui y mette la main, c'est-à-dire
« de la machine, comme parle Aristote, tout est déploré. »

On sait que ce mot de *machine*, qui se dit proprement au théâtre des effets merveilleux produits par une machine, tels que l'arrivée d'un

ACTE V, SCÈNE VII.

DORINE.
Que le ciel soit loué !

MADAME PERNELLE.
Maintenant je respire.

---

dieu sur un nuage, le départ d'une magicienne sur un char volant, etc. on sait, dis-je, que ce mot, en littérature dramatique, s'étend à l'intervention de tout personnage supérieur aux personnages de la pièce, qui vient, par sa présence inopinée, trancher une difficulté d'où les autres n'auroient pu sortir sans son secours.

Horace veut que ce dieu, ce personnage suprême n'intervienne que lorsque le nœud est digne d'être dénoué par lui :

> *Nec deus intersit, nisi dignus vindice nodus*
> *Inciderit.*

On ne peut nier qu'il ne soit digne de la sollicitude d'un bon prince d'intervenir, sinon de sa personne, du moins par ses agens, dans une affaire où il y va de la fortune, de l'honneur, de la liberté, peut-être même de la vie d'un honnête homme, victime d'un scélérat.

Dacier, traducteur et commentateur de la *Poétique* d'Aristote, *consent à ce que les machines soient souffertes dans un dénouement, pourvu que ce dénouement ne puisse être fait d'une autre manière.* Celui du *Tartuffe* est dans ce cas, et c'est La Harpe qui va le prouver.

« Tartuffe est si coupable, dit-il, qu'il ne suffisoit pas, ce me sem-
« ble, qu'il fût démasqué ; il falloit qu'il fût puni ; et il ne pouvoit pas
« l'être par les lois, encore moins par la société. Un hypocrite brave
« tout en se réfugiant chez ses pareils, et en attestant Dieu et la reli-
« gion ; et n'étoit-ce pas donner un exemple instructif, et faire au
« moins du pouvoir absolu un usage honorable, que de l'employer à la
« punition d'un si abominable homme, et de montrer que le méchant
« peut quelquefois se perdre par sa propre méchanceté et tomber dans
« le piége qu'il tendoit aux autres ? Je conviens que ce dénouement
« n'est pas conforme aux règles ; mais, dans un ouvrage où le talent de
« Molière lui avoit appris à agrandir la sphère de la comédie, l'art
« pouvoit lui apprendre aussi à franchir les limites de l'art ; et, si, dans
« ce dénouement, il a le plaisir de satisfaire sa reconnoissance pour
« Louis XV, il trouve un moyen de satisfaire en même temps l'indi-
« gnation du spectateur. »

J. B. Rousseau louoit sans restriction le dénouement du *Tartuffe*, et concevoit à peine qu'on pût le blâmer. « Ce dénouement, disoit-il,

ELMIRE.

Favorable succès !

MARIANE.

Qui l'auroit osé dire ?

ORGON, à *Tartuffe, que l'exempt emmène.*

Hé bien ! te voilà, traître !... (1)

« contre lequel on a voulu se récrier, ne pouvoit être autrement sans
« être mal, et mérite peut-être encore plus de louanges que ceux qu'on
« admire le plus. »

Enfin, Marmontel félicitoit Molière de ce que, *dans un dénouement qui a essuyé tant de critiques, et qui mérite les plus grands éloges, il a osé envoyer l'hypocrite à la Grève.*

— L'analyse, d'ailleurs, fort exacte que l'auteur de la *Lettre sur l'Imposteur* fait du récit de l'exempt, renferme un trait dont ce récit, tel que nous le connoissons, n'offre aucune trace ; l'exempt auroit dit, en parlant de Louis XIV, que *l'hypocrisie est autant en horreur dans son esprit, qu'elle est accréditée parmi ses sujets.* Ce trait peu mesuré contre la société du temps faisoit-il effectivement partie du récit ? ou l'auteur de la Lettre a-t-il prêté à Molière une pensée qu'il n'avoit pas exprimée ? c'est ce qu'il est impossible aujourd'hui de décider.

(1) Quel auteur dramatique a mieux pratiqué que Molière le précepte d'Horace ?

Servetur ad imum
Qualis ab incœpto processerit, et sibi constet.

D'accord avec lui-même, il (*le personnage*) doit, au dénouement,
Se montrer tel qu'il fut dès le premier moment.
Traduction de M. Daru.

Orgon, toujours foible, est toujours violent ; désabusé, il est aussi peu raisonnable que lorsqu'il étoit dupe, et il ne sait pas mieux supporter la bonne fortune que la mauvaise. Sa dernière, comme sa première parole, est un mot de caractère.

SCÈNE VIII.

MADAME PERNELLE, ORGON, ELMIRE, MARIANE, CLÉANTE, VALÈRE, DAMIS, DORINE.

CLÉANTE.

Ah! mon frère, arrêtez,
Et ne descendez point à des indignités.
A son mauvais destin laissez un misérable,
Et ne vous joignez point au remords qui l'accable.
Souhaitez bien plutôt que son cœur, en ce jour,
Au sein de la vertu fasse un heureux retour ;
Qu'il corrige sa vie en détestant son vice,
Et puisse du grand prince adoucir la justice ;
Tandis qu'à sa bonté vous irez, à genoux,
Rendre ce que demande un traitement si doux.

ORGON.

Oui, c'est bien dit. Allons à ses pieds avec joie
Nous louer des bontés que son cœur nous déploie :
Puis, acquittés un peu de ce premier devoir,
Aux justes soins d'un autre il nous faudra pourvoir,
Et par un doux hymen couronner en Valère
La flamme d'un amant généreux et sincère. [1]

---

[1] Rien n'empêchoit ici de mettre la main de Mariane dans celle de Valère, et de terminer par le mariage d'obligation ; mais, quand toute cette famille est à peine remise d'une *alarme si chaude*, le bonheur de deux amans qu'on unit auroit trop brusquement succédé à

ces transes affreuses. Le poëte a donc fait preuve de délicatesse, en renvoyant cette union après l'accomplissement d'un devoir plus pressant que tout le reste, celui d'aller remercier le prince de ses bontés.

FIN DU TARTUFFE.

NOTICE

HISTORIQUE ET LITTÉRAIRE

SUR LE TARTUFFE.

Le Tartuffe n'est pas seulement un chef-d'œuvre, le chef-d'œuvre peut-être de la scène comique : ce fut aussi un évènement mémorable qui agita et divisa l'opinion; où prirent parti les différentes puissances qui dominent la société; où l'activité persévérante et courageuse d'un homme eut à lutter, pendant plusieurs années, contre des obstacles que lui opposoient la magistrature et le sacerdoce; où le monarque le plus absolu fut long-temps indécis entre les plaintes d'un poëte et les alarmes de la religion, entre les penchans de son esprit et les scrupules de sa conscience, et dont enfin l'issue, favorable au théâtre, a eu sur la morale publique une influence qu'on peut qualifier diversement, mais que tout le monde est forcé de reconnoître. Il ne suffit donc pas d'apprécier littérairement les beautés d'un tel ouvrage; il faut aussi en retracer historiquement l'origine, les vicissitudes et les effets.

Molière conçut de bonne heure le sujet du *Tartuffe*. Ce fut le premier ouvrage considérable dont il s'occupa après *l'École des Femmes*; car, de la représentation de cette dernière comédie, en 1662, aux fêtes de 1664, où furent joués les trois premiers actes du *Tartuffe*, l'intervalle n'est rempli que par des pièces de peu d'importance. On a vu, dans la relation de ces fêtes connues sous le nom de *Plaisirs de l'Ile enchantée*, que le roi, personnellement satisfait des trois actes qu'il venait d'entendre, et persuadé des bonnes intentions de l'auteur, n'en avoit pas moins cru devoir défendre la représentation publique d'une comédie qui, quoique dirigée contre la seule hypocrisie, pouvoit être d'une fâcheuse conséquence pour la véritable dévotion.

Au mois de septembre de la même année, ces trois premiers actes furent également joués à Villers-Cotterets, chez Monsieur, en présence du roi et des deux reines.

Deux mois après, la pièce entière fut représentée au Raincy, chez le prince de Condé, qui, au mois de novembre de l'année suivante, la fit jouer au même lieu pour la princesse palatine, et voulut encore la revoir à Chantilly, le 4 mars 1666.

Dans le même temps, Molière en faisoit des lectures en différents endroits, comme l'atteste ce vers de la troisième satire de Boileau, publiée en 1665 :

<blockquote>Molière avec Tartuffe y doit jouer son rôle.</blockquote>

Ces représentations privées et ces lectures particulières ne le consoloient pas de la défense qui lui avoit été faite de produire sa comédie en public. Attribuant la longue durée de cette interdiction aux intrigues de ceux qui avoient intérêt à ce qu'elle n'eût point de terme, il se vengea d'eux

dans un autre ouvrage qui, en leur donnant de nouvelles raisons de le détester, leur fournit de nouveaux moyens de lui nuire. Cet ouvrage étoit *le Festin de Pierre.* « La profes-
« sion d'hypocrite, dit don Juan, a de merveilleux avan-
« tages. C'est un art de qui l'importance est toujours res-
« pectée; et, quoiqu'on la découvre, on n'ose rien dire
« contre elle. Tous les autres vices des hommes sont exposés
« à la censure, et chacun a la liberté de les attaquer haute-
« ment; mais l'hypocrisie est un vice privilégié qui, de sa
« main, ferme la bouche à tout le monde, et jouit en repos
« d'une impunité souveraine. » Il est impossible de s'y tromper : c'est ici l'auteur même du *Tartuffe* qui se plaint, à la face du public, de ceux qui ont eu le pouvoir d'écarter de la scène cet ouvrage entrepris pour les démasquer.

Un curé de Paris publia contre Molière un livre où sa comédie étoit qualifiée de *diabolique*, et lui-même appelé un *démon vétu de chair*, digne de passer des bûchers de la justice humaine dans les brasiers de la vengeance divine. Il en prit occasion de représenter au roi qu'il étoit plus juste que jamais de lui permettre de faire jouer *le Tartuffe*, puisqu'il n'avoit que ce moyen de prouver au public l'innocence d'un ouvrage si odieusement calomnié par ses ennemis. Ce fut l'objet d'un premier placet dont la date n'est point fixée. Molière obtint du roi la permission tant desirée, au moment où ce prince partoit pour la conquête de la Flandre. Cette permission malheureusement n'étoit que verbale. Le lendemain de la première représentation qui fut donnée le 5 août 1667, les comédiens reçurent du premier président de Lamoignon la défense de jouer la pièce jusqu'à un nouvel ordre de Sa Majesté. Molière fit aussitôt partir pour le camp devant Lille deux de ses camarades, La Grange et La Thorillière, porteurs d'un second placet dans lequel il se plaignoit amèrement de ce coup d'autorité qui, en frappant son ouvrage, enfreignoit la volonté même du monarque. Le roi fit dire aux deux comédiens *qu'à son retour à Paris il feroit examiner la pièce, et qu'ils la joueroient.*

On a lu dans vingt écrits, entre autres dans ceux de Voltaire, que Molière, recevant la défense au moment même où alloit commencer la seconde représentation, dit aux nombreux spectateurs qu'elle avoit attirés : *Messieurs, nous allions vous donner* le Tartuffe; *mais monsieur le premier président ne veut pas qu'on le joue.* Le fait n'est ni vrai, ni vraisemblable. Molière, quel que fût son dépit, respectoit trop les bienséances et la vérité, il se respectoit trop aussi lui-même pour se permettre publiquement un quolibet si offensant et si calomnieux. Le premier président de Lamoignon, l'ami de Racine et de Boileau, l'Ariste du *Lutrin*, ne pouvoit, en aucune manière, être comparé à Tartuffe. Il étoit d'une piété sincère que nul ne révoquoit en doute; et, quand même il n'eût pas été vraiment religieux, l'élévation de son caractère et de son rang l'auroit empêché de descendre aux basses impostures de l'hypocrisie. Mais les preuves morales pourroient ne pas suffire à quelques esprits. S'ils refusent de croire aux vertus des hommes, ils ajouteront foi, je l'espère, aux faits et aux dates. La troupe de Molière ne jouoit que trois fois par semaine, le mardi, le vendredi et le dimanche. *Le Tartuffe* fut représenté, pour la première fois, le vendredi 5 août; la défense arriva le lendemain 6, et c'est le dimanche 7 que devoit être donnée la seconde représentation. Il est donc faux déja que la défense ait été notifiée aux comédiens à l'instant où ils se disposoient à entrer en scène pour rejouer la pièce. On pourroit, en passant condamnation sur cette circonstance, dire qu'au moins Molière fit l'annonce en question le lendemain de la défense, devant un public qui l'ignoroit et s'étoit porté en foule au théâtre pour jouir à son tour du chef-d'œuvre nouveau. A cela je réponds que, du jour même de la défense, le théâtre fut fermé, et qu'il ne se rouvrit que le 25 du mois suivant, c'est-à-dire cinquante jours après. Cette longue interruption, qui ne fut point commandée par l'autorité, eut pour cause le départ subit de La Grange et de La Thorillière, acteurs employés dans un trop grand nombre de rôles pour qu'il fût possible de donner aucune représentation utile en leur absence. Ces détails sont minutieux, sans doute ; mais ils ne peuvent être regardés comme superflus, s'ils ont servi à détruire une anecdote mensongère qui calomnioit M. de Lamoignon par la bouche de Molière, et calomnioit Molière lui-même (1). Quand le premier président défendit les représen-

---

(1) Le prétendu mot de Molière pourroit bien avoir sa source dans une de ces deux anecdotes qui sont racontées dans le *Ménagiana* ; voici la première : « M. l'évêque de.... faisoit une mission à la tête de douze « prêtres dans tous les lieux de son diocèse. Dès qu'il parut à la ville « capitale de la province, il donna la chasse à une troupe de comédiens « qui étoient depuis long-temps dans cette ville. Ils ne laissèrent pas le « jour avant son arrivée, et la veille de leur départ, d'annoncer qu'il y « auroit comédie le lendemain, et de dire tout haut : *Demain, messieurs,* « *vous aurez* le **Tartuffe**. » Voici l'autre anecdote : « On avoit fait à

tations du *Tartuffe*, quels furent ses véritables motifs? On les ignore entièrement : c'en devroit être assez pour qu'on s'abstînt de les condamner. Tout le monde, du reste, n'approuvoit pas l'ordre qu'il avoit donné, et il permettoit qu'on le lui dît. Ménage, qu'on trouve toujours prenant le parti de Molière, quoiqu'il ait eu plus d'une fois à se plaindre de lui, Ménage ne craignit pas de déclarer à M. de Lamoignon que *le Tartuffe* étoit une pièce *dont la morale étoit excellente*, et qu'elle ne contenoit rien dont le public ne pût faire grandement son profit. Il est fâcheux que Ménage ne nous ait pas appris ce que lui avoit répondu le premier président.

Molière, quand il obtint du roi la permission verbale de faire jouer sa pièce, prit l'engagement d'y faire tous les adoucissemens, toutes les suppressions, en un mot tous les changemens qui pourroient, sinon désarmer ses ennemis, du moins leur ôter tout légitime sujet de plainte. A ce nom de Tartuffe qui étoit, depuis plus de trois ans, le signal des clameurs et des calomnies du faux zèle, il avoit substitué celui de Panulphe, et il avoit produit sa pièce sous le seul titre de *l'Imposteur*. De peur qu'un habit de forme et de couleur cléricale n'indiquât trop clairement dans quelle classe d'hommes il avoit été prendre ses modèles, *il avoit,*

« Madrid une comédie sur l'alcade. Il eut le crédit de la faire défendre.
« Néanmoins les comédiens eurent assez d'accès auprès du roi pour la
« faire réhabiliter. Celui qui fit l'annonce, la veille que cette pièce devoit
« être représentée, dit au parterre : *Messieurs*, le Juge (c'étoit le nom
« de la pièce) *a souffert quelques difficultés. L'alcade ne vouloit pas*
« *qu'on le jouât; mais enfin Sa Majesté consent qu'on le représente.* »

comme il le dit lui-même, *déguisé son personnage sous l'ajustement d'un homme du monde* (1); *il lui avoit donné un petit chapeau, de grands cheveux, un grand collet, une épée, et des dentelles sur tout l'habit.* Ces changemens d'un nom, d'un titre et d'un costume auroient été peu de chose sans ceux que pouvoit exiger le dialogue en son premier état. Molière en avoit retranché principalement ces expressions, ces formules consacrées dont l'église se réserve l'usage, et qui, en aucun cas, ne doivent frapper les voûtes profanes d'un théâtre. Il y en a une toutefois qu'il n'avoit pas eu le soin ou peut-être le courage de supprimer; c'est celle que renferme ce vers :

O ciel! pardonne-lui comme je lui pardonne!

On crut y voir la parodie sacrilège d'une phrase de l'oraison dominicale; et le vers, docilement sacrifié par Molière, n'a été conservé que par la tradition. Si l'on excepte ce vers et quelques autres endroits de moindre conséquence que j'ai tous notés en leur lieu, la pièce, telle qu'on la vit à la pre-

---

(1) *J'ai déguisé mon personnage sous l'ajustement d'un homme du monde*, est une phrase fort remarquable. Quand il s'agit de littérature, l'opposé d'un homme du monde, c'est un homme de lettres; et, quand il s'agit de religion, c'est un homme d'église : il n'y a pas une troisième classe d'hommes à placer entre ces deux-là. Le personnage de Molière étoit donc un homme d'église, puisque, pour le déguiser, il lui prêtoit l'ajustement d'un homme du monde. Il est vrai qu'Orgon veut donner sa fille en mariage à Tartuffe; mais Philaminte aussi veut prendre Trissotin pour gendre; et Trissotin est bien l'abbé Cotin, comme le prouvent le sonnet et le madrigal tirés des œuvres mêmes de cet auteur, et la fameuse scène copiée d'après une dispute qu'il 'avoit eue avec Ménage.

mière représentation, ne différoit pas de ce qu'elle fut à la seconde, de ce qu'elle est aujourd'hui. Nous en avons la preuve certaine dans une *Lettre sur la comédie de l'Imposteur*, qui fut publiée quinze jours après la représentation du 5 août 1667. Cette lettre, qui seroit un effort prodigieux d'attention et de mémoire, si elle n'étoit plutôt le produit tout naturel d'une communication de manuscrit plus ou moins adroitement dissimulée, cette Lettre, dis-je, contient l'analyse de la pièce, acte par acte, scène par scène, et presque couplet par couplet. Tous les mouvemens, tous les traits saillans du dialogue sont indiqués avec justesse, le sens est rendu fidèlement, et le texte même est souvent cité avec une telle littéralité qu'il sembleroit que l'auteur, quand il y a manqué, l'a fait plutôt à dessein qu'involontairement. Du reste, les intentions les plus fines du poëte et les beautés les plus délicates de son ouvrage sont dévoilées et rendues sensibles avec une complaisance non moins habile qu'officieuse, et la partie morale du sujet est défendue avec une vivacité quelquefois passionnée qui décèle un grand fonds de bienveillance pour Molière, ou de malin vouloir contre ses ennemis. Cette si parfaite exactitude d'un compte rendu d'après une seule représentation a été, pour plusieurs personnes, un motif de croire que la Lettre étoit l'ouvrage de Molière lui-même. Les éloges que, dans leur hypothèse, Molière n'auroit pas rougi de prodiguer à son propre mérite, ne les ont point arrêtées : elles les ont expliqués et justifiés par le besoin qu'il auroit eu de donner le change à ses lecteurs. J'accorderai, si l'on veut, que Molière ait pu jusque-là faire violence à sa modestie ordinaire; mais, quelque desir qu'il ait eu de se déguiser, je ne concevrai jamais qu'il ait eu le pouvoir de rendre son style méconnoissable au point où il le seroit dans l'écrit qu'on lui veut attribuer. Il est une supposition plus naturelle, que j'ai déja fait pressentir, et qui dispense d'expliquer une chose étonnante par des choses plus étonnantes encore ; c'est qu'un ami de Molière, ayant entrepris sa défense, a eu communication de son manuscrit, aussi-bien que de ses idées, et que, pour cacher cette collusion innocente qu'une trop grande exactitude dans les citations auroit mise à découvert, non sans affoiblir beaucoup l'effet de l'apologie, il a pris soin de faire des altérations de texte qui pussent paroître des infidélités de mémoire.

Dix-huit mois s'écoulèrent sans que Molière obtînt du roi la permission écrite qui devoit lever la défense du parlement. Cette permission lui fut enfin accordée, et, le 5 février 1669, *le Tartuffe* eut sa seconde représentation publique qui fut suivie de quarante-trois autres sans interruption. Les comédiens, charmés d'un tel succès, voulurent que Molière eût toute sa vie double part chaque fois qu'on joueroit la pièce. *Le jour de la résurrection du Tartuffe*, Molière présenta au roi un troisième placet dont l'objet étoit de solliciter, pour le fils de son médecin, un canonicat qui vaquoit à la chapelle royale de Vincennes. C'étoit narguer assez plaisamment les hypocrites, que d'employer son crédit à faire un bénéficier, le jour même où il lui étoit permis de les livrer à la dérision publique.

On n'a peut-être jamais fait un récit complet et fidèle des attaques auxquelles Molière fut en butte avant et après la représentation du *Tartuffe*. Si ces attaques n'avoient été dirigées contre lui que par de faux dévots, l'histoire en seroit bientôt faite : on n'y verroit que de simples représailles, et l'on concevroit sans peine comment un poëte, qui avoit annoncé et effectué le projet de démasquer toute une classe d'hommes non moins nombreuse que puissante, dut se trouver exposé aux plus violens effets de leur ressentiment : mais la question n'est pas si simple ; et, à moins qu'on ne veuille confondre dans une même catégorie les vrais et les faux dévots que Molière lui-même a si bien eu le soin de distinguer, on doit être forcé de reconnoître que des hommes sincèrement pieux furent alarmés de sa comédie au premier bruit qui s'en répandit, et s'empressèrent de la combattre dès qu'elle eut paru. D'où venoient ces craintes ? d'où venoient ces hostilités ? Pourquoi des hommes que Molière n'attaquoit pas l'attaquèrent-ils lui-même ? Je suppose que la question est faite de bonne foi, et j'y vais répondre de même.

L'hypocrisie est un vice odieux, sans doute ; et, si le préjudice qu'on reçoit des choses étoit la mesure exacte de la haine qu'on leur porte, la religion, à qui elle fait plus de tort qu'au monde, devroit aussi la détester davantage. Mais d'abord, à ses yeux, les hypocrites sont plus rares et par conséquent moins redoutables qu'aux yeux de l'incrédulité, qui se plaît à en grossir le nombre et le danger : ensuite, par prudence, si ce n'est par charité, elle s'abstient généralement de lancer contre ses faux adorateurs des censures dont ses ennemis ouverts sont toujours prêts à abuser. Molière, en attaquant un vice que l'église croit souvent devoir ménager, ou que du moins elle se réserve de combattre, n'eut certainement pas le desir de servir les intérêts de la religion, qui étoient plus qu'étrangers aux siens. Quel fut son motif? Un coup-d'œil jeté sur les circonstances de sa vie suffit pour en faire juger. Molière étoit un parfaitement honnête homme; mais sa probité ne s'appuyoit pas sur les croyances religieuses, mais il étoit comédien, il étoit auteur de comédies; et presque doublement anathématisé par l'église en cette double qualité, quelquefois même désigné particulièrement dans les chaires comme corrupteur de la morale publique, il considéroit, non sans raison, les prêtres et tous ceux qui les prenoient docilement pour guides dans la carrière du salut, comme les ennemis de son art, de son établissement, de sa fortune, de son repos même. C'étoit un effet inévitable de sa position; et son équité naturelle ne pouvoit manquer d'en être altérée au point de lui faire voir, dans tout homme religieux qu'un pur zèle poussoit à censurer ses écrits, un hypocrite qui n'obéissoit, en les dénonçant, qu'aux plus vils motifs de l'intérêt humain. Je ne balance donc point à regarder *le Tartuffe* comme l'acte et le monument d'une vengeance qu'il crut légitime. Quel en pouvoit être l'effet par rapport à la religion, à la dévotion véritable? Molière ne voulut sûrement pas faire retomber sur la piété sincère les coups qu'il portoit à l'hypocrisie : j'en crois Cléante et les vers sublimes où il les marque l'une et l'autre des traits qui leur sont propres. Mais cette distinction, si belle et si juste en théorie, est-il toujours facile d'en faire une exacte application? Ne l'est-il pas, au contraire, de confondre ce qu'elle sépare, et d'envelopper dans un même blâme le vice et la vertu dont elle a si bien assigné les différences? Celui qui, tout en parlant de Dieu, veut séduire la femme et dépouiller les enfans de son bienfaiteur, est un monstre d'une espèce heureusement rare, qui ne peut, s'il se fait voir, échapper au titre d'infame hypocrite ; mais combien de fois n'est-il pas arrivé que des hommes qui n'étoient ni suborneurs, ni spoliateurs comme Tartuffe, ont été flétris de son odieux nom, uniquement parce que les pratiques et les paroles religieuses leur étoient familières comme à lui? Cette opinion sur l'abus qu'on peut faire des censures exercées contre l'hypocrisie, et sur la malignité des intentions qui généralement les inspirent, cette opinion est très-ancienne dans l'église, et elle s'appuie sur l'autorité des noms les plus respectés. L'éloquent Chrysostôme, dans un discours sur l'hypocrisie même, a dit : « Le libertin ne « manque jamais de se prévaloir de la fausse piété, pour se « persuader à lui-même qu'il n'y en a point de vraie, ou du « moins qu'il n'y en a point qui ne soit suspecte, et pour « affoiblir par là le reproche qu'elle semble lui faire conti- « nuellement de son libertinage. » L'ingénieux Augustin a dit : « L'hypocrisie est cette ivraie de l'Évangile, que l'on ne « peut arracher sans déraciner aussi le bon grain. » Louis XIV, qui n'étoit pas un faux dévot, et qui n'avoit pas lu les Pères de l'église, Louis XIV, au milieu d'une fête voluptueuse donnée à la première et à la plus chérie de ses maîtresses, fut frappé des mêmes conséquences, lorsque, parlant du *Tartuffe*, il craignit qu'une trop grande *conformité entre ceux qu'une véritable dévotion met sur le chemin du ciel et ceux qu'une vaine ostentation des bonnes œuvres n'empêche pas d'en commettre de mauvaises, ne fît prendre la vertu et le vice l'un pour l'autre par les personnes incapables d'en faire un juste discernement* (1). Bourdaloue, après eux tous, et lorsque le chef-d'œuvre du *Tartuffe* eut enfin pris possession de la scène, crut remplir un devoir de son ministère, en

---

(1) Voici textuellement le passage de la description des *Plaisirs de l'Ile enchantée :* « Le soir, Sa Majesté fit jouer les trois premiers actes « d'une comédie, nommée *Tartuffe,* que le sieur de Molière avoit faite « contre les hypocrites ; mais, quoiqu'elle eût été trouvée fort divertis- « sante, le Roi connut tant de conformité entre ceux qu'une véritable « dévotion met dans le chemin du ciel, et ceux qu'une vaine ostenta- « tion des bonnes œuvres n'empêche pas d'en commettre de mauvaises, « que son extrême délicatesse pour les choses de la religion ne put « souffrir cette ressemblance du vice avec la vertu qui pouvoient être « pris l'un pour l'autre ; et, quoiqu'on ne doutât point des bonnes in- « tentions de l'auteur, il la défendit pourtant en public, et se priva « soi-même de ce plaisir, pour n'en pas laisser abuser à d'autres, moins « capables d'en faire un juste discernement. » Cette citation est tirée de l'édition originale publiée, en 1665, par Ballard, et plusieurs fois réimprimée du vivant de Molière. Mais, dans l'édition de ses œuvres, donnée en 1682 par La Grange et Vinot, le passage est altéré d'une manière fort remarquable. Dans cette phrase, « Son extrême délicatesse « pour les choses de la religion ne put souffrir cette ressemblance du « vice avec la vertu, » on a substitué aux mots *ne put souffrir,* ceux-ci, *eut de la peine à souffrir ;* et cette autre phrase, « Il la défendit « pourtant en public, et se priva soi-même de ce plaisir, etc. » a été changée en celle-ci : « Il défendit cette comédie pour le public, *jusques* « *à ce qu'elle fût entièrement achevée, et examinée par des gens capa-* « *bles d'en juger,* pour n'en pas laisser abuser à d'autres moins capa- « bles d'en faire un juste discernement. » Ces changemens, faits après coup, ont évidemment pour objet de transformer en une suspension momentanée la défense absolue et définitive qu'avoit faite Louis XIV. Auroit-on voulu par là garantir du reproche d'inconséquence le monarque qui finit par permettre la représentation de cette même pièce qu'il avoit d'abord jugé impossible de donner au public ?

attaquant, dans un sermon sur l'hypocrisie, non pas cette fois l'hypocrisie elle-même, mais le motif pour lequel les indévots l'attaquent, et les inductions qu'ils tirent, contre la vraie dévotion, du vice qui en emprunte les dehors.

« Si le libertin, dit-il, est forcé de convenir que toute
« piété n'est pas fausse, du moins prétend-il qu'elle est sus-
« pecte, et qu'il y a toujours lieu de s'en défier : or, cela
« lui suffit; car il n'y a point de piété qu'il ne rende par là
« méprisable en la rendant douteuse; et, tandis qu'on la
« méprisera, qu'on la soupçonnera, elle sera foible et im-
« puissante contre lui. C'est ce qu'il croit gagner en faisant
« de ses entretiens et de ses discours autant de satires de
« l'hypocrisie et de la fausse dévotion. Car comme la fausse
« dévotion tient en beaucoup de choses de la vraie; comme
« la fausse et la vraie ont je ne sais combien d'actions qui
« leur sont communes; comme les dehors de l'une et de
« l'autre sont presque tout semblables, il est non seulement
« aisé, mais d'une suite presque nécessaire, que la même
« raillerie qui attaque l'une intéresse l'autre, et que les traits
« dont on peint celle-ci défigurent celle-là, à moins qu'on
« n'y apporte toutes les précautions d'une charité prudente,
« exacte et bien intentionnée; ce que le libertinage n'est pas
« en disposition de faire. Et voilà, chrétiens, ce qui est
« arrivé lorsque des esprits profanes et bien éloignés de
« vouloir entrer dans les intérêts de Dieu, ont entrepris de
« censurer l'hypocrisie, non point pour en réformer l'abus,
« ce qui n'est pas de leur ressort, mais pour faire une espèce
« de diversion dont le libertinage pût profiter, en concevant
« et faisant concevoir d'injustes soupçons de la vraie piété,

« par de malignes représentations de la fausse. Voilà ce qu'ils
« ont prétendu, exposant sur le théâtre et à la risée publi-
« que un hypocrite imaginaire, ou même, si vous le voulez,
« un hypocrite réel; et tournant dans sa personne les choses
« les plus saintes en ridicule, la crainte des jugemens de
« Dieu, l'horreur du péché, les pratiques les plus louables
« en elles-mêmes et les plus chrétiennes. Voilà ce qu'ils ont
« affecté, mettant dans la bouche de cet hypocrite des maxi-
« mes de religion foiblement soutenues, au même temps
« qu'ils les supposoient fortement attaquées; lui faisant blâ-
« mer les scandales du siècle d'une manière extravagante;
« le représentant consciencieux jusqu'à la délicatesse et au
« scrupule sur des points moins importans, où toutefois il
« le faut être, pendant qu'il se portoit d'ailleurs aux crimes
« les plus énormes; le montrant sous un visage de pénitent,
« qui ne servoit qu'à couvrir ses infamies; lui donnant,
« selon leur caprice, un caractère de piété la plus austère,
« ce semble, et la plus exemplaire, mais, dans le fond, la
« plus mercenaire et la plus lâche. »

Je suis loin d'approuver tout ce qu'il y a de dur et d'amer,
de violent et d'outré dans cette éloquente tirade. C'étoit sans
doute manquer à la charité chrétienne que d'inculper si gra-
vement les intentions d'un auteur, quand il pouvoit suffire
de prévenir ou de combattre les conséquences de son ouvrage. C'étoit surtout abuser des droits de la prédication,
que de désigner si clairement l'écrivain qu'on dénonçoit
comme ennemi de Dieu et de l'église. Évidemment Bourdaloue s'est laissé entraîner trop loin par un excès de zèle
évangélique, et peut-être aussi de chaleur oratoire. Qui sait

même si, les faux dévots abusant de sa candeur et aigrissant ses préventions par leurs calomnies, il ne s'est pas fait, à son insu, l'instrument de leurs fureurs intéressées? Qui sait, enfin, si le jésuite n'a pas été animé d'un secret ressentiment contre le poëte qui avoit jeté l'odieux et le ridicule sur certaines maximes tant reprochées à la fameuse société? Je ne dissimule et n'affoiblis, comme on voit, aucun des reproches ni des soupçons qu'il peut mériter; mais les torts qui les lui attirent tiennent uniquement à la forme de son opinion. J'ai prouvé jusqu'à l'évidence que le fond en étoit d'accord avec les sentimens les plus anciennement professés dans l'église, et que, si le moderne orateur s'est trompé, c'est avec saint Chrysostôme et saint Augustin, les deux plus vives lumières du christianisme. Il m'étoit facile, en cédant à ma partialité pour le grand poëte à qui j'ai voué une espèce de culte, de prodiguer contre son illustre adversaire les mots de fanatisme, d'intolérance et d'hypocrisie; mais j'aurois eu honte de répéter ces imputations banales que ma conviction n'admet pas. Il ne m'a pas été possible de confondre l'homme éloquent et vertueux dont s'honorent à-la-fois l'église et la littérature de notre pays, avec ces odieux sycophantes qui auroient pardonné à Molière d'attaquer la religion, s'il ne les eût pas attaqués eux-mêmes. Bourdaloue fut de bonne foi : beaucoup d'autres hommes pieux et éclairés le furent comme lui dans la guerre ouverte qu'ils déclarèrent au *Tartuffe* et à son auteur. Je ne me sens pas le droit d'approuver leurs motifs; mais il étoit de mon devoir de les exposer, et je l'ai fait en bravant le danger d'attirer sur moi le même reproche d'hypocrisie qu'ils ont attiré sur eux.

Le sujet du *Tartuffe* appartient essentiellement à la société chrétienne. L'hypocrisie en général, l'hypocrisie de mœurs est commune à tous les temps, à tous les lieux. Toujours et partout, l'affectation d'une conduite vertueuse a été employée comme moyen de capter la confiance des hommes pour en abuser. Ainsi, chez les Grecs et chez les Romains, il y avoit de ces fourbes dont se moque Lucien, et contre qui Juvénal déclame,

Qui Curios simulant et Bacchanalia vivunt;

mais l'hypocrisie de religion devoit être peu connue des anciens. Une religion toute sensuelle comme le polythéisme, n'exigeoit pas cette pureté de mœurs, cette abnégation de soi, ce renoncement au plaisir que la nôtre commande, et dont on peut outrer les apparences pour imposer au peuple et pour le tromper. A la vérité, on trouve dans Horace cette peinture d'un faux dévot de l'ancienne Rome : « Cet homme « vertueux sur qui tous les yeux sont attachés, soit dans les « places publiques, soit dans les tribunaux, toutes les fois « qu'il appaise les dieux par le sacrifice d'un porc ou d'un « bœuf, ne manque pas d'élever la voix en invoquant Apol- « lon ou Janus; puis, marmottant tout bas en homme qui « craint d'être entendu : Belle Laverne, dit-il, accordez- « moi la grace de duper tous les yeux, de passer pour un « homme juste, irréprochable ; enveloppez mes fraudes d'une « nuit profonde, couvrez mes fourberies d'un nuage favo- « rable. »

A ces traits, il est difficile de méconnoître l'hypocrisie religieuse, l'hypocrisie de dévotion. Toutefois, je le répète, ce portrait ne devoit pas avoir de nombreux modèles parmi les adorateurs de Jupiter, de Vénus et de Mercure. C'est principalement à l'ombre des cultes épurés, que le charlatanisme pieux a dû prendre racine et s'étendre. Il infectoit déja le judaïsme : l'évangile est rempli des saints emportemens de Jésus-Christ contre l'hypocrisie des pharisiens et des docteurs de la loi. Mais c'est particulièrement sous l'empire du christianisme que, la piété devenant une vertu plus difficile, plus haute et conséquemment plus honorée, le vice qui la contrefait est devenu plus profitable et nécessairement plus commun. La lumière produit l'ombre, et celle-ci est d'autant plus prononcée que l'autre est plus éclatante.

On a beaucoup cherché où Molière pouvoit avoir pris li'dée du *Tartuffe*, et plusieurs sources ont été indiquées. Nous rirons des Italiens qui, voulant absolument que Molière n'ait jamais fait autre chose que broder leurs vieux canevas, n'ont pas été plus embarrassés de trouver dans leur théâtre l'original du *Tartuffe* que celui du *Cocu imaginaire*. Nous ne croirons pas, avec Furetière, que Molière ait puisé le sujet de sa comédie dans ce quatrain de Pibrac :

> Vois l'hypocrite avec sa triste mine :
> Tu le prendrois pour l'aîné des Catons ;
> Et cependant toute nuit, à tâtons,
> Il court, il va pour tromper sa voisine.

Mais nous examinerons un peu plus sérieusement ce que l'abbé de Choisy raconte dans ses Mémoires. Suivant cet abbé, un des hommes les mieux informés de l'histoire secrète du siècle de Louis XIV, M. de Guilleragues, qui s'étoit amusé à recueillir tous les traits de cafardise échappés au fameux abbé de Roquette, depuis évêque d'Autun, et alors son commensal dans la maison du prince de Conti, les avoit communiqués à Molière qui en avoit composé sa comédie. D'un autre côté, J.-B. Rousseau, dans une de ses lettres à Brossette, se souvient d'avoir ouï dire que *l'aventure du Tartuffe se passa chez la duchesse de Longueville.* Comme l'abbé de Roquette fréquentoit beaucoup cette belle et galante princesse, il est peut-être le héros de l'aventure dont parle Rousseau, et alors la duchesse y auroit joué le rôle d'Elmire. Peut-être aussi cette aventure étoit-elle au nombre des traits fournis à Molière par Guilleragues. Ce ne sont-là que de simples conjectures; mais quelques mots de madame de Sévigné les fortifient beaucoup, en prouvant deux choses, d'abord qu'on se rappeloit naturellement Tartuffe en parlant de Roquette; ensuite qu'il avoit existé entre la duchesse et l'abbé certains rapports qui n'étoient pas à l'avantage de celui-ci. Il arriva que cet abbé, devenu évêque, fut chargé de faire l'oraison funèbre de madame de Longueville. Un tel choix parut fort extraordinaire, et madame de Sévigné veut que la Providence s'en soit mêlée. D'après les bruits qui avoient couru, on se figure la position délicate de l'orateur et l'attention maligne de l'auditoire. L'orateur s'en tira fort bien. Madame de Sévigné, qui étoit présente, lui décerne cette louange où l'on trouvera peut-être que la satire domine : « Ce n'étoit point Tartuffe, ce n'étoit point un « pantalon, c'étoit un prélat de conséquence. » Un autre jour, elle écrivoit à sa fille : « Il a fallu aller dîner chez « M. d'Autun. *Le pauvre homme!* » Quoique, d'après ces détails, on puisse présumer qu'en effet Molière a tiré parti de quelque anecdote, de quelque trait venu à sa connoissance, tout doit se réduire à ceci : il a trouvé son sujet où il l'avoit dû chercher, dans l'étude de l'homme et dans l'observation de la société; mais dans ce sujet il a trouvé un chef-d'œuvre, et c'est là ce qui, dans les arts, constitue le génie créateur.

On a fait aussi beaucoup de recherches et de conjectures sur l'origine du nom de Tartuffe. L'opinion la plus commune et la plus probable se fonde sur cette anecdote. Un jour Molière, dans le temps qu'il avoit en tête le sujet de sa comédie, se trouvoit chez le nonce du pape avec plusieurs ecclésiastiques au visage contrit et mortifié. On apporta des truffes à vendre. Cette vue anima la figure béate d'un de ces dévots qui, choisissant les plus belles truffes, dit au nonce en les lui montrant : *Tartufoli, signor nunzio, tartufoli.* Il y avoit dans sa manière de prononcer ce mot de *tartufoli* quelque chose de pénitent et de sensuel qui caractérisoit assez bien la papelardise. Molière en fut frappé, et son personnage, qui n'avoit pas encore de nom, reçut de lui aussitôt celui de Tartuffe.

Le Misanthrope avoit eu besoin du temps et du suffrage tardif des connoisseurs pour vaincre les premières froideurs du parterre. La fortune du *Tartuffe* fut plus prompte et plus brillante. Un sujet plus intéressant, une intrigue plus animée, un plus grand nombre de caractères prononcés et agissans, quelque chose de plus vif, de plus énergique, de plus populaire dans le dialogue, tous ces avantages lui assurèrent dès l'abord un succès éclatant qui s'est toujours soutenu. *Le Tartuffe* étoit attendu depuis long-temps et fort prôné d'avance : si la curiosité étoit vivement excitée, elle devoit être aussi plus exigeante, et l'envie avoit eu le loisir de préparer ses armes. L'ouvrage remplit, surpassa même l'attente du public, dont la faveur se déclara si hautement, que, pour cette fois, la médiocrité jalouse fut presque réduite au silence. En butte à tous les traits les plus dangereux de la censure religieuse, *le Tartuffe* fut du moins ménagé par la censure littéraire. Un seul écrit atteste le dépit dont les ennemis de Molière dûrent être animés dans cette circonstance si glorieuse pour lui ; c'est une ignoble satire en forme dramatique, intitulée *Critique du Tartuffe*. Il est fort douteux que cette prétendue comédie, qui n'est qu'une parodie non moins indécente qu'insipide de quelques scènes de la pièce de Molière, ait paru sur le théâtre (1).

---

(1) Les auteurs si exacts de l'*Histoire du Théâtre François* n'osent l'assurer ; mais Voltaire l'affirme, et il prétend même que *la Critique du Tartuffe* étoit donnée, sur le théâtre de l'Hôtel de Bourgogne, à la suite de *la Femme juge et partie*, comédie de Montfleury, dont le succès, dit-il, balançoit celui du *Tartuffe*. Dans tous ces petits détails d'histoire littéraire, Voltaire est, en général, d'une grande inexactitude ; et ici même il en donne la preuve, en qualifiant de prologue de la *Critique du Tartuffe*, une simple épître en vers adressée à l'auteur de cette satire ; l'épître, sans être bonne, est moins méprisable que la Critique ; et l'on seroit tenté d'y reconnoître la main qui rima le fameux sonnet contre la *Phèdre* de Racine. Je crois devoir donner cette pièce, monument curieux d'injustice et de détraction.

> J'ai su, cher Dorilas, la galante manière
> Dont tu veux critiquer et Tartuffe et Molière ;
> Et sans t'importuner d'inutiles propos,
> J'en vais rimer aussi la critique en deux mots.
> Dès le commencement, une vieille bigote,

NOTICE

Molière étoit mort depuis quatorze ans, et il y en avoit dix-huit que son chef-d'œuvre jouissoit sans opposition des suffrages du public, lorsqu'un des hommes les plus dignes d'en apprécier les beautés, entreprit d'y faire voir des dé-

> Querelle les acteurs, et sans cesse radote,
> Crie, et n'écoute rien, se tourmente sans fruit.
> Ensuite une servante y fait autant de bruit,
> A son maudit caquet donne libre carrière,
> Réprimande son maître, et lui rompt en visière,
> L'étourdit, l'interrompt, parle sans se lasser;
> Un bon coup suffiroit, pour la faire cesser,
> Mais on s'aperçoit bien que son maître, par feinte,
> Attend, pour la frapper, qu'elle soit hors d'atteinte.
> Surtout, peut-on souffrir l'homme aux *réalités*,
> Qui, pour se faire aimer, dit cent impiétés.
> Débaucher une femme, et coucher avec elle,
> Chez ce galant bigot, c'est une bagatelle;
> A l'entendre, le ciel permet tous les plaisirs;
> Il en sait disposer au gré de ses desirs,
> Et, quoi qu'il puisse faire, il se le rend traitable.
> Pendant ces beaux discours, Orgon, sous une table,
> Incrédule toujours, pour être convaincu,
> Semble attendre en repos qu'on le fasse cocu:
> Il se détrompe enfin, et comprend sa disgrace,
> Déteste le Tartuffe, et pour jamais le chasse.
> Après que l'Imposteur a fait voir son courroux,
> Après qu'on a juré de le rouer de coups,
> Et d'autres incidens de cette même espèce,
> Le cinquième acte vient; il faut finir la pièce.
> Molière la finit, et nous fait avouer
> Qu'il en tranche le nœud, qu'il n'a su dénouer.
> Molière plait assez, son génie est folâtre,
> Il a quelque talent pour le jeu du théâtre,
> Et, pour en bien parler, c'est un bouffon plaisant,

fauts qu'on n'avoit pas encore aperçus. Je parle de La Bruyère. Dans son livre des *Caractères*, il oppose au Tartuffe de Molière, un autre hypocrite qu'il appelle Onuphre. La peinture de celui-ci se compose de deux sortes de traits, ce que fait le véritable hypocrite, et ce qu'il ne fait pas. La partie négative du caractère est proprement la critique de la comédie. Il auroit fallu, suivant La Bruyère, que Tartuffe n'employât pas le jargon de la dévotion, qu'il ne fût pas amoureux d'Elmire, et qu'il ne voulût pas se faire donner tous les biens d'Orgon au détriment des héritiers directs : en d'autres termes, il auroit fallu qu'il ne fût ni odieux ni ridicule, ou du moins qu'il ne le parût pas, ce qui est ici la même chose. Le grand argument de La Bruyère, c'est que Tartuffe, en agissant et en parlant comme le fait agir et parler Molière, passe pour ce qu'il est, c'est-à-dire pour un hypocrite, tandis qu'il veut passer pour ce qu'il n'est pas, c'est-à-dire pour un homme dévot. Tartuffe devoit donc jouer si bien son rôle,

> Qui divertit le monde, en le contrefaisant ;
> Ses grimaces souvent causent quelques surprises ;
> Toutes ses pièces sont d'agréables sottises ;
> Il est mauvais poëte, et bon comédien ;
> Il fait rire, et, de vrai, c'est tout ce qu'il fait bien.
> Molière à son bonheur doit tous ses avantages :
> C'est son bonheur qui fait le prix de ses ouvrages.
> Je sais que le Tartuffe a passé son espoir,
> Que tout Paris en foule a couru pour le voir ;
> Mais, avec tout cela, quand on l'a vu paroître,
> On l'a tant applaudi, faute de le connoître ;
> Un si fameux succès ne lui fut jamais dû ;
> Et, s'il a réussi, c'est qu'on l'a défendu.

que tous les personnages de la pièce et le public même fussent dupes de lui aussi-bien qu'Orgon ; qu'il fût regardé jusqu'au bout comme un homme sincèrement pieux, et que la comédie finît par le triomphe complet de ses infâmes fourberies. Sans doute, au théâtre comme dans le monde, tout caractère vicieux veut se cacher, et l'hypocrite le veut plus qu'aucun autre, parce que son vice est le plus odieux de tous ; il le sait mieux qu'un autre aussi, parce que son vice est la dissimulation même. Mais l'art du poëte qui traduit un fourbe sur la scène, consiste à lui tendre des piéges que ne puisse soupçonner toute sa défiance, ou que ne puisse éviter toute son adresse; surtout à soulever contre lui ceux de ses vices dont il est le moins maître, afin que, dans le combat de ses passions et de son intérêt, son masque tombe ou se dérange. Pourquoi Tartuffe, parce qu'il est hypocrite, ne seroit-il ni luxurieux, ni cupide ? Et pourquoi ces deux vices, éternels ennemis de toute prudence humaine, ne l'aveugleroient-ils pas lui-même, ne le précipiteroient-ils pas malgré lui vers sa ruine? Ses penchans vicieux ont quelquefois plus de force en lui qu'il ne peut leur opposer de résistance, précisément parce qu'ils ont été plus long-temps contraints et comprimés sous l'apparence des vertus contraires. Tartuffe dit :

Ah ! pour être dévot, je n'en suis pas moins homme.

Substituons le mot d'*hypocrite* à celui de *dévot;* et cette excuse du personnage deviendra l'apologie du poëte. Oui, Tartuffe est un homme; et c'est pour cela qu'il arrive un moment où sa passion s'échappe et le trahit. Le théâtre, tant tragique que comique, a une règle générale fondée sur la vérité des choses, c'est qu'on ne doit y faire figurer aucun personnage parfait. Cette règle exclut la perfection du vice, aussi-bien que celle de la vertu. La perfection de l'hypocrisie seroit de ne jamais se démentir. Cette constance n'est pas donnée à l'homme, même pour le mal ; et heureusement les méchans se relâchent ou s'oublient quelquefois. Je reviens à La Bruyère, et je me demande ce qu'il auroit voulu : nécessairement une de ces deux choses, ou que Molière eût peint l'hypocrite des mêmes traits dont il l'a peint lui-même, ou qu'il eût renoncé à le mettre sur la scène. Ces deux partis rentrent l'un dans l'autre, et n'en forment qu'un seul. Le caractère tracé finement par le moraliste seroit un personnage imperceptible et nul au théâtre. Si Onuphre ne peut y figurer, Molière a donc eu tort d'y placer Tartuffe. C'est à cette conséquence que conduit la critique de La Bruyère. Cent-cinquante ans d'un succès toujours soutenu, toujours croissant, prescrivent contre cette conclusion sévère. Nous tromperions-nous en admirant Tartuffe comme un personnage plein de vie et de vérité, naturel et dramatique à la fois ? C'est alors une erreur dont La Bruyère a pris inutilement le soin de nous avertir ; car elle nous est chère, et nous paroissons disposés à n'y jamais renoncer.

Finissons par une remarque qui achève de prouver, contre l'opinion de La Bruyère, quelle idée juste Molière s'est formée du personnage d'hypocrite, et en même temps quel art il a employé dans la peinture de ce caractère. Un fourbe se défie autant des autres que ceux-ci devroient se défier de lui ; il ne s'ouvre à personne de ses noirs desseins. Tartuffe n'a aucun confident; je n'en excepte pas son Laurent, qu'on ne voit point. De même que madame Pernelle,

> J'ignore ce qu'au fond le serviteur peut être;

mais je parierois bien que Tartuffe se cache de lui comme de tous les autres, et que, si le valet est scélérat à la manière du maître, ils le sont tous deux à part et sans complicité. Un fourbe, lors même qu'il est seul, continue de composer son air, son maintien, son langage, comme s'il craignoit que d'invisibles témoins ne surprissent le secret de sa perversité. Molière, par cette raison, n'a pas mis un seul monologue, un seul *à parte* dans tout le rôle de Tartuffe. Ces moyens faciles et vulgaires, dont ici la difficulté dramatique sembloit invoquer particulièrement le secours, étoient repoussés par la vraisemblance morale, et le génie du poëte a su s'en passer. Hors de la scène, sur la scène, tout le monde finit par connoître l'ame profonde et ténébreuse de Tartuffe; mais il n'a pas à se reprocher de s'être dénoncé lui-même au public par des soliloques postiches, et à ses interlocuteurs par d'indiscrets aveux. Toujours en présence de sa dupe ou de ses ennemis, il ne dit pas un mot qui doive détromper l'un ou donner aux autres quelque avantage sur lui. Elmire est le seul personnage devant qui il s'oublie; mais il l'aime avec ardeur, mais il est tête-à-tête avec elle; mais il compte, en tous cas, sur sa discrétion ou sur l'aveugle prévention de son mari : et cette faute, il ne la commet qu'une seule fois; car, au second entretien, il a repris toute sa prudence; loin de se livrer, il veut qu'on se livre à lui d'abord, qu'on lui donne des gages; et, s'il est pris au piége, c'est que le piége est une de ces machines dont aucune prévoyance, aucune précaution ne sauroit garantir. Pour le prendre sur le fait et le convaincre, il a fallu deux fois avoir recours à l'expédient d'une cachette. Cet emploi d'un même ressort seroit partout ailleurs une faute qui accuseroit le poëte de stérilité. Ici, c'est un trait de vérité locale, qui sert à marquer que Tartuffe n'est pas homme à se trahir devant un tiers, et que, pour avoir son secret, il faut absolument l'intercepter et, pour ainsi dire, le violer.

AMPHITRYON,

COMÉDIE EN TROIS ACTES.

1668.

A SON ALTESSE SÉRÉNISSIME

MONSEIGNEUR

LE PRINCE.

MONSEIGNEUR,

N'en déplaise à nos beaux esprits, je ne vois rien de plus ennuyeux que les épîtres dédicatoires ; et Votre Altesse sérénissime trouvera bon, s'il lui plaît, que je ne suive point ici le style de ces messieurs-là, et refuse de me servir de deux ou trois misérables pensées, qui ont été tournées et retournées tant de fois, qu'elles sont usées de tous les côtés. Le nom du grand Condé est un nom trop glorieux pour le traiter comme on fait tous les autres noms. Il ne faut l'appliquer, ce nom illustre, qu'à des emplois qui soient dignes de lui ; et, pour dire de belles choses, je voudrois parler de le mettre à la tête d'une armée, plutôt qu'à la tête d'un livre ; et je conçois bien mieux ce qu'il est capable de faire en l'opposant aux forces des ennemis de cet État, qu'en l'opposant à la critique des ennemis d'une comédie.

Ce n'est pas, Monseigneur, que la glorieuse approbation de Votre Altesse sérénissime ne fût une puissante protection pour toutes ces sortes d'ouvrages, et qu'on ne soit persuadé des lumières de votre esprit, autant que de l'intrépidité de votre cœur et de la grandeur de votre ame. On sait, par toute la terre, que l'éclat de votre mérite n'est point renfermé dans les bornes de cette valeur indomptable, qui se fait des adorateurs chez ceux même qu'elle surmonte; qu'il s'étend, ce mérite, jusques aux connoissances les plus fines et les plus relevées, et que les décisions de votre jugement sur tous les ouvrages d'esprit, ne manquent point d'être suivies par le sentiment des plus délicats. Mais on sait aussi, Monseigneur, que toutes ces glorieuses approbations dont nous nous vantons au public, ne nous coûtent rien à faire imprimer; et que ce sont des choses dont nous disposons comme nous voulons. On sait, dis-je, qu'une épître dédicatoire dit tout ce qu'il lui plaît, et qu'un auteur est en pouvoir d'aller saisir les personnes les plus augustes, et de parer de leurs grands noms les premiers feuillets de son livre; qu'il a la liberté de s'y donner, autant qu'il veut, l'honneur de leur estime, et se faire des protecteurs qui n'ont jamais songé à l'être.

Je n'abuserai, Monseigneur, ni de votre nom, ni de vos bontés, pour combattre les censeurs de l'*Amphitryon*, et m'attribuer une gloire que je n'ai pas peut-être méritée : et je ne prends la liberté de vous offrir ma comédie, que pour avoir lieu de vous dire que je regarde incessamment, avec une profonde vénération, les grandes qualités que vous joignez au sang auguste dont vous tenez le jour, et que je suis, Monseigneur, avec tout le respect possible, et tout le zèle imaginable,

De Votre Altesse Sérénissime,

Le très-humble, très-obéissant
et très-obligé serviteur,
J.-B. P. Molière.

ACTEURS.

ACTEURS DU PROLOGUE.

MERCURE.
LA NUIT.

ACTEURS DE LA COMÉDIE.

JUPITER, sous la forme d'Amphitryon.
MERCURE, sous la forme de Sosie.
AMPHITRYON, général des Thébains.
ALCMÈNE, femme d'Amphitryon.
CLÉANTHIS, suivante d'Alcmène, et femme de Sosie.
ARGATIPHONTIDAS,
NAUCRATÈS,
POLIDAS,
PAUSICLÈS,
} Capitaines thébains.
SOSIE, valet d'Amphitryon.

La scène est à Thèbes, devant la maison d'Amphitryon.

PROLOGUE.

MERCURE, *sur un nuage;* LA NUIT, *dans un char traîné dans l'air par deux chevaux.*

MERCURE.

Tout beau! charmante Nuit, daignez vous arrêter.
Il est certain secours que de vous on desire;
  Et j'ai deux mots à vous dire
  De la part de Jupiter. (1)

LA NUIT.

  Ah! ah! c'est vous, seigneur Mercure!
Qui vous eût deviné là, dans cette posture?

MERCURE.

Ma foi, me trouvant las, pour ne pouvoir fournir
Aux différens emplois où Jupiter m'engage, (2)

---

(1) *Arrêter* et *Jupiter* riment mal. Cette espèce de rime est moins défectueuse, lorsque, comme ici, après le vers que termine l'infinitif, il s'en trouve un qui commence par une voyelle, et que les deux vers ne sont pas assez séparés par le sens, pour ne pouvoir pas être liés par la prononciation.

(2)   Ma foi, me trouvant las, pour ne pouvoir fournir
  Aux différens emplois où Jupiter m'engage.

Se trouver las pour ne pouvoir fournir à différens emplois, est une phrase étrange. On est las pour avoir fait quelque chose. Ici, la cause de la lassitude est négative, au moins dans les termes. Cette contradiction n'est qu'apparente, elle n'existe pas dans les idées. Mercure est las, parce que Jupiter lui confie des emplois si fatigans ou si nombreux, qu'il ne peut y suffire.

Je me suis doucement assis sur ce nuage,
  Pour vous attendre venir.

LA NUIT.

Vous vous moquez, Mercure, et vous n'y songez pas : [1]
Sied-il bien à des dieux de dire qu'ils sont las ?

MERCURE.

Les dieux sont-ils de fer ?

LA NUIT.

              Non ; mais il faut sans cesse
Garder le *decorum* de la divinité.
Il est de certains mots dont l'usage rabaisse
    Cette sublime qualité,
    Et que, pour leur indignité,
    Il est bon qu'aux hommes on laisse.

MERCURE.

  A votre aise vous en parlez ;
Et vous avez, la belle, une chaise roulante
Où, par deux bons chevaux, en dame nonchalante,
Vous vous faites traîner partout où vous voulez.

---

(1) Ce vers, que termine une rime masculine, est immédiatement précédé d'un vers qui finit par une rime masculine d'une autre espèce. Anciennement, dans notre poésie, la différence entre les rimes masculines et les rimes féminines n'existoit pas : on les employoit indistinctement et comme elles se présentoient. Ensuite on a commencé à les entremêler régulièrement dans les alexandrins à rimes plates ; mais, pendant long-temps, on ne s'est point fait scrupule, dans les vers libres, de mettre à côté l'une de l'autre des rimes masculines ou féminines d'espèce différente. Chapelle en usoit ainsi dans ses poésies faciles et négligées. Molière, son contemporain, suit ici son exemple. Cette espèce de licence se rencontre fort souvent dans *Amphitryon*. Je la remarque ici une seule fois pour toutes.

PROLOGUE.

Mais de moi ce n'est pas de même :
Et je ne puis vouloir, dans mon destin fatal,
  Aux poëtes assez de mal
  De leur impertinence extrême,
  D'avoir, par une injuste loi
  Dont on veut maintenir l'usage,
  A chaque dieu, dans son emploi,
  Donné quelque allure en partage,
  Et de me laisser à pied, moi,
  Comme un messager de village ;
Moi qui suis, comme on sait, en terre et dans les cieux, [1]
Le fameux messager du souverain des dieux ;
  Et qui, sans rien exagérer,
  Par tous les emplois qu'il me donne,
  Aurois besoin, plus que personne,
  D'avoir de quoi me voiturer.

LA NUIT.

  Que voulez-vous faire à cela ?
  Les poëtes font à leur guise.
  Ce n'est pas la seule sottise
  Qu'on voit faire à ces messieurs-là.
Mais contre eux toutefois votre ame à tort s'irrite,
Et vos ailes aux pieds sont un don de leurs soins. [2]

---

(1)   Moi qui suis, comme on sait, en terre et dans les cieux.

En terre, ne signifie plus, *sur terre*, *sur la terre*, que dans cette expression proverbiale, *donner du nez en terre*. Partout ailleurs il signifie, *dans la terre*, comme en ces phrases, *porter en terre ; mettre en terre ; être en terre*. Molière diroit aujourd'hui, *sur terre et dans les cieux*.

(2) Ce badinage entre Mercure et la Nuit est fort ingénieux ; mais il nuit à l'illusion, en détruisant la vérité poétique. Pourrai-je regarder Mercure et la Nuit comme deux personnages réels conversant ensemble,

PROLOGUE.

MERCURE.

Oui; mais, pour aller plus vîte,
Est-ce qu'on s'en lasse moins?

LA NUIT.

Laissons cela, seigneur Mercure,
Et sachons ce dont il s'agit.

MERCURE.

C'est Jupiter, comme je vous l'ai dit,
Qui de votre manteau veut la faveur obscure,
Pour certaine douce aventure
Qu'un nouvel amour lui fournit.
Ses pratiques, je crois, ne vous sont pas nouvelles :
Bien souvent pour la terre il néglige les cieux ;
Et vous n'ignorez pas que ce maître des dieux
Aime à s'humaniser pour des beautés mortelles,
Et sait cent tours ingénieux
Pour mettre à bout les plus cruelles.
Des yeux d'Alcmène il a senti les coups;
Et, tandis qu'au milieu des béotiques plaines,
Amphitryon, son époux,
Commande aux troupes thébaines,
Il en a pris la forme, et reçoit là-dessous
Un soulagement à ses peines,
Dans la possession des plaisirs les plus doux.
L'état des mariés à ses feux est propice :
L'hymen ne les a joints que depuis quelques jours;
Et la jeune chaleur de leurs tendres amours

---

s'ils me disent eux-mêmes qu'ils ne sont que des êtres fabuleux éclos du cerveau des poëtes, et tenant d'eux, avec leur existence, leurs attributions et leurs attributs?

A fait que Jupiter à ce bel artifice
    S'est avisé d'avoir recours.
Son stratagême ici se trouve salutaire :
    Mais, près de maint objet chéri,
Pareil déguisement seroit pour ne rien faire ;
Et ce n'est pas partout un bon moyen de plaire,
    Que la figure d'un mari.

LA NUIT.

J'admire Jupiter, et je ne comprends pas
Tous les déguisemens qui lui viennent en tête.

MERCURE.

Il veut goûter par là toutes sortes d'états ; [1]
    Et c'est agir en dieu qui n'est pas bête.
Dans quelque rang qu'il soit des mortels regardé,
    Je le tiendrois fort misérable,
S'il ne quittoit jamais sa mine redoutable,
Et qu'au faîte des cieux il fût toujours guindé.
Il n'est point à mon gré de plus sotte méthode
Que d'être emprisonné toujours dans sa grandeur ;
Et surtout, aux transports de l'amoureuse ardeur,
La haute qualité devient fort incommode.
Jupiter, qui, sans doute, en plaisirs se connoît,
Sait descendre du haut de sa gloire suprême ;

---

(1)   Il veut goûter par là toutes sortes d'états.

Goûter un état, ce seroit le trouver bon, en être satisfait. Lorsque *goûter*, au figuré, signifie, essayer, éprouver, il doit être suivi de la préposition *de* dans un sens partitif, comme en ces phrases, *j'ai goûté du métier et j'en suis las ; il a voulu goûter de tout, et il ne sait à quoi se fixer.*

Et, pour entrer dans tout ce qu'il lui plaît, *⁽¹⁾
  Il sort tout-à-fait de lui-même,
Et ce n'est plus alors Jupiter qui paroît.

LA NUIT.

Passe encor de le voir, de ce sublime étage,
  Dans celui des hommes venir,
Prendre tous les transports que leur cœur peut fournir,
  Et se faire à leur badinage,
Si, dans les changemens où son humeur l'engage,
A la nature humaine il s'en vouloit tenir.
  Mais de voir Jupiter taureau,
  Serpent, cygne, ou quelque autre chose,
  Je ne trouve point cela beau,
Et ne m'étonne pas si parfois on en cause.

MERCURE.

  Laissons dire tous les censeurs :
  Tels changemens ont leurs douceurs
  Qui passent leur intelligence.
Ce dieu sait ce qu'il fait aussi bien là qu'ailleurs ;
Et, dans les mouvemens de leurs tendres ardeurs,

VARIANTE. * *Dans tout ce qui lui plaît.*

---

(1)   Et, pour entrer dans tout ce qu'il lui plaît.

Cette locution elliptique, *qu'il lui plaît*, ne peut suivre qu'un verbe actif. Ainsi on dira bien, *il fait tout ce qu'il lui plaît* (de faire); *je fais tout ce qu'il lui plaît* (que je fasse). Mais, après un verbe neutre, *qu'il lui plaît* est inexact et barbare. On ne dira pas, *il va qu'il lui plaît*, mais, *où il lui plaît*. De même, il faudroit dire, *pour entrer partout où il lui plaît*, ou bien, *dans tout ce où il lui plaît d'entrer*. Des éditeurs modernes ont cru corriger la phrase en mettant, *dans tout ce qui lui plaît :* c'est remplacer une faute de grammaire par une faute de sens.

PROLOGUE.

Les bêtes ne sont pas si bêtes que l'on pense. [1]

LA NUIT.

Revenons à l'objet dont il a les faveurs.
Si, par son stratagême, il voit sa flamme heureuse,
Que peut-il souhaiter, et qu'est-ce que je puis?

MERCURE.

Que vos chevaux par vous au petit pas réduits,
Pour satisfaire aux vœux de son ame amoureuse,
  D'une nuit si délicieuse,
  Fassent la plus longue des nuits;
 Qu'à ses transports vous donniez plus d'espace,
 Et retardiez la naissance du jour [2]
   Qui doit avancer le retour
   De celui dont il tient la place.

LA NUIT.

 Voilà sans doute un bel emploi
 Que le grand Jupiter m'apprête!
 Et l'on donne un nom fort honnête
 Au service qu'il veut de moi!

MERCURE.

 Pour une jeune déesse,
 Vous êtes bien du bon temps!
 Un tel emploi n'est bassesse

---

(1) Les bêtes ne sont pas si bêtes que l'on pense.
Vers charmant, qui est devenu proverbe.

(2) Dans *les Sosies*, de Rotrou, imités de Plaute, comme l'*Amphitryon* de Molière, Mercure dit, non pas à la Nuit, mais à la Lune :
 Retarde en sa faveur (de Jupiter) la naissance du jour.
Voir la dernière note sur le Prologue.

Que chez les petites gens.
Lorsque dans un haut rang on a l'heur de paroître,
Tout ce qu'on fait est toujours bel et bon ;
Et, suivant ce qu'on peut être,
Les choses changent de nom. (1)

LA NUIT.

Sur de pareilles matières
Vous en savez plus que moi ;
Et, pour accepter l'emploi,
J'en veux croire vos lumières. (2)

MERCURE.

Hé ! là, là, madame la Nuit,
Un peu doucement, je vous prie ;
Vous avez dans le monde un bruit
De n'être pas si renchérie. (3)
On vous fait confidente, en cent climats divers,
De beaucoup de bonnes affaires ;

---

(1) Cette pensée est empruntée à Rotrou. Mercure dit de même, dans la première scène des *Sosies* :

>   Le rang des vicieux ôte la honte aux vices,
>   Et donne de beaux noms à de honteux services.

(2) On sait de quelle espèce de messages Mercure étoit souvent chargé par Jupiter. Son nom en est devenu, parmi les hommes, le synonyme honnête d'un nom qui ne l'est pas, de ce même nom que la Nuit donnoit à entendre tout-à-l'heure.

(3)   Vous avez dans le monde un bruit
        De n'être pas si renchérie.

Avoir un bruit, ou mieux, *avoir le bruit*, signifiant, avoir la réputation, ne se dit plus. Cette façon de parler étoit usitée du temps de Molière. Elle se trouve dans le dictionnaire de l'Académie, édition de 1694 ; et Thomas Corneille a dit dans *le Charme de la voix* :

>   Non, Fénisse toujours eut le bruit d'être belle.

PROLOGUE.

Et je crois, à parler à sentimens ouverts,
  Que nous ne nous en devons guères.

LA NUIT.

Laissons ces contrariétés,
Et demeurons ce que nous sommes.
N'apprêtons point à rire aux hommes
En nous disant nos vérités.

MERCURE.

Adieu. Je vais là-bas, dans ma commission,
Dépouiller promptement la forme de Mercure,
  Pour y vêtir la figure
  Du valet d'Amphitryon.

LA NUIT.

Moi, dans cet hémisphère, avec ma suite obscure,
  Je vais faire une station.

MERCURE.

Bonjour, la Nuit.

LA NUIT.

  Adieu, Mercure. [1]

(Mercure descend de son nuage, et la Nuit traverse le théâtre.)

---

[1] Nos auteurs comiques ont fait beaucoup de prologues fort spirituels, mais qui, n'étant ordinairement que des apologies ou des précautions d'auteur, ont dû disparoître de la scène, du moment que le sort de la pièce étoit assuré. Le seul prologue d'*Amphitryon* est resté au théâtre, non parce qu'il est le plus ingénieux de tous, mais parce qu'il est le seul nécessaire. Distinct de la pièce, et cependant inhérent à la pièce, il en expose le sujet sans en faire connoître l'action, et il prépare les esprits au merveilleux que cette action doit offrir. L'*Amphitryon* de Plaute, comme toutes les comédies latines, est aussi précédé

d'un prologue qui n'est qu'un long monologue où Mercure raconte, non-seulement ce qui est antérieur à l'action, mais ce qui doit composer l'action même, y compris le dénouement. On peut justifier cette espèce de narré par des raisons tirées de la constitution du théâtre antique; mais à considérer absolument la chose, on ne peut nier qu'un prologue où l'on dit d'avance tout ce qui va être fait, ne détruise entièrement l'intérêt de curiosité que peut comporter un drame, et, par-là, ne soit contraire aux vraies règles de l'art, toutes fondées sur la nécessité de produire de l'illusion et des effets. Boileau, dit-on, préféroit le prologue de Plaute à celui de Molière. Cette opinion, dont on ne rapporte pas les motifs, est peu digne d'un si grand maître; et le témoignage assez suspect de l'auteur du *Bolœana* ne suffit pas, ce me semble, pour qu'on la lui attribue. On lit dans Voltaire : « Ceux qui ont dit que Molière a imité son « prologue de Lucien, ne savent pas la différence qui est entre une imi-« tation et la ressemblance très-éloignée de l'excellent dialogue de la « Nuit et de Mercure, avec le petit dialogue de Mercure et d'Apollon, « dans Lucien : il n'y a pas une plaisanterie, pas un seul mot que Molière « doive à cet auteur grec. » Cela est parfaitement juste; toutefois, le fond du dialogue de Lucien est exactement le même que celui du prologue de Molière : c'est Mercure qui demande à Apollon ce que, dans la comédie, il demande à la Nuit, c'est-à-dire de ralentir ou plutôt d'arrêter ses coursiers pour donner à Jupiter le temps d'accomplir son aventure amoureuse avec Alcmène. Bayle a donc eu toute raison de dire que *Lucien a fourni le fait sur quoi roule le prologue de Molière, mais qu'il n'en a pas fourni les pensées.* Molière, au reste, n'avoit que le choix des sources pour y puiser l'idée qu'il a mise en œuvre si habilement. Si ce n'est dans Lucien qu'il l'a prise, c'est dans Plaute; et, si ce n'est dans Plaute, c'est dans Rotrou; car Plaute fait dire à Mercure, parlant à la Nuit :

> *Perge, nox, ut occœpisti : gere patri morem meo;*
> *Optumè, optumo, optumam operam das, datam pulchrè locas.*

« Déesse de la Nuit, continuez comme vous avez commencé, obéissez à « mon père : vous avez raison de lui rendre service, vous êtes complai-« sante pour un dieu qui est fort reconnoissant. »

Et Rotrou, sans parler du passage où il imite celui de Plaute, met dans son prologue, dont Mercure est aussi l'acteur, cette apostrophe à la Lune :

> Vierge, reine des mois, et des feux inconstans
> Qui président au cours de la moitié du temps,
> Lune, marche à pas lents, laisse dormir ton frère;
> Tiens le frein aux coureurs qui tirent ta litière,
> Cependant que mon père, enivré de plaisirs,
> Au sein de ses amours le lâche à ses desirs.

FIN DU PROLOGUE.

MERCURE.
Arrete. quoi! tu viens ici mettre ton nez.

Amphitryon, Acte III, Scène VII.

AMPHITRYON,

COMÉDIE.

ACTE PREMIER.

SCÈNE PREMIÈRE.

SOSIE.

Qui va là ? Heu ! ma peur à chaque pas s'accroît !
    Messieurs, ami de tout le monde.
    Ah ! quelle audace sans seconde
    De marcher à l'heure qu'il est ! [1]
    Que mon maître, couvert de gloire,
    Me joue ici d'un vilain tour !
Quoi ! si pour son prochain il avoit quelque amour,
M'auroit-il fait partir par une nuit si noire ?
Et, pour me renvoyer annoncer son retour
    Et le détail de sa victoire,
Ne pouvoit-il pas bien attendre qu'il fût jour ?
    Sosie, à quelle servitude
    Tes jours sont-ils assujétis !
    Notre sort est beaucoup plus rude

---

(1) *Est* rimant avec *s'accroît* n'étoit point une faute alors. Vaugelas et le bel usage avoient décidé qu'il falloit prononcer *s'accraît*. Cette prononciation ne s'est conservée qu'à la cour, où elle commence même à être moins générale.

Chez les grands que chez les petits.
Ils veulent que pour eux tout soit, dans la nature,
Obligé de s'immoler.
Jour et nuit, grêle, vent, péril, chaleur, froidure,
Dès qu'ils parlent, il faut voler.
Vingt ans d'assidu service
N'en obtiennent rien pour nous :
Le moindre petit caprice
Nous attire leur courroux. (1)
Cependant notre ame insensée
S'acharne au vain honneur de demeurer près d'eux,
Et s'y veut contenter de la fausse pensée
Qu'ont tous les autres gens, que nous sommes heureux.
Vers la retraite en vain la raison nous appelle,
En vain notre dépit quelquefois y consent;
Leur vue a sur notre zèle
Un ascendant trop puissant,
Et la moindre faveur d'un coup-d'œil caressant
Nous rengage de plus belle. (2)

---

(1) Le Sosie de Plaute débute, comme celui de Molière, par des plaintes contre son maître, suivies de réflexions chagrines sur la misérable condition des esclaves. Je ne transcrirai point ici les vers de Plaute que Molière a imités. Comme ces emprunts sont fort nombreux dans la pièce françoise, et qu'ils comprennent quelquefois des scènes entières, la place réservée aux notes seroit presque toute remplie des vers du comique latin. L'*Amphitryon* moderne pouvant être regardé, en grande partie, comme une imitation libre de l'ancien, je crois convenable de placer celui-ci à la suite du premier, afin de rendre plus facile la comparaison qu'on pourra vouloir faire de l'un à l'autre. Je me bornerai à citer, dans le commentaire, les vers de Rotrou, traduits de Plaute, dont Molière a visiblement imité l'expression, ou ceux dont la pensée, appartenant à Rotrou même, a été empruntée par Molière.

(2) Ces idées sont en elles-mêmes très-ingénieuses et très-justes ; mais,

ACTE I, SCÈNE I.

  Mais enfin, dans l'obscurité,
Je vois notre maison, et ma frayeur s'évade.
  Il me faudroit, pour l'ambassade,
  Quelque discours prémédité.
Je dois aux yeux d'Alcmène un portrait militaire
Du grand combat qui met nos ennemis à bas; (1)
  Mais comment diantre le faire,
   Si je ne m'y trouvai pas?
N'importe, parlons-en et d'estoc et de taille,
  Comme oculaire témoin.
Combien de gens font-ils des récits de bataille
  Dont ils se sont tenus loin! (2)
  Pour jouer mon rôle sans peine,

---

dans la bouche d'un esclave thébain, elles manquent de vérité, elles pèchent contre le costume. Jamais un citoyen libre de la Grèce ou de Rome n'a eu la *fausse pensée* qu'un esclave fût *heureux*; jamais celui-ci n'a pu regarder comme un *honneur*, même *vain*, de demeurer près d'un maître qu'il ne pouvoit quitter sans s'exposer à être roué de coups ou mis à mort; et jamais, par conséquent, il n'a cru qu'il lui fût permis de songer à la *retraite*. Molière savoit bien tout cela; mais il a sacrifié ici l'exactitude au plaisir de dire de bonnes vérités applicables à tous les serviteurs des grands, depuis le laquais en livrée jusqu'au courtisan de l'OEil-de-bœuf.

(1)   Je dois aux yeux d'Alcmène un portrait militaire
   Du grand combat qui met nos ennemis à bas.

Dans l'usage actuel, *portrait* ne s'entend que de l'image d'une seule personne, à la différence de *tableau*, qui signifie la représentation de plusieurs, et qui seroit ici l'expression propre.

(2)   Combien de gens font-ils des récits de bataille,
   Dont ils se sont tenus loin!

Dont veut dire évidemment, desquelles batailles, et cependant *bataille* est au singulier, ce qui empêche que, grammaticalement, le pronom ne se rapporte au substantif dont il rappelle l'idée. Suivant la construction, c'est au mot *récits* qu'il se rapporteroit, et le sens y est contraire.

Je le veux un peu repasser.
Voici la chambre où j'entre en courrier que l'on mène; (1)
Et cette lanterne est Alcmène,
A qui je me dois adresser. (2)
(*Sosie pose sa lanterne à terre.*)
Madame, Amphitryon, mon maître et votre époux...
(Bon! beau début!) l'esprit toujours plein de vos charmes,
M'a voulu choisir entre tous,
Pour vous donner avis du succès de ses armes,
Et du desir qu'il a de se voir près de vous.
« Ah! vraiment, mon pauvre Sosie,
« A te revoir j'ai de la joie au cœur. »
Madame, ce m'est trop d'honneur,
Et mon destin doit faire envie.
(Bien répondu!) « Comment se porte Amphitryon? »
Madame, en homme de courage,
Dans les occasions où la gloire l'engage.
(Fort bien! belle conception!)
« Quand viendra-t-il, par son retour charmant,

---

(1)   Voici la chambre où j'entre en courrier que l'on mène.
Que l'on mène. Où? comment? pourquoi? Faute d'une explication nécessaire, ces mots sont une espèce de cheville.

(2) Sosie, dans Plaute, a bien une lanterne en main; mais il n'imagine pas d'en faire une espèce de personnage devant lequel il essaie le discours qu'il doit adresser à Alcmène. Cette idée si comique appartient à Molière. Quelques-uns ont prétendu qu'il l'avoit prise dans *les Harangueuses* d'Aristophane, où Praxagora, disent-ils, répète de même devant sa lampe de nuit la harangue qu'elle doit prononcer dans le conseil des femmes. Cette dernière circonstance est de leur invention. Praxagora ne parle à sa lampe que pour la louer de ses services et de sa discrétion. Au reste, cette lampe est un personnage muet; au lieu que la lanterne de Sosie parle par la bouche de Sosie lui-même, qui, non content de vouloir qu'elle soit Alcmène, veut aussi qu'elle réponde et qu'elle interroge. Ainsi, en supposant l'emprunt, Molière auroit trouvé le moyen d'être encore original.

ACTE I, SCÈNE 1.

« Rendre mon ame satisfaite ? »
Le plus tôt qu'il pourra, madame, assurément,
　Mais bien plus tard que son cœur ne souhaite.
(Ah!) « Mais quel est l'état où la guerre l'a mis ?
« Que dit-il ? que fait-il ? Contente un peu mon ame. »
　　Il dit moins qu'il ne fait, madame,
　　Et fait trembler les ennemis.
(Peste! où prend mon esprit toutes ces gentillesses ?)
« Que font les révoltés (1) ? dis-moi, quel est leur sort ? »
Ils n'ont pu résister, madame, à notre effort;
　　Nous les avons taillés en pièces,
　　Mis Ptérélas leur chef à mort,
Pris Télèbe d'assaut ; et déja dans le port
　　Tout retentit de nos prouesses.
« Ah! quel succès! ô dieux! Qui l'eût pu jamais croire!
« Raconte-moi, Sosie, un tel évènement. »
Je le veux bien, madame ; et, sans m'enfler de gloire,
　　Du détail de cette victoire
　　Je puis parler très-savamment.
　　Figurez-vous donc que Télèbe,
　　Madame, est de ce côté ;

(*Sosie marque les lieux sur sa main, ou à terre.*)

　　C'est une ville, en vérité,
　　Aussi grande quasi que Thèbe.

---

(1) *Que font les révoltés ?* — Des *révoltés* sont ceux qui se soulèvent contre le pouvoir légitime ; or les Télébéens n'étoient pas les sujets des Thébains. Alcmène emploie ce mot impropre de *révoltés*, par la seule raison que, deux vers plus haut, Sosie se sert du mot d'*ennemis*, dont elle auroit dû se servir elle-même. Dans Rotrou, Sosie, sans avoir la même raison, appelle les Télébéens *rebelles* : c'est peut-être cet exemple qui a trompé Molière.

La rivière est comme là.
Ici nos gens se campèrent;
Et l'espace que voilà,
Nos ennemis l'occupèrent.
Sur un haut, vers cet endroit, [1]
Étoit leur infanterie.
Et plus bas, du côté droit,
Étoit la cavalerie.
Après avoir aux dieux adressé les prières,
Tous les ordres donnés, on donne le signal :
Les ennemis, pensant nous tailler des croupières,
Firent trois pelotons de leurs gens à cheval;
Mais leur chaleur par nous fut bientôt réprimée.
Et vous allez voir comme quoi.
Voilà notre avant-garde à bien faire animée;
Là, les archers de Créon, notre roi;
Et voici le corps d'armée,

(*On fait un peu de bruit.*)

Qui d'abord... Attendez, le corps d'armée a peur;
J'entends quelque bruit, ce me semble. [2]

---

(1)   Sur un haut, vers cet endroit.

Un haut, pour, *une hauteur*, ne se dit plus, et ne s'est jamais dit, je crois.

(2) Il est impossible de ne pas faire remarquer l'immense supériorité de Molière sur Plaute dans cette première scène. Le Sosie de Plaute annonce dès le début une excessive frayeur qui ne l'abandonne pas un instant, et toutefois ne l'empêche pas de rester devant la porte de la maison, où il devroit être si pressé d'entrer, et d'avoir avec lui-même une conversation qui n'a pas moins de deux cents vers. Le Sosie de Molière, fort poltron aussi de son naturel, mais rassuré, comme il doit l'être, en voyant sa demeure, s'occupe avec vraisemblance du soin de préparer un discours auquel la peur ne lui a pas permis de songer plus

SCÈNE II.

MERCURE, SOSIE.

MERCURE, *sous la figure de Sosie, sortant de la maison d'Amphitryon.*

Sous ce minois qui lui ressemble,
Chassons de ces lieux ce causeur,
Dont l'abord importun troubleroit la douceur
Que nos amans goûtent ensemble.

SOSIE, *sans voir Mercure.*

Mon cœur tant soit peu se rassure,
Et je pense que ce n'est rien.
Crainte pourtant de sinistre aventure,
Allons chez nous achever l'entretien.

---

tôt, et qu'il ne seroit plus temps d'arranger, s'il étoit déja dans la maison. Le Sosie de Plaute a une lanterne; mais elle ne sert qu'à l'éclairer: on sait quel parti comique le Sosie de Molière tire de la sienne. Le premier fait de la victoire des Thébains un récit très-suivi, très-détaillé, très-complet: l'autre fait ce même récit en homme qui est toujours resté trop étranger à ces sortes d'affaires pour y rien entendre; et Mercure vient l'interrompre à propos au moment où il s'embrouille dans sa narration grotesque. Enfin, dans Plaute, Mercure est très-inutilement en scène dès le commencement de la pièce, puisqu'il ne fait qu'écouter le long monologue de Sosie, sans le couper autrement que par quelques *à parte* qui n'apprennent rien, et ne sont pas même plaisans. Dans Molière, Sosie, seul sur le théâtre, fait de son monologue un dialogue véritable et très-animé, où parlent successivement trois personnages: Sosie complimentant Alcmène, Alcmène répondant à Sosie ou le questionnant, et encore Sosie se félicitant lui-même sur l'esprit qu'il met dans les demandes et dans les réponses.

MERCURE, *à part.*

Tu seras plus fort que Mercure,
Ou je t'en empêcherai bien.

SOSIE, *sans voir Mercure.*

Cette nuit en longueur me semble sans pareille.
Il faut, depuis le temps que je suis en chemin,
Ou que mon maître ait pris le soir pour le matin,
Ou que trop tard au lit le blond Phébus sommeille,
  Pour avoir trop pris de son vin. (1)

MERCURE, *à part.*

  Comme avec irrévérence
  Parle des dieux ce maraud!
  Mon bras saura bien tantôt
  Châtier cette insolence;
Et je vais m'égayer avec lui comme il faut,
En lui volant son nom avec sa ressemblance.

SOSIE, *apercevant Mercure d'un peu loin.*

  Ah! par ma foi, j'avois raison:
  C'est fait de moi, chétive créature!
  Je vois devant notre maison
  Certain homme dont l'encolure
  Ne me présage rien de bon.
  Pour faire semblant d'assurance,
  Je veux chanter un peu d'ici.

      (*Il chante.*)

---

(1) Il auroit suffi de l'obscurité, de la peur et de la fatigue, pour que Sosie trouvât bien longue une nuit ordinaire. Combien ne dut-il pas maudire cette nuit miraculeuse qui dura deux ou trois fois, et, suivant quelques-uns, neuf fois autant que les autres!

ACTE I, SCÈNE II.

MERCURE.

Qui donc est ce coquin qui prend tant de licence
Que de chanter et m'étourdir ainsi?

(*A mesure que Mercure parle, la voix de Sosie
s'affoiblit peu-à-peu.*)

Veut-il qu'à l'étriller ma main un peu s'applique?

SOSIE, *à part.*

Cet homme assurément n'aime pas la musique. (1)

MERCURE.

Depuis plus d'une semaine
Je n'ai trouvé personne à qui rompre les os;
La vigueur de mon bras se perd dans le repos;
Et je cherche quelque dos
Pour me remettre en haleine.

SOSIE, *à part.*

Quel diable d'homme est-ce-ci?
De mortelles frayeurs je sens mon ame atteinte.
Mais pourquoi trembler tant aussi?
Peut-être a-t-il dans l'ame autant que moi de crainte,
Et que le drôle parle ainsi
Pour me cacher sa peur sous une audace feinte.
Oui, oui, ne souffrons point qu'on nous croie un oison:
Si je ne suis hardi, tâchons de le paroître.
Faisons-nous du cœur par raison:
Il est seul, comme moi; je suis fort, j'ai bon maître,
Et voilà notre maison.

---

(1) Le vers des *Folies amoureuses* de Regnard :

Cet homme n'aime pas les conversations,

est évidemment une imitation du vers de Molière.

MERCURE.

Qui va là?

SOSIE.

Moi.

MERCURE.

Qui, moi?

SOSIE.

(*à part.*)
Moi. Courage, Sosie.

MERCURE.

Quel est ton sort? dis-moi.

SOSIE.

D'être homme, et de parler.

MERCURE.

Es-tu maître, ou valet?

SOSIE.

Comme il me prend envie.

MERCURE.

Où s'adressent tes pas?

SOSIE.

Où j'ai dessein d'aller.

MERCURE.

Ah! ceci me déplaît.

SOSIE.

J'en ai l'ame ravie.

MERCURE.

Résolument, par force ou par amour,
Je veux savoir de toi, traître,

Ce que tu fais, d'où tu viens avant jour,
　　Où tu vas, à qui tu peux être.

SOSIE.

Je fais le bien et le mal tour-à-tour;
Je viens de là, vais là; j'appartiens à mon maître. (1)

MERCURE.

Tu montres de l'esprit; et je te vois en train
De trancher avec moi de l'homme d'importance.
Il me prend un desir, pour faire connoissance,
　　De te donner un soufflet de ma main.

---

(1) Plaute revendique le fond et en partie la forme de ce dialogue si vif et si ingénieux. Rotrou a enchéri sur Plaute, et Molière sur Rotrou. Voici les vers de celui-ci :

MERCURE.

Où s'adressent tes pas ?

SOSIE.

Que t'importe ? où je veux.

MERCURE.

Es-tu libre ou captif ?

SOSIE.

Oui.

MERCURE.

Mais lequel des deux ?

SOSIE.

Lequel des deux me plaît, ou tous les deux ensemble.

MERCURE.

Ce maraud veut périr.

SOSIE.

Tel menace qui tremble.

MERCURE.

Mais qui, de grace, es-tu ? Qui t'amène en ce lieu ?

SOSIE.

J'appartiens à mon maître. Es-tu content ? Adieu.

SOSIE.

A moi-même ?

MERCURE.

A toi-même, et t'en voilà certain.
(*Mercure donne un soufflet à Sosie.*)

SOSIE.

Ah! ah! c'est tout de bon.

MERCURE.

Non, ce n'est que pour rire,
Et répondre à tes quolibets.

SOSIE.

Tudieu! l'ami, sans vous rien dire,
Comme vous baillez des soufflets!

MERCURE.

Ce sont là de mes moindres coups,
De petits soufflets ordinaires.

SOSIE.

Si j'étois aussi prompt que vous,
Nous ferions de belles affaires.

MERCURE.

Tout cela n'est encor rien.
Nous verrons bien autre chose;
Pour y faire quelque pause,
Poursuivons notre entretien.

SOSIE.

Je quitte la partie.
(*Sosie veut s'en aller.*)

MERCURE, *arrêtant Sosie.*

Où vas-tu ?

SOSIE.

> Que t'importe?

MERCURE.

Je veux savoir où tu vas.

SOSIE.

Me faire ouvrir cette porte.
Pourquoi retiens-tu mes pas?

MERCURE.

Si jusqu'à l'approcher tu pousses-ton audace,
Je fais sur toi pleuvoir un orage de coups.

SOSIE.

> Quoi! tu veux, par ta menace,
> M'empêcher d'entrer chez nous?

MERCURE.

Comment! chez nous?

SOSIE.

> Oui, chez nous.

MERCURE.

> O le traître!

Tu te dis de cette maison?

SOSIE.

Fort bien. Amphitryon n'en est-il pas le maître?

MERCURE.

Hé bien! que fait cette raison?

SOSIE.

Je suis son valet.

MERCURE.

> Toi?

SOSIE.

Moi.

MERCURE.

Son valet?

SOSIE.

Sans doute.

MERCURE.

Valet d'Amphitryon?

SOSIE.

D'Amphitryon, de lui.

MERCURE.

Ton nom est?...

SOSIE.

Sosie.

MERCURE.

Heu! comment?

SOSIE.

Sosie.

MERCURE.

Écoute;
Sais-tu que de ma main je t'assomme aujourd'hui?

SOSIE.

Pourquoi? De quelle rage est ton ame saisie?

MERCURE.

Qui te donne, dis-moi, cette témérité,
De prendre le nom de Sosie?

SOSIE.

Moi, je ne le prends point, je l'ai toujours porté.

ACTE I, SCÈNE II.

MERCURE.

O le mensonge horrible, et l'impudence extrême!
Tu m'oses soutenir que Sosie est ton nom?

SOSIE.

Fort bien; je le soutiens, par la grande raison
Qu'ainsi l'a fait des dieux la puissance suprême;
Et qu'il n'est pas en moi de pouvoir dire non,
    Et d'être un autre que moi-même.

MERCURE.

Mille coups de bâton doivent être le prix
    D'une pareille effronterie.

SOSIE, *battu par Mercure.*

Justice, citoyens! Au secours! je vous prie.

MERCURE.

    Comment! bourreau, tu fais des cris!

SOSIE.

    De mille coups tu me meurtris,
    Et tu ne veux pas que je crie?

MERCURE.

C'est ainsi que mon bras...

SOSIE.

              L'action ne vaut rien.
    Tu triomphes de l'avantage
Que te donne sur moi mon manque de courage;
    Et ce n'est pas en user bien.
    C'est pure fanfaronnerie
De vouloir profiter de la poltronnerie
    De ceux qu'attaque notre bras.
Battre un homme à jeu sûr n'est pas d'une belle ame;

Et le cœur est digne de blâme
Contre les gens qui n'en ont pas.

MERCURE.

Hé bien! es-tu Sosie à présent? qu'en dis-tu?

SOSIE.

Tes coups n'ont point en moi fait de métamorphose;
Et tout le changement que je trouve à la chose,
C'est d'être Sosie battu. (1)

MERCURE, *menaçant Sosie.*

Encor! Cent autres coups pour cette autre impudence.

SOSIE.

De grace, fais trève à tes coups.

MERCURE.

Fais donc trève à ton insolence.

SOSIE.

Tout ce qu'il te plaira; je garde le silence.
La dispute est par trop inégale entre nous.

MERCURE.

Es-tu Sosie encor? dis, traître!

SOSIE.

Hélas! je suis ce que tu veux :

---

(1)   C'est d'être Sosie battu.

Lorsque, dans *l'Étourdi*, qui est sa première pièce en vers, Molière a mis, *crie-t-elle à toute heure*, c'est qu'apparemment il ignoroit la règle encore assez nouvelle qui bannissoit du corps des vers cette espèce de syllabe muette. Mais, quand on voit la même faute ici et dans le vers du *Misanthrope* sur la prude Arsinoé, *qui bat ses gens et ne les paie point*, on ne peut guère douter qu'il ne l'ait commise à dessein, et parce qu'il aimoit mieux, dans un vers de comédie, plus de comique avec moins d'exactitude, que plus d'exactitude avec moins de comique.

Dispose de mon sort tout au gré de tes vœux ;
Ton bras t'en a fait le maître.

MERCURE.

Ton nom étoit Sosie, à ce que tu disois ?

SOSIE.

Il est vrai, jusqu'ici j'ai cru la chose claire ;
Mais ton bâton, sur cette affaire,
M'a fait voir que je m'abusois.

MERCURE.

C'est moi qui suis Sosie, et tout Thèbes l'avoue :
Amphitryon jamais n'en eut d'autre que moi.

SOSIE.

Toi, Sosie ?

MERCURE.

Oui, Sosie ; et si quelqu'un s'y joue,
Il peut bien prendre garde à soi.

SOSIE, *à part*.

Ciel ! me faut-il ainsi renoncer à moi-même,
Et par un imposteur me voir voler mon nom ?
Que son bonheur est extrême
De ce que je suis poltron !
Sans cela, par la mort !...

MERCURE.

Entre tes dents, je pense,
Tu murmures je ne sais quoi.

SOSIE.

Non. Mais, au nom des dieux, donne-moi la licence
De parler un moment à toi.

MERCURE.

Parle.

SOSIE.

Mais promets-moi, de grace,
Que les coups n'en seront point.
Signons une trêve.

MERCURE.

Passe :
Va, je t'accorde ce point.

SOSIE.

Qui te jette, dis-moi, dans cette fantaisie?
Que te reviendra-t-il de m'enlever mon nom?
Et peux-tu faire enfin, quand tu serois démon,
Que je ne sois pas moi, que je ne sois Sosie?

MERCURE, *levant le bâton sur Sosie.*

Comment! tu peux?...

SOSIE.

Ah! tout doux :
Nous avons fait trêve aux coups.

MERCURE.

Quoi! pendard, imposteur, coquin!...

SOSIE.

Pour des injures,
Dis-m'en tant que tu voudras;
Ce sont légères blessures,
Et je ne m'en fâche pas. (1)

---

(1) Cette insensibilité aux injures, qui est le dernier degré de la poltronnerie, quand elle n'est pas le plus grand effort du courage d'ame, est un trait comique qui appartient à Molière : je dois le remarquer dans une scène où il n'a presque pas d'autre mérite que d'avoir séparé les excellentes plaisanteries de Plaute, des détestables quolibets qui s'y trouvent mêlés.

ACTE I, SCÈNE II.

MERCURE.

Tu te dis Sosie?

SOSIE.

Oui. Quelque conte frivole...

MERCURE.

Sus, je romps notre trêve, et reprends ma parole.

SOSIE.

N'importe. Je ne puis m'anéantir pour toi,
Et souffrir un discours si loin de l'apparence.
Être ce que je suis est-il en ta puissance?
   Et puis-je cesser d'être moi?
S'avisa-t-on jamais d'une chose pareille?
Et peut-on démentir cent indices pressans?
   Rêvé-je? Est-ce que je sommeille?
Ai-je l'esprit troublé par des transports puissans?
   Ne sens-je pas bien que je veille?
   Ne suis-je pas dans mon bon sens?
Mon maître Amphitryon ne m'a-t-il pas commis
A venir en ces lieux vers Alcmène sa femme?
Ne lui dois-je pas faire, en lui vantant sa flamme,
Un récit de ses faits contre nos ennemis?
Ne suis-je pas du port arrivé tout-à-l'heure?
   Ne tiens-je pas une lanterne en main?
Ne te trouvé-je pas devant notre demeure?
Ne t'y parlé-je pas d'un esprit tout humain?
Ne te tiens-tu pas fort de ma poltronnerie,
   Pour m'empêcher d'entrer chez nous?
N'as-tu pas sur mon dos exercé ta furie?
   Ne m'as-tu pas roué de coups?
 Ah! tout cela n'est que trop véritable;

Et, plût au ciel, le fût-il moins! [1]
Cesse donc d'insulter au sort d'un misérable;
Et laisse à mon devoir s'acquitter de ses soins.

MERCURE.

Arrête, ou sur ton dos le moindre pas attire
Un assommant éclat de mon juste courroux.
Tout ce que tu viens de dire
Est à moi, hormis les coups.

SOSIE.

Ce matin du vaisseau, plein de frayeur en l'ame,
Cette lanterne sait comme je suis parti. [2]
Amphitryon, du camp, vers Alcmène sa femme,
M'a-t-il pas envoyé?

MERCURE.

Vous en avez menti. [3]
C'est moi qu'Amphitryon députe vers Alcmène,

---

(1)   Et, plût au ciel, le fût-il moins.
La construction de ce vers est extraordinaire. *Plût au ciel*, s'emploie quelquefois absolument, en manière d'interjection; mais quand il fait partie d'une phrase, il est suivi de la conjonction *que*. Ainsi l'on dit, *plût à Dieu qu'il ne lui fût rien arrivé*, et non pas, *plût à Dieu, ne lui fût-il rien arrivé*.

(2) Le Sosie de Plaute et celui de Rotrou font bien mention, comme tout-à-l'heure celui de Molière, de la lanterne qu'ils ont en main; mais celui-ci est le seul à qui il vienne dans l'idée de la prendre à témoin de son départ du port pour la ville, et de la frayeur qu'il a eue sur la route. Ce trait est bien du même homme qui, au commencement de la pièce, personnifioit cette lanterne, jusqu'à lui faire représenter Alcmène et à la faire parler.

(3) Dans l'édition originale de 1668, cet hémistiche et les trois vers et demi qui le précèdent, n'existent point. Le dernier couplet de Mercure se lie à celui-ci sans interruption.

Et qui du port persique arrive de ce pas ;
Moi, qui viens annoncer la valeur de son bras
Qui nous fait remporter une victoire pleine,
Et de nos ennemis a mis le chef à bas.
C'est moi qui suis Sosie enfin, de certitude,
　　　Fils de Dave, honnête berger ;
Frère d'Arpage mort en pays étranger ;
　　　Mari de Cléanthis la prude
　　　Dont l'humeur me fait enrager ;
Qui dans Thèbe ai reçu mille coups d'étrivière,
　　　Sans en avoir jamais dit rien ;
Et jadis en public fus marqué par derrière,
　　　Pour être trop homme de bien. (1)

　　　SOSIE, *bas, à part.*

Il a raison. A moins d'être Sosie,
　　On ne peut pas savoir tout ce qu'il dit ;
Et, dans l'étonnement dont mon ame est saisie,
Je commence, à mon tour, à le croire un petit.
En effet, maintenant que je le considère,

---

(1) Plusieurs de nos anciens auteurs comiques, mettant sur la scène des personnages de l'antiquité, leur ont donné des idées, des mœurs et des habitudes de langage tout-à-fait modernes. C'est le tort de Regnard dans *Démocrite*, de Boursault dans ses *Ésope*, etc. Molière n'avoit garde de commettre cette espèce d'anachronisme, en faisant parler exactement un général thébain comme un maréchal de France, et l'esclave de l'un comme le valet de l'autre. Mais il ne s'est pourtant pas tellement attaché à l'exactitude du costume, qu'il n'ait quelquefois transporté dans une aventure des temps héroïques de la Grèce, des particularités, des circonstances qui appartiennent à des siècles beaucoup plus récens. Ainsi, en cet endroit, Mercure fait allusion à l'usage de marquer les malfaiteurs d'un fer chaud sur l'épaule, espèce de supplice qui n'a été imaginé que par les sociétés modernes. Les esclaves des anciens n'avoient le dos marqué que des coups de fouet qu'on leur donnoit.

Je vois qu'il a de moi, taille, mine, action.
>Faisons-lui quelque question,
>Afin d'éclaircir ce mystère.

(*haut.*)
Parmi tout le butin fait sur nos ennemis,
Qu'est-ce qu'Amphitryon obtient pour son partage? *

MERCURE.

Cinq fort gros diamans en nœud proprement mis,
Dont leur chef se paroit comme d'un rare ouvrage. (1)

SOSIE.

A qui destine-t-il un si riche présent?

MERCURE.

A sa femme; et sur elle il le veut voir paroître.

SOSIE.

Mais où, pour l'apporter, est-il mis à présent?

MERCURE.

Dans un coffret scellé des armes de mon maître. (2)

VARIANTE. * *Obtint pour son partage.*

---

(1) Dans ces *cinq gros diamans en nœud proprement mis*, je vois encore les mœurs du dix-septième siècle substituées à celles des premiers temps de la Grèce. Sans doute les généraux de Louis XIV, pas plus que ceux du roi des Télébéens, ne portoient de diamans sur leurs cuirasses; mais, dans les carrousels, les seigneurs qui représentoient des héros ou des guerriers, avoient des armures étincelantes de pierreries. C'est par une espèce de condescendance pour ce goût ridiculement fastueux, que Molière remplace par un nœud de diamans, la coupe dont il est question dans Plaute, coupe presque historique dans ce sujet fabuleux, puisque des historiens en ont fait mention, et n'ont pas même dédaigné d'en décrire la forme.

(2) Les *armes*, héraldiquement parlant, sont une invention des temps de la chevalerie. Ainsi, Amphitryon n'avoit point un cachet blasonné, mais, comme la plupart des anciens, un anneau sur la pierre duquel étoit gravé quelque signe particulier qu'il avoit adopté.

ACTE I, SCÈNE II.

SOSIE, *à part.*

Il ne ment pas d'un mot à chaque repartie ;
Et de moi je commence à douter tout de bon.
Près de moi, par la force, il est déja Sosie ;
Il pourroit bien encor l'être par la raison.
Pourtant, quand je me tâte et que je me rappelle,
  Il me semble que je suis moi.
Où puis-je rencontrer quelque clarté fidèle,
  Pour démêler ce que je voi ?
Ce que j'ai fait tout seul, et que n'a vu personne,
A moins d'être moi-même, on ne le peut savoir.
Par cette question il faut que je l'étonne ;
C'est de quoi le confondre, et nous allons le voir.
 (*haut.*)
Lorsqu'on étoit aux mains, que fis-tu dans nos tentes,
  Où tu courus seul te fourrer ?

MERCURE.

D'un jambon...

SOSIE, *bas, à part.*

L'y voilà !

MERCURE.

   Que j'allai déterrer
Je coupai bravement deux tranches succulentes,
  Dont je sus fort bien me bourrer.
Et joignant à cela d'un vin que l'on ménage,
Et dont, avant le goût, les yeux se contentoient,
  Je pris un peu de courage
  Pour nos gens qui se battoient.

SOSIE, *bas, à part.*

Cette preuve sans pareille

En sa faveur conclut bien ;
Et l'on n'y peut dire rien,
S'il n'étoit dans la bouteille. (1)

(*haut.*)

Je ne saurois nier, aux preuves qu'on m'expose,
Que tu ne sois Sosie, et j'y donne ma voix.
Mais, si tu l'es, dis-moi qui tu veux que je sois ?
Car encor faut-il bien que je sois quelque chose.

MERCURE.

Quand je ne serai plus Sosie,
Sois-le, j'en demeure d'accord :
Mais, tant que je le suis, je te garantis mort,
Si tu prends cette fantaisie.

SOSIE.

Tout cet embarras met mon esprit sur les dents,
Et la raison à ce qu'on voit s'oppose.
Mais il faut terminer enfin par quelque chose ;
Et le plus court pour moi, c'est d'entrer là-dedans.

MERCURE.

Ah ! tu prends donc, pendard, goût à la bastonnade ?

SOSIE, *battu par Mercure.*

Ah ! qu'est-ce ci ? grands dieux ! il frappe un ton plus fort,
Et mon dos pour un mois en doit être malade.
Laissons ce diable d'homme, et retournons au port.

---

(1) Cette excellente plaisanterie appartient à Plaute ; mais Molière doit peut-être à Rotrou de l'avoir rendue si heureusement. Voici les vers de Rotrou :

Je suis sans repartie après cette merveille,
S'il n'étoit, par hasard, caché dans la bouteille.

ACTE I, SCÈNE III.

O juste ciel! j'ai fait une belle ambassade! [1]

MERCURE, *seul.*

Enfin je l'ai fait fuir; et, sous ce traitement,
De beaucoup d'actions il a reçu la peine.
Mais je vois Jupiter, que fort civilement
    Reconduit l'amoureuse Alcmène.

SCÈNE III.

JUPITER, *sous la figure d'Amphitryon,*
ALCMÈNE, CLÉANTHIS, MERCURE.

JUPITER.

Défendez, chère Alcmène, aux flambeaux d'approcher.
Ils m'offrent des plaisirs en m'offrant votre vue;
Mais ils pourroient ici découvrir ma venue,
    Qu'il est à propos de cacher.

---

(1) A l'imitation du Sosie de Plaute, mais en enchérissant sur lui, le Sosie de Rotrou ne se retire pas sans jouer beaucoup sur cette duplicité de personnage dont il est si plaisamment la victime. Ces subtilités, que donnoit le sujet, étoient d'ailleurs trop conformes au goût de l'époque où Rotrou écrivoit, pour qu'il n'en fît pas usage jusqu'à l'abus. Molière s'en est sagement abstenu ici; et il les a réservées pour la scène de Sosie avec Amphitryon, au commencement du second acte. Toutefois les vers de Rotrou sont assez bien tournés, pour qu'on me pardonne de les citer ici :

    Retirons-nous plutôt. O prodige! ô nature!
    Où me suis-je perdu? Quelle est cette aventure?
    Qui croira ce miracle aux mortels inconnu?
    Où me suis-je laissé? Que suis-je devenu?
    Comment peut un seul homme occuper double place?
    Moi-même je me fuis; moi-même je me chasse.
    Je porte tout ensemble, et je reçois les coups.
    Je me vais éloigner, et je serai chez nous.
    Quel est cet accident? Retournons à mon maître, etc.

Mon amour, que gênoient tous ces soins éclatans
Où me tenoit lié la gloire de nos armes,
Aux devoirs de ma charge a volé les instans
  Qu'il vient de donner à vos charmes.
Ce vol qu'à vos beautés mon cœur a consacré,
Pourroit être blâmé dans la bouche publique; (1)
  Et j'en veux pour témoin unique
  Celle qui peut m'en savoir gré.

ALCMÈNE.

Je prends, Amphitryon, grande part à la gloire
Que répandent sur vous vos illustres exploits;
  Et l'éclat de votre victoire
Sait toucher de mon cœur les sensibles endroits :
  Mais, quand je vois que cet honneur fatal
  Éloigne de moi ce que j'aime,
Je ne puis m'empêcher, dans ma tendresse extrême,
  De lui vouloir un peu de mal,
Et d'opposer mes vœux à cet ordre suprême
  Qui des Thébains vous fait le général.
C'est une douce chose, après une victoire,
Que la gloire où l'on voit ce qu'on aime élevé;
Mais, parmi les périls mêlés à cette gloire,
Un triste coup, hélas! est bientôt arrivé.
De combien de frayeurs a-t-on l'ame blessée,
  Au moindre choc dont on entend parler!

---

(1)   *Pourroit être blâmé dans la bouche publique.*

De même qu'on dit *les yeux*, *les oreilles*, *la voix du public*, on pourroit, jusqu'à certain point, dire, *la bouche du public;* mais on ne peut pas dire, *la bouche publique*, comme on dit, *l'estime publique*, par la raison que l'adjectif ne se prête pas aussi bien à la personnification que le substantif. On ne diroit pas, *la bouche royale*, pour, la bouche du roi.

ACTE I, SCÈNE III.

Voit-on, dans les horreurs d'une telle pensée,
    Par où jamais se consoler
    Du coup dont on est menacée ? * (1)
Et, de quelque laurier qu'on couronne un vainqueur,
Quelque part que l'on ait à cet honneur suprême,
Vaut-il ce qu'il en coûte aux tendresses d'un cœur
Qui peut, à tout moment, trembler pour ce qu'il aime ? (2)

VARIANTE. * *Du coup dont elle est menacée.*

---

(1)   Du coup dont on est menacée.

On, qui est indéfini, et qui proprement n'a pas de genre, devient ici un véritable pronom personnel remplaçant le mot *femme*, et, par conséquent, il prend le genre féminin, ou plutôt il le donne au participe dont il est suivi. C'est ainsi qu'on dit d'une femme, *on n'est pas plus jolie, on n'est pas plus belle*. Des éditeurs ont vu une faute dans le vers de Molière, et ils l'ont changé ainsi :

    Du coup dont elle est menacée.

Malheureusement, *elle* se rapporte assez mal pour le sens au mot *ame*, le seul auquel il puisse se rapporter, et il s'y rapporte tout-à-fait mal selon la grammaire, puisque *pensée* est le mot le plus proche.

(2) L'Alcmène de Molière exprime tout naturellement les craintes d'une femme que la gloire d'un mari mort dans les combats ne dédommageroit pas de sa perte. L'Alcmène de Plaute a de bien autres sentimens. « Qu'Amphitryon s'éloigne, dit-elle, j'y consens, pourvu qu'il re- « vienne toujours victorieux. Je supporterai son absence patiemment, et « je trouverai mes inquiétudes bien récompensées, s'il acquiert la répu- « tation de grand capitaine... La valeur est d'un prix inestimable : elle « est préférable à toutes choses. C'est elle qui nous conserve la liberté, « la vie, la patrie, nos parens et nos enfans : enfin, c'est une vertu qui « comprend toutes les autres vertus. » Les deux poëtes, en mettant un langage si différent dans la bouche du même personnage, ont marqué la différence des mœurs de leur siècle et de leur pays. Les alarmes féminines de l'Alcmène françoise auroient indigné les matrones du temps de la république romaine ; et les sentimens plus héroïques qu'humains de l'Alcmène latine auroient révolté les femmes de la cour de Louis XIV.

JUPITER.

Je ne vois rien en vous dont mon feu ne s'augmente;
Tout y marque à mes yeux un cœur bien enflammé;
Et c'est, je vous l'avoue, une chose charmante
De trouver tant d'amour dans un objet aimé.
Mais, si je l'ose dire, un scrupule me gêne,
Aux tendres sentimens que vous me faites voir;
Et, pour les bien goûter, mon amour, chère Alcmène,
Voudroit n'y voir entrer rien de votre devoir;
Qu'à votre seule ardeur, qu'à ma seule personne,
Je dusse les faveurs que je reçois de vous;
Et que la qualité que j'ai de votre époux,
  Ne fût point ce qui me les donne.

ALCMÈNE.

C'est de ce nom pourtant que l'ardeur qui me brûle
  Tient le droit de paroître au jour;
Et je ne comprends rien à ce nouveau scrupule
  Dont s'embarrasse votre amour.

JUPITER.

Ah! ce que j'ai pour vous d'ardeur et de tendresse
  Passe aussi celle d'un époux;
Et vous ne savez pas, dans des momens si doux,
  Quelle en est la délicatesse.
Vous ne concevez point qu'un cœur bien amoureux
Sur cent petits égards s'attache avec étude,
  Et se fait une inquiétude
  De la manière d'être heureux. (1)

---

(1)   Et se fait une inquiétude
  De la manière d'être heureux.

Ce verbe *fait* devroit être au subjonctif. L'usage veut qu'on dise, *je ne conçois pas que cela soit*, et non, *que cela est*.

En moi, belle et charmante Alcmène,
Vous voyez un mari, vous voyez un amant ;
Mais l'amant seul me touche, à parler franchement,
Et je sens, près de vous, que le mari le gêne.
Cet amant, de vos vœux jaloux au dernier point,
Souhaite qu'à lui seul votre cœur s'abandonne ;
  Et sa passion ne veut point
  De ce que le mari lui donne.
Il veut de pure source obtenir vos ardeurs,
Et ne veut rien tenir des nœuds de l'hyménée,
Rien d'un fâcheux devoir qui fait agir les cœurs,
Et par qui tous les jours, des plus chères faveurs,
  La douceur est empoisonnée.
Dans le scrupule enfin dont il est combattu,
Il veut, pour satisfaire à sa délicatesse,
Que vous le sépariez d'avec ce qui le blesse,
Que le mari ne soit que pour votre vertu,
Et que de votre cœur, de bonté revêtu, [1]
L'amant ait tout l'amour et toute la tendresse. [2]

---

 (1) Et que de votre cœur, de bonté revêtu.

De bonté revêtu, est une expression bien malheureusement figurée, et en tout l'hémistiche est une des plus fâcheuses chevilles que Molière se soit permises.

 (2) Selon l'auteur du *Bolœana*, « Boileau ne pouvoit souffrir les ten-« dresses de Jupiter envers Alcmène, et surtout la scène où ce dieu ne « cesse de jouer sur les termes d'époux et d'amant. » Le goût sévère de Boileau dut en effet être choqué de cette distinction qui n'est ni fausse ni même subtile, comme on l'a dit souvent, puisque l'amant et l'époux sont deux êtres bien distincts, mais qui malheureusement rappelle trop ces tirades alambiquées de plusieurs comédies du temps, où des personnages décomposoient méthodiquement leur être, et établissoient je ne sais quelles oppositions entre ces deux ou trois parties d'eux-mêmes qu'avoit imaginées leur galante et ridicule métaphysique. D'ailleurs, si

ALCMÈNE.

Amphitryon, en vérité,
Vous vous moquez de tenir ce langage;
Et j'aurois peur qu'on ne vous crût pas sage
Si de quelqu'un vous étiez écouté.

JUPITER.

Ce discours est plus raisonnable,

---

l'on conçoit la délicatesse passionnée de Jupiter, jaloux des caresses qu'il a reçues lui-même, parce qu'elles lui ont été données pour le compte d'un autre, on ne comprend pas aussi bien comment il se flatte qu'Alcmène pourra séparer dans sa tendresse l'amant et l'époux qui sont réunis pour elle en une seule et même personne. Il le lui demande avec une instance qui suppose quelque espoir de l'obtenir, et cet espoir est tout-à-fait déraisonnable. Quelques mots sur la différence très-réelle des deux personnages confondus sous une apparence semblable auroient suffi, et ils auroient pu être comiques par la situation; mais Jupiter en dit beaucoup trop long sur ce sujet; et c'est là le véritable tort de la scène. La Harpe, tout en convenant de la faute, l'a justifiée ingénieusement. « C'est un dé-
« faut, dit-il, qui n'est pas dans Plaute; mais ce défaut tient à beaucoup
« de différens mérites que Plaute n'a pas non plus. En effet, il falloit une
« scène d'amour à la première entrevue de Jupiter et d'Alcmène, qui de-
« voit nécessairement être un peu froide, comme toute scène entre deux
« amans satisfaits; mais celle-ci amène la querelle entre Alcmène et Am-
« phitryon, querelle qui produit la réconciliation entre Jupiter, sous la
« forme du mari, et la femme qui le croit tel réellement; et cette ré-
« conciliation qui, par elle-même, n'est pas sans intérêt, en répand beau-
« coup sur le rôle d'Alcmène qui, par la vivacité de sa douleur et de ses
« ressentimens, nous montre combien elle est sincèrement attachée à son
« époux. Cet aperçu n'étoit rien moins qu'indifférent dans le plan de la
« pièce; il étoit même très-important que la pureté des sentimens d'Alc-
« mène et sa sensibilité vraie rachetât et couvrît tout ce qu'il a d'in-
« volontairement déréglé dans ses actions : rien n'étoit plus propre à
« sauver l'immoralité du sujet. Plaute est peut-être excusable de n'y avoir
« pas même songé, sur un théâtre beaucoup plus libre que le nôtre; mais
« il faut savoir gré à Molière d'en être venu à bout par une combinaison
« dont personne ne lui avoit fourni l'idée, et que personne, ce me sem-
« ble, n'avoit encore observée. »

Alcmène, que vous ne pensez.
Mais un plus long séjour me rendroit trop coupable,
Et du retour au port les momens sont pressés. (1)
Adieu. De mon devoir l'étrange barbarie
    Pour un temps m'arrache de vous;
Mais, belle Alcmène, au moins, quand vous verrez l'époux,
    Songez à l'amant, je vous prie.

ALCMÈNE.

Je ne sépare point ce qu'unissent les dieux;
Et l'époux et l'amant me sont fort précieux. (2)

SCÈNE IV.

CLÉANTHIS, MERCURE.

CLÉANTHIS, *à part.*

O ciel! que d'aimables caresses
D'un époux ardemment chéri!
Et que mon traître de mari
Est loin de toutes ces tendresses!

---

(1) Mais du retour au port les momens sont pressés.

Le temps presse; on est pressé de retourner; mais des momens ne sont pas *pressés*. Il falloit dire, *les momens sont comptés.*

(2) Cette réponse d'Alcmène est charmante : c'est celle d'une femme à la fois tendre, honnête et sensée, qui ne raffine ni sur l'amour ni sur le devoir, qui ne les divise pas, et qui les trouve tout naturellement réunis dans le sentiment qui l'attache à son mari. Alcmène, en inspirant de l'intérêt pour elle-même, en inspire pour Amphitryon, qui ne peut être autant aimé d'une femme si aimable, sans en être digne; et cela sert à relever un personnage, que l'espèce de sa disgrâce rend un peu ridicule aux yeux d'un parterre françois.

MERCURE, *à part*.

La Nuit, qu'il me faut avertir,
N'a plus qu'à plier tous ses voiles ;
Et, pour effacer les étoiles,
Le Soleil de son lit peut maintenant sortir.

CLÉANTHIS, *arrêtant Mercure*.

Quoi ! c'est ainsi que l'on me quitte !

MERCURE.

Et comment donc ? Ne veux-tu pas
Que de mon devoir je m'acquitte,
Et que d'Amphitryon j'aille suivre les pas ?

CLÉANTHIS.

Mais, avec cette brusquerie,
Traître ! de moi te séparer !

MERCURE.

Le beau sujet de fâcherie !
Nous avons tant de temps ensemble à demeurer !

CLÉANTHIS.

Mais quoi ! partir ainsi d'une façon brutale,
Sans me dire un seul mot de douceur pour régale ! [1]

MERCURE.

Diantre ! où veux-tu que mon esprit

---

(1)   Sans me dire un seul mot de douceur pour régale.
Ce mot de *régale*, qui probablement vient de *regalis*, et signifie originairement, festin digne d'un roi, s'écrit depuis long-temps sans *e* à la fin ; mais il en prenoit un du temps de Molière, comme l'atteste, entre autres autorités, le dictionnaire de l'Académie, édition de 1694. On a proposé, pour le vers, cette correction qui est des plus heureuses :
    Sans me dire un seul mot de douceur conjugale.

T'aille chercher des fariboles ?
Quinze ans de mariage épuisent les paroles ;
Et, depuis un long temps, nous nous sommes tout dit. (1)

CLÉANTHIS.

Regarde, traître, Amphitryon ;
Vois combien pour Alcmène il étale de flamme ;
Et rougis, là-dessus, du peu de passion
  Que tu témoignes pour ta femme.

MERCURE.

Hé ! mon dieu ! Cléanthis, ils sont encore amans.
  Il est certain âge où tout passe ;
Et ce qui leur sied bien dans ces commencemens,
En nous, vieux mariés, auroit mauvaise grace.
Il nous feroit beau voir, attachés face à face,
  A pousser les beaux sentimens !

CLÉANTHIS.

Quoi ! suis-je hors d'état, perfide, d'espérer
  Qu'un cœur auprès de moi soupire ?

MERCURE.

  Non, je n'ai garde de le dire ;
Mais je suis trop barbon pour oser soupirer,
  Et je ferois crever de rire.

CLÉANTHIS.

Mérites-tu, pendard, cet insigne bonheur
De te voir pour épouse une femme d'honneur ?

---

(1) *Depuis un long temps.* — C'est ainsi qu'on disoit, avant que, par la suppression du mot *un*, on eût fait, du nom et de l'adjectif réunis, un véritable adverbe. On dit encore quelquefois, *un temps*, pour dire, un espace de temps : *cela ne peut durer qu'un temps; depuis un temps, depuis un certain temps, nous ne le voyons plus.*

MERCURE.

Mon dieu! tu n'es que trop honnête;
Ce grand honneur ne me vaut rien.
Ne sois point si femme de bien,
Et me romps un peu moins la tête.

CLÉANTHIS.

Comment! de trop bien vivre on te voit me blâmer!

MERCURE.

La douceur d'une femme est tout ce qui me charme;
Et ta vertu fait un vacarme
Qui ne cesse de m'assommer.

CLÉANTHIS.

Il te faudroit des cœurs pleins de fausses tendresses,
De ces femmes aux beaux et louables talens,
Qui savent accabler leurs maris de caresses,
Pour leur faire avaler l'usage des galans.

MERCURE.

Ma foi, veux-tu que je te dise?
Un mal d'opinion ne touche que les sots; (1)
Et je prendrois pour ma devise :
« Moins d'honneur, et plus de repos. »

CLÉANTHIS.

Comment! tu souffrirois, sans nulle répugnance,
Que j'aimasse un galant avec toute licence?

---

(1)   Un mal d'opinion ne touche que les sots.

Un mal d'opinion, est une expression hardie et originale. La Fontaine a eu la même idée, mais l'a rendue plus foiblement dans ces deux vers:

... Ce mal dont la peur vous mine et vous consume,
N'est mal qu'en votre idée, et non point dans l'effet.

ACTE I, SCENE IV.

MERCURE.

Oui, si je n'étois plus de tes cris rebattu,
Et qu'on te vît changer d'humeur et de méthode.
    J'aime mieux un vice commode
    Qu'une fatigante vertu.
    Adieu, Cléanthis, ma chère ame;
    Il me faut suivre Amphitryon.

CLÉANTHIS, *seule*.

    Pourquoi, pour punir cet infâme,
Mon cœur n'a-t-il assez de résolution?
    Ah! que, dans cette occasion,
    J'enrage d'être honnête femme! [1]

---

[1] Dans cette comédie, dont le sujet et les principales scènes appartiennent à Plaute, Cléanthis est une véritable création qui suffiroit seule pour mettre l'imitation fort au-dessus du modèle. Rien, dans la pièce latine, n'avoit pu donner à Molière l'idée de ce personnage, si ce n'est cette phrase de Sosie parlant à Amphitryon:

    Quid me non rere expectatum amicæ venturum meæ?

« Et moi, est-ce que vous ne croyez pas que ma maîtresse a aussi beaucoup d'impatience de me voir? » Ce seroit un bien foible germe que ce seul mot d'*amica*; et Molière, en le fécondant au point d'en tirer tout le rôle de Cléanthis, eût peut-être fait une chose plus extraordinaire que si ce rôle fût sorti en entier de son imagination. Comment Plaute, qui avoit certainement le génie comique, n'a-t-il pas songé le premier à tirer du double Sosie le même parti que du double Amphitryon, en rendant l'esclave inquiet sur le compte de sa femme, comme le maître l'est si justement à l'égard de la sienne? Il ne pouvoit pas faire de Cléanthis une épouse légitime de Sosie, puisque, chez les anciens, les esclaves n'avoient pas le droit de contracter mariage; mais qui empêchoit qu'une des deux insignifiantes suivantes d'Alcmène, Bromia ou Thessala, fût cette maîtresse de Sosie dont lui-même parle? Dans Molière, Cléanthis double et diversifie les incidens comiques qui naissent de la duplicité d'Amphitryon et de Sosie. Leurs alarmes, leurs chagrins ne sont pas les mêmes. Tandis qu'Amphitryon querelle sa femme, parce que le dieu qui a pris sa figure, n'a que trop bien rempli sa place auprès d'elle, Sosie est querellé par la sienne pour la raison contraire. Si Alcmène a offensé l'honneur de son époux par tendresse pour lui, Cléanthis est sur le point d'en faire autant par esprit de vengeance; enfin la femme du valet, comme celle du maître, s'entretenant successivement avec son vrai et avec son faux mari, il en résulte sur la scène un surcroît de confusion, de surprise et de colère, qui ne peut qu'ajouter beaucoup à l'amusement du spectateur. Ce n'est pas là, comme dans *le Dépit amoureux* et dans *le Bourgeois gentilhomme*, des valets parodiant plus ou moins comiquement le langage et la conduite de leurs maîtres; c'est un maître et son valet qui subissent une aventure semblable, dont les circonstances et les suites sont aussi différentes que leur caractère et leur condition.

FIN DU PREMIER ACTE.

ACTE II.

SCÈNE PREMIÈRE.

AMPHITRYON, SOSIE.

AMPHITRYON.

Viens-çà, bourreau, viens-çà. Sais-tu, maître fripon,
Qu'à te faire assommer ton discours peut suffire,
Et que, pour te traiter comme je le desire,
    Mon courroux n'attend qu'un bâton?

SOSIE.

    Si vous le prenez sur ce ton,
  Monsieur, je n'ai plus rien à dire;
    Et vous aurez toujours raison.

AMPHITRYON.

Quoi! tu veux me donner pour des vérités, traître!
Des contes que je vois d'extravagance outrés? (1)

SOSIE.

Non: je suis le valet, et vous êtes le maître;

---

(1)   Des contes que je vois d'extravagance outrés.
Outré n'a un régime qu'en parlant des personnes : *un homme outré de fatigue, outré de colère*, etc. Dans le vers de Molière, *contes outrés d'extravagance*, est évidemment pour, *contes d'extravagance outrée*. Notre langue n'admet point cette espèce d'hypallage.

Il n'en sera, monsieur, que ce que vous voudrez.

AMPHITRYON.

Çà, je veux étouffer le courroux qui m'enflamme,
Et, tout du long, t'ouïr sur ta commission.
   Il faut, avant que voir ma femme, [1]
Que je débrouille ici cette confusion.
Rappelle tous tes sens, rentre bien dans ton ame,
Et réponds mot pour mot à chaque question.

SOSIE.

  Mais, de peur d'incongruité,
   Dites-moi, de grace, à l'avance, [2]
De quel air il vous plaît que ceci soit traité.
Parlerai-je, monsieur, selon ma conscience,
Ou comme auprès des grands on le voit usité?
  Faut-il dire la vérité,
  Ou bien user de complaisance? [3]

AMPHITRYON.

Non; je ne te veux obliger

---

(1) *Avant que voir ma femme.* — J'ai déja remarqué plusieurs fois qu'alors on disoit, comme on peut dire encore, *avant que de voir*, et que les poëtes disoient par licence, *avant que voir*. Aujourd'hui le meilleur usage, en prose et en vers, est de dire, *avant de voir*.

(2)   Dites-moi, de grace, à l'avance.
On lit dans les Lettres de madame de Sévigné : « Je vous écris un peu « à *l'avance*, comme on dit en province. » Cette expression provinciale semble avoir cours à Paris depuis quelque temps dans les discours et même dans les écrits. Quelle nécessité de l'introduire dans la langue, lorsqu'on a, *d'avance* et *par avance*?

(3) L'idée de ce couplet ingénieux et piquant n'appartient point à Plaute. J'en avertis, parce que la scène est une de celles où le comique françois n'a guère fait qu'imiter et quelquefois traduire le comique latin.

ACTE II, SCÈNE I.

Qu'à me rendre de tout un compte fort sincère.

SOSIE.

Bon. C'est assez, laissez-moi faire ;
Vous n'avez qu'à m'interroger.

AMPHITRYON.

Sur l'ordre que tantôt je t'avois su prescrire... (1)

SOSIE.

Je suis parti, les cieux d'un noir crêpe voilés,
Pestant fort contre vous dans ce fâcheux martyre,
Et maudissant vingt fois l'ordre dont vous parlez.

AMPHITRYON.

Comment, coquin !

SOSIE.

Monsieur, vous n'avez rien qu'à dire ; (2)
Je mentirai, si vous voulez.

AMPHITRYON.

Voilà comme un valet montre pour nous du zèle !
Passons. Sur les chemins que t'est-il arrivé ?

SOSIE.

D'avoir une frayeur mortelle

---

(1) Sur l'ordre que tantôt je t'avois su prescrire.

On dit, *j'ai su m'en tirer, j'ai su le faire parler*, pour, je m'en suis tiré, je l'ai fait parler, parce que ces actions supposent une espèce de savoir et d'habileté ; mais il n'en faut point pour donner un ordre à son valet. *Su* est donc une cheville. On la retrouve jusqu'à trois fois dans la scène III du même acte : *La manière dont tu m'as su traiter ; Amphitryon m'ayant su disposer, et je te sus exprimer des tendresses de cœur.* Nos versificateurs négligens en font aujourd'hui un abus déplorable.

(2) Dans, *vous n'avez rien qu'à dire, rien* est pis qu'une cheville ; c'est une grosse faute de langue.

Au moindre objet que j'ai trouvé.

AMPHITRYON.

Poltron !

SOSIE.

En nous formant, Nature a ses caprices ;
Divers penchans en nous elle fait observer :
Les uns à s'exposer trouvent mille délices ;
　　Moi, j'en trouve à me conserver.

AMPHITRYON.

Arrivant au logis ?...

SOSIE.

　　　　J'ai, devant notre porte,
En moi-même voulu répéter un petit, (1)
　　Sur quel ton et de quelle sorte,
Je ferois du combat le glorieux récit.

AMPHITRYON.

Ensuite ?

SOSIE.

On m'est venu troubler et mettre en peine.

AMPHITRYON.

Et qui ?

SOSIE.

　　Sosie ; un moi, de vos ordres jaloux,
Que vous avez du port envoyé vers Alcmène,
Et qui de nos secrets a connoissance pleine,
　　Comme le moi qui parle à vous.

---

(1) *Un petit*, se disoit alors populairement pour, un peu. Il se dit encore en ce sens dans *petit à petit*, qui signifie littéralement, peu à peu.

ACTE II, SCÈNE I.

AMPHITRYON.

Quels contes !

SOSIE.

Non, monsieur, c'est la vérité pure :
Ce moi, plus tôt que moi, s'est au logis trouvé ;
Et j'étois venu, je vous jure,
Avant que je fusse arrivé. (1)

---

(1)   Et j'étois venu, je vous jure,
    Avant que je fusse arrivé.

Boileau, suivant l'auteur du *Bolæana*, trouvoit *plus naturel* ce vers de Rotrou :

   J'étois chez nous long-temps avant que d'arriver.

D'abord le vers de Rotrou est inexactement cité ; le voici tel qu'on le lit dans *les Sosies* :

   J'ai trouvé, quand, bien las, j'ai ma course achevée...
        AMPHITRYON.
   Quoi ?
        SOSIE.
   Que j'étois chez nous avant mon arrivée.

Ensuite, j'ai peine à voir sur quoi Boileau auroit fondé sa préférence. Rotrou et Molière n'ont fait que traduire fidèlement le vers de Plaute :

   Priùs multò ante œdis stabam quàm illò adveneram.

Mais Rotrou n'a pas ce vers qui amène si bien les deux autres :

   Ce moi, plus tôt que moi, s'est au logis trouvé ;

et, d'ailleurs, dans la traduction de Molière, la répétition du pronom *je* répond mieux aux deux *moi*, et rend d'autant plus sensible cette duplicité de personnage qui met aux champs l'esprit du valet et du maître.

D'après le même témoignage, « Plaute paroissoit à Boileau plus ingé- « nieux que Molière dans la scène et dans le jeu du *moi*. » Que le lecteur compare, et, sans se laisser imposer par le grand nom de Boileau, qui sans doute est ici faussement allégué, qu'il dise si jamais on a prononcé un jugement moins raisonnable. Le double *moi* appartient à Plaute ; mais il n'en a tiré qu'un bien foible parti ; et, si Molière en a tiré un si grand, il faut dire, pour être juste, que c'est Rotrou qui lui en a donné l'exemple. Je le prouverai plus loin par une citation.

AMPHITRYON.

D'où peut procéder, je te prie,
Ce galimatias maudit?
Est-ce songe? est-ce ivrognerie,
Aliénation d'esprit,
Ou méchante plaisanterie?

SOSIE.

Non, c'est la chose comme elle est,
Et point du tout conte frivole.
Je suis homme d'honneur, j'en donne ma parole;
Et vous m'en croirez, s'il vous plaît.
Je vous dis que, croyant n'être qu'un seul Sosie,
Je me suis trouvé deux chez nous;
Et que de ces deux moi, piqués de jalousie,
L'un est à la maison, et l'autre est avec vous;
Que le moi que voici, chargé de lassitude,
A trouvé l'autre moi frais, gaillard et dispos,
Et n'ayant d'autre inquiétude
Que de battre et casser des os.

AMPHITRYON.

Il faut être, je le confesse,
D'un esprit bien posé, bien tranquille, bien doux,
Pour souffrir qu'un valet de chansons me repaisse.

SOSIE.

Si vous vous mettez en courroux,
Plus de conférence entre nous;
Vous savez que d'abord tout cesse.

AMPHITRYON.

Non, sans emportement je te veux écouter,
Je l'ai promis. Mais dis, en bonne conscience,

Au mystère nouveau que tu me viens conter
  Est-il quelque ombre d'apparence?

SOSIE.

Non; vous avez raison, et la chose à chacun
  Hors de créance doit paroître.
  C'est un fait à n'y rien connoître,
Un conte extravagant, ridicule, importun :
  Cela choque le sens commun;
  Mais cela ne laisse pas d'être.

AMPHITRYON.

Le moyen d'en rien croire, à moins qu'être insensé! (1)

SOSIE.

Je ne l'ai pas cru, moi, sans une peine extrême.
Je me suis d'être deux senti l'esprit blessé,
Et long-temps d'imposteur j'ai traité ce moi-même :
Mais à me reconnoître enfin il m'a forcé;
J'ai vu que c'étoit moi, sans aucun stratagême;
Des pieds jusqu'à la tête il est comme moi fait,
Beau, l'air noble, bien pris, les manières charmantes;
  Enfin deux gouttes de lait
  Ne sont pas plus ressemblantes;
Et, n'étoit que ses mains sont un peu trop pesantes,
  J'en serois fort satisfait.

AMPHITRYON.

A quelle patience il faut que je m'exhorte!
Mais enfin, n'es-tu pas entré dans la maison?

---

(1) *A moins qu'être insensé.* — *A moins que d'être,* étoit la phrase correcte, et *à moins qu'être,* la licence poétique. Aujourd'hui, on dit en prose et en vers, *à moins d'être.*

SOSIE.

Bon, entré! Hé! de quelle sorte?
Ai-je voulu jamais entendre de raison? [1]
Et ne me suis-je pas interdit notre porte?

AMPHITRYON.

Comment donc?

SOSIE.

Avec un bâton,
Dont mon dos sent encore une douleur très-forte.

AMPHITRYON.

On t'a battu?

SOSIE.

Vraiment!

AMPHITRYON.

Et qui?

SOSIE.

Moi.

AMPHITRYON.

Toi, te battre?

SOSIE.

Oui, moi; non pas le moi d'ici,
Mais le moi du logis, qui frappe comme quatre.

---

(1) Ai-je voulu jamais entendre de raison?
On dit, *entendre raison*; c'est une phrase faite, une sorte de mot composé, dont les élémens ne doivent être séparés par aucune particule. *Il entend de raison*, seroit intolérable. Dans une phrase négative (et celle de Molière est de cette espèce), le *de* est moins choquant, mais n'est pas moins contraire à la règle et au bon usage.

ACTE II, SCÈNE I.

AMPHITRYON.

Te confonde le ciel de me parler ainsi!

SOSIE.

Ce ne sont point des badinages.
Le moi que j'ai trouvé tantôt,
Sur le moi qui vous parle a de grands avantages;
Il a le bras fort, le cœur haut:
J'en ai reçu des témoignages;
Et ce diable de moi m'a rossé comme il faut;
C'est un drôle qui fait des rages. (1)

AMPHITRYON.

Achevons. As-tu vu ma femme?

SOSIE.

Non.

AMPHITRYON.

Pourquoi?

SOSIE.

Par une raison assez forte.

---

(1)   C'est un drôle qui fait des rages.

Même observation que ci-dessus. On dit, *faire rage;* et non, *faire des rages*. Molière ne l'ignoroit pas; mais, dans cette pièce, assez négligemment écrite, il sacrifie souvent l'exactitude de l'expression au besoin de la mesure, ou de la rime, ou de l'une et de l'autre à la fois, comme dans le vers qui est le sujet de cette remarque.

Si l'écrivain est fréquemment incorrect, l'auteur comique est toujours ingénieux et vrai. Sosie, qui a assez bonne opinion de lui-même, trouvoit tout-à-l'heure le moyen de se vanter, en vantant la beauté, l'air noble et les manières charmantes de cet autre Sosie qui lui ressemble tant. Maintenant il convient que son double est plus courageux et plus fort que lui; mais sa vanité éclate encore dans cet aveu qu'on pourroit croire modeste. Il semble aussi fier des coups qu'il a reçus que si c'étoit lui qui les eût donnés. N'est-ce pas la même chose en effet? N'est-ce pas lui qui a battu lui? et, s'il est poltron, n'est-il pas vaillant aussi? Voilà de ces traits fins et plaisans qu'on n'aperçoit ni dans Plaute, ni dans Rotrou.

AMPHITRYON.
Qui t'a fait y manquer, maraud? Explique-toi.
SOSIE.
Faut-il le répéter vingt fois de même sorte?
Moi, vous dis-je, ce moi plus robuste que moi;
Ce moi qui s'est de force emparé de la porte;
  Ce moi qui m'a fait filer doux;
  Ce moi qui le seul moi veut être;
  Ce moi de moi-même jaloux;
  Ce moi vaillant, dont le courroux
  Au moi poltron s'est fait connoître;
  Enfin ce moi qui suis chez nous; [1]
  Ce moi qui s'est montré mon maître
  Ce moi qui m'a roué de coups. [2]

---

[1] Dans une aventure où les lois de la nature sont dérangées à ce point, c'est peu que celles de la grammaire ne soient pas respectées; et, lorsque les personnes réelles sont doublées et confondues, il est sans doute difficile que les personnes des verbes soient bien exactement distinguées : le désordre des choses ne peut manquer de passer quelquefois dans le langage. Je me permettrai cependant une observation. Dans tout le couplet, Sosie met à la troisième personne les verbes qui expriment les actions de cet autre MOI *dont il parle* : cela est raisonnable et grammatical. Pourquoi dit-il ici : *Ce moi qui suis chez nous?* Il diroit bien à Amphitryon, en parlant de lui-même, en parlant du moi *qui parle* : *ce moi qui suis avec vous;* mais, parlant de l'autre MOI, il devroit peut-être dire : *ce moi qui est chez nous;* et, s'il ne le dit pas, c'est apparemment parce que les règles de la versification l'en empêchent.

[2] J'ai dit que Rotrou, heureux imitateur de Plaute dans cette plaisante idée du double *moi*, a été lui-même imité plus heureusement encore par Molière. On en trouvera la preuve dans ce couplet des *Sosies*, qui répond à celui de l'*Amphitryon* :

  Moi, ne vous dis-je pas?
Moi que j'ai rencontré, moi qui suis sur la porte,
Moi qui me suis moi-même ajusté de la sorte,
Moi qui me suis chargé d'une grêle de coups,
Ce moi qui m'a parlé, ce moi qui suis chez vous.

AMPHITRYON.

Il faut que ce matin, à force de trop boire,
    Il se soit troublé le cerveau.

SOSIE.

Je veux être pendu, si j'ai bu que de l'eau!
    A mon serment on m'en peut croire.

AMPHITRYON.

Il faut donc qu'au sommeil tes sens se soient portés,
Et qu'un songe fâcheux, dans ses confus mystères,*
    T'ait fait voir toutes les chimères
    Dont tu me fais des vérités.

SOSIE.

    Tout aussi peu. Je n'ai point sommeillé,
    Et n'en ai même aucune envie.
    Je vous parle bien éveillé :
J'étois bien éveillé ce matin, sur ma vie ;
Et bien éveillé même étoit l'autre Sosie,
    Quand il m'a si bien étrillé.

AMPHITRYON.

    Suis-moi, je t'impose silence.
    C'est trop me fatiguer l'esprit ;
Et je suis un vrai fou d'avoir la patience
D'écouter d'un valet les sottises qu'il dit.

SOSIE, *à part.*

    Tous les discours sont des sottises,
    Partant d'un homme sans éclat :
    Ce seroient paroles exquises
    Si c'étoit un grand qui parlât. (1)

VARIANTE. * *Dans ces confus mystères.*

---

(1) Depuis que l'inégalité des conditions existe, c'est-à-dire depuis

AMPHITRYON.

Entrons sans davantage attendre.
Mais Alcmène paroît avec tous ses appas ;
En ce moment, sans doute, elle ne m'attend pas,
Et mon abord la va surprendre. (1)

---

qu'il y a des hommes réunis en société, on a dû être frappé de la valeur plus ou moins grande qu'avoient les mêmes discours, selon qu'ils sortoient de la bouche d'un personnage puissant, ou de celle d'un homme sans autorité. Cette observation, qui est de tous les temps, se retrouve dans toutes les littératures. Euripide, dans la tragédie d'*Hécube*, fait dire à cette princesse, parlant à Ulysse : « Votre autorité suffit pour persuader, « quand même vous parleriez mal. Le même discours venant d'un homme « obscur ou d'un homme illustre, ne produit pas le même effet. »

Ennius a traduit le passage du poëte grec, dans ces vers qu'Aulu-Gelle a conservés :

Hæc tu etsi perversè dices, facilè Achivos flexeris,
Nam quum opulenti loquuntur pariter atque ignobiles,
Eadem dicta, eademque oratio æqua non æquè valet.

Grotius en a donné cette autre traduction :

Ut prava dicas, quæ tua est autoritas
Movebit animos. Nam viri prænobilis,
Et tenuis, idem sermo diversùm valet.

Molière n'avoit sûrement pas eu besoin de ces auteurs grecs ou latins, pour prêter à Sosie cette réflexion que la société, si bien observée par lui, avoit fait naître plus d'une fois dans sa pensée ; et c'est sans doute à la même source que La Fontaine l'avoit puisée, lorsque, après Molière, il s'exprimoit ainsi dans sa fable intitulée, *le Fermier, le Chien et le Renard*:

Son raisonnement pouvoit être
Fort bon dans la bouche d'un maître ;
Mais, n'étant que d'un simple chien,
On trouva qu'il ne valoit rien.

(1) Oui, sans doute, mais non pas de la manière qu'il l'entend. Ce mot d'Amphitryon prépare bien comiquement une situation bien comique.

SCÈNE II.

ALCMÈNE, AMPHITRYON, CLÉANTHIS, SOSIE.

ALCMÈNE, *sans voir Amphitryon.*

Allons pour mon époux, Cléanthis, vers les dieux,
    Nous acquitter de nos hommages, [1]
Et les remercier des succès glorieux
Dont Thèbes, par son bras, goûte les avantages.

    (apercevant Amphitryon.)
O dieux!

AMPHITRYON.

    Fasse le ciel qu'Amphitryon vainqueur
    Avec plaisir soit revu de sa femme;
    Et que ce jour, favorable à ma flamme,
Vous redonne à mes yeux avec le même cœur!
    Que j'y retrouve autant d'ardeur
    Que vous en rapporte mon ame!

ALCMÈNE.

Quoi! de retour si tôt?

---

(1)   Allons pour mon époux, Cléanthis, vers les dieux,
        Nous acquitter de nos hommages.

Vers les dieux, pour, *envers les dieux.* J'ai plus d'une fois remarqué cette faute qui n'en étoit pas une du temps de Molière. On trouve plus loin :

    Votre cœur se croit vers ma flamme
    Assez amplement acquitté.

Et plus loin encore :

    Oui, c'est lui qui, sans doute, est criminel vers vous.

AMPHITRYON.

Certes, c'est en ce jour
Me donner de vos feux un mauvais témoignage;
Et ce « Quoi! si tôt de retour? »
En ces occasions n'est guère le langage
D'un cœur bien enflammé d'amour.
J'osois me flatter en moi-même
Que loin de vous j'aurois trop demeuré.
L'attente d'un retour ardemment desiré
Donne à tous les instans une longueur extrême;
Et l'absence de ce qu'on aime,
Quelque peu qu'elle dure, a toujours trop duré.

ALCMÈNE.

Je ne vois...

AMPHITRYON.

Non, Alcmène, à son impatience
On mesure le temps en de pareils états;
Et vous comptez les momens de l'absence
En personne qui n'aime pas.
Lorsque l'on aime comme il faut,
Le moindre éloignement nous tue,
Et ce dont on chérit la vue
Ne revient jamais assez tôt.
De votre accueil, je le confesse,
Se plaint ici mon amoureuse ardeur;
Et j'attendois de votre cœur
D'autres transports de joie et de tendresse.

ALCMÈNE.

J'ai peine à comprendre sur quoi
Vous fondez les discours que je vous entends faire;
Et, si vous vous plaignez de moi,

ACTE II, SCÈNE II.

Je ne sais pas, de bonne foi,
Ce qu'il faut pour vous satisfaire.
Hier au soir, ce me semble, à votre heureux retour,
On me vit témoigner une joie assez tendre,
Et rendre aux soins de votre amour
Tout ce que de mon cœur vous aviez lieu d'attendre.

AMPHITRYON.

Comment ?

ALCMÈNE.

Ne fis-je pas éclater à vos yeux
Les soudains mouvemens d'une entière allégresse ?
Et le transport d'un cœur peut-il s'expliquer mieux,
Au retour d'un époux qu'on aime avec tendresse ?

AMPHITRYON.

Que me dites-vous là ?

ALCMÈNE.

Que même votre amour
Montra de mon accueil une joie incroyable ;
Et que, m'ayant quittée à la pointe du jour,
Je ne vois pas qu'à ce soudain retour
Ma surprise soit si coupable.

AMPHITRYON.

Est-ce que du retour que j'ai précipité,
Un songe, cette nuit, Alcmène, dans votre ame
A prévenu la vérité ;
Et que, m'ayant peut-être en dormant bien traité,
Votre cœur se croit vers ma flamme
Assez amplement acquitté ?

ALCMÈNE.

Est-ce qu'une vapeur, par sa malignité,

Amphitryon, a dans votre ame
Du retour d'hier au soir brouillé la vérité ?
Et que, du doux accueil duquel je m'acquittai, (1)
Votre cœur prétend à ma flamme
Ravir toute l'honnêteté ?

AMPHITRYON.

Cette vapeur, dont vous me régalez,
Est un peu, ce me semble, étrange.

ALCMÈNE.

C'est ce qu'on peut donner pour change
Au songe dont vous me parlez. (2)

AMPHITRYON.

A moins d'un songe, on ne peut pas, sans doute,
Excuser ce qu'ici votre bouche me dit.

ALCMÈNE.

A moins d'une vapeur qui vous trouble l'esprit,
On ne peut pas sauver ce que de vous j'écoute.

AMPHITRYON.

Laissons un peu cette vapeur, Alcmène.

ALCMÈNE.

Laissons un peu ce songe, Amphitryon.

---

(1)   Et que, du doux accueil duquel je m'acquittai.

Duquel est intolérable en vers: *du doux... duquel*, est une cacophonie; enfin, *je m'acquittai* est bien près d'*assez amplement acquitté*.

(2)   C'est ce qu'on peut donner pour change
   Au songe dont vous me parlez.

On dit, *donner une chose en échange d'une autre, pour équivalent d'une autre*, mais non pas, *donner une chose pour change à une autre chose*. Cette dernière phrase est barbare.

AMPHITRYON.

Sur le sujet dont il est question,
Il n'est guère de jeu que trop loin on ne mène.

ALCMÈNE.

Sans doute; et, pour marque certaine,
Je commence à sentir un peu d'émotion.

AMPHITRYON.

Est-ce donc que par là vous voulez essayer
A réparer l'accueil dont je vous ai fait plainte? [1]

ALCMÈNE.

Est-ce donc que par cette feinte
Vous desirez vous égayer?

AMPHITRYON.

Ah! de grace, cessons, Alcmène, je vous prie,
Et parlons sérieusement.

ALCMÈNE.

Amphitryon, c'est trop pousser l'amusement;
Finissons cette raillerie.

AMPHITRYON.

Quoi! vous osez me soutenir en face
Que plus tôt qu'à cette heure on m'ait ici pu voir?

ALCMÈNE.

Quoi! vous voulez nier avec audace
Que dès hier en ces lieux vous vîntes sur le soir? [2]

---

(1) *Dont je vous ai fait plainte.* — *Plainte,* sans l'article, ne s'emploie guère que dans ces phrases de palais, *rendre plainte, porter plainte.* Dans le langage ordinaire, on dit, *faire* ou *porter des plaintes d'une chose à quelqu'un,* et mieux encore, *s'en plaindre à lui.*

(2) Voilà huit fois de suite qu'Alcmène répond aux discours d'Am-

AMPHITRYON.

Moi! je vins hier?

ALCMÈNE.

Sans doute; et, dès devant l'aurore,*⁽¹⁾
Vous vous en êtes retourné.

AMPHITRYON, *à part.*

Ciel! un pareil débat s'est-il pu voir encore?
Et qui de tout ceci ne seroit étonné?
Sosie.

SOSIE.

Elle a besoin de six grains d'ellébore;
Monsieur, son esprit est tourné.

AMPHITRYON.

Alcmène, au nom de tous les dieux,
Ce discours a d'étranges suites!
Reprenez vos sens un peu mieux,
Et pensez à ce que vous dites.

VARIANTE. * *Et dès avant l'aurore.*

---

phitryon par des discours tout semblables, ayant le même mouvement, le même tour, et renfermés dans les mêmes limites : la défense n'est que la répétition et, pour ainsi dire, l'écho de l'attaque. Cette symétrie seroit puérile et froide, si elle étoit un jeu de l'esprit du poëte. Elle plaît parce qu'elle est un effet de la passion du personnage. C'est un heureux exemple de la *rétorsion*, ce mode d'argumenter si naturel et si animé, qui consiste, en quelque sorte, à ramasser les traits mêmes de l'adversaire, à mesure qu'il les lance, et à les lui renvoyer sur-le-champ tels qu'on les a reçus.

(1) *Dès devant l'aurore.* — *Devant* étoit alors préposition de temps: Boileau a dit, *devant son mariage. Devant* n'est plus que préposition de lieu, et c'est *avant* qu'on emploie, quand c'est de temps qu'il s'agit.

ACTE II, SCÈNE II.

ALCMÈNE.

J'y pense mûrement aussi ;
Et tous ceux du logis ont vu votre arrivée.
J'ignore quel motif vous fait agir ainsi ;
Mais, si la chose avoit besoin d'être prouvée,
S'il étoit vrai qu'on pût ne s'en souvenir pas,
De qui puis-je tenir, que de vous, la nouvelle
　　　　Du dernier de tous vos combats,
Et les cinq diamans que portoit Ptérélas,
　　　Qu'a fait dans la nuit éternelle
　　　Tomber l'effort de votre bras ?
En pourroit-on vouloir un plus sûr témoignage ?

AMPHITRYON.

Quoi ! je vous ai déja donné
Le nœud de diamans que j'eus pour mon partage,
　　Et que je vous ai destiné ?

ALCMÈNE.

Assurément. Il n'est pas difficile
De vous en bien convaincre.

AMPHITRYON.

　　　　Et comment ?

ALCMÈNE, *montrant le nœud de diamans à sa ceinture.*

　　　　　　　　Le voici.

AMPHITRYON.

Sosie ?

SOSIE, *tirant de sa poche un coffret.*

Elle se moque, et je le tiens ici ;
　Monsieur, la feinte est inutile.

AMPHITRYON, *regardant le coffret.*

Le cachet est entier.

ALCMÈNE, *présentant à Amphitryon le nœud de diamans.*

Est-ce une vision?
Tenez. Trouverez-vous cette preuve assez forte?

AMPHITRYON.

Ah! ciel! ô juste ciel!

ALCMÈNE.

Allez, Amphitryon,
Vous vous moquez d'en user de la sorte;
Et vous en devriez avoir confusion.

AMPHITRYON.

Romps vite ce cachet.

SOSIE, *ayant ouvert le coffret.*

Ma foi, la place est vide.
Il faut que, par magie, on ait su le tirer,
Ou bien que de lui-même il soit venu sans guide
Vers celle qu'il a su qu'on en vouloit parer.

AMPHITRYON, *à part.*

O dieux, dont le pouvoir sur les choses préside,
Quelle est cette aventure, et qu'en puis-je augurer
Dont mon amour ne s'intimide?

SOSIE, *à Amphitryon.*

Si sa bouche dit vrai, nous avons même sort,
Et de même que moi, monsieur, vous êtes double.

AMPHITRYON.

Tais-toi.

ALCMÈNE.

Sur quoi vous étonner si fort?
Et d'où peut naître ce grand trouble?

ACTE II, SCÈNE II.

AMPHITRYON, *à part.*

O ciel! quel étrange embarras!
Je vois des incidens qui passent la nature ;
Et mon honneur redoute une aventure
Que mon esprit ne comprend pas.

ALCMÈNE.

Songez-vous, en tenant cette preuve sensible,
A me nier encor votre retour pressé ?

AMPHITRYON.

Non : mais, à ce retour, daignez, s'il est possible,
Me conter ce qui s'est passé.

ALCMÈNE.

Puisque vous demandez un récit de la chose,
Vous voulez dire donc que ce n'étoit pas vous ?

AMPHITRYON.

Pardonnez-moi ; mais j'ai certaine cause
Qui me fait demander ce récit entre nous.

ALCMÈNE.

Les soucis importans qui vous peuvent saisir
Vous ont-ils fait si vite en perdre la mémoire ?

AMPHITRYON.

Peut-être : mais enfin vous me ferez plaisir
De m'en dire toute l'histoire.

ALCMÈNE.

L'histoire n'est pas longue. A vous je m'avançai, (1)
Pleine d'une aimable surprise ;

---

(1)   L'histoire n'est pas longue. A vous je m'avançai.
On dit, *s'avancer vers quelqu'un*, et non pas, *à quelqu'un*.

Tendrement je vous embrassai,
Et témoignai ma joie à plus d'une reprise.
AMPHITRYON, *à part.*
Ah! d'un si doux accueil je me serois passé.
ALCMÈNE.
Vous me fîtes d'abord ce présent d'importance,
Que du butin conquis vous m'aviez destiné.
Votre cœur avec véhémence
M'étala de ses feux toute la violence,
Et les soins importuns qui l'avoient enchaîné,
L'aise de me revoir ⁽¹⁾, les tourmens de l'absence,
Tout le souci que son impatience
Pour le retour s'étoit donné;
Et jamais votre amour, en pareille occurrence,
Ne me parut si tendre et si passionné.
AMPHITRYON, *à part.*
Peut-on plus vivement se voir assassiné!
ALCMÈNE.
Tous ces transports, toute cette tendresse,
Comme vous croyez bien, ne me déplaisoient pas;
Et, s'il faut que je le confesse,
Mon cœur, Amphitryon, y trouvoit mille appas.
AMPHITRYON.
Ensuite, s'il vous plait?
ALCMÈNE.
Nous nous entrecoupâmes

---

(1) *L'aise de me revoir.* — *Aise*, dans le sens de contentement, plaisir, ne prend point l'article, et ne s'emploie que dans ces phrases faites, *être transporté d'aise, mourir d'aise, ne pas se sentir d'aise,* etc. Ainsi l'a décidé l'usage.

De mille questions qui pouvoient nous toucher.
On servit. Tête à tête, ensemble nous soupâmes ;
Et, le souper fini, nous nous fûmes coucher.

AMPHITRYON.

Ensemble ?

ALCMÈNE.

Assurément. Quelle est cette demande ?

AMPHITRYON, *à part.*

Ah ! c'est ici le coup le plus cruel de tous,
Et dont à s'assurer trembloit mon feu jaloux.

ALCMÈNE.

D'où vous vient, à ce mot, une rougeur si grande ?
Ai-je fait quelque mal de coucher avec vous ?

AMPHITRYON.

Non, ce n'étoit pas moi, pour ma douleur sensible ; [1]
Et qui dit qu'hier ici mes pas se sont portés,
  Dit, de toutes les faussetés,
  La fausseté la plus horrible.

ALCMÈNE.

Amphitryon !

AMPHITRYON.

  Perfide !

ALCMÈNE.

  Ah ! quel emportement !

AMPHITRYON.

Non, non, plus de douceur et plus de déférence.

---

(1) Non, ce n'étoit pas moi, pour ma douleur sensible.

On dit, *ce n'étoit pas moi, pour mon malheur,* c'est-à-dire, malheureusement pour moi. Cette espèce de locution adverbiale est consacrée ; et *pour ma douleur sensible,* ne sauroit la remplacer.

Ce revers vient à bout de toute ma constance;
Et mon cœur ne respire, en ce fatal moment,
  Et que fureur et que vengeance.

ALCMÈNE.

De qui donc vous venger? et quel manque de foi
  Vous fait ici me traiter de coupable?

AMPHITRYON.

Je ne sais pas, mais ce n'étoit pas moi :
Et c'est un désespoir qui de tout rend capable.

ALCMÈNE.

Allez, indigne époux, le fait parle de soi,
  Et l'imposture est effroyable.
  C'est trop me pousser là-dessus,
Et d'infidélité me voir trop condamnée.
 Si vous cherchez, dans ces transports confus,
Un prétexte à briser les nœuds d'un hyménée
  Qui me tient à vous enchaînée,
  Tous ces détours sont superflus;
  Et me voilà déterminée
A souffrir qu'en ce jour nos liens soient rompus.

AMPHITRYON.

Après l'indigne affront que l'on me fait connoître,
C'est bien à quoi, sans doute, il faut vous préparer :
C'est le moins qu'on doit voir; et les choses peut-être
  Pourront n'en pas là demeurer.
Le déshonneur est sûr, mon malheur m'est visible,
Et mon amour en vain voudroit me l'obscurcir :
Mais le détail encor ne m'en est pas sensible,
Et mon juste courroux prétend s'en éclaircir.
Votre frère déja peut hautement répondre
Que, jusqu'à ce matin, je ne l'ai point quitté :

Je m'en vais le chercher, afin de vous confondre
Sur ce retour qui m'est faussement imputé.
Après, nous percerons jusqu'au fond d'un mystère
Jusques à présent inoui ;
Et, dans les mouvemens d'une juste colère,
Malheur à qui m'aura trahi !

SOSIE.

Monsieur...

AMPHITRYON.

Ne m'accompagne pas,
Et demeure ici pour m'attendre.

CLÉANTHIS, *à Alcmène*.

Faut-il ?...

ALCMÈNE.

Je ne puis rien entendre :
Laisse-moi seule, et ne suis point mes pas. (1)

---

(1) Cette scène est proprement la scène principale de l'ouvrage, celle qui fait le nœud, celle enfin que toutes les précédentes ne font que préparer, et dont toutes les suivantes ne sont que la conséquence. C'est assez dire qu'elle existe dans Plaute : elle y existe en entier, quant à la marche, à la progression, aux incidens variés de l'espèce d'action que forme ici le seul dialogue. Mais Molière a mis dans l'exécution plus de chaleur et de délicatesse à la fois. Cette différence tient à celle des mœurs de l'époque où vivoit l'un et l'autre poëte. L'amour, en général, a, chez les modernes, des raffinemens, une exaltation, une susceptibilité qu'il n'avoit pas chez les anciens. Du temps de Molière, un mari sentoit autrement l'infidélité de sa femme, que du temps de Plaute ; et le malheur de l'un, comme le tort de l'autre, étoit différemment envisagé par la société. Voilà pourquoi l'Amphitryon françois montre des alarmes plus vives, quand il ne fait encore que craindre, et fait éclater une fureur plus grande, lorsqu'il est sûr de son infortune. Voilà aussi pourquoi la moderne Alcmène est plus blessée des discours de son mari, tant qu'elle ne

SCÈNE III.

CLÉANTHIS, SOSIE.

CLÉANTHIS, *à part.*

Il faut que quelque chose ait brouillé sa cervelle:
   Mais le frère, sur-le-champ,
   Finira cette querelle.

SOSIE, *à part.*

C'est ici pour mon maître un coup assez touchant;
   Et son aventure est cruelle.
Je crains fort, pour mon fait, quelque chose approchant; [1]

---

les regarde que comme un jeu cruel, et en est plus indignée, quand elle est forcée d'y voir un dessein formel de la déshonorer.

Amphitryon est peut-être le seul mari dans sa position qui ne soit pas ridicule aux yeux d'un parterre françois. Si sa mésaventure fait rire, son caractère intéresse; il égaie et touche à la fois. Justement épris de sa femme, jaloux de leur honneur commun, victime d'une infidélité involontaire, et jouet des amoureux caprices du plus puissant des dieux, il n'a rien fait pour s'attirer sa disgrace, et il n'a pu rien faire pour la prévenir : aucun reproche, aucune raillerie ne doit l'atteindre. Mais, je l'ai déja dit, ce qui lui concilie surtout l'intérêt des spectateurs, c'est l'amour que lui porte la belle et vertueuse Alcmène, cet amour dont il est digne puisqu'il l'inspire, cet amour que lui envie Jupiter au sein même des plaisirs qu'il lui dérobe.

Nos bienséances théâtrales rendoient fort difficile à traiter la partie de cette scène où sont révélés les secrets du lit conjugal. Molière, il faut le reconnoître, y a mis toute la décence, toute la pudeur qu'exigeoient le sérieux de la situation, et la bonne foi des deux personnages. Scarron ou Montfleury eussent, en pareil cas, prodigué les détails, et fait d'une narration qui ne pouvoit être trop chaste, une description tout-à-fait licencieuse.

(1)   Je crains fort; pour mon fait, quelque chose approchant.
Il falloit dire, *quelque chose d'approchant,* comme on dit, *quelque chose de pareil, de semblable,* etc.

Et je m'en veux, tout doux, éclaircir avec elle.

CLÉANTHIS, *à part.*

Voyez s'il me viendra seulement aborder!
Mais je veux m'empêcher de rien faire paroître.

SOSIE, *à part.*

La chose quelquefois est fâcheuse à connoître,
 Et je tremble à la demander.
Ne vaudroit-il point mieux, pour ne rien hasarder,
  Ignorer ce qu'il en peut être?
  Allons, tout coup vaille, il faut voir.
  Et je ne m'en saurois défendre.
  La foiblesse humaine est d'avoir
  Des curiosités d'apprendre
  Ce qu'on ne voudroit pas savoir.
Dieu te gard', Cléanthis!

CLÉANTHIS.

   Ah! ah! tu t'en avises,
 Traître, de t'approcher de nous!

SOSIE.

Mon dieu! qu'as-tu? Toujours on te voit en courroux,
 Et sur rien tu te formalises!

CLÉANTHIS.

Qu'appelles-tu sur rien? dis.

SOSIE.

   J'appelle sur rien,
Ce qui sur rien s'appelle en vers ainsi qu'en prose;
 Et rien, comme tu le sais bien,
 Veut dire rien, ou peu de chose.

CLÉANTHIS.

Je ne sais qui me tient, infame,

Que je ne t'arrache les yeux,
Et ne t'apprenne où va le courroux d'une femme. (1)

SOSIE.

Holà! D'où te vient donc ce transport furieux?

CLÉANTHIS.

Tu n'appelles donc rien le procédé, peut-être,
Qu'avec moi ton cœur a tenu? (2)

SOSIE.

Et quel?

CLÉANTHIS.

Quoi! tu fais l'ingénu?
Est-ce qu'à l'exemple du maître,
Tu veux dire qu'ici tu n'es pas revenu?

SOSIE.

Non, je sais fort bien le contraire;
Mais, je ne t'en fais pas le fin,
Nous avions bu de je ne sais quel vin,
Qui m'a fait oublier tout ce que j'ai pu faire.

CLÉANTHIS.

Tu crois peut-être excuser par ce trait...

SOSIE.

Non, tout de bon, tu m'en peux croire.

---

(1) Cléanthis, sans s'en douter, traduit cet hémistiche de Virgile, *furens quid femina possit.*

(2)   Tu n'appelles donc rien le procédé, peut-être,
    Qu'avec moi ton cœur a tenu?

La rime est cause que *peut-être* est mal placé. Il est destiné à modifier le verbe *appelles*, et non le mot *procédé* qui en est le régime. Cléanthis veut dire: Peut-être n'appelles-tu rien, il se peut donc que tu n'appelles rien, etc. — On dit, *avoir*, et non, *tenir un procédé.*

ACTE II, SCÈNE III.

J'étois dans un état où je puis avoir fait
    Des choses dont j'aurois regret,
Et dont je n'ai nulle mémoire.

CLÉANTHIS.

Tu ne te souviens point du tout de la manière
Dont tu m'as su traiter, étant venu du port?

SOSIE.

Non plus que rien. Tu peux m'en faire le rapport:
    Je suis équitable et sincère,
Et me condamnerai moi-même, si j'ai tort.

CLÉANTHIS.

Comment! Amphitryon m'ayant su disposer,
Jusqu'à ce que tu vins, j'avois poussé ma veille; (1)
Mais je ne vis jamais une froideur pareille:
De ta femme il fallut moi-même t'aviser; (2)
    Et, lorsque je fus te baiser,
Tu détournas le nez, et me donnas l'oreille.

---

(1)   Jusqu'à ce que tu vins, j'avois poussé ma veille.

Je doute qu'on puisse dire, *jusqu'à ce que tu vins*, pour, jusqu'au moment où tu vins, jusqu'à ton arrivée. *Jusqu'à ce que*, est une espèce de conjonction qui semble vouloir après elle le subjonctif. Les dictionnaires et les grammaires ne le décident pas, mais l'usage y est conforme; on dit, *j'attendrai jusqu'à ce qu'il soit arrivé*; *j'ai attendu jusqu'à ce qu'il arrivât*; *j'avois attendu jusqu'à ce qu'il fût arrivé*, etc.

(2)   De ta femme il fallut moi-même t'aviser.

Aviser une personne d'une chose, lui en donner avis, l'en avertir, est une expression juste et correcte que l'on peut encore employer; mais, *aviser une personne d'une autre personne*, l'avertir qu'elle est là, qu'elle est présente, est une espèce de hardiesse qu'on ne trouveroit peut-être pas ailleurs que dans ce vers. Il est à remarquer que les mots *avis* et *aviser* manquent dans les deux premières éditions du dictionnaire de l'Académie: ce n'est qu'une inadvertance, mais elle est assez forte.

SOSIE.

Bon!

CLÉANTHIS.

Comment, bon?

SOSIE.

Mon dieu! tu ne sais pas pourquoi,
Cléanthis, je tiens ce langage :
J'avois mangé de l'ail, et fis, en homme sage,
De détourner un peu mon haleine de toi.

CLÉANTHIS.

Je te sus exprimer des tendresses de cœur :
Mais à tous mes discours tu fus comme une souche;
Et jamais un mot de douceur
Ne te put sortir de la bouche.

SOSIE.

Courage!

CLÉANTHIS.

Enfin, ma flamme eut beau s'émanciper,
Sa chaste ardeur en toi ne trouva rien que glace;
Et, dans un tel retour, je te vis la tromper (1)
Jusqu'à faire refus de prendre au lit la place
Que les lois de l'hymen t'obligent d'occuper.

SOSIE.

Quoi! je ne couchai point?

---

(1)   Et, dans un tel retour, je te vis la tromper.
Que signifient ces mots, *dans un tel retour?* Cléanthis veut-elle dire :
Lorsque tu revenois de si loin, après une si longue absence? Cela se
peut, mais il faut le deviner. *Amphitryon* a sans doute été écrit avec
beaucoup de précipitation, car il faut remonter aux deux premières pièces
de Molière, pour en trouver une où il y ait autant d'expressions vagues
ou impropres.

ACTE II, SCÈNE III.

CLÉANTHIS.
Non, lâche.

SOSIE.
Est-il possible!

CLÉANTHIS.
Traître! il n'est que trop assuré. (1)
C'est de tous les affronts, l'affront le plus sensible;
Et, loin que ce matin ton cœur l'ait réparé,
Tu t'es d'avec moi séparé
Par des discours chargés d'un mépris tout visible.

SOSIE.
Vivat! Sosie!

CLÉANTHIS.
Hé quoi! ma plainte a cet effet!
Tu ris après ce bel ouvrage!

SOSIE.
Que je suis de moi satisfait!

CLÉANTHIS.
Exprime-t-on ainsi le regret d'un outrage?

SOSIE.
Je n'aurois jamais cru que j'eusse été si sage.

---

(1) Traître! il n'est que trop assuré.
Je l'ai déja remarqué plusieurs fois; du temps de Molière, on employoit *il* pour *cela* dans des phrases absolues, telles que, *il est difficile, il est impossible, il est croyable*, etc. Aujourd'hui, on dit, *cela est difficile, impossible*, etc., à moins que l'adjectif n'ait un complément, comme en ces phrases, *il est difficile de croire, il est impossible qu'on fasse*. On dit encore pourtant, *il est vrai, il n'est que trop vrai*; mais on ne diroit pas, *il est certain, il est assuré*. En général, l'usage a remplacé *il* par *cela* dans les phrases absolues, afin d'éviter les équivoques qui pourroient résulter de l'emploi d'un pronom également applicable aux personnes et aux choses.

CLÉANTHIS.

Loin de te condamner d'un si perfide trait,
Tu m'en fais éclater la joie en ton visage!

SOSIE.

Mon dieu! tout doucement! Si je parois joyeux,
Crois que j'en ai dans l'ame une raison très-forte;
Et que, sans y penser, je ne fis jamais mieux
Que d'en user tantôt avec toi de la sorte.

CLÉANTHIS.

Traître! te moques-tu de moi?[1]

SOSIE.

Non, je te parle avec franchise.
En l'état où j'étois, j'avois certain effroi
Dont, avec ton discours, mon ame s'est remise.
Je m'appréhendois fort, et craignois qu'avec toi
Je n'eusse fait quelque sottise.

CLÉANTHIS.

Quelle est cette frayeur? et sachons donc pourquoi.

---

[1] Plaisante contre-partie de la scène du maître avec sa femme. Alcmène, à chaque réponse qu'elle fait aux questions d'Amphitryon, lui enfonce le poignard dans le cœur, et ne comprend rien à ce désespoir d'un homme qu'elle a si bien traité. Cléanthis, à chaque réponse qu'elle fait aux questions de Sosie, le ravit d'aise, et n'entend rien à cette joie qui lui paroît un nouvel outrage. La situation des deux maris diffère entièrement; celle des deux femmes se ressemble par la colère qui leur est commune, quoique ayant des causes toutes différentes. Enfin, si le valet a échappé au sort dont son maître est la victime, la suivante va devenir tellement furieuse, qu'elle menacera de faire volontairement ce que sa maîtresse a fait sans le vouloir ni le savoir. Ce jeu d'oppositions et de rapports, qui anime si plaisamment la scène, est entièrement dû à l'heureuse création du rôle de Cléanthis.

SOSIE.

Les médecins disent, quand on est ivre,
    Que de sa femme on se doit abstenir; (1)
Et que, dans cet état, il ne peut provenir
Que des enfans pesans et qui ne sauroient vivre. (2)
Vois, si mon cœur n'eût su de froideur se munir,
Quels inconvéniens auroient pu s'en ensuivre!

CLÉANTHIS.

    Je me moque des médecins
    Avec leurs raisonnemens fades :
    Qu'ils règlent ceux qui sont malades,
Sans vouloir gouverner les gens qui sont bien sains.
    Ils se mêlent de trop d'affaires,
De prétendre tenir nos chastes feux gênés ;
    Et sur les jours caniculaires

---

(1)   Les médecins disent, quand on est ivre,
    Que de sa femme on se doit abstenir.

L'incidente, *quand on est ivre*, est mal placée et fait un faux sens. Les médecins ne donnent point le précepte dont il s'agit, *quand on est ivre*, c'est-à-dire aux personnes qui sont ivres, car celles-ci seroient peu disposées à l'écouter et à le suivre; ils le donnent aux gens à jeun, pour le cas d'ivresse, ce qui est fort différent. Ce n'est qu'un *que* changé de place, et c'est la versification qui en est cause ; mais on voit, par cet exemple, combien l'ordre des mots importe, et que le dérangement de la plus petite particule peut bouleverser tout le sens d'une phrase.

(2) C'étoit une opinion de l'antiquité, et je ne serois pas surpris que la médecine moderne l'eût adoptée. On lit dans Plutarque, au traité intitulé, *Comment il faut nourrir les enfans :* « A ce premier advertissement « est conjoint un autre, que ceux qui paravant nous ont escrit de sem- « blable matière, n'ont pas oublié : c'est, « Que ceux qui se veulent ap- « procher de femmes pour engendrer, le doivent faire ou du tout à jeun, « avant que d'avoir beu vin, ou pour le moins après en avoir pris bien « sobrement, » parce que ceux qui ont été engendrés de pères saouls et « yvres, deviennent ordinairement yvrognes. »

Ils nous donnent encore, avec leurs lois sévères,
De cent sots contes par le nez. (1)

SOSIE.

Tout doux.

CLÉANTHIS.

Non, je soutiens que cela conclut mal;
Ces raisons sont raisons d'extravagantes têtes.
Il n'est ni vin, ni temps, qui puisse être fatal
A remplir le devoir de l'amour conjugal;
Et les médecins sont des bêtes.

SOSIE.

Contre eux, je t'en supplie, apaise ton courroux;
Ce sont d'honnêtes gens, quoi que le monde en dise.

CLÉANTHIS.

Tu n'es pas où tu crois; en vain tu files doux:
Ton excuse n'est point une excuse de mise;
Et je me veux venger tôt ou tard, entre nous,
De l'air dont chaque jour je vois qu'on me méprise.
Des discours de tantôt je garde tous les coups,
Et tâcherai d'user, lâche et perfide époux,
De cette liberté que ton cœur m'a permise.

SOSIE.

Quoi?

CLÉANTHIS.

Tu m'as dit tantôt que tu consentois fort,

---

(1) Autre préjugé de l'antiquité. Le grand Hippocrate lui-même pensoit que les jours caniculaires avoient une influence funeste sur la santé, et il prescrivoit ou défendoit certaines choses en conséquence. Les médecins du temps de Molière n'étoient pas encore désabusés de cette chimère; et Molière, qui ne les perd jamais de vue, n'étoit pas homme à manquer une occasion de se moquer d'eux.

ACTE II, SCÈNE IV.

Lâche, que j'en aimasse un autre.

SOSIE.

Ah! pour cet article, j'ai tort.
Je m'en dédis, il y va trop du nôtre.
Garde-toi bien de suivre ce transport.

CLÉANTHIS.

Si je puis une fois pourtant
Sur mon esprit gagner la chose...

SOSIE.

Fais à ce discours quelque pause.
Amphitryon revient, qui me paroît content. [1]

SCÈNE IV.

JUPITER, CLÉANTHIS, SOSIE.

JUPITER, *à part*.

Je viens prendre le temps de rapaiser Alcmène [2],

---

(1) Cette scène de Cléanthis et de Sosie, outre qu'elle est charmante, a l'avantage de mettre un intervalle suffisant entre le départ d'Amphitryon qui s'en est allé furieux, et l'arrivée de Jupiter qui vient, sous la figure du mari, avouer les torts qu'a eus celui-ci, et en demander le pardon. Dans Plaute, la sortie du mari et l'entrée du dieu sont séparées par l'entr'acte.

(2)   Je viens prendre le temps de rapaiser Alcmène.
Ce réduplicatif *rapaiser* est un de ces mots qui ne sont point dans le dictionnaire, mais qui sont dans la langue, c'est-à-dire, qu'on peut former au besoin, en se fondant sur de nombreuses analogies. Mais Jupiter s'en sert mal à propos; car *rapaiser* seroit proprement, apaiser pour la seconde fois une personne qui auroit été mise une seconde fois en colère; et Alcmène n'est point dans ce cas, puisqu'elle n'a encore eu qu'une seule querelle, celle que lui a faite Amphitryon.

De bannir les chagrins que son cœur veut garder,
Et donner à mes feux, dans ce soin qui m'amène,
   Le doux plaisir de se raccommoder.
      (*à Cléanthis.*)
      Alcmène est là-haut, n'est-ce pas?

CLÉANTHIS.

   Oui, pleine d'une inquiétude
   Qui cherche de la solitude,
Et qui m'a défendu d'accompagner ses pas. (1)

JUPITER.

   Quelque défense qu'elle ait faite,
   Elle ne sera pas pour moi. (2)

---

(1) *Pleine d'une inquiétude qui... et qui...* — D'après la construction, il sembleroit que la seconde proposition a pour sujet, comme la première, le mot *inquiétude*; mais le sens veut que le second *qui* se rapporte à Alcmène.

(2)   Quelque défense qu'elle ait faite,
      Elle ne sera pas pour moi.

Autre faute de même nature. *Elle* qui veut dire, cette défense, se rapporte grammaticalement à Alcmène qui l'a faite.

Il ne faut pas oublier que la scène se passe devant la maison d'Amphitryon. Alcmène n'ayant aucun motif de sortir de chez elle, il eût été peu vraisemblable qu'elle fût venue à point nommé sur le théâtre, pour entendre les excuses et les supplications de Jupiter. Celui-ci entrant dans la maison, Alcmène en doit sortir, puisqu'elle a horreur de sa présence et qu'elle est décidée à le fuir. Voilà par quel artifice le poëte soumis à la règle de l'unité de lieu, va amener sur la voie publique un entretien qui naturellement y seroit déplacé; et la petite scène suivante entre Cléanthis et Sosie n'a pas d'autre but que de donner à Jupiter le temps de reparoître avec Alcmène.

SCÈNE V.

CLÉANTHIS, SOSIE.

CLÉANTHIS.
Son chagrin, à ce que je voi,
A fait une prompte retraite.

SOSIE.
Que dis-tu, Cléanthis, de ce joyeux maintien,
Après son fracas effroyable?

CLÉANTHIS.
Que, si toutes nous faisions bien,
Nous donnerions tous les hommes au diable,
Et que le meilleur n'en vaut rien.

SOSIE.
Cela se dit dans le courroux :
Mais aux hommes par trop vous êtes accrochées;
Et vous seriez, ma foi, toutes bien empêchées,
Si le diable les prenoit tous. [1]

CLÉANTHIS.
Vraiment...

SOSIE.
Les voici. Taisons-nous.

---

[1] Cette idée du *diable* et du pouvoir qu'on a prétendu qu'il exerçoit sur les hommes avec la permission de Dieu, cette idée appartient à la théologie chrétienne, et non à celle des païens. Il y a donc ici une faute contre le costume, un de ces anachronismes de pensée ou d'expression qu'il est bien difficile qu'un poëte moderne évite en traitant un sujet de l'antiquité.

SCÈNE VI.

JUPITER, ALCMÈNE, CLÉANTHIS, SOSIE.

JUPITER.

Voulez-vous me désespérer ?
Hélas ! arrêtez, belle Alcmène.

ALCMÈNE.

Non, avec l'auteur de ma peine
Je ne puis du tout demeurer.

JUPITER.

De grace !...

ALCMÈNE.

Laissez-moi.

JUPITER.

Quoi !...

ALCMÈNE.

Laissez-moi, vous dis-je.

JUPITER, *bas, à part.*

Ses pleurs touchent mon ame, et sa douleur m'afflige.
(*haut.*)
Souffrez que mon cœur...

ALCMÈNE.

Non, ne suivez point mes pas.

JUPITER.

Où voulez-vous aller ?

ALCMÈNE.

Où vous ne serez pas. (1)

---

(1) Ces deux hémistiches sont empruntés de *Don Garcie de Navarre*.

DON GARCIE.

Madame, hélas ! où fuyez-vous ?

ACTE II, SCÈNE VI.

JUPITER.

Ce vous est une attente vaine.
Je tiens à vos beautés par un nœud trop serré
Pour pouvoir un moment en être séparé.
Je vous suivrai partout, Alcmène.

ALCMÈNE.

Et moi, partout je vous fuirai.

JUPITER.

Je suis donc bien épouvantable!

ALCMÈNE.

Plus qu'on ne peut dire, à mes yeux.
Oui, je vous vois comme un monstre effroyable,
Un monstre cruel, furieux,
Et dont l'approche est redoutable;
Comme un monstre à fuir en tous lieux.
Mon cœur souffre, à vous voir, une peine incroyable:
C'est un supplice qui m'accable;
Et je ne vois rien sous les cieux
D'affreux, d'horrible, d'odieux,
Qui ne me fût plus que vous supportable.

JUPITER.

En voilà bien, hélas! que votre bouche dit.

ALCMÈNE.

J'en ai dans le cœur davantage;
Et, pour s'exprimer tout, ce cœur a du dépit

DONE ELVIRE.
Où vous ne serez pas, trop odieux jaloux.

Nous allons voir tout à l'heure un autre emprunt plus considérable que Molière s'est fait à lui-même.

De ne point trouver de langage. (1)

JUPITER.

Hé! que vous a donc fait ma flamme,
Pour me pouvoir, Alcmène, en monstre regarder?

ALCMÈNE.

Ah! juste ciel! cela peut-il se demander?
Et n'est-ce pas pour mettre à bout une ame?

JUPITER.

Ah! d'un esprit plus adouci...

ALCMÈNE.

Non, je ne veux du tout vous voir, ni vous entendre. (2)

JUPITER.

Avez-vous bien le cœur de me traiter ainsi?
Est-ce là cet amour si tendre
Qui devoit tant durer quand je vins hier ici?

ALCMÈNE.

Non, non, ce ne l'est pas, et vos lâches injures
En ont autrement ordonné.
Il n'est plus, cet amour tendre et passionné;

---

(1)   Et, pour s'exprimer tout, ce cœur a du dépit
         De ne point trouver de langage.

S'exprimer tout, pour dire, exprimer tout ce qu'on sent, est une expression au moins singulière. Si Molière n'avoit quelquefois de telles expressions, surtout dans cette pièce fort négligemment écrite, je serois tenté de n'avoir pas foi ici au texte original, et de lire, avec quelques éditeurs, *pour l'exprimer tout*, phrase qui se rapporte fort bien au vers précédent, *j'en ai dans le cœur davantage*.

(2)   Non, je ne veux du tout vous voir, ni vous entendre.

Faute bien légère à côté de celles que j'ai déja remarquées, ou que je pourrai remarquer encore. Il faudroit, *je ne veux pas vous voir ni vous entendre*, ou bien, *je ne veux ni vous voir, ni vous entendre*.

Vous l'avez dans mon cœur, par cent vives blessures,
    Cruellement assassiné :
C'est en sa place un courroux inflexible,
Un vif ressentiment, un dépit invincible,
Un désespoir d'un cœur justement animé,
Qui prétend vous haïr, pour cet affront sensible,
Autant qu'il est d'accord de vous avoir aimé ;
  Et c'est haïr autant qu'il est possible.

JUPITER.

Hélas ! que votre amour n'avoit guère de force,
Si de si peu de chose on le peut voir mourir !
Ce qui n'étoit que jeu doit-il faire un divorce ?
Et d'une raillerie a-t-on lieu de s'aigrir ?

ALCMÈNE.

  Ah ! c'est cela dont je suis offensée,
    Et que ne peut pardonner mon courroux :
Des véritables traits d'un mouvement jaloux
    Je me trouverois moins blessée.
    La jalousie a des impressions
  Dont bien souvent la force nous entraîne,
Et l'ame la plus sage, en ces occasions,
    Sans doute avec assez de peine
    Répond de ses émotions.
L'emportement d'un cœur qui peut s'être abusé
A de quoi ramener une ame qu'il offense ;
  Et, dans l'amour qui lui donne naissance,
Il trouve au moins, malgré toute sa violence,
    Des raisons pour être excusé.
De semblables transports contre un ressentiment
Pour défense toujours ont ce qui les fait naître ;
    Et l'on donne grace aisément

AMPHITRYON.

A ce dont on n'est pas le maître. (1)
Mais que, de gayeté de cœur, (2)
On passe aux mouvemens d'une fureur extrême;
Que, sans cause, l'on vienne, avec tant de rigueur,
Blesser la tendresse et l'honneur
D'un cœur qui chèrement nous aime;
Ah! c'est un coup trop cruel en lui-même,
Et que jamais n'oublïera ma douleur. (3)

JUPITER.

Oui, vous avez raison, Alcmène, il se faut rendre.
Cette action, sans doute, est un crime odieux;
Je ne prétends plus le défendre : * (4)

VARIANTE. * *Je ne prétends plus la défendre.*

---

(1)   Et l'on donne grace aisément
           A ce dont on n'est pas le maître.

On, dans ces deux vers, est un même mot exprimant deux sujets différens, ce qui produit une sorte d'obscurité et de confusion. — On ne dit pas, *donner grace*, mais, *faire grace*. Molière a été détourné d'employer l'expression propre, par la crainte de mettre *fait* et *fait* trop près l'un de l'autre.

(2)   Mais que, de gayeté de cœur.

Molière donne ici trois syllabes au mot *gaieté* qui n'en a que deux. Il avoit déja fait la même faute dans ce vers de *Don Garcie de Navarre*:

           Mais je vous avouerai que cette gayeté.

(3) Il y a bien de la passion, de la délicatesse et de la vérité dans ce couplet d'Alcmène. *Ce n'étoit que jeu* est la plus mauvaise excuse que pût donner Jupiter. L'amour étant ce qu'il y a de plus sérieux au monde pour ceux qui aiment, s'en faire un jeu est aussi pour eux la chose la plus offensante, et celle qui leur prouve le mieux qu'on n'aime pas. Ces mouvemens du cœur, si justes et si bien exprimés, ne sont pas même indiqués dans Plaute, ni dans Rotrou.

(4)   Je ne prétends plus le défendre.

L'édition originale porte *le*, qui se rapporte au mot *crime*; les éditeurs

Mais souffrez que mon cœur s'en défende à vos yeux,
  Et donne au vôtre à qui se prendre
  De ce transport injurieux.
 A vous en faire un aveu véritable,
 L'époux, Alcmène, a commis tout le mal;
C'est l'époux qu'il vous faut regarder en coupable :
L'amant n'a point de part à ce transport brutal,
Et de vous offenser son cœur n'est point capable.
Il a pour vous, ce cœur, pour jamais y penser,
  Trop de respect et de tendresse;
Et, si de faire rien à vous pouvoir blesser [1]
  Il avoit eu la coupable foiblesse,
De cent coups à vos yeux il voudroit le percer. [2]
Mais l'époux est sorti de ce respect soumis
  Où pour vous on doit toujours être;

---

modernes y ont substitué *la*, qui se rapporte au mot *action :* le changement ne corrigeant rien, puisqu'il n'y avoit point de faute, est une altération de texte inutile.

(1)   Et, si de faire rien à vous pouvoir blesser.
Molière a dit de même dans *le Tartuffe :*
   Vos injures n'ont rien à me pouvoir aigrir.
Rien à pouvoir, pour, *rien qui puisse*, est une locution dont je doute que l'on trouve des exemples dans aucun autre écrivain du temps.

(2) *Il a pour vous, ce cœur*, c'est ainsi que commence la phrase terminée par ce vers; et, lorsqu'à la suite de cette première proposition, on lit, *et, s'il avoit eu la foiblesse*, etc., on est autorisé à croire que le mot *cœur* est aussi le sujet de ce second membre de phrase; mais on est détrompé en lisant ces mots, *de cent coups, à vos yeux, il voudroit le percer*, car on ne peut dire, ce cœur voudroit percer ce cœur. Le second *il* de la phrase est donc relatif, non pas au mot *cœur*, comme on doit le penser d'abord, mais au mot *amant* qui est le sujet de la phrase précédente. C'est un vice de construction d'autant plus fâcheux qu'il cause une ambiguïté véritable.

A son dur procédé l'époux s'est fait connoître,
Et par le droit d'hymen il s'est cru tout permis.
Oui, c'est lui qui, sans doute, est criminel vers vous,
Lui seul a maltraité votre aimable personne ;
　　　Haïssez, détestez l'époux,
　　　J'y consens, et vous l'abandonne :
Mais, Alcmène, sauvez l'amant de ce courroux
　　　Qu'une telle offense vous donne ;
　　　N'en jetez pas sur lui l'effet,
　　　Démêlez-le un peu du coupable ;
　　　Et, pour être enfin équitable,
Ne le punissez point de ce qu'il n'a pas fait. (1)

ALCMÈNE.

　　　Ah ! toutes ces subtilités
　　　N'ont que des excuses frivoles ;
　　　Et, pour les esprits irrités,
Ce sont des contre-temps que de telles paroles.
Ce détour ridicule est en vain pris par vous.

---

(1) Encore la distinction de l'époux et de l'amant, distinction bien réelle dans cette aventure, puisqu'ils sont deux personnages séparés, mais fausse pour Alcmène à qui elle s'adresse, puisqu'elle ne peut voir en eux qu'un personnage unique. Alcmène va répondre avec sa raison et sa grace accoutumées aux *subtilités* de Jupiter, comme elle seule a droit de les nommer. Ces subtilités, je l'avoue, me paroissent mériter ici, moins qu'au premier acte, l'espèce de réprobation dont elles sont l'objet. Je conviens que nulle part elles ne sont bien raisonnables, puisqu'elles n'aboutissent à rien, qu'elles ne peuvent changer en rien la situation ni les sentimens des trois personnages intéressés. Mais le fond des scènes entre Jupiter et Alcmène, ce fond, tel qu'il est donné par le sujet, étant de la plus ingrate stérilité, et les convenances dramatiques exigeant toutefois que Jupiter n'eût pas un rôle trop indigne de lui, je vois dans ces mêmes discours dont quelques esprits sévères sont choqués, le plus ingénieux artifice que le poëte pût mettre en usage pour remplir des scènes qu'il n'étoit pas en son pouvoir de supprimer.

Je ne distingue rien en celui qui m'offense,
 Tout y devient l'objet de mon courroux;
  Et, dans sa juste violence,
 Sont confondus et l'amant et l'époux.
Tous deux de même sorte occupent ma pensée :
Et des mêmes couleurs, par mon ame blessée,
 Tous deux ils sont peints à mes yeux :
Tous deux sont criminels, tous deux m'ont offensée,
 Et tous deux me sont odieux.

JUPITER.

 Hé bien! puisque vous le voulez, ⁽¹⁾
  Il faut donc me charger du crime.
Oui, vous avez raison lorsque vous m'immolez
A vos ressentimens, en coupable victime.
Un trop juste dépit contre moi vous anime ;
Et tout ce grand courroux qu'ici vous étalez
Ne me fait endurer qu'un tourment légitime.
 C'est avec droit que mon abord vous chasse,
  Et que de me fuir en tous lieux
  Votre colère me menace.
 Je dois vous être un objet odieux.
Vous devez me vouloir un mal prodigieux.
Il n'est aucune horreur que mon forfait ne passe,

---

(1) Toute la partie de la scène comprise entre ce vers et celui-ci :

Laissez, je me veux mal de mon trop de foiblesse,

existe déja dans *Don Garcie de Navarre*. Je ne puis que répéter ici, ce que j'ai dit dans les commentaires de cette dernière pièce : « Il n'y a rien « de changé au fond ni à l'ordre des idées qui composent le dialogue : « seulement, comme *Amphitryon* est écrit en vers libres, Molière a rac- « courci ou allongé quelques vers, et en a intercallé quelques autres, « pour produire la variété des mesures et le mélange des rimes. »

D'avoir offensé vos beaux yeux. [1]
C'est un crime à blesser les hommes et les dieux;
Et je mérite enfin, pour punir cette audace,
  Que contre moi votre haine ramasse
   Tous ses traits les plus furieux.
   Mais mon cœur vous demande grace;
Pour vous la demander je me jette à genoux,
Et la demande au nom de la plus vive flamme,
   Du plus tendre amour dont une ame
   Puisse jamais brûler pour vous.
   Si votre cœur, charmante Alcmène,
Me refuse la grace où j'ose recourir,
   Il faut qu'une atteinte soudaine
   M'arrache, en me faisant mourir,
   Aux dures rigueurs d'une peine
   Que je ne saurois plus souffrir.
   Oui, cet état me désespère.
   Alcmène, ne présumez pas
Qu'aimant, comme je fais, vos célestes appas,
Je puisse vivre un jour avec votre colère.
Déja de ces momens la barbare longueur
   Fait, sous des atteintes mortelles,
   Succomber tout mon triste cœur;
Et de mille vautours les blessures cruelles

---

(1)   Il n'est aucune horreur que mon forfait ne passe,
    D'avoir offensé vos beaux yeux.

Mon forfait d'avoir offensé est une phrase peu françoise, et, d'ailleurs, le substantif *forfait* ne devroit pas être séparé du régime que Molière lui donne. Ces fautes pouvoient être évitées par ce simple changement:

   Il n'est aucune horreur que mon forfait ne passe.
    Avoir offensé vos beaux yeux
   Est un crime à blesser, etc.

ACTE II, SCÈNE VI.

N'ont rien de comparable à ma vive douleur.
Alcmène, vous n'avez qu'à me le déclarer :
S'il n'est point de pardon que je doive espérer,
Cette épée aussitôt, par un coup favorable,
Va percer à vos yeux le cœur d'un misérable,
Ce cœur, ce traître cœur trop digne d'expirer,
Puisqu'il a pu fâcher un objet adorable :
Heureux, en descendant au ténébreux séjour,
Si de votre courroux mon trépas vous ramène,
Et ne laisse en votre ame, après ce triste jour,
  Aucune impression de haine,
  Au souvenir de mon amour.
C'est tout ce que j'attends pour faveur souveraine.

ALCMÈNE.

Ah! trop cruel époux!

JUPITER.

  Dites, parlez, Alcmène.

ALCMÈNE.

Faut-il encor pour vous conserver des bontés,
Et vous voir m'outrager par tant d'indignités?

JUPITER.

Quelque ressentiment qu'un outrage nous cause,
Tient-il contre un remords d'un cœur bien enflammé?

ALCMÈNE.

Un cœur bien plein de flamme à mille morts s'expose,
Plutôt que de vouloir fâcher l'objet aimé.

JUPITER.

Plus on aime quelqu'un, moins on trouve de peine...

ALCMÈNE.

Non, ne m'en parlez point; vous méritez ma haine.

JUPITER.

Vous me haïssez donc?

ALCMÈNE.

J'y fais tout mon effort,
Et j'ai dépit de voir que toute votre offense
Ne puisse de mon cœur, jusqu'à cette vengeance,
Faire encore aller le transport.

JUPITER.

Mais pourquoi cette violence,
Puisque, pour vous venger, je vous offre ma mort?
Prononcez-en l'arrêt, et j'obéis sur l'heure.

ALCMÈNE.

Qui ne sauroit haïr peut-il vouloir qu'on meure?

JUPITER.

Et moi, je ne puis vivre, à moins que vous quittiez
Cette colère qui m'accable, (1)
Et que vous m'accordiez le pardon favorable
Que je vous demande à vos pieds.

(*Sosie et Cléanthis se mettent aussi à genoux.*)

Résolvez ici l'un des deux,
Ou de punir, ou bien d'absoudre.

ALCMÈNE.

Hélas! ce que je puis résoudre

---

(1) Et moi, je ne puis vivre, à moins que vous quittiez
Cette colère qui m'accable.

On diroit aujourd'hui, *à moins que vous ne quittiez*. Depuis Molière et ses contemporains, la négation s'est introduite dans cette phrase, comme dans plusieurs autres, non par raison grammaticale, mais parce que le sens est négatif. *J'irai chez vous, à moins que vous ne veniez chez moi*, si vous ne venez pas chez moi; *j'irai à pied, à moins qu'il ne fasse mauvais temps*, s'il ne fait pas mauvais temps, etc.

Paroît bien plus que je ne veux.
Pour vouloir soutenir le courroux qu'on me donne,
　　　Mon cœur a trop su me trahir :
　　　Dire qu'on ne sauroit haïr,
　　N'est-ce pas dire qu'on pardonne ? [1]

JUPITER.

Ah! belle Alcmène, il faut que, comblé d'alégresse...

ALCMÈNE.

Laissez. Je me veux mal de mon trop de foiblesse.

JUPITER.

　　　Va, Sosie, et dépêche-toi,
Voir, dans les doux transports dont mon ame est charmée,
Ce que tu trouveras d'officiers de l'armée,
　　Et les invite à dîner avec moi.

　　　　(*bas, à part.*)
　　Tandis que d'ici je le chasse,
　　　Mercure y remplira sa place.

---

(1) Ces deux vers sont jolis; mais ne doivent-ils pas paroître un peu foibles et redondans après celui-ci :

　　Qui ne sauroit haïr, peut-il vouloir qu'on meure ?

Ce vers, dans son exquise délicatesse, dit à la fois qu'on aime et qu'on pardonne; car ici l'un comprend l'autre nécessairement, et Jupiter n'est pas dieu à s'y tromper. En demandant un pardon qu'il vient d'obtenir, il ne fait donc qu'allonger assez inutilement un entretien qui lui plaît sans doute.

SCÈNE VII.

CLÉANTHIS, SOSIE.

SOSIE.

Hé bien! tu vois, Cléanthis, ce ménage.
Veux-tu qu'à leur exemple ici
Nous fassions entre nous un peu de paix aussi, (1)
Quelque petit rapatriage?

CLÉANTHIS.

C'est pour ton nez, vraiment! cela se fait ainsi!

SOSIE.

Quoi! tu ne veux pas?

CLÉANTHIS.

Non.

SOSIE.

Il ne m'importe guère.
Tant pis pour toi.

CLÉANTHIS.

Là, là, revien.

SOSIE.

Non, morbleu! je n'en ferai rien,
Et je veux être, à mon tour, en colère.

---

(1) *Nous fassions entre nous un peu de paix aussi.*
On dira bien, *faisons un peu la paix*, mais non pas, *faisons un peu de paix*.

ACTE II, SCÈNE VII.

CLÉANTHIS.

Va, va, traître, laisse-moi faire ;
On se lasse parfois d'être femme de bien. (1)

---

(1) Charmante fin d'acte, qui achève le contraste des deux ménages, et qui ramène le comique sur le théâtre, d'où les amoureuses supplications de Jupiter l'ont écarté pendant une longue scène.

FIN DU SECOND ACTE.

ACTE III.

SCÈNE PREMIÈRE.

AMPHITRYON.

Oui, sans doute, le sort tout exprès me le cache;
Et des tours que je fais, à la fin, je suis las.
Il n'est point de destin plus cruel, que je sache.
Je ne saurois trouver, portant partout mes pas,
    Celui qu'à chercher je m'attache,
Et je trouve tous ceux que je ne cherche pas. [1]
Mille fâcheux cruels, qui ne pensent pas l'être,
De nos faits avec moi, sans beaucoup me connoître,
Viennent se réjouir pour me faire enrager.
Dans l'embarras cruel du souci qui me blesse,
De leurs embrassemens et de leur allégresse
Sur mon inquiétude ils viennent tous charger. [2]

---

(1) Éraste, dans *les Fâcheux*, dit de même des importuns qui l'assiègent:
    Je les fuis, et les trouve; et, pour second martyre,
    Je ne saurois trouver celle que je desire.

(2)   Sur mon inquiétude ils viennent tous charger.

On a trouvé cette expression barbare: je ne saurois être de cet avis. On voit dans *le Misanthrope*:
    De protestations, d'offres et de sermens,
    Vous chargez la fureur de vos embrassemens;
c'est-à-dire, vous ajoutez à la fureur de vos embrassemens, les protes-

ACTE III, SCÈNE I.

   En vain à passer je m'apprête
    Pour fuir leurs persécutions,
Leur tuante amitié de tous côtés m'arrête;
Et, tandis qu'à l'ardeur de leurs expressions
   Je réponds d'un geste de tête,
Je leur donne tout bas cent malédictions.
Ah! qu'on est peu flatté de louange, d'honneur, [1]
Et de tout ce que donne une grande victoire,
Lorsque dans l'ame on souffre une vive douleur!
Et que l'on donneroit volontiers cette gloire
   Pour avoir le repos du cœur!
   Ma jalousie, à tout propos,
   Me promène sur ma disgrace;
   Et plus mon esprit y repasse,
Moins j'en puis débrouiller le funeste chaos.
Le vol des diamans n'est pas ce qui m'étonne;
On lève les cachets qu'on ne l'aperçoit pas : [2]
Mais le don qu'on veut qu'hier j'en vins faire en personne,
Est ce qui fait ici mon cruel embarras.

---

tations, les offres, etc. C'est ici à peu près la même figure, et il y a peut-être encore plus de justesse. Ces *embrassemens* et cette *allégresse* des fâcheux sont véritablement une charge, un fardeau qu'ils viennent mettre sur celui dont Amphitryon est déja accablé. Toutefois, on ne dit pas, *charger sur*.

(1)   Ah! qu'on est peu flatté de louange, d'honneur.

On dit, *je suis peu flatté des honneurs qu'on me rend, des louanges qu'on me donne;* on pourroit même dire, à la rigueur, *je suis peu flatté des louanges, des honneurs;* mais on ne dit pas, *peu flatté de louange, d'honneur.*

(2)   On lève les cachets qu'on ne l'aperçoit pas.

C'est-à-dire, si habilement qu'on ne l'aperçoit pas. Cette ellipse est usitée dans la conversation.

La nature parfois produit des ressemblances
Dont quelques imposteurs ont pris droit d'abuser :
Mais il est hors de sens que, sous ces apparences,
Un homme pour époux se puisse supposer;
Et dans tous ces rapports sont mille différences
Dont se peut une femme aisément aviser. (1)

    Des charmes de la Thessalie
On vante de tout temps les merveilleux effets :
Mais les contes fameux qui partout en sont faits
Dans mon esprit toujours ont passé pour folie;
Et ce seroit du sort une étrange rigueur,
    Qu'au sortir d'une ample victoire,
    Je fusse contraint de les croire
    Aux dépens de mon propre honneur. (2)
Je veux la retâter sur ce fâcheux mystère,
Et voir si ce n'est point une vaine chimère
Qui sur ses sens troublés ait su prendre crédit.
    Ah! fasse le ciel équitable

---

(1) Ces deux vers sont un modèle de l'art avec lequel on peut faire passer les idées les plus libres, en les enveloppant d'expressions vagues et indéfinies. Trop fixer l'attention du lecteur sur ce que signifient ces *rapports* et ces *différences*, ce seroit faire le contraire de ce qu'a fait le poëte, et mériter le reproche d'indécence, en le louant de l'avoir évité.

(2) L'Amphitryon de Molière est un peu plus esprit fort que l'Amphitryon de Plaute. Celui-ci croit que son représentant, son double, est un *veneficus*, c'est-à-dire un magicien, un sorcier, un enchanteur. Cette croyance, assez peu digne d'un homme de son rang, au moins selon nos idées, affoiblit le comique de sa situation, en lui donnant un moyen d'expliquer la ressemblance merveilleuse qui existe entre Jupiter et lui. L'Amphitryon françois, qui rejette loin de lui ces préjugés populaires, est dans une perplexité bien plus grande, puisqu'il ne sait absolument à quoi attribuer cette espèce de prestige; et sa situation en est aussi beaucoup plus plaisante.

Que ce penser soit véritable,
Et que, pour mon bonheur, elle ait perdu l'esprit! (1)

SCÈNE II.

MERCURE, AMPHITRYON.

MERCURE, *sur le balcon de la maison d'Amphitryon,
sans être vu ni entendu d'Amphitryon.*

Comme l'amour ici ne m'offre aucun plaisir,
Je m'en veux faire au moins qui soient d'autre nature,
Et je vais égayer mon sérieux loisir
A mettre Amphitryon hors de toute mesure.
Cela n'est pas d'un dieu bien plein de charité :
Mais aussi n'est-ce pas ce dont je m'inquiète ;
Et je me sens, par ma planète,
A la malice un peu porté. (2)

---

(1) Ce que le personnage vient de faire et ce qu'il va faire, voilà, en général, tout le fond des monologues de Plaute. Celui qu'il met ici dans la bouche d'Amphitryon est de cette espèce. Le général thébain se borne à dire qu'il a inutilement cherché Naucratès en tous lieux, et qu'il va entrer chez lui pour savoir de sa femme qui est celui qui l'a si bien remplacé pendant son absence. Molière fait plus et fait mieux. Il nous ouvre l'ame d'Amphitryon. Nous y voyons de combien de pensers divers et confus ce malheureux époux a été agité durant sa recherche infructueuse. L'action doit s'expliquer d'elle-même ; mais souvent l'intérieur des personnages ne peut être connu que par leurs propres révélations ; et c'est là le seul emploi des monologues que l'art perfectionné veuille admettre.

(2) Il est assez singulier que Mercure ait foi à l'astrologie judiciaire, et qu'un dieu se croie, comme un simple mortel, soumis à l'influence des planètes. Au reste, Mercure entend-il, par *sa planète*, celle qui porte son nom ? Il est certain qu'elle passoit pour fort maligne, et que ceux qui naissoient sous son ascendant, devoient avoir beaucoup de malice en partage.

AMPHITRYON.

D'où vient donc qu'à cette heure on ferme cette porte?

MERCURE.

Holà! tout doucement. Qui frappe?

AMPHITRYON, *sans voir Mercure.*

Moi.

MERCURE.

Qui, moi?

AMPHITRYON, *apercevant Mercure qu'il prend pour Sosie.*

Ah! ouvre.

MERCURE.

Comment, ouvre! Et qui donc es-tu, toi
Qui fais tant de vacarme et parles de la sorte?

AMPHITRYON.

Quoi! tu ne me connois pas?

MERCURE.

Non,
Et n'en ai pas la moindre envie. (1)

AMPHITRYON, *à part.*

Tout le monde perd-il aujourd'hui la raison?
Est-ce un mal répandu? Sosie! holà, Sosie!

MERCURE.

Hé bien, Sosie! oui, c'est mon nom;

---

(1) Ce trait n'est pas dû à Plaute, mais à Rotrou, dont voici les vers:

AMPHITRYON.

Connois-tu qui te parle? et sais-tu qui je suis?

MERCURE.

Ni je ne te connois, ni ne te veux connoître.

As-tu peur que je ne l'oublie?

AMPHITRYON.

Me vois-tu bien?

MERCURE.

Fort bien. Qui peut pousser ton bras
A faire une rumeur si grande?
Et que demandes-tu là-bas?

AMPHITRYON.

Moi, pendard! ce que je demande?

MERCURE.

Que ne demandes-tu donc pas?
Parle, si tu veux qu'on t'entende. (1)

AMPHITRYON.

Attends, traître : avec un bâton
Je vais là-haut me faire entendre,
Et de bonne façon t'apprendre
A m'oser parler sur ce ton.

MERCURE.

Tout beau! si pour heurter tu fais la moindre instance,
Je t'enverrai d'ici des messagers fâcheux.

AMPHITRYON.

O ciel! vit-on jamais une telle insolence?

---

(1) Encore emprunté à Rotrou :

MERCURE.

Achève, que veux-tu?

AMPHITRYON.

Traître! ce que je veux!

MERCURE.

Que ne veux-tu donc point?

La peut-on concevoir d'un serviteur, d'un gueux?

MERCURE.

Hé bien! qu'est-ce? M'as-tu tout parcouru par ordre?
M'as-tu de tes gros yeux assez considéré?
Comme il les écarquille, et paroît effaré!
   Si des regards on pouvoit mordre,
   Il m'auroit déja déchiré. (1)

AMPHITRYON.

Moi-même je frémis de ce que tu t'apprêtes
   Avec ces impudens propos.
Que tu grossis pour toi d'effroyables tempêtes!
Quels orages de coups vont fondre sur ton dos! (2)

MERCURE.

L'ami, si de ces lieux tu ne veux disparoître,
Tu pourras y gagner quelque contusion.

AMPHITRYON.

Ah! tu sauras, maraud, à ta confusion,
Ce que c'est qu'un valet qui s'attaque à son maître.

MERCURE.

Toi, mon maître? (3)

---

(1) Encore emprunté à Rotrou:
  Hé bien! m'as-tu, stupide, assez considéré?
  Si l'on mangeoit des yeux, il m'auroit dévoré.

(2) Encore emprunté à Rotrou:
  Quel orage de coups va pleuvoir sur ta tête!
  Moi-même j'ai pitié des maux que je t'apprête.

(3) Toujours emprunté à Rotrou:
   AMPHITRYON.
  Misérable est le serf qui s'attaque à son maître.
   MERCURE.
  Toi, mon maître?

AMPHITRYON.
Oui, coquin. M'oses-tu méconnoître?

MERCURE.
Je n'en reconnois point d'autre qu'Amphitryon.

AMPHITRYON.
Et cet Amphitryon, qui, hors moi, le peut être?

MERCURE.
Amphitryon?

AMPHITRYON.
Sans doute.

MERCURE.
Ah! quelle vision!
Dis-nous un peu, quel est le cabaret honnête
Où tu t'es coiffé le cerveau?

AMPHITRYON.
Comment! encore?

MERCURE.
Étoit-ce un vin à faire fête?

AMPHITRYON.
Ciel!

MERCURE.
Étoit-il vieux, ou nouveau?

AMPHITRYON.
Que de coups!

MERCURE.
Le nouveau donne fort dans la tête,
Quand on le veut boire sans eau. (1)

---

(1) Ni dans Plaute, ni dans Rotrou, le faux Sosie ne pousse l'inso‑
lence aussi loin, et ces reproches d'ivrognerie adressés à un maître par

AMPHITRYON.

Ah! je t'arracherai cette langue, sans doute.

MERCURE.

Passe, mon cher ami, crois-moi; *
Que quelqu'un ici ne t'écoute. (1)
Je respecte le vin (2). Va-t'en, retire-toi,
Et laisse Amphitryon dans les plaisirs qu'il goûte.

AMPHITRYON.

Comment! Amphitryon est là-dedans?

MERCURE.

Fort bien;
Qui, couvert des lauriers d'une victoire pleine,
Est auprès de la belle Alcmène,
A jouir des douceurs d'un aimable entretien.
Après le démêlé d'un amoureux caprice,
Ils goûtent le plaisir de s'être rajustés. (3)

VARIANTE. * *Passe, mon pauvre ami, crois-moi.*

---

son valet, ou celui qu'il croit tel, ajoutent encore à la fureur d'Amphitryon, au danger du véritable Sosie, et par là même au plaisir du spectateur.

(1) Passe, mon cher ami, crois-moi,
Que quelqu'un ici ne t'écoute.

Il y a ellipse : passe (sous-entendu *de peur*) *que quelqu'un ici ne t'écoute.*

(2) M. Picard a emprunté ce mot plaisant et l'a placé dans ses *Visitandines*; le jardinier du couvent et le cocher de la diligence, ivres tous deux, se disent l'un à l'autre :

..... Passez votre chemin :
J'ai toujours respecté le vin.

(3) Dans l'*Amphitryon* de Plaute, Mercure dit plus que crûment, *corpore corpus incubat.* Qu'à ces mots d'une indécence intraduisible, on

Garde-toi de troubler leurs douces privautés,
Si tu ne veux qu'il ne punisse
L'excès de tes témérités. (1)

SCÈNE III.

AMPHITRYON, *seul*.

Ah! quel étrange coup m'a-t-il porté dans l'ame!
En quel trouble cruel jette-t-il mon esprit!
Et, si les choses sont comme le traître dit,
Où vois-je ici réduits mon honneur et ma flamme!
A quel parti me doit résoudre ma raison?
Ai-je l'éclat ou le secret à prendre? (2)
Et dois-je, en mon courroux, renfermer ou répandre
Le déshonneur de ma maison!
Ah! faut-il consulter dans un affront si rude?
Je n'ai rien à prétendre, et rien à ménager;
Et toute mon inquiétude
Ne doit aller qu'à me venger.

---

compare l'honnête et élégante paraphrase qu'en fait ici Molière, et l'on pourra juger, dans un seul trait, la différence des deux théâtres sous le rapport des bienséances du langage.

(1)   Si tu ne veux qu'il ne punisse
     L'excès de tes témérités.

Il est évident qu'il y a une négation de trop. Il falloit, *si tu veux qu'il ne punisse pas*, ou, *si tu ne veux qu'il punisse*.

(2)   Ai-je l'éclat ou le secret à prendre?

Pour, ai-je à prendre le parti de l'éclat ou celui du secret? L'ellipse n'est pas heureuse.

SCÈNE IV.

AMPHITRYON, SOSIE, NAUCRATÈS
ET **POLIDAS** *dans le fond du théâtre.*

sosie, *à Amphitryon.*

Monsieur, avec mes soins, tout ce que j'ai pu faire,
C'est de vous amener ces messieurs que voici.

AMPHITRYON.

Ah ! vous voilà !

SOSIE.

Monsieur.

AMPHITRYON.

Insolent ! téméraire !

SOSIE.

Quoi ?

AMPHITRYON.

Je vous apprendrai de me traiter ainsi. [1]

SOSIE.

Qu'est-ce donc ? qu'avez-vous ?

AMPHITRYON, *mettant l'épée à la main.*

Ce que j'ai, misérable !

---

(1) ... Je vous apprendrai de me traiter ainsi.
Tout le monde sait qu'il faudroit, *je vous apprendrai à me traiter ainsi.*
Un poëte que l'hiatus gêne, peut-il substituer une préposition à une autre ? ne devroit-il pas plutôt faire choix d'une expression qui concilliât ce qu'il doit à la langue avec ce que la versification exige ? Les licences doivent être rachetées par des beautés, et ce n'est point ici le cas.

ACTE III, SCÈNE IV.

SOSIE, *à Naucratès et à Polidas.*

Holà, messieurs! venez donc tôt.

NAUCRATÈS, *à Amphitryon.*

Ah! de grace, arrêtez.

SOSIE.

De quoi suis-je coupable?

AMPHITRYON.

Tu me le demandes, maraud!
(*à Naucratès.*)
Laissez-moi satisfaire un courroux légitime.

SOSIE.

Lorsque l'on pend quelqu'un, on lui dit pourquoi c'est. [1]

NAUCRATÈS, *à Amphitryon.*

Daignez nous dire au moins quel peut être son crime.

SOSIE.

Messieurs, tenez bon, s'il vous plaît.

AMPHITRYON.

Comment! il vient d'avoir l'audace
De me fermer la porte au nez,
Et de joindre encor la menace
A mille propos effrénés!
(*voulant le frapper.*)
Ah! coquin!

SOSIE, *tombant à genoux.*

Je suis mort.

NAUCRATÈS, *à Amphitryon.*

Calmez cette colère.

---

[1] Vers devenu proverbe.

SOSIE.

Messieurs.

POLIDAS, *à Sosie.*

Qu'est-ce?

SOSIE.

M'a-t-il frappé?

AMPHITRYON.

Non, il faut qu'il ait le salaire
Des mots où tout à l'heure il s'est émancipé.

SOSIE.

Comment cela se peut-il faire,
Si j'étois par votre ordre autre part occupé?
Ces messieurs sont ici pour rendre témoignage,
Qu'à dîner avec vous je les viens d'inviter.

NAUCRATÈS.

Il est vrai qu'il nous vient de faire ce message,
Et n'a point voulu nous quitter.

AMPHITRYON.

Qui t'a donné cet ordre?

SOSIE.

Vous.

AMPHITRYON.

Et quand?

SOSIE.

Après votre paix faite,
Au milieu des transports d'une ame satisfaite
D'avoir d'Alcmène apaisé le courroux.

(*Sosie se relève.*)

AMPHITRYON.

O ciel! chaque instant, chaque pas

ACTE III, SCÈNE IV.

Ajoute quelque chose à mon cruel martyre ;
   Et, dans ce fatal embarras,
Je ne sais plus que croire ni que dire.

NAUCRATÈS.

Tout ce que de chez vous il vient de nous conter,
   Surpasse si fort la nature,
Qu'avant que de rien faire et de vous emporter,
Vous devez éclaircir toute cette aventure.

AMPHITRYON.

Allons ; vous y pourrez seconder mon effort ;
Et le ciel à propos ici vous a fait rendre.
Voyons quelle fortune en ce jour peut m'attendre ;
Débrouillons ce mystère, et sachons notre sort.
   Hélas ! je brûle de l'apprendre,
   Et je le crains plus que la mort. [1]

(Amphitryon frappe à la porte de sa maison.)

---

[1] Cette scène est dans Plaute ; mais Plaute n'y fait paroître qu'un seul personnage appartenant à l'armée ou à la flotte : c'est le pilote Blépharon, que Sosie a été inviter à dîner de la part de Jupiter. Molière fait intervenir de la même façon deux capitaines, Naucratès et Polidas ; et dans une des scènes suivantes, Amphitryon en amènera deux autres, Argatiphontidas et Pausiclès. Il me semble que le nombre n'est pas ici une chose inutile et indifférente. Le miracle des deux Amphitryons gagne, du côté de l'effet, à avoir quatre témoins au lieu d'un ; car toujours l'impression reçue par les spectateurs est en proportion de celle qui est produite sur la scène. D'un autre côté, il seroit extraordinaire, d'après nos mœurs, qu'un général d'armée dans une conjoncture où il ne sauroit avoir trop de garans et de défenseurs de son bon droit, ne pût trouver pour l'assister qu'un seul personnage d'un rang inférieur, un simple pilote. C'est bien assez déja que, dans Molière comme dans Plaute, Amphitryon ait dérogé à sa dignité jusqu'à courir lui-même à pied toute la ville pour trouver un homme dont il avoit besoin.

SCÈNE V.

JUPITER, AMPHITRYON, NAUCRATÈS, POLIDAS, SOSIE.

JUPITER.

Quel bruit à descendre m'oblige ?
Et qui frappe en maître où je suis ?

AMPHITRYON.

Que vois-je ? justes dieux !

NAUCRATÈS.

Ciel ! quel est ce prodige ?
Quoi ! deux Amphitryons ici nous sont produits !

AMPHITRYON, *à part.*

Mon ame demeure transie !
Hélas ! je n'en puis plus, l'aventure est à bout ;
Ma destinée est éclaircie,
Et ce que je vois me dit tout.

NAUCRATÈS.

Plus mes regards sur eux s'attachent fortement,
Plus je trouve qu'en tout l'un à l'autre est semblable.

SOSIE, *passant du côté de Jupiter.*

Messieurs, voici le véritable ;
L'autre est un imposteur digne de châtiment.

POLIDAS.

Certes, ce rapport admirable
Suspend ici mon jugement.

ACTE III, SCÈNE V.

AMPHITRYON.

C'est trop être éludés * par un fourbe exécrable ; (1)
Il faut avec ce fer rompre l'enchantement.

NAUCRATÈS, *à Amphitryon qui a mis l'épée à la main.*

Arrêtez.

AMPHITRYON.

Laissez-moi.

NAUCRATÈS.

Dieux! que voulez-vous faire?

AMPHITRYON.

Punir d'un imposteur les lâches trahisons.

JUPITER.

Tout beau! l'emportement est fort peu nécessaire ;
Et lorsque de la sorte on se met en colère,
On fait croire qu'on a de mauvaises raisons. (2)

SOSIE.

Oui, c'est un enchanteur qui porte un caractère
Pour ressembler aux maîtres des maisons.

AMPHITRYON, *à Sosie.*

Je te ferai pour ton partage,
Sentir par mille coups ces propos outrageans.

VARIANTE. * *C'est trop être éludé.*

---

(1)   C'est trop être éludés par un fourbe exécrable.
Éludé est la traduction littérale du participe latin *elusus* qui veut dire, trompé, attrapé, dupé, joné; mais *éludé* n'a pas ce sens en françois où il signifie seulement, évité avec adresse. L'expression de Molière est donc tout-à-fait impropre.

(2) C'est ce qu'on a dit à Jupiter lui-même: *Tu te fâches, Jupiter: donc tu as tort.*

SOSIE.

Mon maître est homme de courage,
Et ne souffrira point que l'on batte ses gens.

AMPHITRYON.

Laissez-moi m'assouvir dans mon courroux extrême,
Et laver mon affront au sang d'un scélérat.

NAUCRATÈS, *arrêtant Amphitryon.*

Nous ne souffrirons point cet étrange combat
    D'Amphitryon contre lui-même.

AMPHITRYON.

Quoi! mon honneur de vous reçoit ce traitement!
Et mes amis d'un fourbe embrassent la défense!
Loin d'être les premiers à prendre ma vengeance,
Eux-mêmes font obstacle à mon ressentiment!

NAUCRATÈS.

    Que voulez-vous qu'à cette vue
      Fassent nos résolutions,
    Lorsque par deux Amphitryons
Toute notre chaleur demeure suspendue?
A vous faire éclater notre zèle aujourd'hui,
Nous craignons de faillir et de vous méconnoître.
Nous voyons bien en vous Amphitryon paroître,
Du salut des Thébains le glorieux appui;
Mais nous le voyons tous aussi paroître en lui,
Et ne saurions juger dans lequel il peut être.
    Notre parti n'est point douteux,
Et l'imposteur par nous doit mordre la poussière;
Mais ce parfait rapport le cache entre vous deux;
    Et c'est un coup trop hasardeux
    Pour l'entreprendre sans lumière.

Avec douceur laissez-nous voir
De quel côté peut être l'imposture;
Et, dès que nous aurons démêlé l'aventure,
Il ne nous faudra point dire notre devoir.

JUPITER.

Oui, vous avez raison; et cette ressemblance
A douter de tous deux vous peut autoriser.
Je ne m'offense point de vous voir en balance;
Je suis plus raisonnable, et sais vous excuser.
L'œil ne peut entre nous faire de différence,
Et je vois qu'aisément on s'y peut abuser.
Vous ne me voyez point témoigner de colère,
Point mettre l'épée à la main;
C'est un mauvais moyen d'éclaircir ce mystère,
Et j'en puis trouver un plus doux et plus certain.
L'un de nous est Amphitryon;
Et tous deux à vos yeux nous le pouvons paroître.
C'est à moi de finir cette confusion;
Et je prétends me faire à tous si bien connoître,
Qu'aux pressantes clartés de ce que je puis être
Lui-même soit d'accord du sang qui m'a fait naître,
Et n'ait plus de rien dire aucune occasion.
C'est aux yeux des Thébains que je veux avec vous
De la vérité pure ouvrir la connoissance;
Et la chose sans doute est assez d'importance
Pour affecter la circonstance
De l'éclaircir aux yeux de tous.
Alcmène attend de moi ce public témoignage;
Sa vertu, que l'éclat de ce désordre outrage,
Veut qu'on la justifie, et j'en vais prendre soin.
C'est à quoi mon amour envers elle m'engage;
Et des plus nobles chefs je fais un assemblage

Pour l'éclaircissement dont sa gloire a besoin.
Attendant avec vous ces témoins souhaités,
   Ayez, je vous prie, agréable
   De venir honorer la table
   Où vous a Sosie invités.

SOSIE.

Je ne me trompois pas, messieurs; ce mot termine
   Toute l'irrésolution;
   Le véritable Amphitryon
   Est l'Amphitryon où l'on dîne. (1)

AMPHITRYON.

O ciel! puis-je plus bas me voir humilié?
Quoi! faut-il que j'entende ici, pour mon martyre,
Tout ce que l'imposteur, à mes yeux, vient de dire,

---

(1)   Le véritable Amphitryon
   Est l'Amphitryon où l'on dîne.

Excellente saillie comique qui est devenue proverbe. On y a repris une faute: *où*, a-t-on dit, ne peut se rapporter aux personnes, et signifier, *chez qui*. La faute est bien légère, et elle pourroit être justifiée par de nombreux exemples. Corneille n'a-t-il pas dit dans *le Menteur*?

   De ces sages coquettes
 Où peuvent tous venans débiter leurs fleurettes.

Au reste, et la plaisanterie et la faute appartiennent à Rotrou. Deux des capitaines d'Amphitryon hésitant entre Jupiter et lui, l'un d'eux demande qui des deux Amphitryons les a invités à dîner, et, comme le dieu répond que c'est lui, il traite son général de fourbe, et lui dit:

 Point, point d'Amphitryon où l'on ne dîne point.

Le trait est beaucoup mieux placé et beaucoup plus comique dans la bouche d'un valet gourmand. Quoi qu'il en soit, Plaute peut en avoir donné l'idée à Rotrou. Jupiter, apercevant Blépharon que Sosie a été inviter de sa part à dîner, dit: « Voici Sosie et Blépharon. Je vais les « appeler: Sosie, viendrez-vous enfin? vous me faites bien attendre à « dîner. » Sur quoi Sosie dit à Blépharon: « Ne vous avois-je pas bien « dit que celui qui est avec nous est le sorcier? »

Et que, dans la fureur que ce discours m'inspire,
On me tienne le bras lié!

NAUCRATÈS, *à Amphitryon.*

Vous vous plaignez à tort. Permettez-nous d'attendre
L'éclaircissement qui doit rendre
Les ressentimens de saison.
Je ne sais pas s'il impose; [1]
Mais il parle sur la chose
Comme s'il avoit raison.

AMPHITRYON.

Allez, foibles amis, et flattez l'imposture :
Thèbes en a pour moi de tout autres que vous ;
Et je vais en trouver qui, partageant l'injure,
Sauront prêter la main à mon juste courroux.

JUPITER.

Hé bien! je les attends, et saurai décider
Le différent en leur présence.

AMPHITRYON.

Fourbe, tu crois par là peut-être t'évader ;
Mais rien ne te sauroit sauver de ma vengeance.

JUPITER.

A ces injurieux propos
Je ne daigne à présent répondre ;
Et tantôt je saurai confondre

---

(1)   Je ne sais pas s'il impose.

Imposer, employé absolument, ne signifioit guère autrefois que, mentir, en faire accroire. Depuis il a signifié aussi, donner par son maintien, par son air, une certaine opinion de soi, imprimer une sorte de respect ; et l'usage alors a sagement établi la distinction des deux significations, en voulant qu'on dit, *en imposer*, pour dire, être imposteur, et *imposer*, tout seul, pour dire, être imposant.

Cette fureur avec deux mots.

AMPHITRYON.

Le ciel même, le ciel ne t'y sauroit soustraire;
Et jusques aux enfers j'irai suivre tes pas.

JUPITER.

Il ne sera pas nécessaire;
Et l'on verra tantôt que je ne fuirai pas.

AMPHITRYON, *à part.*

Allons, courons, avant que d'avec eux il sorte,
Assembler des amis qui suivent mon courroux;
Et chez moi venons à main forte
Pour le percer de mille coups. (1)

---

(1) Dans Plaute, la scène qui répond à celle-ci, est conçue et exécutée différemment. Au lieu des deux capitaines Naucratès et Polidas, il n'y a toujours que le pilote Blépharon, devant qui Amphitryon et Jupiter s'injurient, se prennent à la gorge, et finissent par faire valoir leurs raisons d'une manière un peu moins héroïque. Blépharon, pris pour arbitre entre eux, interroge d'abord Amphitryon sur certaines circonstances secrètes qui ont précédé le combat. Amphitryon commence les réponses, et toujours Jupiter les achève : en sorte qu'ils paroissent également bien informés l'un et l'autre des choses qu'un seul devroit savoir. Cette scène a l'inconvénient de répéter celle où Mercure se montre si bien instruit de ce que Sosie a fait seul et sans témoin; et elle la répète si exactement que la plaisanterie, *on n'y peut dire rien s'il n'étoit dans la bouteille*, s'y trouve employée de nouveau avec un simple changement dans les termes : *Intùs in crumenâ clausum alterum esse oportuit.* « Assurément l'un des deux étoit enfermé dans la cassette. » Madame Dacier dit à ce sujet : « Molière n'a point touché cela dans sa « pièce et je ne devine pas ce qui peut l'avoir obligé de laisser le plus « bel incident. » Madame Dacier connoissoit parfaitement les anciens, et les traduisoit avec exactitude, quoique sans grace; mais elle entendoit peu le théâtre, et elle auroit dû songer que Molière, habitué à embellir, à perfectionner tout ce qu'il empruntoit, n'étoit pas homme à négliger un *bel incident*, qui lui auroit été fourni par son sujet ou par son modèle.

SCÈNE VI.

JUPITER, NAUCRATÈS, POLIDAS, SOSIE.

JUPITER.

Point de façon, je vous conjure;
Entrons vite dans la maison.

NAUCRATÈS.

Certes, toute cette aventure
Confond le sens et la raison.

SOSIE.

Faites trêve, messieurs, à toutes vos surprises;
Et, pleins de joie, allez tabler jusqu'à demain. (1)

(*seul.*)

Que je vais m'en donner, et me mettre en beau train
De raconter nos vaillantises!
Je brûle d'en venir aux prises;
Et jamais je n'eus tant de faim. (2)

---

(1)   Et, pleins de joie, allez tabler jusqu'à demain.
Tabler, ancien terme du jeu de trictrac, n'est plus en usage qu'au figuré et dans cette phrase, *vous pouvez tabler là-dessus,* c'est-à-dire, compter, faire fond là-dessus. Molière est peut-être le seul écrivain qui ait donné à ce verbe l'acception qu'il a ici, celle de, tenir table, acception qui ne s'est pas établie, même dans le langage populaire.

(2) Depuis cette petite scène inclusivement jusqu'à l'apparition de Jupiter sous sa véritable forme, la pièce de Molière cesse tout-à-fait de ressembler à celle de Plaute. Dans celle-ci, Blépharon, au lieu d'entrer pour prendre sa part du dîner auquel il a été convié, dit qu'il a des affaires, et laisse-là les deux Amphitryons s'accorder entre eux, s'ils le peuvent. Jupiter rentre dans la maison, parce qu'en ce moment Alcmène accouche; et Amphitryon, de son côté, veut y rentrer aussi pour tuer tout le monde, *valet, servante, femme, galant, père et grand père,*

SCÈNE VII.

MERCURE, SOSIE.

MERCURE.

Arrête. Quoi! tu viens ici mettre ton nez,
　　Impudent fleureur de cuisine! * (1)

SOSIE.

Ah! de grace, tout doux!

MERCURE.

　　　　　　Ah! vous y retournez!
Je vous ajusterai l'échine.

SOSIE.

　　Hélas! brave et généreux moi,

VARIANTE. * Impudent flaireur de cuisine.

---

lorsqu'une suivante, toute épouvantée, vient lui raconter fort longuement les prodiges qui ont accompagné la délivrance d'Alcmène et la naissance des deux jumeaux dont l'un est Hercule. Elle lui apprend aussi que Jupiter s'est fait connoître pour le père de ce dernier enfant; et le débonnaire époux déclare qu'il n'est pas fâché de partager ce bien avec Jupiter:

> Pol me haud pœnitet
> Scilicet boni dimidium mihi dividere cum Jove.

Madame Dacier n'ose pas dire que Molière ait eu tort de laisser ces *beaux incidens*.

(1) 　　　　　Impudent fleureur de cuisine.

Suivant l'édition du dictionnaire de l'Académie, de 1694, le verbe *flairer* se prononçoit ordinairement *fleurer*. Il en devoit être de même du dérivé *flaireur*. Molière ne fait donc ici que peindre la prononciation de son temps, comme il l'a fait déja dans ce vers de *l'École des Maris:*

> Et soit des damoiseaux fleurée en liberté.

Modère-toi, je t'en supplie.
Sosie, épargne un peu Sosie,
Et ne te plais point tant à frapper dessus toi. (1)

MERCURE.

Qui de t'appeler de ce nom
A pu te donner la licence?
Ne t'en ai-je pas fait une expresse défense,
Sous peine d'essuyer mille coups de bâton?

SOSIE.

C'est un nom que tous deux nous pouvons à la fois
Posséder sous un même maître.
Pour Sosie en tous lieux on sait me reconnoître;
Je souffre bien que tu le sois,
Souffre aussi que je le puisse être.
Laissons aux deux Amphitryons
Faire éclater des jalousies;
Et, parmi leurs contentions,
Faisons en bonne paix vivre les deux Sosies.

MERCURE.

Non, c'est assez d'un seul, et je suis obstiné
A ne point souffrir de partage.

SOSIE.

Du pas devant sur moi tu prendras l'avantage; (2)

---

(1) *Dessus toi.* — *Dessus* qui aujourd'hui n'est qu'adverbe, s'employoit alors indifféremment comme adverbe et comme préposition.

(2)   Du pas devant sur moi tu prendras l'avantage.
On disoit alors, on dit encore aujourd'hui, *prendre le pas devant quelqu'un*, ou plus ordinairement, *sur quelqu'un*. Mais on n'a jamais dit, j'ai pris le pas devant sur lui. C'est un pléonasme vicieux que, dans

Je serai le cadet, et tu seras l'aîné.

MERCURE.

Non : un frère incommode, et n'est pas de mon goût,
Et je veux être fils unique.

SOSIE.

O cœur barbare et tyrannique !
Souffre qu'au moins je sois ton ombre.

MERCURE.

Point du tout.

SOSIE.

Que d'un peu de pitié ton ame s'humanise ;
En cette qualité souffre-moi près de toi :
Je te serai partout une ombre si soumise,
Que tu seras content de moi.

MERCURE.

Point de quartier ; immuable est la loi.
Si d'entrer là-dedans tu prends encor l'audace,
Mille coups en seront le fruit.

SOSIE.

Las ! à quelle étrange disgrace,
Pauvre Sosie, es-tu réduit !

MERCURE.

Quoi ! ta bouche se licencie
A te donner encore un nom que je défends !

---

cette pièce où il emploie des vers de toute mesure, Molière pouvoit bien facilement éviter en disant :

Du pas sur moi tu prendras l'avantage.

Il auroit évité de plus la consonnance désagréable de *devant* et *avantage*.

SOSIE.

Non, ce n'est pas moi que j'entends ;
Et je parle d'un vieux Sosie
Qui fut jadis de mes parens,
Qu'avec très-grande barbarie,
A l'heure du dîner, l'on chassa de céans.

MERCURE.

Prends garde de tomber dans cette frénésie,
Si tu veux demeurer au nombre des vivans.

SOSIE, *à part.*

Que je te rosserois si j'avois du courage,
Double fils de putain, de trop d'orgueil enflé ! (1)

MERCURE.

Que dis-tu ?

SOSIE.

Rien.

MERCURE.

Tu tiens, je crois, quelque langage.

SOSIE.

Demandez, je n'ai pas soufflé. (2)

MERCURE.

Certain mot de fils de putain

---

(1) Le mot libre et grossier que renferme ce vers, l'étoit un peu moins alors sans doute, puisqu'on supportoit de l'entendre dire sur un théâtre.

(2) Comme il n'y a en scène que Mercure et Sosie, Sosie ne peut adresser ce vers qu'aux spectateurs, ce qui est une faute contre la vérité dramatique ; à moins qu'on ne suppose que Sosie, troublé par la peur, oublie qu'il est seul avec Mercure.

A pourtant frappé mon oreille, ⁽¹⁾
Il n'est rien de plus certain.

SOSIE.

C'est donc un perroquet que le beau temps réveille. ⁽²⁾

MERCURE.

Adieu. Lorsque le dos pourra te démanger,
Voilà l'endroit où je demeure.

SOSIE, *seul*.

O ciel! que l'heure de manger,
Pour être mis dehors, est une maudite heure!
Allons, cédons au sort dans notre affliction,
Suivons-en aujourd'hui l'aveugle fantaisie;
Et, par une juste union,
Joignons le malheureux Sosie
Au malheureux Amphitryon.
Je l'aperçois venir en bonne compagnie. ⁽³⁾

---

(1) On croiroit que Voltaire s'est rappelé ces deux vers d'*Amphitryon*, lorsque, dans un poëme qu'on désigne suffisamment en ne le nommant point, il a dit :

> Double fils de p....., nettement prononcé,
> Frappe au tympan de son oreille altière.

(2) Les Grecs, au temps de la naissance d'Hercule, ne connoissoient point encore les perroquets. Les premiers qui parurent en Grèce, furent apportés de l'île Taprobane, par un commandant de la flotte d'Alexandre. On pense bien que cette remarque n'a pas pour objet de reprocher un anachronisme à Molière : celui-ci est un des moins graves qu'il fût possible de commettre.

(3) Sosie ne se dément pas un seul instant. Toujours poltron, toujours gourmand, toujours malencontreux, battu ou menacé chaque fois qu'il parle, repoussé de chez lui chaque fois qu'il y veut entrer, il y a peu de personnages qui fassent tant rire, avec aussi peu d'envie de rire

SCÈNE VIII.

AMPHITRYON, ARGATIPHONTIDAS, PAUSICLÈS;
SOSIE, *dans un coin du théâtre, sans être aperçu.*

AMPHITRYON, *à plusieurs autres officiers qui l'accompagnent.*

Arrêtez là, messieurs; suivez-nous d'un peu loin,
    Et n'avancez tous, je vous prie,
    Que quand il en sera besoin.

PAUSICLÈS.

Je comprends que ce coup doit fort toucher votre ame.

AMPHITRYON.

Ah! de tous les côtés mortelle est ma douleur,
    Et je souffre pour ma flamme
    Autant que pour mon honneur.

PAUSICLÈS.

Si cette ressemblance est telle que l'on dit,
    Alcmène, sans être coupable...

---

eux-mêmes. Il me semble qu'on ne peut songer à Sosie sans se souvenir de Sancho-Pança.

J'ai déja dit que ni cette scène ni la suivante n'existent dans l'*Amphitryon* de Plaute; mais elles sont dans *les Deux Sosies* de Rotrou, où Molière en a pris l'idée, en imitant même quelques vers, tels que ceux-ci qui appartiennent à la scène qu'on vient de lire:

SOSIE.

Sosie, hélas! ta main sur toi-même se lasse.
Tu frappes sur Sosie. Arrête, épargne-toi.
....

MERCURE.

Adieu. Quand tu voudras, ce bras à ton service
Te fournira toujours une heure d'exercice.

####### AMPHITRYON.

Ah! sur le fait dont il s'agit,
L'erreur simple devient un crime véritable,
Et, sans consentement, l'innocence y périt. (1)
De semblables erreurs, quelque jour qu'on leur donne,
   Touchent les endroits délicats;
  Et la raison bien souvent les pardonne,
Que l'honneur et l'amour ne les pardonnent pas.

####### ARGATIPHONTIDAS.

Je n'embarrasse point là-dedans ma pensée :
Mais je hais vos messieurs de leurs honteux délais;
Et c'est un procédé dont j'ai l'ame blessée,
Et que les gens de cœur n'approuveront jamais.
Quand quelqu'un nous emploie, on doit, tête baissée,
   Se jeter dans ses intérêts.
Argatiphontidas ne va point aux accords.
Écouter d'un ami raisonner l'adversaire,
Pour des hommes d'honneur n'est point un coup à faire;
Il ne faut écouter que la vengeance alors.
   Le procès ne me sauroit plaire,
Et l'on doit commencer toujours, dans ses transports,
   Par bailler, sans autre mystère,
   De l'épée au travers du corps.
   Oui, vous verrez, quoi qu'il avienne,
Qu'Argatiphontidas marche droit sur ce point;
   Et de vous il faut que j'obtienne
   Que le pendard ne meure point

---

(1) L'idée de ces vers appartient à Rotrou. L'Amphitryon des *Deux Sosies* répond de même au capitaine qui essaie de justifier Alcmène :
  Elle a failli pourtant d'une ou d'autre façon.
  S'agissant de l'honneur, l'erreur même est un crime;
  Rien ne peut que la mort rétablir son estime.

ACTE III, SCÈNE VIII.

D'une autre main que de la mienne. ⁽¹⁾

AMPHITRYON.

Allons.

SOSIE, *à Amphitryon.*

Je viens, monsieur, subir, à deux genoux,
Le juste châtiment d'une audace maudite.
Frappez, battez, chargez, accablez-moi de coups,
  Tuez-moi dans votre courroux,
  Vous ferez bien, je le mérite;
Et je n'en dirai pas un seul mot contre vous.

AMPHITRYON.

Lève-toi. Que fait-on?

SOSIE.

  L'on m'a chassé tout net;
Et, croyant à manger m'aller comme eux ébattre,
  Je ne songois pas qu'en effet
  Je m'attendois là pour me battre.
Oui, l'autre moi, valet de l'autre vous, a fait
  Tout de nouveau le diable à quatre.
  La rigueur d'un pareil destin,
  Monsieur, aujourd'hui nous talonne;
  Et l'on me des-Sosie enfin
  Comme on vous des-Amphitryonne. ⁽²⁾

---

(1) La mode des seconds qui épousoient toute espèce de querelle, sans presque daigner s'enquérir du sujet, et qui auroient cru se déshonorer en cherchant à concilier deux hommes prêts à se battre, au lieu de se battre en même temps qu'eux, cette mode n'étoit pas encore tout-à-fait passée. Molière la tourne ici en ridicule dans la personne d'Argatiphontidas, dont l'humeur spadassine et fanfaronne est assez conforme à son nom qui signifie, tueur de serpens.

(2)   Et l'on me des-Sosie enfin,
  Comme on vous des-Amphitryonne.

Molière, moins grand forgeur de mots que Plaute, l'est avec beaucoup

AMPHITRYON.

Suis-moi.

SOSIE.

N'est-il pas mieux de voir s'il vient personne? (1)

SCÈNE IX.

CLÉANTHIS, AMPHITRYON, ARGATIPHONTIDAS, POLIDAS, NAUCRATÈS, PAUSICLÈS, SOSIE.

CLÉANTHIS.

O ciel!

AMPHITRYON.

Qui t'épouvante ainsi?
Quelle est la peur que je t'inspire?

CLÉANTHIS.

Las! vous êtes là-haut, et je vous vois ici!

NAUCRATÈS, *à Amphitryon.*

Ne vous pressez point; le voici,
Pour donner devant tous les clartés qu'on desire,
Et qui, si l'on peut croire à ce qu'il vient de dire,
Sauront vous affranchir de trouble et de souci.

---

plus de goût et de bonheur. *Des-Sosier* et *des-Amphitryonner* sont des expressions plaisantes dont le sens et le sel seroient également affoiblis dans la périphrase la mieux faite. Il en est de même du mot *Tartuffiée.*

(1) ... N'est-il pas mieux de voir s'il vient personne?
S'il vient personne, sans négation, n'est pas une faute contre la grammaire, puisque *personne* signifie, quelqu'un, en beaucoup de phrases, telles que celles-ci: *personne a-t-il jamais dit le contraire? Si jamais personne a été surpris, c'est moi.* Mais c'est du moins une faute contre l'usage; on ne diroit pas, *voyez si personne vient*, mais, *si personne ne vient, s'il ne vient personne.*

SCÈNE X.

MERCURE, AMPHITRYON, ARGATIPHONTIDAS, POLIDAS, NAUCRATÈS, PAUSICLÈS, CLÉANTHIS, SOSIE.

MERCURE.

Oui, vous l'allez voir tous; et sachez par avance
Que c'est le grand maître des dieux,
Que, sous les traits chéris de cette ressemblance,
Alcmène a fait du ciel descendre dans ces lieux.
Et, quant à moi, je suis Mercure,
Qui, ne sachant que faire, ai rossé tant soit peu
Celui dont j'ai pris la figure :
Mais de s'en consoler il a maintenant lieu ;
Et les coups de bâton d'un dieu
Font honneur à qui les endure.

SOSIE.

Ma foi, monsieur le dieu, je suis votre valet :
Je me serois passé de votre courtoisie.

MERCURE.

Je lui donne à présent congé d'être Sosie ; (1)
Je suis las de porter un visage si laid ;
Et je m'en vais au ciel, avec de l'ambroisie,
M'en débarbouiller tout-à-fait.

(*Mercure s'envole au ciel.*)

---

(1) Je lui donne à présent congé d'être Sosie.
Congé se disoit alors fréquemment pour, licence, permission. C'est l'acception qu'il a dans ce vers de *l'Étourdi :*

Je puis vous assurer que c'est sans mon congé.

SOSIE.

Le ciel de m'approcher t'ôte à jamais l'envie!
Ta fureur s'est par trop acharnée après moi;
   Et je ne vis de ma vie
   Un dieu plus diable que toi.

SCÈNE XI.

JUPITER, AMPHITRYON, NAUCRATÈS, ARGATI-PHONTIDAS, POLIDAS, PAUSICLÈS, CLÉAN-THIS, SOSIE.

JUPITER, *annoncé par le bruit du tonnerre, armé de son foudre, dans un nuage, sur son aigle.*

Regarde, Amphitryon, quel est ton imposteur;
Et sous tes propres traits vois Jupiter paroître.
A ces marques tu peux aisément le connoître;
Et c'est assez, je crois, pour remettre ton cœur
   Dans l'état auquel il doit être, (1)
Et rétablir chez toi la paix et la douceur.
Mon nom, qu'incessamment toute la terre adore,
Étouffe ici les bruits qui pouvoient éclater.
   Un partage avec Jupiter
   N'a rien du tout qui déshonore;
Et, sans doute, il ne peut être que glorieux
De se voir le rival du souverain des dieux.
Je n'y vois pour ta flamme aucun lieu de murmure;

---

(1)   Dans l'état auquel il doit être.
Comme on ne dit pas, *être à un état,* on ne peut pas dire, *l'état auquel il est.* Il faudroit, *l'état dans lequel,* et mieux encore, *l'état où il est, où il doit être.*

Et c'est moi, dans cette aventure,
Qui, tout dieu que je suis, dois être le jaloux.
Alcmène est toute à toi, quelque soin qu'on emploie;
Et ce doit à tes feux être un objet bien doux
De voir que, pour lui plaire, il n'est point d'autre voie
    Que de paroître son époux;
Que Jupiter, orné de sa gloire immortelle,
Par lui-même n'a pu triompher de sa foi;
    Et que ce qu'il a reçu d'elle
N'a, par son cœur ardent, été donné qu'à toi. (1)

SOSIE.

Le seigneur Jupiter sait dorer la pilule. (2)

JUPITER.

Sors donc des noirs chagrins que ton cœur a soufferts,
Et rends le calme entier à l'ardeur qui te brûle;
Chez toi doit naître un fils qui, sous le nom d'Hercule,
Remplira de ses faits tout le vaste univers.
L'éclat d'une fortune en mille biens féconde,
Fera connoître à tous que je suis ton support;
    Et je mettrai tout le monde
    Au point d'envier ton sort.
    Tu peux hardiment te flatter

---

(1) Ce compliment adressé par Jupiter à Amphitryon n'est point dans Plaute. Molière en a pris l'idée dans ces vers de Rotrou:

    Je suis le suborneur de ses chastes attraits,
        Qui, sans l'emprunt de ton image,
        Quelque beau que fût mon servage,
    Pour atteindre son cœur aurois manqué de traits.

(2) La pensée de ce vers appartient à Rotrou: Molière n'a fait que changer l'image. Rotrou avoit dit:

    On appelle cela lui sucrer le breuvage.

De ces espérances données.
C'est un crime que d'en douter.
Les paroles de Jupiter
Sont des arrêts des destinées. (1)

(*Il se perd dans les nues.*)

NAUCRATÈS.

Certes, je suis ravi de ces marques brillantes...

SOSIE.

Messieurs, voulez-vous bien suivre mon sentiment?
Ne vous embarquez nullement
Dans ces douceurs congratulantes :
C'est un mauvais embarquement;
Et, d'une et d'autre part, pour un tel compliment,
Les phrases sont embarrassantes.
Le grand dieu Jupiter nous fait beaucoup d'honneur,
Et sa bonté, sans doute, est pour nous sans seconde;
Il nous promet l'infaillible bonheur
D'une fortune en mille biens féconde,
Et chez nous il doit naître un fils d'un très-grand cœur.
Tout cela va le mieux du monde :
Mais enfin, coupons aux discours, (2)
Et que chacun chez soi doucement se retire.

---

(1) Tout le discours de Jupiter est noble et comique à-la-fois. Le sujet étoit délicat. Parler à un homme du plus grand outrage qu'on ait pu lui faire, et lui en parler de manière à ne pas l'outrager encore, telle étoit la tâche du dieu, et il l'a remplie à merveille.

(2) 　　　Mais enfin, coupons aux discours.
On dit, *couper court à quelqu'un*, et absolument, *couper court*, pour dire, abréger un discours, faire une réponse en peu de mots; mais on ne dit pas, *couper au discours*: cette expression n'est conforme ni à l'usage ni à la logique grammaticale.

Sur telles affaires toujours
Le meilleur est de ne rien dire. (1)

---

(1) Le dénouement est excellent, parce qu'il est nécessaire, indispensable. C'est celui d'une action où le merveilleux a régné, et qui ne peut être terminée que par l'intervention d'un dieu : *deus ex machina*. Jupiter a parlé fort dignement ; Amphitryon a fort sensément gardé le silence ; et notre ami Sosie a fini fort gaîment la pièce par ses sages réflexions sur l'inconvénient des congratulations en pareille circonstance.

FIN D'AMPHITRYON.

NOTICE

HISTORIQUE ET LITTÉRAIRE

Sur^f Amphitryon.

Amphitryon fut joué le 13 janvier 1668, et eut vingt-neuf représentations consécutives.

Le sujet, d'origine grecque, fut traité par Euripide et par Archippus, dont les pièces ne nous sont point parvenues. Il le fut ensuite par Plaute, qui en fit son chef-d'œuvre, et peut-être celui de la comédie latine. La pièce de Plaute amusa long-temps l'ancienne Rome; et, s'il en faut croire Arnobe, plusieurs siècles encore après la mort de l'auteur, on la jouoit dans les temps de calamité publique, afin d'apaiser la colère de Jupiter. Plaisant moyen d'honorer le maître des dieux et des hommes, que de le représenter abusant de son pouvoir suprême pour tromper une femme et déshonorer son mari! Peut-être croyoient-ils se le rendre propice en lui rappelant le souvenir d'une des plus agréables aventures que lui eussent procurées ses amoureux déguisemens.

Ce sujet indécent et merveilleux, qui choque à-la-fois la morale et la vraisemblance, étoit donné par la fable et consacré par un chef-d'œuvre de l'antiquité. Il n'en falloit pas moins pour qu'il osât se produire sur un théâtre moderne. Trente ans avant Molière, Rotrou l'avoit emprunté à Plaute et transporté sur notre scène naissante. *Les Sosies* sont une espèce de traduction de l'*Amphitryon* latin ; mais l'auteur a eu le goût d'en écarter les plus mauvaises plaisanteries de l'original, et le talent d'y ajouter quelques plaisanteries excellentes dont Molière s'est emparé pour les rendre meilleures encore.

Il étoit facile à Molière, mais il n'étoit pas suffisant pour lui, de faire oublier Rotrou. Il falloit qu'il l'emportât sur Plaute, leur modèle commun ; il falloit qu'à force de génie dans l'imitation, il parvînt à lui enlever ou du moins à partager avec lui la gloire de l'originalité. Il obtint cette victoire. Madame Dacier est la seule qui n'en soit pas convenue ; mais pouvoit-on exiger qu'elle fût juste envers un moderne qui avoit eu l'audace de lutter contre un ancien, surtout quand cet ancien avoit été traduit et commenté par elle (1) ?

---

(1) Voltaire a dit, et l'on a souvent répété d'après lui, que madame Dacier avoit fait une dissertation pour prouver que l'*Amphitryon* de Plaute étoit fort au-dessus de celui de Molière, mais qu'ayant entendu dire que Molière vouloit faire une comédie des *Femmes savantes*, elle supprima sa dissertation.

Quand *Amphitryon* fut représenté, en 1668, madame Dacier, qui n'étoit encore que mademoiselle Lefèvre, étoit âgée de dix-sept ans seulement ; et ce n'est qu'en 1683 qu'elle publia sa traduction de trois comédies de Plaute. La dissertation qui précède l'*Amphitryon* est terminée ainsi :
« Après cet examen de l'*Amphitryon* de Plaute, j'avois résolu de faire
« celui de l'*Amphitryon* de Molière ; mais je crois que ce que j'ai dit sur

On a prétendu que Boileau, partageant sur ce point les préventions de madame Dacier, préféroit l'*Amphitryon* de Plaute à celui de Molière. Qu'il ait blâmé les logomachies et les subtilités galantes du rôle de Jupiter, je le conçois sans peine : son goût pur et sévère put ne voir que la faute, sans daigner considérer qu'elle étoit peut-être inévitable, et que, d'ailleurs, il en résulte nombre d'agrémens qui la rachètent. Mais que le monologue insipide où Mercure raconte tout ce qu'on va voir et entendre, comme s'il craignoit qu'on n'y prît trop d'intérêt et de plaisir, lui ait semblé supérieur au charmant dialogue de Mercure et de la Nuit, qui prépare au merveilleux de l'action, sans la faire connoître ; surtout que le jeu du double *moi* lui ait paru plus ingénieux dans Plaute qui l'indique à peine, que dans Molière qui en a tiré un si grand parti d'après Rotrou, voilà de ces erreurs que Boileau ne pouvoit commettre, et qu'il y auroit une témérité presque sacrilège à lui imputer sur la périlleuse parole d'un auteur d'*ana*. Une fausse allégation de la part du sieur de Monchesnay me paroît chose beaucoup plus croyable qu'un jugement absurde de la part de Boileau.

« la comédie du poëte latin, peut suffire à ceux qui voudront bien ju-
« ger de celle du poëte françois. » Je ne doute pas que cette phrase n'ait donné lieu à l'anecdote rapportée par Voltaire qui n'a pas fait attention aux dates. C'est dix ans après la mort de Molière, et onze ans après la représentation des *Femmes savantes*, que madame Dacier a songé à examiner comparativement l'*Amphitryon* de Plaute et celui de Molière. Elle n'a donc pu être détournée par la crainte des *Femmes savantes*, du projet de publier une dissertation contre l'*Amphitryon* moderne.

Bayle, exempt de tout préjugé, même littéraire, et adorateur des anciens sans superstition, Bayle proclama hautement le triomphe du comique françois sur le comique latin. « Molière, dit-il, a pris beaucoup de choses de Plaute; « mais il leur donne un autre tour; et, s'il n'y avoit qu'à « comparer les deux pièces l'une avec l'autre pour décider la « dispute qui s'est élevée depuis quelque temps sur la supé- « riorité ou l'infériorité des anciens, je crois que M. Per- « rault gagneroit bientôt sa cause. Il y a des finesses et des « tours dans l'*Amphitryon* de Molière, qui surpassent de « beaucoup les railleries de l'*Amphitryon* latin. Combien de « choses n'a-t-il pas fallu retrancher de la comédie de Plaute, « qui n'eussent point réussi sur le théâtre françois! Combien « d'ornemens et de traits d'une nouvelle invention n'a-t-il « pas fallu que Molière ait insérés dans son ouvrage pour le « mettre en état d'être applaudi comme il l'a été! Par la « seule comparaison des prologues, on peut connoître que « l'avantage est du côté de l'auteur moderne. »

Cette supériorité si généralement attribuée à Molière, la création du rôle de Cléanthis suffisoit pour la lui assurer. Plaute étoit loin d'avoir tiré du double Sosie un aussi grand parti que du double Amphitryon. Le comique du sujet est fondé sur les méprises innocentes qu'une femme peut faire lorsqu'il se présente à elle un homme en tout semblable à son mari, et sur les douloureuses surprises que ce mari doit éprouver quand il s'entend raconter les caresses qu'un autre a reçues d'elle en son absence, mais pour son compte. Que le valet, double comme le maître, soit comme lui marié, et l'intrigue en deviendra doublement divertissante. Mais ce n'est pas assez d'augmenter le comique; il faut encore le varier. Le desir de posséder Alcmène a été la cause du déguisement de Jupiter; et c'est seulement pour seconder Jupiter dans son amoureuse entreprise, que Mercure a changé de forme. Le sort de Sosie n'a donc pas été le même que celui d'Amphitryon; et l'éclaircissement que chacun d'eux doit avoir avec sa femme, ne peut avoir le même caractère. Alcmène a reçu de Jupiter de vives marques de tendresse auxquelles elle a répondu par les siennes; et Amphitryon, qui l'apprend d'elle-même, s'abandonne aux transports furieux d'un homme outragé dans son amour et dans son honneur. Cléanthis, malgré ses avances, n'a éprouvé de la part de Mercure que des froideurs insultantes, et Sosie reçoit avec délice le torrent d'injures qu'attirent sur lui les heureux mépris du dieu qui l'a représenté. Alcmène, à chaque réponse qu'elle fait aux questions d'Amphitryon, lui enfonce un poignard dans le cœur, et ne comprend rien à ce désespoir d'un homme qu'elle a si bien traité. Cléanthis, à chaque réponse qu'elle fait aux questions de Sosie, le ravit d'aise, et n'entend rien à cette joie qui lui paroît un nouvel outrage. La situation des deux maris diffère entièrement : celle des femmes se ressemble par la colère qui leur est commune, quoique ayant des causes différentes. Enfin, si le valet échappe au sort dont son maître est la victime, la suivante devient tellement furieuse qu'elle menace de faire volontairement ce que sa maîtresse a fait sans le vouloir ni le savoir Cette complication d'intérêts et de sentimens, ce jeu d'oppositions et de rapports qui anime si plaisamment la scène, est entièrement dû au personnage de Cléanthis.

Ce rôle toutefois n'étoit qu'un embellissement dont l'ouvrage pouvoit se passer. Mais il est un point essentiel sur lequel Molière étoit forcé, par égard pour les opinions, ou, si l'on veut, pour les préjugés modernes, d'abandonner les traces de son original : je veux parler de la physionomie du personnage principal, d'Amphitryon. Molière est, sans contredit, de tous nos poëtes comiques celui qui a le plus souvent et le plus gaiement tiré parti de l'espèce de ridicule attachée à certaine disgrace qui menace les maris, et que désignoit de son temps une expression naïve repoussée par la délicatesse actuelle du langage. Il nous a montré des hommes qui craignoient cette disgrace sans l'éprouver ; d'autres qui l'eûssent éprouvée inévitablement s'ils s'y fussent exposés ; d'autres, enfin, qui, l'ayant affrontée, la méritoient, la redoutoient et la subissoient peut-être, mais dont le sort au moins n'avoit rien d'avéré, rien de positif. Les progrès de la civilisation n'avoient pas encore permis de mettre sur la scène l'adultère prouvé par les aveux de la coupable, et constaté par les fruits mêmes du crime. Molière, qui n'eût pas fait de lui-même ce grand pas dans la carrière dramatique, crut cependant pouvoir emprunter à l'antiquité fabuleuse et exposer aux regards du public un homme à qui sa femme apprend qu'un autre homme a joui de ses embrassemens. Pour les Grecs et pour les Romains, ce sujet, où le suborneur est un dieu et le plus puissant de tous, étoit sans doute un mystère édifiant : pour des François, ce ne pouvoit être au fond qu'une fable scandaleuse. Ajoutons que, du temps de Molière, un mari sentoit autrement l'infidélité de sa femme, que du temps de Plaute ; et que le malheur de l'un, comme le tort de l'autre, étoit autrement envisagé par la société. Considéré sous deux points de vue si différens, un tel sujet devoit être fort différemment traité dans plusieurs de ses parties. Les deux Amphitryons sont jaloux; mais il y a dans la jalousie de l'Amphitryon françois, plus d'amour, de susceptibilité et d'emportement. Les deux Alcmènes sont vertueuses et attachées à leurs maris; mais l'Alcmène françoise est plus passionnée dans sa tendresse et plus animée dans ses ressentimens. En tout, plus délicate et plus sensible, elle est aussi plus aimable. Il en résulte qu'Amphitryon lui-même en devient plus intéressant. L'amour que ressent pour lui une femme si digne d'en inspirer, cet amour que Jupiter lui envie, en même temps qu'il en usurpe sur lui les plus précieuses marques, contribue à relever son caractère, et à empêcher que, dans une situation toute risible, il ne soit personnellement ridicule. Enfin, tandis que, au dénouement, l'Amphitryon latin, avec une pieuse résignation que nous appellerions une lâche insensibilité, déclare qu'un partage avec Jupiter n'a rien dont il puisse s'affliger, l'Amphitryon françois dévore en silence ce glorieux affront, et, pour me servir des expressions mêmes du comique, n'avale qu'avec un extrême dégoût cette *pilule* que le seigneur Jupiter a si bien pris soin de *dorer*. Sosie même, Sosie, malgré la bassesse de sa condition et la grossièreté de ses mœurs, comprend cette délicatesse de son maître; car, lorsqu'un sot et indiscret ami, ébloui de la majesté du dieu et de la magnificence de ses promesses, ouvre la bouche pour complimenter Amphitryon, il la lui ferme par ces paroles pleines de sens et de comique, qui méritent de devenir la règle éternelle des bienséances en toute aventure pareille :

> ...... Coupons aux discours,
> Et que chacun chez soi doucement se retire.
> Sur telles affaires toujours
> Le meilleur est de ne rien dire.

Comme, chez les anciens, la tragédie et la comédie se joüoient sous le masque, il est probable que la facilité de donner à deux acteurs la même figure leur a suggéré l'idée de ces intrigues dramatiques qui se fondent sur la ressemblance de deux personnages. De là sans doute l'*Amphitryon* et *les Ménechmes*, deux sujets traités primitivement par les comiques grecs à qui Plaute les a empruntés. Dans le premier, la ressemblance est l'effet surnaturel de la volonté d'un dieu; dans le second, elle est un phénomène physique assez souvent observé chez les enfans nés d'un même accouchement. Hors de ces deux cas, toute ressemblance est un accident fortuit qui ne peut raisonnablement servir de base à l'action d'un drame régulier. Si la vraisemblance dramatique existe pour nous, comme pour les anciens, dans les deux sujets d'*Amphitryon* et des *Ménechmes*, il s'en faut qu'il puisse y avoir chez nous la même vérité théâtrale dans la représentation des deux pièces : le défaut de masques en est la cause. C'est un moindre inconvénient qu'on ne le croiroit d'abord. Deux acteurs parfaitement semblables justifieroient mieux sans doute la méprise des autres personnages; mais ils causeroient celle des spectateurs, à moins que l'un des deux ne prît, comme le Jupiter et le Mercure de Plaute, la précaution d'adopter quelque signe particulier qui le fît distinguer de l'autre.

NOTICE SUR AMPHITRYON.

La fable d'Amphitryon est une de celles qui ont fait le tour du globe, et qu'on retrouve dans plusieurs mythologies diverses. Voltaire rapporte, en deux endroits de ses œuvres, une aventure tirée des livres sacrés des Brames, laquelle ressemble parfaitement à celle du général thébain. Le dénouement seul diffère. Dans la fable grecque, le dieu, en avouant sa supercherie et en rendant au mari sa femme, met fin à toute l'intrigue. Dans la fable indienne, le dieu ne veut pas lâcher prise, et il y a procès entre le vrai et le faux mari. Dans l'impossibilité de les distinguer, les juges ordonnent qu'ils soutiendront, l'un après l'autre, contre la femme, objet de leur contestation, un certain genre de combat dans lequel le vrai mari passe pour être d'une valeur peu commune. Le dieu sort de cette épreuve avec un avantage si extraordinaire qu'il est impossible de voir en lui un simple mortel, et qu'il est condamné à restitution. Le dieu rit, convient de tout, et s'envole dans les cieux (1).

---

(1) Quelques phrases du morceau qu'on vient de lire, se trouvent déjà dans le Commentaire de la pièce. Ce sont des idées qui appartenoient également aux notes et à la Notice : celle-ci eût été incomplète, si je les en eusse écartées. J'ai cru pouvoir me dispenser du soin aussi pénible qu'inutile de les revêtir d'une forme différente. C'est, au reste, la première fois que mon travail sur Molière présente cette espèce de double emploi.

M. ACCI PLAUTI

SARSINATIS UMBRI

AMPHITRUO.

L'AMPHITRYON

DE PLAUTE

DE SARCINES, VILLE D'OMBRIE (1).

---

(1) J'ai fait usage de la traduction de madame Dacier, la seule qui existe, puisque Gueudeville et Limiers l'ont eux-mêmes employée dans leurs traductions complètes de Plaute. Je ne compte point celle de l'abbé de Marolles, qui n'est pas lisible, ni celle de M. Levée, dont il ne m'étoit pas permis de disposer.

DRAMATIS PERSONÆ.

JUPITER, deus.
MERCURIUS, prologus.
AMPHITRUO, dux militaris.
ALCUMENA, uxor Amphitruonis.
SOSIA, servus.
BLEPHARO, arbiter.
THESSALA, } ancillæ.
BROMIA,

PERSONNAGES DE LA PIÈCE.

JUPITER, amant d'Alcmène.
MERCURE, prologue.
AMPHITRYON, général des Thébains.
ALCMÈNE, femme d'Amphitryon.
SOSIE, valet d'Amphitryon.
BLÉPHARON, arbitre.
THESSALA, } suivantes d'Alcmène.
BROMIA,

ARGUMENTUM.

In faciem vorsus Amphitruonis Juppiter,
Dum bellum gereret cum Telebois hostibus,
Alcmenam uxorem cepit usurariam.
Mercurius formam Sosiae servi gerit
Absentis: his Alcmena decipitur dolis.
Postquam rediere veri Amphitruo et Sosia,
Uterque luduntur dolis mirum in modum.
Hinc jurgium, tumultus uxori et viro.
Donec cum tonitru voce missa ex aethere,
Adulterum se Juppiter confessus est.

ALIUD ARGUMENTUM,

UT QUIBUSDAM VIDETUR PRISCIANI.

Amore captus Alcumenas Juppiter,
Mutavit sese in ejus formam conjugis,
Pro patria Amphitruo dum cernit cum hostibus,
Habitu Mercurius ei subservit Sosiae.
Is advenienteis servum et dominum frustra habet.
Turbas uxori ciet Amphitruo: atque invicem
Raptant pro moechis. Blepharo captus arbiter,
Uter sit, non quit, Amphitruo, decernere.
Omnem rem noscunt: geminos Alcmena enititur.

ARGUMENT.

Jupiter, ayant pris la ressemblance d'Amphitryon, qui commandoit les troupes thébaines contre les Télébens, couche avec Alcmène. Mercure, en l'absence de Sosie, prend la forme de ce valet, et Alcmène est trompée par ses fourberies. Le véritable Amphitryon et le véritable Sosie sont fort plaisamment joués à leur retour. De là viennent des querelles et des désordres entre le mari et la femme, jusqu'à ce qu'enfin Jupiter, faisant entendre sa voix du milieu des tonnerres, avoue qu'il est l'amant qui a tant causé de troubles.

AUTRE ARGUMENT,

QUE L'ON ATTRIBUE ORDINAIREMENT A PRISCIEN.

Jupiter, devenu amoureux d'Alcmène, prend la ressemblance de son mari, qui étoit alors occupé à combattre pour sa patrie contre les ennemis des Thébains. Mercure, sous la forme de Sosie, sert son père dans cet amour, et il joue le maître et le valet à leur retour de l'armée. Amphitryon fait un grand vacarme à sa femme; Jupiter et lui s'accusent réciproquement d'adultère. Blépharon est choisi pour juger lequel des deux est le véritable Amphitryon : il n'en peut venir à bout; mais enfin toute l'affaire est découverte, et Alcmène accouche de deux jumeaux.

PROLOGUS.

MERCURIUS.

Ut vos in vostris voltis mercimoniis
Emundis vendundisque me lætum lucris
Afficere, atque adjuvare in rebus omnibus:
Et ut res rationesque vostrorum omnium
Bene expedire voltis, peregreque et domi,
Bonoque atque amplo auctare perpetuo lucro,
Quasque incœpistis res, quasque incœptabitis:
Et uti bonis vos vostrosque omneis nuntiis
Me afficere voltis: ea afferam, eaque ut nuntiem,
Quæ maxime in rem vostram communem sient;
(Nam vos quidem id jam scitis concessum et datum
Mihi esse ab diis aliis, nuntiis præsim et lucro:)
Hæc ut me vultis approbare, adnitier
Lucrum ut perenne vobis semper suppetat:
Ita huic facietis fabulæ silentium,
Itaque æqui et justi huic eritis omnes arbitri.
Nunc cujus jussu venio, et quamobrem venerim,
Dicam: simulque ipse eloquar nomen meum:
Jovis jussu venio: nomen Mercurii est mihi.
Pater huc me misit ad vos oratum meus,
Tametsi pro imperio, vobis quod dictum foret,
Scibat facturos; quippe qui intellexerat
Vereri vos se et metuere, ita ut æquum est, Jovem:
Verum profecto hoc petere me precario
A vobis jussit leniter dictis bonis.

PROLOGUE.

MERCURE.

Par la même raison que vous voulez que je vous sois favorable dans vos achats et dans vos ventes, que vous souhaitez de prospérer dans les affaires que vous avez à la ville et dans les pays étrangers, et de voir augmenter chaque jour d'un profit considérable celles que vous avez entreprises, ou que vous êtes sur le point d'entreprendre; par la même raison que vous voulez que je vous apporte de bonnes nouvelles, à vous et à vos familles, et que je vous apprenne des choses qui soient pour le bien de votre république (car vous savez, il y a longtemps, qu'il m'est échu en partage d'être le dieu des nouvelles et de présider au gain); par la même raison donc que vous voulez que je vous accorde toutes ces choses, et que je n'oublie rien de ce qui peut vous procurer l'avancement de vos affaires; par cette même raison il faut aussi que vous donniez une favorable attention à cette pièce, et que vous en jugiez équitablement. Mais il est temps de vous apprendre pourquoi et par l'ordre de qui je parois devant vous, et de vous dire mon nom. Je m'appelle Mercure, et je suis ici de la part de mon père, pour vous prier de lui accorder l'attention que je vous ai déja demandée. Je dis prier; ce n'est pas qu'il ne sache bien qu'il pouvoit vous le commander d'autorité absolue, et que vous le respectez comme l'on doit respecter Jupiter : mais, avec tout cela, il a voulu que je me servisse du terme de prier, et que j'en use avec vous de la manière la plus honnête qu'il me sera possible; car au reste ce Jupiter, dont je vous

PROLOGUS.

Etenim ille cujus huc jussu venio, Juppiter,
Non minus quam vostrum quivis formidat malum:
Humana matre natus, humano patre,
Mirari non est æquum, sibi si prætimet.
Atque ego quoque etiam, qui Jovis sum filius,
Contagione mei patris metuo malum:
Propterea pace advenio, et pacem ad vos adfero.
Justam rem et facilem esse oratum à vobis volo.
Nam juste ab justis justus sum orator datus.
Nam injusta ab justis impetrare non decet:
Justa autem ab injustis petere, insipientia'st:
Quippe illi iniqui jus ignorant, neque tenent.
Nunc jam huc animum omnes ea quæ loquar advortite:
Debetis velle quæ velimus. Meruimus
Et ego, et pater de vobis et republica.
Nam quid ego memorem, ut alios in tragœdiis
Vidi Neptunum, Virtutem, Victoriam,
Martem, Bellonam, commemorare quæ bona
Vobis fecissent? quis benefactis meus pater,
Deûm regnator, architectus omnibus.
Sed mos nunquam illic fuit patri meo,
Ut exprobraret quod bonis faceret boni.
Gratum arbitratur esse id à vobis sibi,
Meritoque vobis bona se facere quæ facit.
Nunc quam rem oratum huc veni, primum proloquar,
Post argumentum hujus eloquar Tragœdiæ.
Quid contraxistis frontem? quia Tragœdiam
Dixi futuram hanc? Deus sum: commutavero
Eandem hanc, si voltis: faciam ex Tragœdia,
Comœdia ut sit, omnibus iisdem versibus.
Utrum sit, an non, voltis? Sed ego stultior,
Quasi nesciam vos velle, qui divos siem!
Teneo quid animi vostri super hac re siet.
Faciam ut commista sit Tragico-comœdia,
Nam me perpetuo facere ut sit comœdia,

PROLOGUE.

parle, appréhende tout autant qu'aucun de vous de s'attirer des affaires, et vous ne devez pas vous en étonner, puisqu'il est né de père et de mère mortels; et moi qui suis son fils, je tiens de lui en cela : c'est pourquoi je viens si pacifiquement vous parler de paix, et vous demander une chose aussi facile que juste : car c'est avec justice que je suis envoyé de la part d'un dieu juste à des hommes justes; et l'on auroit mauvaise grace de demander des choses injustes à des personnes pleines d'équité, comme aussi l'on seroit ridicule de penser obtenir des choses justes de gens qui ne connoissent point de justice. Je vous prie donc à présent de prendre garde à ce que je vais vous dire. Vous devez vouloir tout ce que nous voulons : car mon père et moi avons toujours favorisé votre république. Mais qu'est-il besoin de vous remettre nos bienfaits devant les yeux, comme l'on a coutume de faire dans les tragédies? Je me souviens d'avoir vu Neptune, la Vertu, la Victoire, Mars et Bellone vous représenter leurs faveurs, comme si mon père, le roi des dieux, n'étoit pas la source et l'origine de tous les biens que vous avez reçus d'eux. Mais ce n'a jamais été sa coutume de reprocher les graces qu'il a accordées aux gens de bien; il sait que s'il vous honore de sa protection, vous n'êtes pas ingrats. Mais il faut vous dire promptement ce que j'ai ordre de vous demander; après quoi je vous dirai l'argument de cette tragédie. Pourquoi froncez-vous le sourcil? est-ce parce que j'ai dit que cette pièce seroit une tragédie? ne suis-je pas dieu; et ne m'est-il pas facile d'en faire une comédie sans en changer un vers? que voulez-vous qu'elle soit? Mais je suis bien sot de vous le demander, comme si, étant dieu, je pouvois ignorer ce que vous voulez. Je sais quels sont vos sentiments, je ferai donc qu'elle tienne du tragique et du comique : car je ne vois pas qu'il fût dans l'ordre de la faire entièrement comédie, puisque des dieux et des rois en doivent être les principaux acteurs. Que croyez-vous donc que je ferai? J'en ferai, comme je vous ai déja dit, une tragico-comédie, parce qu'un valet y aura un des plus grands

PROLOGUS.

Reges quo veniant et Dî, non par arbitror,
Quid igitur? quoniam hic servos quoque parteis habet,
Faciam hanc, proinde ut dixi, Tragico-comœdiam.
Nunc hoc me orare à vobis jussit Juppiter,
Ut conquisitores singuli in subsellia
Eant per totam caveam, spectatoribus,
Si cui favitores delegatos viderint,
Ut his in cavea pignus capiantur togæ.
Sive qui ambissent palmam histrionibus,
Seu quoiquam artifici, seu per scriptas literas,
Seu qui ipsi ambissent, seu per internuntium,
Sive adeo ædiles perfidiose quoi duint,
Sirempse legem jussit esse Juppiter,
Quasi magistratum sibi alterive ambiverit.
Virtute dixit, vos victores vivere,
Non ambitione, neque perfidia. Qui minus
Eadem histrioni sit lex, quæ summo viro?
Virtute ambire oportet, non favitoribus.
Sat habet favitorum semper, qui recte facit:
Si illis fides est, quibus est ea res in manu.
Hoc quoque etiam mihi in mandatis dedit,
Ut conquisitores fierent histrionibus,
Qui sibi mandassent delegati ut plauderent,
Quive, quo placeret alter, fecissent, minus,
Eis ornamenta et corium uti conciderent;
Mirari nolim vos, quapropter Juppiter
Nunc histriones curet; ne miremini.
Ipse hanc acturu'st Juppiter Comædiam.
Quid admirati estis? quasi vero novum
Nunc proferatur, Jovem facere histrioniam.
Etiam histriones anno cum in proscenio hic
Jovem invocarunt, venit: auxilio eis fuit.
Præterea certo prodit in Tragœdia.
Hanc fabulam, inquam, hic Juppiter hodie ipse aget,
Et ego una cum illo. Nunc animum advortite,

PROLOGUE.

rôles. Maintenant il faut vous dire que Jupiter m'a commandé
de vous prier que vous ayez soin d'ordonner qu'il aille un in-
specteur dans chaque banc, afin que s'il y a des spectateurs
qui aient été apostés pour applaudir à quelque acteur, il ne
manque pas de leur prendre en même temps leur robe. Il entend aussi que l'on en fassé autant à ceux qui par quelque artifice que ce soit, ou par lettres ou par messagers, ou en bri-
guant eux-mêmes, auront voulu faire donner le prix à quelqu'un. Enfin Jupiter veut qu'on en use ainsi envers les édiles
qui n'auront pas été de bonne foi, et que tous soient punis de
la même manière que s'ils avoient voulu briguer une charge
pour eux ou pour d'autres, en corrompant les juges. Car il
dit que vous ne devez point vos victoires à des intrigues ni à
des trahisons, mais à votre seul courage. Pourquoi la loi qui
est pour les magistrats, ne seroit-elle pas aussi pour les comédiens? C'est par le mérite qu'il faut remporter le prix, et non
pas par les cabales. Celui qui s'acquitte bien de son devoir n'a
pas besoin de faveur auprès des juges équitables. Jupiter m'a
encore ordonné de vous dire qu'il y ait aussi des inspecteurs
pour les comédiens, afin que l'on voie s'il n'y en aura point
qui aient des émissaires pour leur applaudir, ou qui fassent
en sorte que les autres ne puissent plaire : et il entend que
ceux qui se trouveront coupables de cette friponnerie soient
dépouillés, et qu'on leur donne le fouet. Au reste, vous ne
devez pas vous étonner que Jupiter prenne tant de soin des
comédiens : il doit avoir lui-même le premier rôle dans cette
comédie. Pourquoi paroissez-vous surpris? comme si c'étoit
une nouveauté de voir Jupiter sur le théâtre. L'année passée,
dans cette sotte et ridicule pièce qui fut jouée devant vous,
ne descendit-il pas après que les comédiens l'eurent invoqué?
Il viendra donc bien aussi pour nous ; n'en doutez pas, très-
assurément il viendra. C'est donc Jupiter qui doit aujourd'hui
jouer cette pièce, et moi avec lui. A présent je vais vous en
dire l'argument : vous me donnerez audience, s'il vous plaît.
Cette ville que vous voyez, c'est Thèbes ; cette maison est celle

PROLOGUS.

Dum hujus argumentum eloquar Comœdiæ.
Hæc urbs est Thebæ: in illisce habitat ædibus
Amphitruo, natus Argis ex Argo patre,
Quicum Alcumena est nupta, Electri filia.
Is nunc Amphitruo præfectu'st legionibus.
Nam cum Telebois bellum est Thebano poplo.
Is priusquam hinc abiit ipsemet in exercitum,
Gravidam Alcumenam fecit uxorem suam.
Jam ego vos novisse credo ut sit pater meus:
Quam liber harum rerum multarum siet,
Quantusque amator siet quod complacitum'st semel.
Is amare occœpit Alcumenam clam virum,
Usuramque ejus corporis cepit sibi,
Et gravidam fecit is eam compressu suo.
Nunc, de Alcumena ut rem teneatis rectius,
Utrinque est gravida, et ex viro, et ex summo Jove.
Et meus pater nunc intus hic cum illa cubat:
Et hæc ob eam rem nox est facta longior,
Dum ille quacum volt voluptatem capit.
Sed ita assimulavit se quasi Amphitruo siet.
Nunc ne hunc ornatum vos meum admiremini,
Quod ego huc processi sic cum servili schema,
Veterem atquem antiquam rem novam ad vos proferam:
Propterea ornatus in novum incessi modum.
Nam meus pater intus nunc est, eccum, Juppiter
In Amphitruonis vortit sese imaginem.
Omnesque eum esse censent servi, qui vident:
Ita versipellem se facit quando lubet.
Ego servi sumpsi Sosiæ mihi imaginem
Qui cum Amphitruone abivit hinc in exercitum,
Ut præservire amanti meo possem patri:
Atque ut ne, qui essem, familiares quærerent,
Versari crebro hic quom viderent me domi.
Nunc quom esse credent servom, et conservom suum,
Haud quisquam quæret qui siem, aut quid venerim.

PROLOGUE.

d'Amphitryon qui a épousé Alcmène, fille d'Électryon, et qui est présentement général des troupes que les Thébains ont envoyées contre les Télébens. Il a laissé sa femme grosse lorsqu'il est parti pour l'armée. Je crois que ce n'est pas d'aujourd'hui que vous connoissez l'humeur de mon père; vous savez, il y a long-temps, qu'il n'est pas autrement scrupuleux sur certain chapitre. Vous n'ignorez pas non plus de quelle manière il est amoureux lorsqu'un objet lui a plû. Alcmène lui plaît depuis quelque temps, il en a fait sa femme pendant l'absence du pauvre Amphitryon, et elle se trouve grosse de ce second mari aussi bien que du premier. Mais afin de vous faire comprendre ce mystère, Alcmène accouchera de deux jumeaux, dont l'un sera de Jupiter, et l'autre sera d'Amphitryon. A l'heure que je vous parle, mon père est avec elle dans cette maison; et cette nuit est plus longue qu'à l'ordinaire, pour lui donner le temps d'être avec ce qu'il aime: mais pour cela il a fallu qu'il ait pris la ressemblance d'Amphitryon. Au reste, ne regardez point si fort mon ajustement, et ne vous étonnez pas de me voir venir devant vous en habit de valet: car quoique le sujet de cette pièce soit une vieille histoire, la pièce ne laisse pas néanmoins d'être nouvelle. C'est pourquoi il faut aussi que je sois habillé d'une manière nouvelle. Cependant, comme je vous l'ai déja dit, mon père est dans cette maison, et voilà Jupiter changé en Amphitryon. Tous les domestiques qui le voient jureroient que c'est le véritable maître, tant il sait bien se métamorphoser quand il lui plaît. Pour moi, afin de mieux servir mon père dans son amour, et d'empêcher que les domestiques d'Alcmène, en me voyant si souvent dans la maison, ne me demandent qui je suis, j'ai pris la ressemblance de Sosie, l'un des valets d'Amphitryon. Présentement qu'ils croient que je suis ce valet et leur camarade, aucun d'eux ne s'informera ni qui je suis, ni d'où je viens; et mon père cependant est dans cette maison avec la personne qu'il aime. Il lui conte tout ce qui lui est arrivé à l'armée, et la pauvre dame croit voir son mari, quoiqu'elle ne voie que son amant.

PROLOGUS.

Pater nunc intus suo animo morem gerit:
Cubat complexus cujus cupiens maxume'st:
Quæ illi ad legionem facta sunt, memorat pater
Meus Alcumenæ: at illa illum censet virum
Suum esse quæ cum mœcho est: ibi nunc meus pater
Memorat legiones hostium ut fugaverit:
Quo pacto sit donis donatus plurimis.
Ea dona, quæ illic Amphitruoni sunt data,
Abstulimus. Facile meus pater quod volt facit.
Nunc hodie Amphitruo veniet huc ab exercitu,
Et servos, cujus ego hanc fero imaginem.
Nunc internosse ut nos possitis facilius,
Ego has habebo hic usque in petaso pinnulas;
Tum meo patri autem torulus inerit aureus
Sub petaso: id signum Amphitruoni non erit.
Ea signa nemo horum familiarium
Videre poterit: verum vos videbitis.
Sed Amphitruonis illic est servos Sosia,
A portu illic nunc cum laterna advenit.
Abigam jam ego illunc advenientem ab ædibus.
Adest, ferit: operæ pretium hic spectantibus
Jovem atque Mercurium facere histrioniam.

Mon père lui dit là de quelle manière il a mis ses ennemis en fuite, et il lui étale les beaux présens que l'armée lui a faits. Nous avons enlevé tous ces présens des coffres d'Amphitryon; car, comme vous savez, rien n'est difficile à mon père. Amphitryon viendra aujourd'hui de l'armée : Sosie, dont j'ai pris la figure, sera avec lui. Afin donc que vous puissiez plus facilement nous distinguer tous, il faut vous avertir que j'aurai ces petites plumes à mon chapeau, que mon père aura au sien un cordon d'or, et que le véritable Amphitryon n'en aura point. Aucun de tous ses gens ni de ses amis ne pourra voir les marques qui nous distingueront; mais pour vous, vous les verrez. Ha, ha! voila justement Sosie qui revient du port avec une lanterne à la main. Pour sa bonne arrivée, je vais l'éloigner de cette maison d'une belle manière. Le voilà à la porte, il heurte : vous allez prendre bien du plaisir à voir Jupiter et Mercure devenus comédiens.

AMPHITRUO,

COMEDIA.

ACTUS PRIMUS.

SCENA PRIMA.

SOSIA, MERCURIUS.

SOSIA.

Qui me alter est audacior homo? aut qui me confidentior?
Juventutis mores qui sciam, qui hoc noctis solus ambulem?
Quid faciam nunc, si Tresviri me in carcerem compegerint?
Inde quasi è promptuaria cella depromar ad flagrum.
Nec caussam liceat dicere mihi, neque in hero quicquam auxilii siet
Nec quisquam sit quin me omnes esse dignum deputent: ita
Quasi incudem me miserum homines octo validi cædant: ita
Peregre adveniens hospitio publicitus accipiar.
Hæc heri immodestia coëgit, me qui hoc
Noctis à portu ingratis excitavit.
Nonne idem hoc luci me mittere potuit?
Opulento homini hoc magis servitus dura est.

AMPHITRYON,

COMÉDIE.

ACTE PREMIER.

SCÈNE PREMIÈRE.⁽¹⁾

SOSIE, MERCURE.

SOSIE.

Où trouvera-t-on un homme plus hardi ou plus assuré que moi, qui, connoissant l'humeur de nos jeunes gens, ai néanmoins le courage d'aller seul à l'heure qu'il est? Mais que ferois-je cependant si le guet alloit s'aviser de me mettre en prison, d'où l'on ne me tireroit que pour me donner cent coups de fouet, sans qu'il me fût permis de dire quoi que ce fût pour ma défense: mon maître même ne me pourroit servir, et il n'y auroit rien qui ne fît croire à tout le monde que je mériterois ce traitement. Ainsi l'on verroit aussitôt huit gros coquins battre de toute leur force sur mon misérable corps comme sur une enclume; et c'est-là justement l'entrée que la ville me feroit au retour de mes voyages. Voilà à quoi

---

(1) *Amphitryon*, de Molière, acte I, scènes I et II. — Je continuerai à marquer ainsi la correspondance des scènes de la pièce latine avec celles de la pièce françoise, afin de rendre la comparaison plus facile entre les unes et les autres.

Hoc magis miser est divitis servos,
Noctesque diesque assiduo satis superque est,
Quo facto aut dicto adest opus, quietus ne sis.
Ipse dominus dives operis, et laboris expers,
Quodcunque homini accidit libere, posse retur,
Æquom esse putat, non reputat laboris quid sit,
Nec, æquom anne iniquom imperet, cogitabit.
Ergo in servitute expetunt multa iniqua:
Habendum et ferendum hoc onus est cum labore.

MERCURIUS.

Satius est me queri illo modo servitutem, hodie
Qui fuerim liber, eum nunc potivit pater
Servitutis; hic qui verna natus est, queritur.
Sum vero verna verbo.

SOSIA.

Numero mihi in mentem fuit,
Dis advenientem gratias pro meritis agere, atque alloqui.
Næ illi edepol, si merito meo referre studeant gratias,
Aliquem hominem allegent, qui mi advenienti os occillet probe:
Quoniam bene quæ in me fecerunt, ingrata ea habui atque irrita.

MERCURIUS.

Facit ille quod volgo haud solent, ut quid se sit dignum, sciat.

SOSIA.

Quod nunquam opinatus fui, neque alius quisquam civium
Sibi eventurum, id contigit, ut salvi potiremur domum
Victores; victis hostibus legiones reveniunt domum.
Duello extincto maximo, atque internecatis hostibus,

m'expose le peu de discrétion de mon maître, qui, sans aucune nécessité, m'a envoyé du port à cette belle heure. N'auroit-il pas bien pu attendre qu'il eût été jour? Par ma foi, c'est une grande misère de servir les grands seigneurs; et la servitude est d'autant plus rude chez eux, qu'ils ont jour et nuit plus d'occasions qu'il n'en faut pour ne vous laisser pas un moment en repos. Ces messieurs, qui ne connoissent ni travail ni peine, s'imaginent qu'ils ont droit de faire tout ce qui leur vient dans la fantaisie. A leur avis, c'est justice que d'agir de la sorte; et ils ne comptent pour rien la peine des pauvres gens. Il ne leur vient jamais dans l'esprit si ce qu'ils commandent est juste ou non. Encore une fois, il y a bien à souffrir dans la servitude, et c'est toujours un fardeau bien pesant et bien difficile à porter.

MERCURE.

J'aurois bien plus de raison de crier, moi qui suis né libre, et que mon père a assujetti à la servitude; et ce coquin, qui est esclave et fils d'esclave, a l'insolence de se plaindre! Il est vrai que pour moi je ne suis esclave que de nom.

SOSIE.

Mais il me vient tout à l'heure dans l'esprit de rendre graces aux dieux de tous les bienfaits que j'ai reçus de leur bonté. Par ma foi, s'ils vouloient me traiter comme je le mérite, ils devroient tout présentement faire trouver ici quelque drôle qui me rompît les mâchoires à bons coups de poing: car, à dire la vérité, je n'ai pas eu beaucoup de reconnoissance de toutes les faveurs qu'ils m'ont faites.

MERCURE.

Il fait ce que peu de gens font; il connoît de quoi il est digne.

SOSIE.

Car jamais ni moi ni aucun de nos citoyens n'aurions osé espérer de revenir chez nous victorieux à si bon marché: cependant nous le sommes avec toute la gloire imaginable. Nos troupes reviennent après avoir terminé une guerre et défait

Qui multa Thebano populo acerba objecerunt funera.
Id vi et virtute militum victum atque expugnatum oppidum 'st,
Imperio atque auspicio heri mei Amphitruonis maxume,
Qui præda atque agro, adoreaque affecit populares suos,
Regique Thebano Creonti regnum stabilivit suum.
Me à portu præmisit domum, ut hæc muntiem uxori suæ:
Ut gesserit rempublicam ductu, imperio, auspicio suo.
Ea nunc meditabor, quo modo illi dicam, quum illo advenero.
Si dixero mendacium, solens meo more fecero.
Nam quom pugnabant illi maxume, ego fugiebam maxume.
Verumtamen quasi affuerim simulabo, atque audita eloquar.
Sed quo modo et verbis quibus me deceat fabularier,
Prius ipse mecum etiam volo hic meditari; sic hoc proloquar.
Principio ut illo advenimus, ubi primum terram tetigimus,
Continuo Amphitruo delegit viros primorum principes:
Eos legat: Telebois jubet sententiam ut dicant suam.
Si sine vi et sine bello velint rapta et raptores tradere,
Si quæ asportassent, redderent; se exercitum extemplo domum
Reducturum, abituros agro Argivos, pacem atque otium
Dare illis. Sin aliter sient animati neque dent quæ petat:
Sese igitur summa vi virisque eorum oppidum expugnassere.
Hæc ubi Telebois ordine iterarunt, ques præfecerat
Amphitruo; magnanimi viri, freti virtute et viribus
Superbi, nimis ferociter legatos nostros increpant.
Respondent, bello se et suos tutari posse: proinde uti
Propere de finibus suis exercitus deducerent.
Hæc ubi legati pertulere, Amphitruo castris illico
Producit omnem exercitum: contra Teleboæ ex oppido
Legiones educunt suas, nimis pulchris armis præditas.
Postquam utrinque exitu'est maxuma copia,
Dispertiti viri, dispertiti ordines:
Nos nostras more nostro et modo instruximus legiones.
Item hostes contra legiones suas instruunt.
Deinde utrique imperatores in medium exeunt,
Extra turbam ordinum, colloquuntur simul.

des ennemis qui ont tant fait verser de larmes au peuple thébain. La ville a été prise d'assaut par la valeur de nos soldats, et sous les auspices de mon maître, qui a partagé à ses citoyens le butin qu'il a fait, et toutes les terres qu'il a prises. Il leur a aussi distribué le blé que l'on a accoutumé de donner aux troupes victorieuses : et c'est à la sage conduite d'Amphitryon que Créon notre roi doit l'affermissement de son règne. J'arrive du port, d'où mon maître m'a envoyé, pour dire à Alcmène avec quel succès il s'est acquitté de sa charge. Maintenant il faut que je songe un peu comment je me prendrai à faire le récit de toutes choses quand je serai devant elle. Si je débite quelques mensonges, comme cela pourra très-bien m'arriver, je ne ferai que selon ma bonne coutume : car lorsque les deux armées se battoient de leur mieux, de mon côté je fuyois aussi de mon mieux. Avec tout cela je ferai comme si je m'y étois trouvé, et je ne dirai que ce que j'ai ouï dire. Mais je vais auparavant méditer ici moi seul de quelle manière, et en quels termes je lui dois parler. Je dirai donc : Premièrement, madame, lorsque nous fûmes arrivés, et sitôt que nous eûmes débarqué, mon maître choisit d'abord les principaux de l'armée : il les envoya aux Télébens, pour leur dire que, s'ils vouloient de bon gré, et sans en venir aux mains, rendre ce que l'on nous avoit pris, et nous livrer les auteurs de ces violences, il retireroit ses troupes, qu'il feroit sortir les Grecs de dessus leurs terres, et qu'il les laisseroit en paix et en repos. Que s'ils étoient dans le dessein de ne pas faire ce qu'il demandoit, il alloit sur l'heure assiéger leur ville avec toutes ses forces. Lorsque les ambassadeurs eurent exposé ces choses aux Télébens, ces vaillans hommes se fiant sur leur courage, et tout fiers de leurs forces, les maltraitèrent de paroles; ils leur répondirent qu'ils sauroient bien défendre par leurs armes tout ce qui leur appartenoit, et que nous songeassions à retirer au plus tôt notre armée de leur pays. Cette réponse ayant été rapportée à mon maître, aussitôt il fait sortir ses troupes hors du camp. Les ennemis font sortir les leurs

Convenit, victi utri sint eo prœlio,
Urbem, agrum, aras, focos seque uti dederent.
Postquam id actu'est, tubæ utrinque canunt: contra
Consonat terra: clamorem utrinque efferunt.
Imperator utrinque hinc et illinc Jovi
Vota suscipere, hortari exercitum:
Pro se quisque id quod quisque potest et valet,
Edit: ferro ferit: tela frangunt: boat
Cœlum fremitu virum: ex spiritu atque anhelitu
Nebula constat: cadunt volneris vi et virium.
Denique, ut voluimus, nostra superat manus:
Hostes crebri cadunt: nostri contra ingruunt.
Vicimus vi feroces.
Sed fugam in se tamen nemo convortitur,
Nec recedit loco, quin statim rem gerat.
Animam amittunt, priusquam loco demigrent:
Quisque uti steterat, jacet, obtinetque ordinem.
Hoc ubi Amphitruo herus conspicatus est,
Illico equites jubet dextera inducere.
Equites parent citi: ab dextera maxumo
Cum clamore involant, impetu alacri
Fœdant et proterunt hostium copias jure injustas.

MERCURIUS.

Nunquam etiam quicquam adhuc verborum est prolocutus perperam
Namque ego fui illic in re præsenti, et meus, quom pugnatu'st, pater.

SOSIA.

Perduelles penetrant se in fugam. Ibi nostris animus est additus:
Vortentibus Teleboïs, telis complebantur corpora;
Ipsusque Amphitruo regem Pteleram sua obtruncavit manu.
Hæc illic est pugnata pugna ab usque mane ad vesperum.
Hoc adeo hoc commemini magis, quia illo die impransus fui.

de la ville dans l'appareil du monde le plus pompeux. Lorsque les armées furent hors de leurs retranchemens, on les rangea en bataille chacun à la manière de son pays. Après quoi les deux généraux s'avancèrent à la tête de leurs troupes, parlèrent ensemble, et convinrent que ceux qui seroient vaincus dans ce combat, seroient au pouvoir du vainqueur, eux, leurs femmes, leurs enfans, et leurs dieux. Cela fait, les trompettes sonnèrent de part et d'autre, la terre en retentit, les deux armées poussèrent de grands cris, et les généraux firent leurs prières à Jupiter, et exhortèrent leurs soldats. Après cela chacun fait de son mieux. Les javelots se rompent, le ciel résonne des cris des soldats, et il s'élève un nuage épais du souffle et de la respiration des combattans. Les blessés tombent de tous côtés, et sont obligés de céder à la force. Mais enfin, la fortune secondant nos vœux, nos troupes sont victorieuses, il se fait un terrible carnage des ennemis, nous les chargeons d'une fureur sans égale. Cependant pas un ne prend la fuite, ils se battent tous de pied ferme sans rompre leur rang, ils perdent la vie sans quitter leur place, et on les voit étendus dans le poste qu'on leur avoit donné. Quand mon maître eut vu les choses en cet état, il commanda aussitôt à la cavalerie de son aile droite d'avancer; elle obéit, et, courant avec de grands cris, elle renverse les Télébens, et leur passe sur le ventre avec une impétuosité surprenante.

MERCURE.

Jusques ici il n'a point dit de mensonges, j'en puis répondre; car mon père et moi étions présens.

SOSIE.

A la fin ils prennent la fuite, le courage augmente à nos gens, ils les poursuivent et les taillent en pièces, et mon maître tua de sa propre main le roi Ptérélas. Ce combat dura depuis le matin jusques au soir; et je m'en souviens d'autant mieux, que je ne dînai point cette journée-là. Mais la nuit mit fin à cet horrible carnage. Le lendemain les principaux des Télébens, les larmes aux yeux et les mains jointes, vin-

Sed prœlium id tandem diremit nox interventu suo.
Postridie in castra ex urbe ad nos veniunt flentes principes:
Velatis manibus orant, ignoscamus peccatum suum:
Deduntque se, divina humanaque omnia, urbem et liberos,
In ditionem, atque in arbitratum, cuncti, Thebano poplo.
Post ob virtutem hero Amphitruoni patera donata aurea est,
Qui Pterela potitare rex solitus est: hæc sic dicam heræ.
Nunc pergam heri imperium exsequi, et me domum capessere.

MERCURIUS.

At, at! illic huc ituru'st: ibo ego illi obviam.
Neque ego hunc hominem hodie ad ædis has sinam unquam accedere:
Quando imago est hujus in me, certu'st hominem eludere:
Et enimvero quoniam formam cœpi hujus in me et statum,
Decet et facta moresque hujus habere me similes item.
Itaque me malum esse oportet, callidum, astutum admodum,
Atque hunc, telo suo sibi, malitia à foribus pellere.
Sed quid illuc est? cœlum aspectat: observabo quam rem agat.

SOSIA.

Certe edepol scio, si aliud quicquam'st quod credam, aut certo sciam,
Credo ego hac noctu Nocturnum obdormivisse ebrium.
Nam neque se Septemtriones quoquam in cœlo commovent,
Neque se Luna quoquam mutat, atque uti exorta est semel.
Nec Jugulæ, neque Vesperugo, neque Vergiliæ occidunt.
Ita statim stant signa, neque Nox quoquam concedit die.

MERCURIUS.

Perge, Nox, ut occœpisti: gere patri morem meo.
Optume optumo optumam operam das; datam pulchre locas.

SOSIA.

Neque ego hac nocte longiorem me vidisse censeo:

rent implorer notre miséricorde, et remettre à notre pouvoir leur ville, leurs dieux, eux, leurs femmes et leurs enfans, enfin se rendre à discrétion. Ensuite on fit présent à mon maître d'une coupe d'or dans laquelle le roi Ptérélas avoit accoutumé de boire. Voilà de quelle manière je parlerai à ma maîtresse, et comment j'exécuterai les ordres de mon maître : mais il faut que je me hâte, et que je n'attende pas plus long-temps à entrer chez nous.

MERCURE.

Ha, ha! je pense que c'est tout de bon qu'il voudroit y entrer; mais je vais m'y opposer de bonne sorte : et je ne permettrai pas que d'aujourd'hui cet homme approche de cette maison. Puisque je lui ressemble, il faut que je le joue. En effet, il est juste qu'ayant pris sa ressemblance et ses habits, je l'imite aussi dans ses mœurs et dans ses actions. Il faut donc que je sois aujourd'hui scélérat, fin et rusé comme lui, et que je me serve de ses propres armes pour l'éloigner de ce logis. Mais que fait-il là? Il regarde le ciel. Je veux observer un peu ce que c'est.

SOSIE.

Par ma foi, s'il y a quelque chose que je croie fortement, c'est que Vesper s'est endormi, après avoir un peu plus bu qu'à son ordinaire. Car les étoiles de l'Ourse ne changent point de place, la Lune est au même lieu que quand elle s'est levée, et l'Orion, l'étoile de Vénus et les Pléïades ne sont pas encore couchées, tant toutes ces constellations sont obstinées à garder leur poste! Enfin il semble que cette nuit ait résolu de ne point faire place au jour.

MERCURE.

Déesse de la nuit, continuez comme vous avez commencé, obéissez à mon père : vous avez raison de lui rendre service, vous êtes complaisante pour un dieu qui est fort reconnoissant.

SOSIE.

Non, je ne pense pas avoir jamais vu une nuit si longue

Nisi item unam, verberatus quam pependi perpetem.
Eam quoque edepol etiam multo hæc vicit longitudine.
Credo edepol equidem dormire Solem, atque appotum probe.
Mira sunt, nisi invitavit sese in cœna plusculum.

MERCURIUS.

Ain' vero, verbero? deos esse tui similes putas?
Ego pol te istis tuis pro dictis et malefactis, furcifer,
Accipiam, modo sis veni huc: invenies infortunium.

SOSIA.

Ubi sunt isti scortatores, qui soli inviti cubant?
Hæc nox scita'st exercendo scorto conducto male.

MERCURIUS.

Meus pater nunc pro hujus verbis recte et sapienter facit,
Qui complexus cum Alcumena cubat amans, animo obsequens.

SOSIA.

Ibo, ut, herus quod imperavit, Alcumenæ nuntiem.
Sed quis est hic homo, quem ante ædeis video hoc noctis? non placet.

MERCURIUS.

Nullus est hoc meticulosus æque.

SOSIA.

      Quom in mentem venit,
Illic hoc homo denuo volt pallium detexere.

MERCURIUS.

Timet homo: deludam ego illum.

SOSIA.

      Perii, dentes pruriunt.
Certe advenientem me hic hospitio pugnæ accepturus est.

que celle-ci, si ce n'est pourtant celle où j'eus les étrivières depuis le soir jusqu'au matin. Et avec tout cela, il me semble que celle-ci est de beaucoup plus longue. Je crois en bonne foi que le soleil but hier au soir plus qu'il ne falloit, et qu'à présent il cuve son vin; et je me trompe fort s'il ne s'en donna au cœur joie.

MERCURE.

C'est donc ainsi que tu parles, maraud? Tu crois que les dieux te ressemblent? Je te traiterai, pendard, comme tu le mérites. Viens seulement jusqu'ici, et je t'accommoderai.

SOSIE.

Où sont ces débauchés qui ne couchent jamais seuls qu'à regret? Cette nuit est fort propre pour leurs débauches, qui coûtent toujours trop cher: ils feront bien de profiter de sa longueur.

MERCURE.

A son compte, mon père fait très-bien et très-sagement : car à l'heure que je parle il est avec Alcmène.

SOSIE.

Cependant il faut que j'entre chez nous, pour dire à ma maîtresse ce que mon maître m'a commandé. Mais quel homme est-ce que je vois devant notre porte, et qu'y peut-il faire à l'heure qu'il est? Cela ne me plaît nullement.

MERCURE.

Il n'y a personne de si peureux que ce faquin.

SOSIE.

Quand j'y pense, ce drôle-ci ne s'imagineroit-il point qu'il y a encore quelque chose à faire à mon manteau? et ne voudroit-il point le prendre pour l'achever?

MERCURE.

Mon homme a peur: je m'en vais le jouer comme il faut.

SOSIE.

Je suis perdu! je sens de certains élancemens à mes mâchoires qui pourroient bien me pronostiquer que cet homme a envie de me recevoir à bonnes gourmades. C'est sans doute qu'il est

Credo misericors est, nunc propterea quod me meus herus
Fecit ut vigilarem, hic pugnis faciet hodie ut dormiam.
Oppido interii; obsecro hercle quantus et quam validus est!

MERCURIUS.

Clare advorsum fabulabor, hic auscultet quæ loquar.
Igitur magis modum in majorem in sese concipiet metum:
Agite, pugni, jam diu'st quod ventri victum non datis:
Jam pridem videtur factum, heri quod homines quatuor
In soporem collocastis nudos.

SOSIA.

Formido male,
Ne ego hic nomen commutem meum, et Quintus fiam è Sosia.
Quatuor viros sopori se dedisse hic autumat;
Metuo ne numerum augeam illum.

MERCURIUS.

Hem! nunc jam ergo sic volo.

SOSIA.

Cingitur, certe expedit se.

MERCURIUS.

Non feret quin vapulet.

SOSIA.

Quis homo?

MERCURIUS.

Quisquis homo huc profecto venerit, pugnos edet.

SOSIA.

Apage, non placet me hoc noctis esse: cœnavi modo:
Proin tu istam cœnam largire, si sapis, esurientibus.

MERCURIUS.

Haud malum huic est pondus pugno.

AMPHITRYON.

charitable, et que voyant que mon maître me fait veiller si tard, il veut me faire dormir à coups de poing. Ah! je suis perdu sans ressource. Bons dieux! qu'il me paroît grand et robuste!

MERCURE.

Il faut que je parle haut, afin qu'il entende ce que je dirai : ce sera pour lors qu'il aura peur tout de bon, et qu'il tremblera bien d'une autre manière. Allons, courage, mes poings, il y a déja long-temps que vous nourrissez mal votre maître; il me semble qu'il y a un siècle depuis hier, que vous assommâtes quatre hommes, après les avoir dépouillés.

SOSIE.

J'appréhende terriblement de changer de nom; il se vante d'avoir hier assommé quatre hommes. Que je crains de faire le cinquième, et qu'au lieu de *Sosia*, l'on ne me nomme à l'avenir *Quintus!*

MERCURE.

Allons donc tout présentement, mes poings, dépêchons, je vous l'ordonne.

SOSIE.

Par ma foi, je pense qu'il se prépare; c'en est fait, le voilà qui s'apprête.

MERCURE.

Il n'évitera jamais d'être frotté.

SOSIE.

Qui?

MERCURE.

Par ma foi, quiconque viendra ici tâtera de mes poings.

SOSIE.

Allez vous promener, je ne mange pas si tard, il y a déja du temps que j'ai soupé. Vous ferez donc bien mieux de garder votre festin pour ceux qui ont bon appétit.

MERCURE.

Il me semble que ce poing-là ne pèse pas trop mal.

AMPHITRUO.

SOSIA.

Perii! pugnos ponderat.

MERCURIUS.

Quid si ego illum tractim tangam ut dormiat?

SOSIA.

Servaveris.
Nam continuas has treis noctes pervigilavi.

MERCURIUS.

Pessumum est
Facinus; nequiter ferire malam male discit manus.
Alia forma oportet esse quem tu pugno legeris.

SOSIA.

Illic homo me interpolabit, meumque os finget denuo.

MERCURIUS.

Exossatum os esse oportet, quem probe percusseris.

SOSIA.

Mirum nisi hic me quasi muraenam exossare cogitat.
Ultro istinc qui exossat homines. Perii, si me aspexerit.

MERCURIUS.

Olet homo quidam malo suo.

SOSIA.

Hei! numnam ego obolui?

MERCURIUS.

Atque haud longe abesse oportet.

SOSIA.

Verum longe hinc abfuit.
Illic homo superstitiosus est.

MERCURIUS.

Gestiunt pugni mihi

SOSIE.

Je suis mort! il pèse ses poings.

MERCURE.

Mais si je le chatouillois tant soit peu pour le faire dormir?

SOSIE.

Vous m'obligeriez, car voilà trois nuits tout de suite que je ne dors point.

MERCURE.

Mais j'enrage! mes mains ne sauroient apprendre à frotter doucement les mâchoires: il faut que ceux qu'elles ont seulement effleurés changent entièrement de figure.

SOSIE.

Cet homme va me changer depuis la tête jusqu'aux pieds, et me pétrir tout de nouveau.

MERCURE.

Ces poings désossent entièrement les gens, lorsqu'ils assènent bien leur coup.

SOSIE.

Je crois, par ma foi, qu'il a envie de me désosser comme un lièvre qu'on veut mettre en pâte. Loin de moi ces maudits désosseurs d'hommes. Je suis perdu, s'il vient à m'apercevoir!

MERCURE.

Il me semble que je sens ici quelqu'un qui ne s'en trouvera pas mieux.

SOSIE.

Peste! aurois-je sur moi quelque odeur forte?

MERCURE.

Il ne faut pas même qu'il soit trop loin.

SOSIE.

Et non, mais je voudrois bien qu'il le fût. Cet homme est assurément devin.

MERCURE.

Les poings me démangent.

AMPHITRUO.

SOSIA.

Si in me excrcituru's; quæso, in parietem ut primum domes.

MERCURIUS.

Vox mihi ad aures advolavit.

SOSIA.

Næ ego homo infelix fui,
Qui non alas intervelli: volucrem vocem gestito.

MERCURIUS.

Illic homo à me sibi malam rem arcessit jumento suo.

SOSIA.

Non equidem ullum habeo jumentum.

MERCURIUS.

Onerandus est pugnis probe.

SOSIA.

Lassus sum hercle è navi, ut vectus huc sum: etiam nunc nauseo.
Vix incedo inanis; ne ire posse cum onere existumes.

MERCURIUS.

Certe enim hic nescio quis loquitur.

SOSIA.

Salvos sum, non me videt.
Nescio quem loqui autumat: mihi certo nomen Sosia est.

MERCURIUS.

Hinc enim mihi dextera vox aureis, ut videtur, verberat.

SOSIA.

Metuo vocis ne vice hodie hic vapulem, quæ hunc verberat.

MERCURIUS.

Optume eccum incedit ad me.

AMPHITRYON.

SOSIE.

De grace si vous avez envie de les exercer sur moi, émoussez-les auparavant tant soit peu contre le mur.

MERCURE.

Il me semble que quelque voix a volé à mes oreilles.

SOSIE.

J'ai donc une voix qui vole! Malheureux que je suis, que ne lui ai-je coupé les ailes!

MERCURE.

Cet homme vient au galop pour charger sa bête de malencontre.

SOSIE.

Moi, je n'ai point de bête à charger.

MERCURE.

Il faut que je lui donne sa charge de coups de poing.

SOSIE.

Par Hercule, je suis déja assez las du voyage et de la fatigue de la mer; et, à l'heure que je parle, je me sens encore si abattu, qu'à peine ai-je le courage de me porter seulement. Comment voudriez-vous que je portasse un pesant fardeau?

MERCURE.

Encore une fois, quelqu'un parle ici.

SOSIE.

Me voilà sauvé, il ne me voit pas assurément. Il dit, quelqu'un parle ici: je ne m'appelle pas quelqu'un, moi; je m'appelle Sosie.

MERCURE.

Il me semble qu'une voix, qui est venue du côté droit, m'a frappé les oreilles.

SOSIE.

J'appréhende bien en revanche d'être battu à la place de ma voix qui l'a frappé.

MERCURE.

Bon, le voilà qui vient de mon côté.

AMPHITRUO.

SOSIA.

Timeo: totus torpeo.
Non edepol nunc ubi terrarum sim scio, si quis roget:
Neque miser me commovere possum præ formidine.
Ilicet mandata heri perierunt, una et Sosia.
Verum certu'st confidenter hominem contra colloqui.
Igitur qui possim videri huic fortis, à me ut abstineat manum.

MERCURIUS.

Quo ambulas tu, qui Volcanum in cornu conclusum geris?

SOSIA.

Quid id exquiris tu, qui pugnis os exossas hominibus?

MERCURIUS.

Servos esne, an liber?

SOSIA.

Utcunque animo collubitum est meo.

MERCURIUS.

Ain' vero?

SOSIA.

Aio enimvero.

MERCURIUS.

Verbero.

SOSIA.

Mentiris nunc jam.

MERCURIUS.

At jam faciam ut verum dicas dicere.

SOSIA.

Quid eo est opus?

MERCURIUS.

Possum scire quo profectus, quojus sis, aut quid veneris?

SOSIE.

Bons dieux, que j'ai de peur! je suis demi-mort; je ne sais par ma foi en quel lieu du monde je suis, et je serois bien en peine de le dire, si on me le demandoit maintenant; je ne puis me remuer, tant je tremble : enfin c'en est fait, voilà les ordres de mon maître à-vau-l'eau avec le pauvre Sosie. Mais je veux prendre courage, et aller parler hardiment à cet homme, afin qu'il croie que j'ai du cœur, et qu'il perde l'envie de me maltraiter.

MERCURE.

Où vas-tu avec ta lanterne?

SOSIE.

Mais toi qui désosses si bien les mâchoires des gens, que t'importe, et pourquoi me le demandes-tu?

MERCURE.

Es-tu libre ou esclave?

SOSIE.

Tout comme il me plaît.

MERCURE.

Est-ce ainsi que tu parles, maraud!

SOSIE.

Sans doute, c'est ainsi que je parle.

MERCURE.

Épaules à coups de bâton.

SOSIE.

Tu mens pour cette fois.

MERCURE.

Mais je vais tout présentement te faire avouer que je ne mens pas.

SOSIE.

Qu'est-il besoin de cela?

MERCURE.

Peut-on savoir où tu vas, à qui tu es, et ce qui t'amène?

AMPHITRUO.

SOSIA.

Huc eo : heri mei sum servos, nunquid nunc es certior?

MERCURIUS.

Ego tibi istam hodie scelestam comprimam linguam.

SOSIA.

            Haud potes.
Bene pudiceque asservatur.

MERCURIUS.

      Pergin' argutarier?
Quid apud hasce ædeis negotii est tibi?

SOSIA.

         Immo quid tibi'st?

MERCURIUS.

Rex Creo vigiles nocturnos singulos semper locat.

SOSIA.

Bene facit, quia nos eramus peregre, tutatu'st domum.
At nunc abi sane, advenisse familiares dicito.

MERCURIUS.

Nescio quam tu familiaris sis : nisi actutum hinc abis,
Familiaris accipiere faxo haud familiariter.

SOSIA.

Hic, inquam, habito ego, atque horum servos sum.

MERCURIUS.

         At scin' quomodo?
Faciam ego hodie te superbum, nisi hinc abis?

SOSIA.

         Quonam modo?

SOSIE.

Je viens ici, et je suis le valet de mon maître. Eh bien! en es-tu plus savant?

MERCURE.

J'arrêterai assurément aujourd'hui l'insolence de cette maudite langue.

SOSIE.

Par ma foi elle ne te craint guère, car elle est à bon maître.

MERCURE.

Encore? tu continues de faire le railleur? Quelle affaire as-tu dans cette maison?

SOSIE.

Mais toi-même qu'y as-tu à faire?

MERCURE.

Créon a accoutumé d'y faire poser des gardes toutes les nuits.

SOSIE.

Avec raison, parce que nous étions absens; mais tu peux lui dire à présent, que les domestiques d'Amphitryon sont de retour.

MERCURE.

Je ne sais pas si tu es de ses domestiques; mais j'ai une chose à te dire : c'est que si tu ne décampes d'ici au plus tôt, quelque domestique que tu puisses être, tu ne seras pas reçu fort domestiquement.

SOSIE.

Je demeure dans ce logis, te dis-je, et j'appartiens à Amphitryon et à Alcmène.

MERCURE.

Et sais-tu comment tu y seras reçu? Je te traiterai aujourd'hui comme un grand seigneur, si tu ne t'en vas.

SOSIE.

Et de quelle manière?

AMPHITRUO.

MERCURIUS.

Auferere, non abibis, si ego fustem sumpsero.

SOSIA.

Quin me esse hujus familiæ familiarem prædico.

MERCURIUS.

Videsis : quam mox vapulare vis, nisi actutum hinc abis.

SOSIA.

Tun' domo prohibere peregre me advenientem postulas?

MERCURIUS.

Hæccine tua domus est?

SOSIA.

Ita, inquam.

MERCURIUS.

Quis herus est igitur tibi?

SOSIA.

Amphitruo, qui nunc præfectu'st Thebanis legionibus;
Quicum nupta est Alcumena.

MERCURIUS.

Quid ais? Quod nomen tibi est?

SOSIA.

Sosiam vocant Thebani, Davo prognatum patre.

MERCURIUS.

Næ tu istic hodie malo tuo, compositis mendaciis,
Advenisti, audaciæ columen, consutis dolis.

SOSIA.

Immo equidem tunicis consutis huc advenio, non dolis.

MERCURIUS.

At mentiris etiam : certo pedibus, non tunicis venis.

AMPHITRYON.

MERCURE.

C'est que si je prends un bâton, l'on t'emportera chez toi; tu n'auras pas assurément la peine de t'en aller de ton pied.

SOSIE.

Avec tout cela je ne laisserai pas de dire que je suis un des domestiques de là-dedans.

MERCURE.

Prends garde à toi, si tu veux; tu meurs d'envie d'être rossé : crois-moi et t'enfuis tout-à-l'heure.

SOSIE.

Tu prétends donc m'empêcher d'entrer chez nous à mon retour d'un si long voyage?

MERCURE.

Est-ce donc là chez toi?

SOSIE.

Oui, te dis-je.

MERCURE.

Et qui est ton maître?

SOSIE.

Amphitryon, qui est à présent général de l'armée des Thébains, et qui est marié avec Alcmène.

MERCURE.

Qu'est-ce que tu dis? comment t'appelles-tu?

SOSIE.

Les Thébains me nomment Sosie, fils de Davus.

MERCURE.

Par ma foi, Sosie, fils de Davus, c'est bien à la male heure pour toi que tu viens avec des fourberies si mal cousues, insolent.

SOSIE.

Tu te trompes : car je viens ici avec mes habits cousus, et non pas avec des fourberies cousues.

MERCURE.

Mais, puisqu'il faut raisonner avec toi, tu en as menti : car c'est avec tes pieds que tu viens, et non pas avec tes habits.

SOSIA.
Ita profecto.

MERCURIUS.
Nunc profecto vapula ob mendacium.

SOSIA.
Non edepol volo profecto.

MERCURIUS.
At pol profecto ingratiis.
Hoc quidem profecto certu'st, non est arbitrarium.

SOSIA.
Tuam fidem obsecro.

MERCURIUS.
Tun' te audes Sosiam esse dicere,
Qui ego sum?

SOSIA.
Perii.

MERCURIUS.
Parum etiam, præut futurum est, prædicas.
Quojus nunc es?

SOSIA.
Tuus, nam pugnis usu fecisti tuum.
Proh fidi Thebani cives!

MERCURIUS.
Etiam clamas, carnifex?
Eloquere, quid venisti?

SOSIA.
Ut esset quem tu pugnis cæderes.

MERCURIUS.
Cujus es?

SOSIA.
Amphitruonis, inquam, Sosia.

AMPHITRYON.

SOSIE.

Assurément tu as raison.

MERCURE.

Assurément tu seras battu pour tes menteries.

SOSIE.

Par Pollux, ce n'est pas ce que je demande.

MERCURE.

Mais, par Pollux, tu ne laisseras pas de l'être, c'est une chose arrêtée, veuille-le ou non, cela ne sera pas à ton choix.

SOSIE.

Est-ce ainsi que l'on traite les gens?

MERCURE.

Auras-tu encore l'insolence de te dire Sosie? c'est moi qui le suis.

SOSIE.

Que je suis malheureux!

MERCURE.

C'est peu de chose au prix de ce que tu verras; eh bien! à qui es-tu?

SOSIE.

A toi sans doute : car à force de te servir de moi pour exercer tes poings, tu m'as fait tien par droit de possession.

(*Mercure continuant de le battre, il s'écrie:*)

O Thébains, ô mes concitoyens, à mon aide!

MERCURE.

Tu cries, pendard? allons, dis-moi tout présentement ce que tu es venu faire ici.

SOSIE.

J'y suis venu donner de l'exercice à tes poings.

MERCURE.

A qui appartiens-tu?

SOSIE.

Je t'ai déja dit cent fois que je suis à Amphitryon, et que je me nomme Sosie.

AMPHITRUO.

MERCURIUS.

Ergo istoc magis,
Quia vaniloquos, vapulabis: ego sum, non tu, Sosia.

SOSIA.

Ita dii faciant, ut tu potius sis, atque ego te ut verberem.

MERCURIUS.

Etiam mutis?

SOSIA.

Jam tacebo.

MERCURIUS.

Quis tibi heru'st?

SOSIA.

Quem tu voles.

MERCURIUS.

Quid igitur? qui nunc vocare?

SOSIA.

Nemo, nisi quem jusseris.

MERCURIUS.

Amphitruonis te esse aiebas Sosiam.

SOSIA.

Peccaveram,
Nam Amphitruonis socium næ me esse volui dicere.

MERCURIUS.

Scibam equidem nullum esse nobis, nisi me, servom Sosiam,
Fugit te ratio.

SOSIA.

O utinam istuc pugni fecissent tui!

MERCURIUS.

Ego sum Sosia ille, quem tu dudum esse aiebas mihi.

AMPHITRYON.

MERCURE.

Voilà justement qui te va encore faire mieux battre, pour t'apprendre à mentir avec tant d'insolence. C'est moi, coquin, qui suis Sosie, et non pas toi.

SOSIE.

Plût à Dieu que tu le fusses, et que je fusse en ta place, afin que je pusse te frotter tout mon soûl!

MERCURE.

Tu oses encore souffler?

SOSIE.

Je vais me taire tout présentement.

MERCURE.

Qui est ton maître?

SOSIE.

Qui tu voudras.

MERCURE.

Et comment t'appelles-tu?

SOSIE.

Comme il te plaira.

MERCURE.

Il me semble pourtant que tu disois que tu étois à Amphitryon, et que tu te nommois Sosie.

SOSIE.

Je me trompois, et je voulois dire simplement que j'étois de la compagnie d'Amphitryon.

MERCURE.

Passe pour cela; je savois bien aussi qu'Amphitryon n'avoit point d'autre valet que moi qui se nommât Sosie; et j'étois bien assuré que tu te méprenois.

SOSIE.

Plût à Dieu que tes poings se fussent aussi mépris!

MERCURE.

Je suis ce Sosie que tu me disois tantôt que tu étois.

AMPHITRUO.

SOSIA.

Obsecro ut per pacem liceat te alloqui, ut ne vapulem.

MERCURIUS.

Immo induciæ parumper fiant, si quid vis loqui.

SOSIA.

Non loquar nisi pace facta, quando pugnis plus vales.

MERCURIUS.

Dicito, si quid vis, non nocebo.

SOSIA.

Tuæ fidei credo?

MERCURIUS.

Meæ.

SOSIA.

Quid, si falles?

MERCURIUS.

Tum Mercurius Sosiæ iratus siet.

SOSIA.

Animum advorte : nunc licet mihi libere quidvis loqui.
Amphitruonis ego sum servos Sosia.

MERCURIUS.

Etiam denuo?

SOSIA.

Pacem feci, fœdus feci, vera dico.

MERCURIUS.

Vapula.

SOSIA.

Ut lubet, quod tibi lubet, fac, quoniam pugnis plus vales.
Verum ut ut es facturus, hoc quidem hercle haud reticebo tamen.

SOSIE.

Je te prie, faisons la paix, et que je te puisse dire deux mots sans être battu.

MERCURE.

Pour la paix, non; mais je t'accorde une trêve pour un peu de temps, afin que tu dises ce que tu as à me dire.

SOSIE.

Non, je ne parle point que la paix ne soit faite entièrement; tes poings sont un peu trop forts pour moi.

MERCURE.

Parle, je ne te ferai aucun mal.

SOSIE.

Me puis-je fier à ta parole?

MERCURE.

Assurément.

SOSIE.

Et si tu me trompes?

MERCURE.

Qu'alors Mercure puisse être en colère contre Sosie.

SOSIE.

Oh bien! écoute, car maintenant je te puis dire tout ce qu'il me plaira : je suis le valet d'Amphitryon.

MERCURE.

Encore? Tu recommences?

SOSIE.

Ah! nous avons fait la paix, et un traité en toutes les formes; j'ai dit la vérité.

MERCURE, *haussant la main comme s'il vouloit le battre.*

Voilà pour t'apprendre à raisonner.

SOSIE.

Tout ce que tu voudras; tu peux me battre, s'il te plaît; tu es le plus fort. Mais, quoi que tu puisses faire, je ne laisserai pas de te dire toujours la même chose.

AMPHITRUO.

MERCURIUS.

Tu me vivus hodie nunquam facies, quin sim Sosia.

SOSIA.

Certe edepol tu me alienabis nunquam quin noster siem.
Nec nobis præter me alius quisquam est servos Sosia,
Qui cum Amphitruone hinc una ieram in exercitum.

MERCURIUS.

Hic homo sanus non est.

SOSIA.

Quod mihi prædicas vitium, id tibi est.
Quid, malum! non sum ego servos Amphitruonis Sosia?
Nonne hac noctu nostra navis huc ex portu Persico
Venit, quæ me advexit? nonne me huc herus misit meus?
Nonne ego nunc sto ante ædeis nostras? non mihi est laterna in
  manu?
Non loquor? non vigilo? non hic homo modo me pugnis contudit?
Fecit hercle. Nam etiam misero nunc malæ dolent.
Quid igitur ego dubito? aut cur non introeo in nostram domum?

MERCURIUS.

Quid domum vostram?

SOSIA.

Ita enimvero.

MERCURIUS.

Quin quæ dixisti modo,
Omnia ementitus. Equidem Sosia Amphitruonis sum.
Nam noctu hac soluta est navis nostra e portu Persico.
Et ubi Pterela rex regnavit, oppidum expugnavimus:
Et legiones Teleboarum vi pugnando cepimus.
Et ipsus Amphitruo obtruncavit regem Pterelam in prælio.

AMPHITRYON.

MERCURE.

Mais aussi, dusses-tu te pendre, tu ne m'empêcheras d'aujourd'hui d'être Sosie.

SOSIE.

Par ma foi, tu ne saurois aussi jamais faire que je ne sois pas de notre maison; et il n'y a chez nous aucun autre Sosie que moi, qui ai suivi Amphitryon à l'armée.

MERCURE.

Cet homme n'est pas en son bon sens.

SOSIE.

C'est bien toi-même qui n'y es pas. (*Il parle bas.*) Quoi! est-ce que le vaisseau dans lequel je suis venu n'est pas arrivé cette nuit d'Eubée? Est-ce que mon maître ne m'a pas envoyé ici? Est-ce que je ne suis pas moi-même en personne ici devant notre porte? Est-ce que je n'ai pas une lanterne à la main? Est-ce donc que je ne parle pas? que je ne suis pas bien éveillé? Est-ce enfin que cet homme ne m'a pas assommé de coups de poing? Il n'est que trop vrai qu'il l'a fait; car les mâchoires m'en font encore une douleur insupportable. Pourquoi hésiterois-je donc le moins du monde? Et pourquoi est-ce que je n'entre pas chez nous?

MERCURE.

Comment, chez vous?

SOSIE.

Assurément, chez nous.

MERCURE.

Et moi, je te soutiens que tout ce que tu viens de dire est absolument faux. C'est moi qui suis Sosie, valet d'Amphitryon. Cette nuit même, notre vaisseau a désancré d'Eubée, et nous sommes arrivés ici. Dans une seule campagne nous avons pris d'assaut la ville de Ptérélas, et par notre courage les troupes des Télébens ont été défaites, et même, dans le combat, Amphitryon a tué ce roi de sa main.

AMPHITRUO.

SOSIA.

Egomet mihi non credo, quum illæc autumare illum audio.
Hic quidem certe, quæ illic sunt res gestæ, memorat memoriter.
Sed quid ais? Quid Amphitruoni à Telebois datum est?

MERCURIUS.

Pterela rex qui potitare solitus est, patera aurea.

SOSIA.

Elocutus est. Ubi patera nunc est?

MERCURIUS.

In cistula.
Amphitruonis obsignata signo est.

SOSIA.

Signi dic quid est?

MERCURIUS.

Cum quadrigis sol exoriens. Quid me captas, carnufex?

SOSIA.

Argumentis vincit, aliud nomen quærendu'st mihi:
Nescio unde hæc hic spectavit. Jam ego hunc decipiam probe.
Nam quod egomet solus feci, nec quisquam alius affuit
In tabernaculo, id quidem hodie nunquam poterit dicere.
Si tu Sosia es, legiones quom pugnabant maxime,
Quid in tabernaculo fecisti? Victus sum, si dixeris.

MERCURIUS.

Cadus erat vini : inde implevi hirneam.

SOSIA.

Ingressu'st viam.

MERCURIUS.

Eam ego, ut matre fuerat natum, vini eduxi meri.

SOSIA.

Mira sunt, nisi latuit intus illic in illac hirnea.
Factum est illud, ut ego illic vini hirneam ebiberim meri.

AMPHITRYON.

SOSIE.

Je ne me crois pas moi-même, lorsque je l'entends parler de la sorte; car, par ma foi, il conte tout si clairement, que je ne sais où j'en suis. Mais voyons ce que tu me vas répondre. Qu'a-t-on donné à Amphitryon du butin que l'on a fait sur les Télébens?

MERCURE.

Une coupe d'or, où buvoit ordinairement le roi Ptérélas.

SOSIE.

Il l'a dit, ma foi : où est-elle à présent cette coupe?

MERCURE.

Dans une cassette, qui est cachetée du cachet d'Amphitryon.

SOSIE.

Dis-moi un peu ce qu'il y a sur ce cachet.

MERCURE.

Le soleil levant, avec son char à quatre chevaux. Pourquoi me veux-tu surprendre, pendard?

SOSIE.

Il m'a convaincu par de bonnes et fortes preuves; je n'ai plus qu'à chercher un autre nom. D'où, diable, a-t-il pu voir toutes ces choses? Mais je vais bien l'attraper; car il ne pourra assurément me dire ce que j'ai fait moi-même, lorsque j'étois seul dans la tente de mon maître. Si tu es Sosie, que faisois-tu dans la tente d'Amphitryon, pendant que les deux armées se battoient avec le plus de chaleur? Je te donne gagné, si tu le dis.

MERCURE.

Il y avoit un muid de vin, dont je tirai un broc.

SOSIE.

L'y voilà justement.

MERCURE.

Et j'avalai ce broc de vin sans eau, et pur comme il étoit venu de la vigne.

SOSIE.

Il étoit sans doute dans le broc, car ce qu'il dit est vrai; j'avalai ce broc de vin sans y mettre une goutte d'eau.

MERCURIUS.

Quid nunc? Vincon' argumentis te non esse Sosiam!

SOSIA.

Tu negas med esse?

MERCURIUS.

Quid ego ni negem, qui egomet siem?

SOSIA.

Per Jovem juro med esse : neque me falsum dicere.

MERCURIUS.

At ego per Mercurium juro tibi Jovem non credere.
Nam injurato scio plus credet mihi, quam jurato tibi.

SOSIA.

Quis ergo sum saltem, si non sum Sosia? te interrogo.

MERCURIUS.

Ubi ego Sosia nolim esse, tu esto sane Sosia.
Nunc quando ego sum, vapulabis, ni hinc abis, ignobilis.

SOSIA.

Certe edepol, quom illum contemplo, et formam cognosco meam,
Quemadmodum ego sæpe in speculum inspexi, nimis simil' est mei.
Itidem habet petasum, ac vestitum : tam consimil' est atque ego.
Sura, pes, statura, tonsus, oculi, nasum, vel labra,
Malæ, mentum, barba, collum : totus; quid verbis opu' st?
Si tergum cicatricosum, nihil hoc simili est similius.
Sed quom cogito, equidèm certo idem sum qui semper fui.
Novi herum : novi ædeis nostras. Sane sapio et sentio.
Non ego illi obtempero quod loquitur; pulsabo foreis.

MERCURE.

Eh bien! te faut-il de meilleures preuves pour te convaincre que tu n'es pas Sosie?

SOSIE.

Quoi! tu nies que je le sois?

MERCURE.

Comment ne le nierois-je pas, puisque c'est moi qui le suis?

SOSIE.

Je jure par Jupiter que c'est moi, et que je ne mens point.

MERCURE.

Et moi je jure par Mercure, que Jupiter ne te croira point; car il me croira plus à ma simple parole, que toi avec tous tes sermens.

SOSIE.

A tout le moins, dis-moi qui je suis, si je ne suis Sosie : je te le demande.

MERCURE.

Lorsque je ne voudrai plus l'être, sois-le tant que tu voudras; mais, à présent que je prétends l'être, tu seras battu, si tu ne t'enfuis tout à l'heure, maraud.

SOSIE.

En vérité, quand je le considère, il me semble voir mon visage, comme il me souvient de l'avoir vu souvent dans le miroir. Il me ressemble en toutes choses; il n'y a pas jusqu'à son chapeau et à son habit qui ne soient pareils aux miens : enfin, deux gouttes d'eau ne se ressemblent pas mieux. La jambe, le pied, les cheveux, les yeux, le nez, les dents, les lèvres, les joues, le menton, la barbe, l'encolure, bref, sans tant de discours, tout; et, s'il a le dos cicatrisé de coups de fouet, il n'y a rien au monde de si semblable. Mais avec tout cela, quand j'y fais réflexion, je suis le même que j'ai toujours été; je connois mon maître, je reconnois notre maison. Quoi qu'il puisse dire, je suis en mon bon sens. Je suis résolu de ne lui point obéir, et d'aller heurter à notre porte.

MERCURIUS.

Quo agis te?

SOSIA.

Domum.

MERCURIUS.

Quadrigas si nunc inscendas Jovis,
Atque hinc fugias, ita vix poteris effugere infortunium.

SOSIA.

Nonne heræ meæ nunciare, quod herus meus jussit, licet?

MERCURIUS.

Tuæ si quid vis nunciare, hanc nostram adire non sinam.
Nam si me irritassis, hodie lumbifragium hinc auferes.

SOSIA.

Abeo potius. Di immortales, obsecro vostram fidem!
Ubi ego perii? ubi immutatus sum? ubi ego formam perdidi?
An egomet me illic reliqui, si forte oblitus fui?
Nam hic quidem omnem imaginem meam, quæ antehac fuerat, possidet.
Vivo fit, quod nunquam quisquam mortuo faciet mihi.
Ibo ad portum, atque hæc uti sunt facta, hero dicam meo.
Nisi etiam is quoque me ignorabit, quod ille faciat Juppiter.
Ut ego hodie raso capite calvos capiam pileum.

SCENA II.

MERCURIUS.

Bene prospereque hoc hodie operis processit mihi;
Amovi à foribus maxumam molestiam,
Patri ut liceret tuto illam amplexarier.

MERCURE.

Où vas-tu donc, s'il te plaît?

SOSIE.

Chez nous.

MERCURE.

Quand tu serois monté sur le char de Jupiter, tu aurois encore bien de la peine à éviter d'être battu.

SOSIE.

Quoi! il ne me sera pas permis d'aller dire à ma maîtresse ce que mon maître m'a commandé?

MERCURE.

Tu peux aller dire à ta maîtresse tout ce qu'il te plaira; mais à la mienne assurément tu ne lui parleras d'aujourd'hui. Et si tu m'échauffes les oreilles, tu ne t'en iras jamais sans avoir les côtes rompues.

SOSIE.

J'aime bien mieux m'en aller. O dieux immortels! secourez-moi, je vous prie! Où est-ce que je me suis perdu? Où est-ce que j'ai été métamorphosé de la sorte? Où ai-je pu perdre l'air et les traits que j'avois autrefois? Ne me serois-je point oublié ici, au lieu de suivre mon maître? car cet homme a absolument toute la figure que j'avois. Par ma foi, il me fait, pendant ma vie, un honneur que personne ne me fera quand je serai mort. Je m'en retourne au port pour dire tout ceci à Amphitryon, à moins qu'il ne m'aille aussi méconnoître. Ce que veuille faire Jupiter, afin qu'aujourd'hui je puisse sortir d'esclavage, et prendre l'habit des hommes libres.

SCÈNE II.

MERCURE.

Tout m'a réussi le mieux du monde; j'ai éloigné d'ici cet importun, et par ce moyen j'ai donné le temps à mon père d'être avec Alcmène tout à son aise. Ce valet ne sera pas plu-

Jam ille illuc ad herum quom Amphitruonem advenerit,
Narrabit servom hinc sese à foribus Sosiam
Amovisse. Ille adeo illum mentiri sibi
Credet, neque credet huc profectum, ut jusserat.
Erroris ambo ego illos et dementiæ
Complebo, atque omnem Amphitruonis familiam.
Adeo usque satietatem dum capiet pater
Illius quam amat. Igitur demum omnes scient
Quæ facta; denique Alcumenam Juppiter
Rediget antiquam in concordiam conjugis.
Nam Amphitruo actutum uxori turbas conciet,
Atque insimulabit eam probri. Tum meus pater
Eam seditionem in tranquillum conferet.
Nunc de Alcumena, dudum quod dixi minus,
Hodie illa pariet filios geminos duos,
Alter decumo post mense nascetur puer
Quam seminatus, alter mense septimo.
Eorum Amphitruonis alter est, alter Jovis.
Verum minori puero major est pater,
Minor majori. Jamne hoc scitis quid siet?
Sec Alcumenæ hujus honoris gratia,
Pater curavit uno ut fœtu fieret;
Uno ut labore absolvat ærumnas duas,
Et ne in suspicione ponatur stupri,
Et clandestina ut celetur suspicio.
Quanquam, ut jam dudum dixi, resciscet tamen
Amphitruo rem omnem. Quid igitur? Nemo id probro
Profecto ducet Alcumenæ. Nam Deum
Non par videtur facere, delictum suum
Suamque culpam expetere in mortalem ut sinat.
Orationem comprimam : crepuit foris.
Amphitruo subditivus, eccum, exit foras,
Cum Alcumena uxore usuraria.

tôt près de son maître, qu'il lui racontera que Sosie l'a empêché d'approcher de la maison; mais Amphitryon prendra cela pour des contes, et il ne croira jamais que ce coquin soit venu jusqu'ici, comme il le lui avoit commandé. Je vais leur en donner à garder à tous deux d'une telle manière, qu'ils ne sauront où ils en seront, et qu'eux et toute la maison sembleront autant d'insensés. Cela durera jusqu'à ce que mon père ait eu tout le loisir d'être avec ce qu'il aime. Alors enfin, ils sauront tous comment les choses se sont passées, et Jupiter fera qu'Alcmène sera aussi bien que jamais avec son mari. Car vous saurez qu'Amphitryon lui va faire un furieux vacarme, et qu'il l'accusera de s'être mal comportée pendant son absence : mais mon père calmera tout ce désordre. Maintenant il faut vous dire d'Alcmène ce que je ne vous en ai pas dit tantôt. Aujourd'hui même elle accouchera de deux jumeaux, l'un desquels viendra à terme, et l'autre à sept mois. Le premier est d'Amphitryon, et le second de Jupiter; c'est-à-dire que, comme il y a deux enfans, il y a aussi deux pères : le plus grand est le père du plus petit enfant, et le plus petit est le père du plus grand. Comprenez-vous bien à présent tout le mystère? Au reste, mon père prend tant de soin d'Alcmène, qu'il a voulu qu'elle accouchât en même temps de tous les deux, et qu'elle s'en délivrât par un seul travail, afin qu'elle ne soit point soupçonnée, et que la galanterie qu'il a eue avec elle ne fasse point d'éclat. Amphitryon, comme je vous l'ai tantôt dit, ne laissera pas de savoir tout. Qu'en arrivera-t-il donc? personne après cela n'accusera Alcmène d'avoir manqué à son devoir. Ce seroit aussi une injustice qu'un dieu permît que sa faute retombât sur une pauvre mortelle. Mais il faut que je mette fin à ce discours; car on fait du bruit à la porte de cette maison; et voilà le faux Amphitryon qui sort avec sa femme d'emprunt.

SCENA III.

JUPPITER, ALCUMENA, MERCURIUS.

JUPPITER.

Bene vale, Alcumena: cura rem communem, quod facis.
Atque imperce, quæso: menses jam tibi exactos vides.
Mihi necess' est ire hinc: verum quod erit natum, tollito.

ALCUMENA.

Quid istud est, mi vir, negotii, quod tu tam subito domo
Abeas?

JUPPITER.

Edepol, haud quod tui me, neque domi distædeat.
Sed ubi summus Imperator non adest ad exercitum,
Citius, quod non facto'st usus, fit, quam quod facto'st opus.

MERCURIUS.

Nimis hic scitus est sycophanta, qui quidem meus sit pater.
Observatote, quam blande mulieri palpabitur.

ALCUMENA.

Ecastor, re experior, quanti facias uxorem tuam.

JUPPITER.

Satin' habes, si fœminarum nulla'st quam æque diligam?

MERCURIUS.

Edepol, næ illa si istis rebus te sciat operam dare,
Ego faxim te Amphitruonem esse malis, quam Jovem.

ALCUMENA.

Experiri istuc mavellem me, quam mi memorarier.

SCÈNE III.[1]

JUPITER, ALCMÈNE, MERCURE.

JUPITER.

Adieu, madame, continuez, comme vous faites, d'avoir soin de toutes choses, et vous souvenez que vous êtes sur votre terme. Conservez-vous, je vous conjure. Je suis obligé de vous quitter; mais faites élever l'enfant que vous mettrez au monde.

ALCMÈNE.

Quelles affaires si pressantes avez-vous, que vous me quittez si promptement?

JUPITER.

Vous devez bien croire que je ne m'ennuie pas avec vous: je ne vois rien dans la maison qui me fasse de la peine : mais quand une armée est sans général, il s'y fait toujours quelque désordre.

MERCURE.

Ne voilà-t-il pas un bon fourbe, tout mon père qu'il est? Voyez un peu comme il la va engeoler.

ALCMÈNE.

En vérité, je reçois aujourd'hui de grandes marques de l'estime que vous avez pour moi!

JUPITER.

Ne devez-vous pas être satisfaite que je vous aime plus qu'aucune femme du monde?

MERCURE.

Par ma foi, si elle savoit le personnage que vous jouez, je gagerois mes oreilles que vous aimeriez beaucoup mieux être Amphitryon que Jupiter.

ALCMÈNE.

J'aimerois bien mieux voir des effets de cette tendresse, que

---

[1] *Amphitryon*, de Molière, acte I, scène III.

Prius abis quam lectus ubi cubuisti, concaluit locus.
Herè venisti media nocte, nunc abis : hoccine placet?

MERCURIUS.

Accedam atque hanc appellabo, et supparasitabor patri.
Nunquam edepol quemquam mortalem credo ego uxorem suam
Sic efflictim amare, proinde ut hic te efflictim deperit.

JUPPITER.

Carnufex, non ego te novi? Abin' à conspectu meo?
Quid tibi hanc curatio est rem, verbero, aut mutitio?
Quoi ego jam hoc scipione.....

ALCUMENA.

Ah! noli.

JUPPITER.

Mutito modo.

MERCURIUS.

Nequiter pene expedivit prima parasitatio.

JUPPITER.

Verum quod tu dicis, mea uxor, non te mihi irasci decet.
Clanculum abii à legione, operam hanc surripui tibi :
Ex me primo prima scires, rem ut gessissem publicam.
Ea tibi omnia enarravi : nisi te amarem plurimum,
Non facerem.

MERCURIUS.

Facitne ut dixi? Timidam palpo percutit.

JUPPITER.

Nunc ne legio persentiscat, clam illuc redeundum'st mihi,
Ne me uxorem prævortisse dicant præ republica.

d'entendre toutes ces belles paroles. A peine vous êtes-vous couché, que vous vous êtes levé pour partir. Vous êtes arrivé à minuit, et vous me quittez déjà; cela est-il honnête?

MERCURE.

Je vais m'approcher d'elle et lui parler; car il faut que j'aille aider à mon père à jouer son rôle. En vérité, madame, je ne crois pas qu'aucun mortel ait pour sa femme autant de tendresse que monsieur en a pour vous : car il vous aime si éperduement, qu'il est dans des chagrins continuels lorsqu'il ne vous voit pas.

JUPITER.

T'en iras-tu d'ici, coquin! de quoi te mêles-tu? Voilà un insolent maraud, d'oser seulement dire un mot en ma présence! Si je prends un bâton, je te.....

ALCMÈNE.

Ah! ne vous emportez pas, je vous prie.

JUPITER.

Si je t'entends...

MERCURE.

Ma flatterie a déjà pensé me réussir mal.

JUPITER.

Au reste, madame, vous ne devez point être fâchée contre moi: je me suis dérobé de l'armée dans l'impatience de vous voir et de vous embrasser, et pour avoir le plaisir de vous apprendre le premier de quelle manière je me suis acquitté de mon emploi, et comment toutes choses se sont passées. Je vous ai tout dit; jugez si ce n'est pas vous aimer infiniment que d'en user ainsi.

MERCURE.

Eh bien! ne fait-il pas tout comme j'ai dit? Voyez comme il ramène son esprit par ses douceurs.

JUPITER.

Je veux m'en retourner à présent, sans que personne me voie, afin que l'armée ne s'aperçoive pas que je me suis absenté.

AMPHITRUO.

ALCUMENA.

Lacrumantem ex abitu concinnas tu tuam uxorem.

JUPPITER.

Tace.
Ne corrumpe oculos, redibo actutum.

ALCUMENA.

Id actutum diu'st.

JUPPITER.

Non ego te hic lubens relinquo, neque abeo abs te.

ALCUMENA.

Sentio:
Nam qua nocte ad me venisti, eadem abis.

JUPPITER.

Cur me tenes?
Tempu'st; exire ex urbe, priusquam luciscat, volo.
Nunc tibi hanc pateram, quæ dono mi illic ob virtutem data'st,
Pterela rex qui potitavit, quem ego mea occidi manu,
Alcumena, tibi condono.

ALCUMENA.

Facis ut alias res soles.
Ecastor condignum donum, quali'st qui donum dedit.

MERCURIUS.

Imo sic condignum donum quali'st quoi dono datu'st.

JUPPITER.

Pergin' autem? non ego possum, furcifer, te perdere?

ALCUMENA.

Noli, amabo, Amphitruo, irasci Sosiæ caussa mea.

JUPPITER.

Faciam ita ut vis.

MERCURIUS.

Ex amore hic admodum quam sævos est!

AMPHITRYON.

et que l'on ne puisse me reprocher que j'ai préféré au bien de l'état le plaisir de voir ma femme.

ALCMÈNE.

Que votre départ me fera verser de larmes!

JUPITER.

Je reviendrai bientôt; je vous prie de ne vous point affliger.

ALCMÈNE.

Ah! que ce *bientôt* me paroît long!

JUPITER.

C'est, je vous jure, bien malgré moi que je m'éloigne de vous.

ALCMÈNE.

C'est pour cela, sans doute, que vous vous en allez la même nuit que vous êtes arrivé.

JUPITER.

Pourquoi me retenez-vous? Il est temps que je parte : car je veux sortir de la ville avant le jour. Cependant, madame, voilà une coupe où buvoit le roi Ptérélas, que j'ai tué de ma main; je vous prie de la garder pour l'amour de moi.

ALCMÈNE.

Vous êtes toujours le meilleur mari du monde. En vérité, le présent est digne de celui qui le fait.

MERCURE.

Ah! madame, il est bien plus digne de celle qui le reçoit.

JUPITER.

Enfin, tu continues encore; est-ce que je ne te donnerai pas mille coups, pendard?

ALCMÈNE.

Je vous prie, mon cher Amphitryon, de ne vous mettre pas en colère contre Sosie à cause de moi.

JUPITER.

Je le veux, madame, puisque vous le voulez.

MERCURE.

Que l'amour l'a rendu de mauvaise humeur!

AMPHITRUO.

JUPPITER.

Nunquid vis?

ALCUMENA.

Ut quom absim, me ames, me tuam absentem tamen.

MERCURIUS.

Eamus, Amphitruo : luciscit hoc jam.

JUPPITER.

Abi præ, Sosia,
Jam ego sequar. Nunquid vis?

ALCUMENA.

Etiam : ut actutum advenias.

JUPPITER.

Licet.
Prius tua opinione hic adero : bonum animum habe.
Nunc te, nox, quæ me mansisti, mitto, uti cedas die,
Ut mortaleis illuciscas luce clara et candida.
Atque quanto nox fuisti longior hac proxuma,
Tanto brevior dies ut fiat, faciam, ut æque dispares,
Et dies è nocte accedat. Ibo et Mercurium subsequar.

FINIS ACTI PRIMI.

JUPITER.

Ne me voulez-vous plus rien?

ALCMÈNE.

Rien, sinon que pendant votre absence vous m'aimiez toujours, et que cet éloignement ne diminue rien de votre amour.

MERCURE.

Monsieur, il est temps de partir, le jour paroît.

JUPITER.

Marche devant, je te suis tout-à-l'heure. N'avez-vous plus rien à me dire, madame?

ALCMÈNE.

Encore une fois, je vous conjure de revenir bientôt.

JUPITER.

Je vous le promets. Je serai ici plus tôt que vous ne pensez; ne vous chagrinez pas, je vous prie. A présent, déesse de la Nuit, je vous permets de reprendre votre course, que vous avez arrêtée pour me faire plaisir. Faites place au jour, et que les mortels jouissent aujourd'hui d'une claire et brillante lumière. Mais je veux qu'autant que cette nuit a été plus longue que celle qui l'a précédée, ce jour-ci soit plus court, afin que ce que l'un a eu de trop soit repris sur l'autre; et qu'ainsi ils soient tous deux également inégaux. Mais il faut que je suive Mercure.

FIN DU PREMIER ACTE.

ACTUS II.

SCENA PRIMA.

AMPHITRUO, SOSIA.

AMPHITRUO.

Age, i tu secundum.

SOSIA.

Sequor, subsequor te.

AMPHITRUO.

Scelestissimum te arbitror.

SOCIA.

Nam quamobrem?

AMPHITRUO.

Quia id quod neque est, neque fuit, neque futurum est,
Mihi prædicas.

SOSIA.

Eccere, jam tuatim
Pacis, ut tuis nulla apud te sit fides.

AMPHITRUO.

Quid est? quomodo? jam quidem hercle ego tibi istam
Scelestam, scelus, linguam abscindam.

SOSIA.

Tuus sum:
Proinde ut commodum est et lubet, quicque facias:
Tamen, quin loquar hæc uti facta sunt hic,
Nunquam ullo modo me potes deterrere.

ACTE II.

SCÈNE PREMIÈRE.⁽¹⁾

AMPHITRYON, SOSIE.

AMPHITRYON.

Allons, marche après moi.

SOSIE.

Je vous suis, monsieur, et de près.

AMPHITRYON.

Tu es le plus grand scélérat...

SOSIE.

Mais, dans le fond, pourquoi cela?

AMPHITRYON.

Parce que tu me viens conter ce qui ne peut être, qui n'a jamais été, et qui ne sera jamais.

SOSIE.

Voilà-t-il pas? vous faites selon votre louable coutume, vous ne voulez jamais croire aucun de vos gens.

AMPHITRYON.

Que dis-tu? Comment? Par Hercule, je t'arracherai cette maudite langue, pendard!

SOSIE.

Vous êtes le maître, vous pouvez faire tout ce qu'il vous plaira : cependant vos menaces ne m'empêcheront pas de dire les choses comme elles sont.

---

(1) *Amphitryon*, de Molière, acte II, scène I.

AMPHITRUO.

Scelestissime, audes mihi prædicare id,
Domi te esse nunc, qui hic ades?

SOSIA.

Vera dico.

AMPHITRUO.

Malum! quod tibi dii dabunt, atque ego hodie dabo.

SOSIA.

Istuc tibi est in manu, nam tuus sum.

AMPHITRUO.

Tun' me, verbero, audes herum ludificari?
Tun' id dicere audes? Quod nemo unquam homo antehac
Vidit, nec potest fieri, tempore uno
Homo idem duobus locis ut simul sit?

SOSIA.

Profecto, ut loquor, ita res est.

AMPHITRUO.

Juppiter te perdat!

SOSIA.

Quid mali sum, here, tua ex re promeritus?

AMPHITRUO.

Rogasne, improbe, etiam, qui ludos facis me?

SOSIA.

Merito maledicas mihi, si id ita factum est.
Verum haud mentior, resque uti facta' st dico.

AMPHITRUO.

Homo hic ebrius est, ut opinor.

SOSIA.

Utinam ita essem!

AMPHITRYON.

Scélérat! tu as l'effronterie de me dire que tu es à la maison lorsque je te vois ici!

SOSIE.

C'est la vérité.

AMPHITRYON.

C'est le diable qui te puisse emporter. Aujourd'hui, je te...

SOSIE.

Encore une fois, vous pouvez faire tout ce qu'il vous plaira : vous êtes le maître.

AMPHITRYON.

Quoi! maraud, tu oses ainsi te moquer de moi? Tu as l'insolence de me soutenir ce que personne n'a jamais vu, et qui ne peut être absolument. Et tu prétends me faire croire qu'un homme est en deux lieux en même temps?

SOSIE.

Par ma foi, monsieur, je ne vous mens point.

AMPHITRYON.

Que Jupiter te puisse confondre!

SOSIE.

A votre égard, je vous prie, mon maître, quel grand mal ai-je fait?

AMPHITRYON.

Tu le demandes, coquin? Ce n'est donc rien de me jouer comme tu fais?

SOSIE.

Vous auriez sujet de vous emporter, si j'étois assez insolent pour le faire. Mais je ne mens point, et je vous dis les choses comme elles sont.

AMPHITRYON.

Ce maraud est ivre assurément.

SOSIE.

Plût à Dieu!...

AMPHITRUO.

AMPHITRUO.

Optas quæ facta.

SOSIA.

Egone?

AMPHITRUO.

Tu istic. Ubi bibisti?

SOSIA.

Nusquam equidem bibi.

AMPHITRUO.

Quid hoc sit hominis!

SOSIA.

Equidem decies dixi:
Domi ego sum, inquam;
Ecquid audis? et apud te assum Sosia idem.
Satin' hoc plane,
Satin' diserte, here, nunc videor tibi locutus
Esse?

AMPHITRUO.

Vah! apage te à me.

SOSIA.

Quid est negotii?

AMPHITRUO.

Pestis te tenet.

SOSIA.

Nam cur istuc dicis?
Equidem valeo, et salvos sum recte, Amphitruo.

AMPHITRUO.

At te ego faciam hodie, proinde ac meritus es,
Ut minus valeas, et miser sis,
Salvos domum si rediero. Jam
Sequere sis, herum qui ludificas dictis delirantibus:
Qui, quoniam herus quod imperavit, neglexisti persequi,
Nunc venis etiam ultro irrisum dominum; quæ neque fieri
Possunt, neque fando unquam accepit quisquam, profers, carnufex.
Quojus ego hodie in tergum faxo ista expetant mendacia.

AMPHITRYON.

Tu fais-là un souhait que tu as déja accompli.

SOSIE.

Moi?

AMPHITRYON.

Toi-même. Où as-tu bu?

SOSIE.

Nulle part, monsieur, par ma foi.

AMPHITRYON.

Quelle espèce d'homme est-ce donc que?...

SOSIE.

En vérité, je vous l'ai déja dit cent fois: je vous dis que moi, Sosie, je suis à la maison, entendez-vous? et que je ne laisse pas d'être ici auprès de vous le même Sosie. Cela est-il assez clair, monsieur, et trouvez-vous que je m'explique assez nettement?

AMPHITRYON.

Ote-toi de devant moi.

SOSIE.

Qu'ai-je fait?

AMPHITRYON.

Tu as le cerveau malade.

SOSIE.

Mais pourquoi me dites-vous cela? J'ai le corps et l'esprit bien sain, graces aux dieux.

AMPHITRYON.

Mais si je puis aujourd'hui être chez moi sain et sauf, je ferai que tu ne te porteras pas si bien, et je t'accommoderai comme tu le mérites. Suis-moi seulement, coquin, qui joues ton maître avec tes extravagances, et qui, parce que tu n'as rien fait de ce que je t'avois commandé, as l'insolence de m'en donner à garder de la sorte, et de me dire des impertinences qui ne peuvent être, et dont on n'a jamais ouï parler. Mais j'espère que ton dos me paiera dans peu tous ces mensonges.

SOSIA.

Amphitruo, miserrima istæc miseria est servo bono,
Apud herum qui vera loquitur, si id vi verum vincitur.

AMPHITRUO.

Quo id, malum, pacto potest (nam mecum argumentis puta)
Fieri? nunc uti tu hic sis et domi? id dici volo.

SOSIA.

Sum profecto et hic et illic. Hoc cuivis mirari licet.
Neque tibi istuc mirum magis videtur, quam mihi.

AMPHITRUO.

Quo modo?

SOSIA.

Nihilo, inquam, mirum magis tibi istuc quam mihi.
Neque, ita me dii ament, credebam primo mihimet Sosiæ,
Donec Sosia ille egomet fecit sibi uti crederem.
Ordine omne uti quidque actum est, dum apud hostes sedimus,
Edissertavit: tum formam una abstulit cum nomine.
Neque lac lacti magis est simile, quam ille ego similis est mei.
Nam ut dudum ante lucem à portu me præmisisti domum...

AMPHITRUO.

Quid igitur?

SOSIA.

Prius multo ante ædeis stabam quam illo adveneram.

AMPHITRUO.

Quas, malum! nugas? Satin' tu sanus es?

SOSIA.

Sic sum, ut vides.

SOSIE.

Monsieur, c'est la chose du monde la plus fâcheuse, pour un valet qui a de l'honneur, de voir que lorsqu'il dit la pure vérité à son maître, non-seulement il n'en est pas cru, mais qu'il veut à toute force le convaincre d'imposture.

AMPHITRYON.

Mais comment ce que tu me contes se peut-il faire? Raisonne un peu avec moi; je veux que tu m'expliques de quelle manière tu peux être ici et au logis en même temps.

SOSIE.

Il est certain que je suis ici et là tout à la fois. L'on s'en étonnera tant que l'on voudra; je vous assure, monsieur, que cela ne vous paroît pas plus étrange qu'à moi.

AMPHITRYON.

Comment cela?

SOSIE.

Non, vous dis-je, je ne suis pas moins surpris de toutes ces choses que vous l'êtes : et puissé-je périr si j'ai voulu croire d'abord ce Sosie, ce moi-même, jusqu'à ce qu'enfin ce Sosie, cet autre moi, a si bien fait, que je n'ai pu m'empêcher d'ajouter foi à ses paroles. Il m'a conté par ordre tout ce que nous avons fait pendant le temps que nous avons été à l'armée; de plus il a pris ma figure aussi-bien que mon nom; et deux gouttes d'eau ne se ressemblent pas mieux que ce moi-là ressemble à ce moi que vous voyez. Long-temps avant que vous m'eussiez envoyé du port chez nous...

AMPHITRYON.

Eh bien! qu'est-ce?

SOSIE.

J'y étois, dis-je, long-temps avant que d'y être arrivé.

AMPHITRYON.

Que diable me va-t-il conter? Es-tu en ton bon sens?

SOSIE.

J'y suis sans doute, comme vous le voyez.

AMPHITRUO.

Huic homini nescio quid est mali mala objectum manu,
Postquam à me abiit.

SOSIA.

Fateor. Nam sum obtusus pugnis pessume.

AMPHITRUO.

Quis te verberavit?

SOSIA.

Egomet memet, qui nunc sum domi.

AMPHITRUO.

Cave quicquam, nisi quod rogabo te, mihi responderis.
Omnium primum iste qui sit Sosia, hoc dici volo.

SOSIA.

Tuus est servus.

AMPHITRUO.

Mihi quidem uno te plus etiam est quam volo:
Neque postquam sum natus, habui nisi te servum Sosiam.

SOSIA.

At ego nunc, Amphitruo, dico; Sosiam servum tuum
Præter me alterum, inquam, adveniens faciam ut offendas domi,
Davo prognatum patre, eadem qua ego sum forma, ætate item
Qua ego sum: quid opu'st verbis? geminus Sosia hic factu'st tibi.

AMPHITRUO.

Nimia memoras mira. Sed vidistin' uxorem meam?

SOSIA.

Quin introire in ædeis nunquam licitum est.

AMPHITRUO.

Quis te prohibuit?

AMPHITRYON.

Il faut que depuis que ce maraud est parti d'auprès de moi, il soit tombé entre les mains de quelqu'un qui lui a donné quelque chose pour le faire extravaguer.

SOSIE.

Je l'avoue, car on m'a donné bon nombre de coups de poing.

AMPHITRYON.

Qui donc t'a battu?

SOSIE.

Moi, ce moi qui est présentement chez nous.

AMPHITRYON.

Viens çà, prends bien garde à ce que je te demanderai. Avant toutes choses, je veux savoir qui est ce Sosie dont tu me parles.

SOSIE.

C'est votre valet.

AMPHITRYON

Mon valet? Je n'ai que faire de deux Sosies, je n'ai que trop de toi; et depuis que je suis au monde, tu es le seul Sosie que j'aie eu.

SOSIE.

Mais maintenant je vous dis, monsieur, que je gage que vous trouverez chez vous un autre valet que moi qui s'appelle Sosie, fils de Davus, qui me ressemble, et qui est de même âge. Enfin, sans tant de discours, il vous est né là un autre Sosie.

AMPHITRYON.

Tu m'en contes là de belles! Mais as-tu vu ma femme?

SOSIE.

Comment l'aurois-je vue? Il ne m'a pas été permis d'entrer chez nous.

AMPHITRYON.

Qui t'en a empêché?

AMPHITRUO.

SOSIA.

Sosia ille, quem jam dudum dico, is qui me contudit.

AMPHITRUO.

Quis istic Sosia est?

SOSIA.

Ego, inquam: quoties dicendum est tibi?

AMPHITRUO.

Sed quid ais? Num obdormivisti dudum?

SOSIA.

Nusquam gentium.

AMPHITRUO.

Ibi forte istum si vidisses quemdam in somnis Sosiam.

SOSIA.

Non soleo ego somniculose heri imperia persequi.
Vigilans vidi, vigilans nunc te video, vigilans fabulor:
Vigilantem ille me jamdudum vigilans pugnis contudit.

AMPHITRUO.

Quis homo?

SOSIA.

Sosia, inquam, ego ille. Quæso, nonne intelligis?

AMPHITRUO.

Qui, malum, intelligere quisquam potis est, ita nugas blatis.

SOSIA.

Verum actutum nosces.

AMPHITRUO.

Quem?

SOSIA.

Illum nosces servum Sosiam.

SOSIE.

Ce Sosie dont je vous parle il y a si long-temps, celui qui m'a assommé de coups.

AMPHITRYON.

Qui est donc ce Sosie?

SOSIE.

Moi, vous dis-je: combien vous le faudra-t-il dire de fois?

AMPHITRYON.

Que me dis-tu là? Ne te serois-tu point endormi quelque part?

SOSIE.

En aucun lieu du monde.

AMPHITRYON.

Et par hasard n'aurois-tu point vu en songe ce prétendu Sosie?

SOSIE.

Je n'ai pas accoutumé de faire en songe les choses que vous me commandez. J'étois fort éveillé quand je l'ai vu; maintenant que je vous vois et que je vous parle, je le suis encore; et je l'étois merveilleusement tantôt quand ce Sosie, le mieux éveillé du monde, m'a donné mille coups.

AMPHITRYON.

Qui donc t'a battu?

SOSIE.

Sosie, vous dis-je, cet autre moi: mon dieu, ne comprenez-vous point encore ce que je dis?

AMPHITRYON.

Qui diable pourroit comprendre quelque chose à tous les contes ridicules que tu me fais?

SOSIE.

Mais vous l'allez voir dans un moment.

AMPHITRYON.

Qui?

SOSIE.

Ce Sosie dont il s'agit.

AMPHITRUO.

Sequere hac igitur me : nam mi istuc primum exquisito est opus.
Sed vide ex navi efferantur quæ jam imperavi omnia.

SOSIA.

Et memor sum, et diligens, ut quæ imperes, compareant.
Non ego cum vino simitu ebibi imperium tuum.

AMPHITRUO.

Utinam Di faxint, infecta dicta re eveniant tua!

SCENA II.

ALCUMENA, AMPHITRUO, SOSIA, THESSALA.

ALCUMENA.

Satin' parva res est voluptatum in vita,
Atque in ætate agunda,
Præquam quod molestum est? Ita quoique comparatum
Est in ætate hominum;
Ita dis placitum, voluptatem ut mœror comes consequatur:
Quin incommodi plus malique illico assit, boni si obtigit quid,
Nam ego id nunc experior domo, atque ipsa de me scio, cui voluptas
Parumper data'st: dum viri mei potestas videndi fuit
Noctem unam modo : atque is repente abiit à me hinc ante lucem.
Sola hic mihi nunc videor, quia ille hinc abest, quem ego amo præter
    omnes.
Plus ægri ex abitu viri, quam ex adventu voluptatis cepi.
Sed hoc me beat saltem, quod perduelles vicit, et domum
Laudis compos revenit: id solatio est. Absit, dummodo
Laude parta domum recipiat se : feram et perferam usque

AMPHITRYON.

Eh bien! sui-moi donc: car, avant toutes choses, je veux m'éclaircir de ceci. Mais songe auparavant à faire apporter du vaisseau tout ce que je t'ai commandé.

SOSIE.

Je m'en souviens très-bien; et je ferai en sorte que vous verrez tous vos ordres exécutés: car je ne les ai pas engloutis avec le vin, comme vous vous l'imaginez.

AMPHITRYON.

Les dieux veuillent qu'il ne soit rien de tout ce que tu m'as dit!

SCÈNE II.(1)

ALCMÈNE, AMPHITRYON, SOSIE, THESSALA.

ALCMÈNE.

En vérité, n'a-t-on pas dans la vie bien moins de satisfaction que de chagrin? Et n'est-ce pas une chose cruelle qu'il n'y ait personne en ce monde qui n'ait ses peines, et que les dieux aient voulu qu'un plaisir soit toujours suivi de quelque douleur? car, s'il vous arrive quelque chose d'agréable, vous ne manquez jamais de le payer presque sur l'heure par beaucoup plus d'inquiétude que vous n'avez eu de contentement. C'est ce que m'a fait éprouver la joie que j'ai reçue aujourd'hui, et qui a été de si peu de durée: car je n'ai eu qu'une nuit pour voir mon mari, qui est reparti avant le jour. A présent que ce cher époux, que j'aime plus que ma vie, est absent, tout me manque; et il me semble que je suis abandonnée de tout le monde. Enfin, j'ai plus de douleur de son départ, que je n'ai eu de joie de son arrivée. Mais au moins une chose me satisfait extrêmement; c'est qu'il a défait les ennemis, et qu'il est revenu chez lui couvert de gloire. C'est là toute ma consolation.

---

(1) *Amphitryon*, de Molière, acte II, scène II.

Abitum ejus animo forti atque obfirmato : id modo si mercedis
Datur mihi, ut meus victor vir belli clueat. Satis
Mihi esse ducam. Virtus præmium est optimum.
Virtus omnibus rebus anteit profecto.
Libertas, salus, vita, res, parentes,
Patria et prognati tutantur, servantur :
Virtus omnia in se habet, omnia assunt bona, quem penes est virtus.

AMPHITRUO.

Edepol me uxori exoptatum credo adventurum domum,
Quæ me amat : quam contra amo : præsertim re gesta bene,
Victis hostibus, quos nemo posse superari ratu'st :
Eos auspicio meo atque ductu primo cœtu vicimus.
Certe enim me illi expectatum optato venturum scio.

SOSIA.

Quid? me non rere expectatum amicæ venturum meæ?

ALCUMENA.

Meus vir hic quidem est.

AMPHITRUO.

Sequere hac tu me.

ALCUMENA.

Nam quid ille revortitur,
Qui dudum properare sese aiebat? An ille me tentat sciens?
Atque id si volt experiri, suum abitum ut desiderem,
Ecastor med haud invita se domum recipit suam.

SOSIA.

Amphitruo, redire ad navem meliu'st nos.

AMPHITRUO.

Qua gratia?

SOSIA.

Quia domi daturus nemo est prandium advenientibus.

Qu'il s'éloigne, j'y consens, pourvu qu'il revienne toujours victorieux. Je supporterai son absence patiemment, et je trouverai mes inquiétudes bien récompensées s'il acquiert la réputation de grand capitaine : oui, je serai assurément très-satisfaite. La valeur est d'un prix inestimable : elle est préférable à toutes choses. C'est elle qui nous conserve la liberté, la vie, la patrie, nos biens, nos parens et nos enfans : enfin, c'est une vertu qui comprend toutes les autres vertus.

AMPHITRYON.

En vérité, je crois que ma femme, qui m'aime parfaitement, et que j'aime de même, m'attend avec bien de l'impatience, et qu'elle va avoir bien du plaisir de mon retour, principalement lorsqu'elle saura que, contre l'espérance de tout le monde, je reviens vainqueur, et que j'ai défait les ennemis dès le premier combat.

SOSIE.

Et moi, monsieur, est-ce que vous ne croyez pas que ma maîtresse a aussi beaucoup d'impatience de me voir?

ALCMÈNE.

Hé! c'est là mon mari.

AMPHITRYON.

Suis-moi.

ALCMÈNE.

Mais qui peut le faire revenir, lui qui disoit tantôt avoir tant de hâte de s'en retourner? Est-ce qu'il veut m'éprouver, et voir si je suis bien-aise de son départ? En vérité, il ne sauroit me faire plus de plaisir que de revenir.

SOSIE.

Monsieur, nous ferons mieux, ce me semble, de nous en retourner au vaisseau.

AMPHITRYON.

Pourquoi?

SOSIE.

C'est qu'assurément pour notre bonne arrivée, personne ne nous donnera à dîner.

AMPHITRUO.

Qui tibi istuc in mentem venit?

SOSIA.

Quia enim sero advenimus.

AMPHITRUO.

Qui?

SOSIA.

Quia Alcumenam ante ædeis stare saturam intelligo.

AMPHITRUO.

Gravidam ego illanc hic reliqui quom abeo.

SOSIA.

Hei perii miser!

AMPHITRUO.

Quid tibi est?

SOSIA.

Ad aquam præbendam commodum adveni domum,
Decumo post mense, ut rationem te dictare intelligo.

AMPHITRUO.

Bono animo es.

SOSIA.

Scin' quam bono animo sim? Si situlam cepero,
Nunquam edepol tu mihi divini quicquam creduis post hunc diem,
Ni ego illi puteo, si occepso, animam omnem intertraxero.

AMPHITRUO.

Sequere hac me modo, alium ego isti rei allegabo, ne time.

ALCUMENA.

Magis nunc meum officium facere, si huic eam advorsum, arbitror.

AMPHITRUO.

Amphitruo uxorem salutat lætus speratam suam,
Quam omnium Thebis vir unam esse optumam dijudicat,
Quamque adeo cives Thebani vero rumificant probam.
Valuistin' usque? expectatusne advenio?

AMPHITRYON.

AMPHITRYON.

D'où te vient cette imagination?

SOSIE.

C'est que je vois que nous venons un peu tard.

AMPHITRYON.

Comment cela?

SOSIE.

Parce que voilà madame devant la maison qui me paroît le ventre bien plein. Apparemment que c'en est fait.

AMPHITRYON.

Je la laissai grosse quand je partis.

SOSIE.

Ah! misérable que je suis!

AMPHITRYON.

Qu'as-tu?

SOSIE.

A votre compte elle est sur son terme; et je suis revenu justement pour tirer de l'eau pour la baigner.

AMPHITRYON.

Prends courage.

SOSIE.

Savez-vous comment je prends courage? C'est que, si je tiens une fois le seau, je veux que vous me croyiez le plus grand coquin du monde, si je ne tire jusqu'à la dernière goutte, et, pour ainsi dire, si je n'arrache l'ame du puits.

AMPHITRYON.

Suis-moi seulement, ne crains point, je ferai faire cela par un autre.

ALCMÈNE.

Il me semble que je ferois mieux d'aller au-devant de lui.

AMPHITRYON.

Je donne le bonjour à ma chère femme, que j'avois tant d'impatience de revoir, et que je crois qui passe dans l'esprit de tout le monde pour la plus vertueuse de toutes les dames de Thèbes. Vous êtes-vous toujours bien portée? Êtes-vous bien-aise de mon retour?

AMPHITRUO.

SOSIA.

Haud vidi magis
Expectatum: eum salutat magis haud quisquam, quam canem.

AMPHITRUO.

Et quum te gravidam, et quum pulchre plenam aspicio, gaudeo.

ALCUMENA.

Obsecro ecastor, quid tu me derediculi gratia
Sic salutas? atque appellas quasi dudum non videris?
Quasique nunc primum recipias te domum huc ex hostibus?
Atque me nunc proinde appellas, quasi multo post videris?

AMPHITRUO.

Immo equidem te, nisi nunc, hodie nusquam vidi gentium.

ALCUMENA.

Cur negas?

AMPHITRUO.

Qui vera didici dicere.

ALCUMENA.

Haud æquum facit,
Qui quod didicit, id dediscit. An periclitamini
Quid animi habeam? Sed quid huc vos revortimini tam cito?
An te auspicium commoratum est? An tempestas continet?
Qui non abiisti ad legiones, ita uti dudum dixeras?

AMPHITRUO.

Dudum! quam dudum istuc factum est?

ALCUMENA.

Tentas, jam dudum, pridem, modo.

AMPHITRUO.

Qui istuc potis est fieri, quæso, ut dicis, jam dudum, modo?

SOSIE.

Sans doute, l'on en est fort aise : ma foi, personne ne le salue non plus qu'un chien.

AMPHITRYON.

Je suis bien aise de voir que vous vous portez si bien dans votre grossesse.

ALCMÈNE.

Je vous prie au nom de dieu, pourquoi me jouez-vous de la sorte; et d'où vient que vous m'abordez comme si vous ne m'aviez pas vue tantôt, et que vous ne fissiez que d'arriver de l'armée tout présentement? car enfin vous me parlez comme s'il y avoit bien du temps que vous ne m'eussiez vue.

AMPHITRYON.

Aussi, ne vous ai-je vue d'aujourd'hui en aucun lieu du monde qu'à présent.

ALCMÈNE.

Pourquoi le nier?

AMPHITRYON.

Parce que j'ai accoutumé de dire la vérité.

ALCMÈNE.

C'est bien fait; mais pourquoi perdez-vous une si bonne coutume? est-ce pour m'éprouver, ce que vous en faites? Raillerie à part : pourquoi revenez-vous si promptement? Est-ce quelque mauvais augure qui vous a arrêté? est-ce la tempête? et d'où vient que vous n'êtes pas retourné au camp, comme vous m'aviez dit tantôt?

AMPHITRYON.

Tantôt! que voulez-vous dire avec votre tantôt?

ALCMÈNE.

Voulez-vous m'éprouver? Oui, vous me l'avez dit, il y a quelque temps, depuis peu, tout-à-l'heure.

AMPHITRYON.

Comment accorder ce que vous dites, *il y a quelque temps, tout-à-l'heure?*

ALCUMENA.

Quid enim censes? te ut deludam contra lusorem meum,
Qui nunc primum te advenisse dicas, modo qui hinc abieris?

AMPHITRUO.

Hæc quidem deliramenta loquitur.

SOSIA.

Paulisper mane,
Dum edormiscat unum somnum.

AMPHITRUO.

Quæ ne vigilans somniat?

ALCUMENA.

Equidem ecastor vigilo, et vigilans id quod factum est fabulor.
Nam dudum ante lucem et istunc et te vidi.

AMPHITRUO.

Quo in loco?

ALCUMENA.

Hic, in ædibus ubi tu habitas.

AMPHITRUO.

Nunquam factum est.

SOSIA.

Non taces?
Quid si è portu navis huc nos dormientis detulit?

AMPHITRUO.

Etiam tu quoque assentaris huic?

SOSIA.

Quid vis fieri?
Non tu scis; Bacchæ bacchanti si velis advorsarier,
Ex insana insaniorem facies, feriet sæpius :
Si obsequare, una resolvas plaga.

AMPHITRYON.

ALCMÈNE.

Ha, ha! vous êtes admirable : est-ce qu'il ne me sera pas permis de vous jouer à mon tour, vous qui me soutenez que vous arrivez tout présentement pour la première fois, quoiqu'il n'y ait qu'un moment que vous soyez reparti?

AMPHITRYON.

Elle extravague.

SOSIE.

Monsieur, attendez un peu que madame ait dormi un petit somme.

AMPHITRYON.

A-t-elle besoin de dormir? est-ce qu'elle ne rêve pas assez tout éveillée?

ALCMÈNE.

En vérité, je n'ai jamais été mieux éveillée, et je ne rêve pas assurément, je vous dis la pure vérité, je vous ai vus tous deux la nuit passée.

AMPHITRYON.

En quel lieu?

ALCMÈNE.

Là, dans votre maison.

AMPHITRYON.

Cela n'est point absolument.

SOSIE.

Mon dieu, monsieur, pourquoi ne voulez-vous pas que cela puisse être? que savez-vous si le vaisseau ne nous a point apportés du port ici pendant que nous dormions?

AMPHITRYON.

Ah! tu vas donc parler comme elle?

SOSIE.

Que voulez-vous faire? ne savez-vous pas que si on résiste à une folle, on ne fait qu'augmenter sa folie, et lui faire dire plus d'extravagances? Au lieu que si on lui cède, on en est quitte à meilleur marché.

AMPHITRUO.

ALCUMENA.

At pol....

AMPHITRUO.

Quin certare s hanc est objurgare, quæ me hodie advenientem domum
Noluerit salutare.

SOSIA.

Irritabis crabrones.

AMPHITRUO.

Tace.

Alcumena, unum rogare te volo.

ALCUMENA.

Quid vis rogare, roga.

AMPHITRUO.

Num tibi aut stultitia accessit, aut superat superbia?

ALCUMENA.

Qui istuc in mente est tibi, mi vir, percontarier?

AMPHITRUO.

Quia salutare venientem me solebas antidhac:
Appellare itidem ut pudicæ suos viros, quæ sunt, solent.
Eo more expertem te factam adveniens offendi domi.

ALCUMENA.

Ecastor equidem te certo heri hic advenientem illico
Et salutavi, et valuissesne usque, exquisivi simul,
Mi vir : et manum prehendi, et osculum tetuli tibi.

SOSIA.

Tun' heri hunc salutavisti?

ALCUMENA.

Et te quoque etiam, Sosia.

SOSIA.

Amphitruo, speravi ego istam tibi parituram filium :
Verum non est puero gravida.

AMPHITRYON.

ALCMÈNE.

Eh, coquin ! tu mériterois....

AMPHITRYON.

Je veux la quereller de n'avoir pas seulement voulu me donner le bonjour quand je suis arrivé.

SOSIE.

Vous ne ferez qu'irriter les abeilles.

AMPHITRYON.

Tais-toi. Je voudrois vous demander une chose, madame.

ALCMÈNE.

Vous le pouvez.

AMPHITRYON.

Est-ce folie ou fierté, qui vous fait agir de la sorte ?

ALCMÈNE.

De quoi vous avisez-vous, je vous prie, de me faire cette demande ?

AMPHITRYON.

Parce qu'autrefois, quand je revenois de voyage, vous aviez accoutumé de me saluer et de me dire ce que les honnêtes femmes disent d'ordinaire à leurs maris dans ces occasions. Mais aujourd'hui en arrivant j'ai trouvé que vous avez quitté cette bonne coutume.

ALCMÈNE.

Certainement, hier, sitôt que vous fûtes arrivé, je vous saluai comme je devois, et je vous demandai si vous aviez toujours été en bonne santé : je vous pris la main, et je vous baisai.

SOSIE.

Quoi ! madame, hier vous saluâtes mon maître ?

ALCMÈNE.

Sans doute, et je te donnai aussi le bonjour.

SOSIE.

Monsieur, je croyois que madame accoucheroit d'un fils au premier jour ; mais, ma foi, je vois bien que je me suis trompé, et qu'elle n'est pas grosse d'enfant.

AMPHITRUO.

AMPHITRUO.

Quid igitur?

SOSIA.

Insania.

ALCUMENA.

Equidem sana sum, et deos quæso ut salva pariam filium.
Verum tu magnum malum habebis, si hic suum officium facit:
Ob istuc omen, ominator, capies quod te condecet.

SOSIA.

Enimvero prægnanti oportet et malum, et malum dari,
Ut quod obrodat sit, animo si male esse occœperit.

AMPHITRUO.

Tu me heri hic vidisti?

ALCUMENA.

Ego, inquam, si vis decies dicere.

AMPHITRUO.

In somnis fortasse.

ALCUMENA.

Immo vigilans vigilantem.

AMPHITRUO.

Væ misero mihi!

SOSIA.

Quid tibi est?

AMPHITRUO.

Delirat uxor.

SOSIA.

Atra bili percita est.
Nulla res tam delirantis homines concinnat cito.

AMPHITRUO.

Ubi primum tibi sensisti, mulier, impliciscier?

ALCUMENA.

Equidem ecastor sana et salva sum.

AMPHITRYON.

De quoi donc?

SOSIE.

De folie.

ALCMÈNE.

Je suis assurément en mon bon sens, et je prie les dieux que j'accouche heureusement d'un fils; mais si monsieur faisoit bien, tu serois traité comme le méritent tes mauvais présages, et tu recevrois les fruits de tes insolences.

SOSIE.

Ah! madame, il y a certains fruits qu'il faut garder pour les femmes grosses, afin qu'elles aient de quoi se fortifier le cœur lorsqu'elles tombent en défaillance.

AMPHITRYON.

Quoi! vous me vîtes hier?

ALCMÈNE.

Oui, vous dis-je, faut-il vous le dire cent fois?

AMPHITRYON.

En songe, peut-être.

ALCMÈNE.

Point du tout, j'étois fort éveillée, et vous aussi fort éveillé.

AMPHITRYON.

Que je suis malheureux!

SOSIE.

Qu'avez-vous, monsieur?

AMPHITRYON.

Ma femme extravague.

SOSIE.

Elle est mélancolique, et rien ne fait tant extravaguer.

AMPHITRYON.

Dites-moi, depuis quand vous sentez-vous attaquée de ce mal?

ALCMÈNE.

Je suis en mon bon sens, et je me porte parfaitement bien.

AMPHITRUO.

Cur igitur prædicas
Te heri me vidisse, qui hac noctu in portum advecti sumus?
Ibi cœnavi, atque ibi quievi in navi noctem perpetem:
Neque meum pedem huc intuli etiam in ædis, ut cum exercitu
Hinc profectus sum ad Teleboas hostis, eosque ut vicimus.

ALCUMENA.

Immo mecum cœnavisti, et mecum cubuisti.

AMTHITRUO.

Quid id est?

ALCUMENA.

Vera dico.

AMPHITRUO.

Non quidem hercle de hac re, de aliis nescio.

ALCUMENA.

Primulo diluculo abivisti ad legiones.

AMPHITRUO.

Quomodo?

SOSIA.

Recte dicit: ut commeminit, somnium narrat tibi.
Sed, mulier, postquam experrecta es, prodigiali Jovi
Aut mola salsa hodie, aut thure comprecatam oportuit.

ALCUMENA.

Væ capiti tuo!

SOSIA.

Tua istuc refert, si curaveris.

ALCUMENA.

Iterum jam hic in me inclementer dicit; atque id sine malo!

AMPHITRYON.

AMPHITRYON.

D'où vient donc que vous me dites que vous me vîtes hier, puisque nous ne sommes arrivés au port que cette nuit, que j'y ai soupé, que j'ai couché dans le vaisseau, et que je n'ai mis le pied dans Thèbes qu'à présent depuis que je partis pour aller contre les Télébéens, ni depuis que je les ai vaincus.

ALCMÈNE.

Et moi, je vous dis que vous avez soupé et couché avec moi.

AMPHITRYON.

Que veut dire tout ceci?

ALCMÈNE.

Je dis la vérité.

AMPHITRYON.

Non pas au moins en ceci : pour tout le reste je ne sais pas ce qui en est.

ALCMÈNE.

Dès la petite pointe du jour vous vous en êtes retourné au camp.

AMPHITRYON.

Comment?

SOSIE.

Elle dit fort bien : ne voyez-vous pas, monsieur, que c'est un songe qu'elle vous conte, et qu'elle n'a pas encore les yeux bien ouverts? Mais, madame, lorsque vous avez été éveillée, vous avez dû faire des sacrifices à Jupiter qui chasse les prodiges, ou du moins lui offrir de l'encens.

ALCMÈNE.

Que les dieux te confondent!

SOSIE.

Ma foi, madame, c'est là votre affaire, si vous ne l'avez fait, tant pis pour vous.

ALCMÈNE.

Il continue à me parler insolemment, et vous le souffrez!

AMPHITRUO.

Tace tu. Tu dic, egone abs te abii hinc hodie cum diluculo?

ALCUMENA.

Quis igitur nisi vos narravit mihi, illic ut fuerit prœlium?

AMPHITRUO.

An etiam id tu scis?

ALCUMENA.

Quippe quæ ex te audivi: ut urbem maxumam
Expugnavisses, regemque Pterelam tute occideris.

AMPHITRUO.

Egone istuc dixi?

ALCUMENA.

Tute istic, etiam adstante hoc Sosia?

AMPHITRUO.

Audistin' tu me narrare hoc hodie?

SOSIA.

Ubi ego audiverim?

AMPHITRUO.

Hanc roga.

SOSIA.

Me quidem præsente nunquam factum est, quod sciam.

ALCUMENA.

Mirum quin te advorsus dicat!

AMPHITRUO.

Sosia, age; me huc aspice.

SOSIA.

Specto.

AMPHITRUO.

Vera volo loqui te: nolo assentari mihi.
Audivistin' tu hodie me illi dicere ea, quæ illa autumat.

AMPHITRYON.

Tais-toi. Et vous, madame, répondez-moi; je vous ai quittée à la pointe du jour?

ALCMÈNE.

Qui donc m'auroit conté toutes les particularités du combat?

AMPHITRYON.

Eh quoi! vous les savez?

ALCMÈNE.

Assurément, et de vous-même, qui m'avez appris comment vous avez remporté d'assaut la ville de Télèbe, et tué de votre main le roi Ptérélas.

AMPHITRYON.

Moi, je vous ai dit cela?

ALCMÈNE.

Vous-même dans cette maison, et Sosie que voilà étoit présent.

AMPHITRYON.

M'as-tu aujourd'hui entendu raconter ces choses à madame?

SOSIE.

Où l'aurois-je entendu, je vous prie?

AMPHITRYON.

Demande-le-lui.

SOSIE.

Par ma foi, je ne l'ai jamais ouï dire, au moins que je sache.

ALCMÈNE.

Ah! vraiment, il iroit parler contre vous!

AMPHITRYON.

Allons, Sosie, regarde-moi.

SOSIE.

Je vous regarde, monsieur,

AMPHITRYON.

Je veux que tu dises la vérité: je ne veux point de complaisance: m'as-tu ouï dire aujourd'hui à madame ce qu'elle assure que je lui ai dit?

AMPHITRUO.

SOSIA.

Quæso, edepol, num tu etiam insanis, quum id me interrogas?
Qui ipsus equidem nunc primum istanc tecum conspicio simul.

AMPHITRUO.

Quin nunc, mulier, audin' illum?

ALCUMENA.

Ego vero, ac falsum dicere.

AMPHITRUO.

Neque tu illi, neque mi viro ipsi credis?

ALCUMENA.

Eo fit, quia mihi
Plurimum credo, et scio ista hæc facta proinde ut proloquor.

AMPHITRUO.

Tun' me heri advenisse dicis?

ALCUMENA.

Tun' te abisse hodie hinc negas?

AMPHITRUO.

Nego enimvero, et me advenire nunc primum aio ad te domum.

ALCUMENA.

Obsecro, etiamne hoc negabis? te auream pateram mihi
Dedisse dono hodie, qua te illic donatum esse dixeras?

AMPHITRUO.

Neque edepol dedi, neque dixi: verum ita animatus fui,
Itaque nunc sum, ut ea te patera donem. Sed quis istuc tibi
Dixit?

ALCUMENA.

Ego equidem ex te audivi, et ex tua accepi manu
Pateram.

SOSIE.

Mon dieu, monsieur, perdez-vous aussi le sens de me faire cette demande? à moi qui n'ai point vu madame qu'à présent avec vous.

AMPHITRYON.

Eh bien, madame! l'entendez-vous?

ALCMÈNE.

Oui, sans doute, je l'entends mentir.

AMPHITRYON.

Quoi! vous ne le voulez point croire, ni moi qui suis votre mari?

ALCMÈNE.

Non je ne vous crois ni l'un ni l'autre; et cela, parce que je me crois fort, et que je sais que les choses se sont passées comme je le dis.

AMPHITRYON.

Dites-vous que j'arrivai hier?

ALCMÈNE.

Et vous, niez-vous que vous vous en soyez allé aujourd'hui?

AMPHITRYON.

Assurément; et je vous soutiens que j'arrive à présent pour la première fois.

ALCMÈNE.

Mais nierez-vous encore que vous m'ayez aujourd'hui donné une coupe d'or, dont vous m'avez dit que l'on vous avoit fait présent.

AMPHITRYON.

Et je ne vous l'ai point donnée; et je ne vous ai point dit qu'on m'en eût fait présent. Il est bien vrai que j'ai eu, et que j'ai encore dessein de vous la donner: mais qui vous a dit cela?

ALCMÈNE.

C'est vous-même qui me l'avez dit; et c'est de votre propre main que j'ai reçu cette coupe.

AMPHITRUO.

AMPHITRUO.

Mane, mane, obsecro te. Nimis demiror, Sosia,
Qui illæc illic me donatum esse aurea patera sciat,
Nisi tu dudum hanc convenisti, et narravisti hæc omnia.

SOSIA.

Neque edepol ego dixi, neque istam vidi, nisi tecum simul.

AMPHITRUO.

Quid hoc sit hominis!

ALCUMENA.

Vin' proferri pateram?

AMPHITRUO.

Proferri volo.

ALCUMENA.

Fiat. Tu, Thessala, intus pateram proferto foras,
Qua hodie meus vir donavit me.

AMPHITRUO.

Secede huc tu, Sosia.
Enimvero illud præter alia mira miror maxume,
Si hæc habet pateram illam.

SOSIA.

An etiam id credis, quæ in hac cistellula
Tuo signo obsignata fertur?

AMPHITRUO.

Salvum signum est?

SOSIA.

Inspice.

AMPHITRUO.

Recte, ita est ut obsignavi.

SOSIA.

Quæso quin tu istanc jubes
Pro cerrita circumferri?

AMPHITRYON.

Attendez, attendez, je vous prie. Sosie, je ne puis assez m'étonner comment elle peut savoir que l'on m'a donné cette coupe, à moins que tantôt, lorsque tu es venu ici, tu n'aies vu madame, et que tu ne lui aies tout dit.

SOSIE.

Par ma foi, monsieur, je ne lui en ai point parlé, et je ne l'ai point vue que présentement avec vous.

AMPHITRYON.

Quelle femme est-ce donc que cela!

ALCMÈNE.

Voulez-vous que je fasse apporter cette coupe?

AMPHITRYON.

Je le veux bien.

ALCMÈNE.

Tout-à-l'heure. Thessala, allez-vous-en dans ma chambre, et m'apportez la coupe que monsieur m'a donnée aujourd'hui.

AMPHITRYON.

Et toi, Sosie, viens ici : en vérité, s'il est vrai qu'elle ait cette coupe, parmi tant de choses surprenantes, j'admire surtout celle-ci.

SOSIE.

Est-ce donc que vous croyez qu'elle l'ait? ne savez-vous pas que nous l'apportons dans une cassette très-bien cachetée de votre cachet?

AMPHITRYON.

Le cachet n'a-t-il point été rompu?

SOSIE.

Voyez.

AMPHITRYON.

Il est de même qu'il étoit lorsque je la cachetai.

SOSIE.

Monsieur, que ne faites-vous traiter madame comme une personne qui a le cerveau blessé?

AMPHITRUO.

Edepol quin facto est opus.
Nam hæc quidem edepol larvarum plena est.

ALCUMENA.

Quid verbis opu'est?
Hem tibi pateram, eccam.

AMPHITRUO.

Cedo mihi.

ALCUMENA.

Age adspice huc sis nuncjam,
Tu, qui, quæ facta, inficiare: quem ego jam hic convincam palam.
Estne hæc patera qua donatus illic?

AMPHITRUO.

Summe Juppiter!
Quid ego video! hæc est ea profecto patera. Perii, Sosia.

SOSIA.

Aut pol hæc præstigiatrix mulier multo maxuma est,
Aut pateram hic inesse oportet.

AMPHITRUO.

Agedum, eam solve cistulam.

SOSIA.

Quid ego istam exsolvam? obsignata'st recte: res gesta est bene.
Tu peperisti Amphitruonem, ego alium peperi Sosiam:
Nunc si pateram patera peperit, omnes congeminavimus.

AMPHITRUO.

Certum est aperire, atque inspicere.

SOSIA.

Videsis signi quid siet;
Ne posterius in me culpam conferas.

AMPHITRYON.
Il le faudra bien faire; car je vois bien qu'elle extravague tout à fait.

ALCMÈNE.
Mon dieu! à quoi bon tous ces discours? Voilà la coupe, voyez.

AMPHITRYON.
Donnez-la-moi, voyons.

ALCMÈNE.
Or çà, regardez, s'il vous plaît, vous qui niez avec tant d'assurance les choses que vous avez faites; je vais tout présentement vous convaincre de fausseté devant tout le monde: eh bien! n'est-ce pas là la coupe dont on vous a fait présent?

AMPHITRYON.
Grand Jupiter! qu'est-ce que je vois? Ce l'est assurément. Je ne sais où j'en suis.

SOSIE.
Ou il faut qu'elle soit la plus grande magicienne de l'univers, ou que la coupe soit ici dedans.

AMPHITRYON.
Allons, ouvre cette cassette.

SOSIE.
Mais pourquoi, je vous prie, l'ouvrir? je vous dis qu'elle est parfaitement bien cachetée: nous sommes plus heureux que nous ne pensions; vous, monsieur, vous avez mis au monde un autre Amphitryon, aussi-bien que moi un autre Sosie; et si la coupe en a fait autant, il y aura deux de tout.

AMPHITRYON.
Je veux que la cassette soit ouverte, et je veux voir dedans.

SOSIE.
Voyez, s'il vous plaît, auparavant, en quel état est le cachet; afin qu'après cela, si elle ne s'y trouve point, vous ne veniez pas vous en prendre à moi.

AMPHITRUO.

AMPHITRUO.

Aperi modo,
Nam hæc quidem nos delirantes facere dictis postulat.

ALCUMENA.

Unde hæc igitur est, nisi abs te, quæ mihi dono data est?

AMPHITRUO.

Opus mi est istuc exquisito.

SOSIA.

Juppiter, proh Juppiter!

AMPHITRUO.

Quid tibi est?

SOSIA.

Hic patera nulla in cistula'st.

AMPHITRUO.

Quid ego audio?

SOSIA.

Id quod verum est.

AMPHITRUO.

At cum cruciatu jam, ni apparet, tuo.

ALCUMENA.

Hæc quidem apparet.

AMPHITRUO.

Quis igitur tibi dedit?

ALCUMENA.

Qui me rogat.

SOSIA.

Me captas, quia tute ab navi clanculum huc alia via
Præcucurristi: atque hinc pateram tute exemisti, atque eam
Huic dedisti, posthac rursus obsignasti clanculum.

AMPHITRUO.

Hei mihi, jam tu quoque hujus adjuvas insaniam.
Ain' heri nos advenisse huc?

AMPHITRYON.

Ouvre seulement; car elle prétend nous faire passer pour des fous.

ALCMÈNE.

D'où pourrois-je donc l'avoir, si vous ne me l'aviez donnée?

AMPHITRYON.

Il faut que je m'informe exactement de tout ceci.

SOSIE.

O Jupiter, grand Jupiter!

AMPHITRYON.

Qu'as-tu?

SOSIE.

Il n'y a point de coupe dans la cassette.

AMPHITRYON.

Que me dis-tu?

SOSIE.

La vérité.

AMPHITRYON.

Oh! si elle ne s'y trouve, je te ferai bien dire où elle est.

ALCMÈNE.

Elle est en vérité toute trouvée.

AMPHITRYON.

Qui donc vous l'a donnée?

ALCMÈNE.

Vous-même, qui me le demandez.

SOSIE.

O monsieur, je vois bien ce que c'est: vous avez voulu m'attraper, vous êtes venu ici sans rien dire, vous avez donné la coupe à madame, et après cela vous avez recacheté bien finement la cassette.

AMPHITRYON.

Est-ce que tu veux la confirmer dans sa folie? Dites-vous, madame, que nous arrivâmes hier?

ALCUMENA.

Aio, adveniensque illico
Me salutavisti, et ego te, et osculum tetuli tibi.

AMPHITRUO.

Jam illud non placet principium de osculo. Pergam exsequi.

ALCUMENA.

Lavisti.

AMPHITRUO.

Quid postquam lavi?

ALCUMENA.

Accubuisti.

SOSIA.

Euge! optume.
Nunc exquire.

AMPHITRUO.

Ne interpella. Perge porro dicere.

ALCUMENA.

Cœna apposita est, cœnavisti mecum, ego accubui simul.

AMPHITRUO.

In eodem lecto?

ALCUMENA.

In eodem.

SOSIA.

Hei! non placet convivium.

AMPHITRUO.

Sine modo argumenta dicat. Quid postquam cœnavimus?

ALCUMENA.

Te dormitare aiebas, mensa ablata est, cubitum hinc abiimus.

AMPHITRUO.

Ubi tu cubuisti?

ALCUMENA.

In eodem lecto tecum una in cubiculo.

ALCMÈNE.

Sans doute, vous me saluâtes d'abord; j'en fis autant, et je vous baisai.

AMPHITRYON.

Voilà déja un mauvais commencement que ce baiser. Je ne laisserai pas pourtant de l'interroger.

ALCMÈNE.

Vous vous mîtes au bain.

AMPHITRYON.

Eh bien! quand je fus baigné?

ALCMÈNE.

Vous vous mîtes à table.

SOSIE.

Courage! cela ne va pas mal. Poursuivez de l'interroger.

AMPHITRYON.

Ne m'interromps point. Madame, continuez.

ALCMÈNE.

L'on servit le souper; vous soupâtes avec moi; je me mis près de vous.

AMPHITRYON.

Quoi! sur le même lit?

ALCMÈNE.

Sur le même.

SOSIE.

Ouf! voilà un souper fâcheux.

AMPHITRYON.

Tais-toi, laisse-la dire. Hé bien! quand nous eûmes soupé?

ALCMÈNE.

Vous dîtes que vous aviez envie de dormir. On desservit, et nous allâmes nous coucher.

AMPHITRYON.

Et où avez-vous couché?

ALCMÈNE.

En même chambre et en même lit que vous.

AMPHITRUO.

Perdidisti.

SOSIA.

Quid tibi est?

AMPHITRUO.

Hæc me modo ad mortem dedit.

ALCUMENA.

Quid jam, amabo?

AMPHITRUO.

Ne me appella.

SOSIA.

Quid tibi est?

AMPHITRUO.

Perii miser,
Quia pudicitiæ hujus vitium me hic absente est additum.

ALCUMENA.

Obsecro, ecastor, cur istuc, mi vir, ex ted audio?

AMPHITRUO.

Vir ego tuus sim? ne me appella falso falso nomine.

SOSIA.

Hæret hæc res : siquidem hæc jam mulier facta'st ex viro.

ALCUMENA.

Quid ego feci? qua istæc propter dicta dicantur mihi?

AMPHITRUO.

Tute edictas facta tua, ex me quæris quid deliqueris?

ALCUMENA.

Quid ego tibi deliqui, si cui nupta sum, tecum fui?

AMPHITRUO.

Tun' mecum fueris? quid illac impudente audacius?
Saltem tute, si pudoris egeas, sumas mutuum.

AMPHITRYON.

Ah! vous m'assassinez!

SOSIE.

Qu'avez-vous?

AMPHITRYON.

Elle vient de me donner un coup mortel.

ALCMÈNE.

Comment donc, s'il vous plaît?

AMPHITRYON.

Ne me parlez pas.

SOSIE.

Qu'est-ce donc, monsieur?

AMPHITRYON.

Je n'en puis plus! on a abusé ma femme en mon absence.

ALCMÈNE.

Dites-moi un peu, mon mari, pourquoi faut-il que j'entende ces outrages de votre bouche?

AMPHITRYON.

Moi, votre mari? ne me donnez point un nom qui me convient si mal.

SOSIE.

Voilà une affaire bien embrouillée; qu'est-il donc, s'il n'est pas son mari? que veut-il dire? est-ce qu'il est devenu femme?

ALCMÈNE.

Qu'ai-je donc fait, qu'on me parle ainsi?

AMPHITRYON.

Vous avouez vous-même votre faute, et vous me demandez ce que vous avez fait!

ALCMÈNE.

Est-ce donc un crime que d'avoir couché avec son mari?

AMPHITRYON.

Vous avez couché avec moi? A-t-on jamais vu une telle impudence? Si vous n'êtes pas femme d'honneur, à tout le moins vous devriez faire semblant de l'être.

AMPHITRUO.

ALCUMENA.

Istuc facinus quod tu insimulas, nostro generi non decet.
Tu si me impudicitiæ captas, non potes capere.

AMPHITRUO.

Proh di immortales! cognoscin' tu me saltem, Sosia?

SOSIA.

Propemodum.

AMPHITRUO.

Cœnavin' ego heri in navi in portu Persico?

ALCUMENA.

Mihi quoque assunt testes, qui illud quod ego dicam assentiant.

AMPHITRUO.

Qui! testes?

ALCUMENA.

Testes.

AMPHITRUO.

Quid testiculare? Enim uno sat est.
Nec nobis præsente aliquis nisi servos Sosia affuit.

SOSIA.

Nescio quid istuc negotii dicam, nisi quispiam est
Amphitruo alius, qui forte te hic absente sic tamen
Tuam rem curet, teque absente hic munus fungatur tuum.
Namque de illo subditivo Sosia mirum nimis est.
Certo de istoc Amphitruone jam alterum mirum est magis.
Nescio quis præstigiator hanc frustratur mulierem.

ALCUMENA.

Per supremi regis regnum juro, et matrem familias
Junonem, quam me vereri et metuere est par maxume,
Ut mi, extra unum te, mortalis nemo corpus corpore
Contigit, quo me impudicam faceret.

ALCMÈNE.

Notre famille n'a jamais été soupçonnée du crime que vous me reprochez. Et quelque envie que vous ayez de m'en convaincre, vous n'en viendrez pas à bout.

AMPHITRYON.

O grands dieux! me connois-tu au moins, Sosie?

SOSIE.

Eh!.... à peu près.

AMPHITRYON.

Ne soupai-je pas hier dans le vaisseau au port d'Eubée?

ALCMÈNE.

En vérité j'ai aussi des témoins qui soutiendront ce que je dis.

AMPHITRYON.

Des témoins?

ALCMÈNE.

Oui, sans doute, des témoins!

AMPHITRYON.

Ah! que me voulez-vous dire avec vos témoins? il n'en faut point tant, un suffit, et personne ne nous a vus ensemble que Sosie.

SOSIE.

Je ne sais, par ma foi, que dire de tout ceci, sinon qu'il faut qu'il y ait un autre Amphitryon qui a soin de vos affaires, et qui joue votre rôle en votre absence. C'est une chose bien surprenante que ce faux Sosie : mais c'en est une encore beaucoup plus étonnante qu'il y ait un faux Amphitryon. Quelque magicien a fasciné assurément les yeux de cette pauvre dame.

ALCMÈNE.

Je jure par le grand Jupiter et par la bonne Junon, que je crains et que j'honore, comme je le dois, que je n'ai jamais donné à aucun homme la moindre liberté dont la vertu la plus austère pût être blessée.

AMPHITRUO.

> Vera isthæc velim.

ALCUMENA.

Vera dico, sed nequicquam : quoniam non vis credere.

AMPHITRUO.

Mulier es, audacter juras.

ALCUMENA.

> Quæ non deliquit, decet
> Audacem esse, confidenter pro se et proterve loqui.

AMPHITRUO.

Satis audacter.

ALCUMENA.

> Ut pudicam decet.

AMPHITRUO.

> Tu verbis probas.

ALCUMENA.

Non ego illam mihi dotem duco esse, quæ dos dicitur:
Sed pudicitiam et pudorem, et sedatum cupidinem,
Deum metum, parentum amorem, et cognatum concordiam:
Tibi morigera, atque ut munifica sim bonis, prosim probis.

SOSIA.

Næ ista edepol, si hæc vera loquitur, examussim est optuma.

AMPHITRUO.

Delinitus sum profecto ita, ut me qui sim nesciam.

SOSIA.

Amphitruo es profecto; cavesis ne tu te usu perduis:
Ita nunc homines immutantur, postquam peregre advenimus.

AMPHITRYON.

Plût aux dieux que cela fût!

ALCMÈNE.

Cela est aussi; mais c'est inutilement que je vous en assure, puisque vous ne voulez pas me croire.

AMPHITRYON.

Vous êtes femme, vous jurez hardiment.

ALCMÈNE.

Quand on ne se sent point coupable, on doit être hardie à défendre hautement son innocence.

AMPHITRYON.

Cela est assez hardi.

ALCMÈNE.

Cette hardiesse est d'une femme à qui l'on ne peut rien reprocher.

AMPHITRYON.

Oh! sans doute, si l'on vous en croit.

ALCMÈNE.

Pour moi, j'estime que le plus beau partage d'une femme, c'est l'honneur; c'est de savoir modérer ses desirs; d'avoir la crainte des dieux; d'aimer ceux de qui l'on a reçu la naissance, et de vivre en bonne intelligence avec ses parens : je n'ai jamais eu d'autre but que de vous obéir en toutes choses, de secourir les gens de bien, et de pouvoir leur être utile.

SOSIE.

Par ma foi, si elle fait tout ce qu'elle dit, elle est d'une vertu à toute épreuve.

AMPHITRYON.

En vérité, je ne sais que dire à ces belles paroles; je ne sais plus même qui je suis.

SOSIE.

Vous êtes assurément Amphitryon; mais prenez bien garde de ne suivre pas la mode d'aujourd'hui, et de ne pas faire comme les autres : car, depuis que nous sommes de retour, l'on ne voit que métamorphoses continuelles.

AMPHITRUO.

Mulier, istam rem inquisitam certum est non amittere.

ALCUMENA.

Edepol me libente facies.

AMPHITRUO.

Quid ais? responde mihi.
Quid si adduco tuum cognatum huc a navi Naucratem,
Qui mecum una vectu'st una navi : atque is si denegat
Facta, quæ tu facta dicis, quid tibi æquum est fieri?
Nunquid caussam dicis, quin te hoc multem matrimonio?

ALCUMENA.

Si deliqui, nulla caussa est.

AMPHITRUO.

Convenit. Tu, Sosia,
Duc hos intro. Ego huc ab navi mecum adducam Naucratem.

SOSIA.

Nunc quidem præter nos nemo est: dic mihi verum serio,
Ecquis alius Sosia intu'st qui mei similis siet?

ALCUMENA.

Abin' hinc à me dignus domino servus?

SOSIA.

Abeo, si jubes.

ALCUMENA.

Nimis ecastor facinus mirum est, qui illi collibitum siet
Meo viro, sic me insimulare falsum facinus tam malum.
Quicquid est, jam ex Naucrate cognato id cognoscam meo.

FINIS ACTI SECUNDI.

AMPHITRYON.

Madame, j'ai résolu d'examiner à fond cette affaire.

ALCMÈNE.

En vérité, vous me ferez un très-grand plaisir.

AMPHITRYON.

Oui, mais répondez-moi : si je vous amène votre parent Naucrate qui est venu avec moi et dans le même vaisseau, quel traitement vous dois-je faire, s'il vous soutient que ce que vous dites est faux? Aurez-vous quelque raison à alléguer pour m'empêcher de vous répudier, et de vous priver de votre dot?

ALCMÈNE.

Si j'ai manqué à mon devoir, vous pouvez faire tout ce qu'il vous plaira.

AMPHITRYON.

Voilà qui est conclu. Toi, Sosie, mène ces prisonniers au logis. Pour moi, je vais au vaisseau, d'où j'amènerai ici Naucrate.

SOSIE.

A présent, madame, qu'il n'y a ici que nous, dites-moi, je vous prie, sérieusement, y a-t-il au logis un autre Sosie qui me ressemble?

ALCMÈNE.

T'en iras-tu de devant mes yeux, digne valet de ton maître?

SOSIE.

Oui-da, madame, je m'en irai si vous me le commandez.

ALCMÈNE.

En vérité, cela est bien étrange, que mon mari se soit mis en tête de m'accuser si injustement. Mais je serai éclaircie de tout ceci, et je saurai de mon parent Naucrate ce que ce peut être.

FIN DU SECOND ACTE.

ACTUS III.

SCENA PRIMA.

JUPPITER.

Ego sum ille Amphitruo, coju'st servus Sosia,
Idem Mercurius qui sit, quando commodum'st.
In superiore qui habito cœnaculo,
Qui interdum fio Juppiter, quando lubet.
Huc autem quom extemplo adventum apporto, illico
Amphitruo fio, et vestitum immuto meum.
Nunc huc honoris vestri venio gratia,
Ne hanc inchoatam transigam comœdiam;
Simul Alcumenæ, quam vir insontem probri
Amphitruo accusat, veni, ut auxilium feram:
Nam mea fit culpa, quod egomet contraxerim,
Id Alcumenæ si innocenti huic expetat.
Nunc Amphitruonem memet, ut occœpi semel,
Esse assimulabo, atque in horum familiam
Frustrationem hodie hic injiciam maxumam.
Post igitur demum faciam res fiat palam,
Atque Alcumenæ in tempore auxilium feram:
Faciamque ut uno fœtu, et quod gravida est viro,
Et me quod gravida'st, pariat sine doloribus.
Mercurium jussi me continuo consequi,
Si quid vellem imperare : nunc hanc alloquar.

ACTE III.

SCÈNE PREMIÈRE.

JUPITER.

Je suis cet Amphitryon dont Sosie est le valet; c'est-à-dire, ce Sosie qui est Mercure quand il est nécessaire. Je demeure au plus haut étage, et je suis Jupiter lorsqu'il me plaît. Sitôt que j'arrive ici, je change d'habit, et je prends la ressemblance d'Amphitryon. Cette fois, c'est pour l'amour de vous que je viens, afin de ne laisser pas cette comédie imparfaite. J'y viens aussi pour secourir la pauvre Alcmène, que son mari accuse d'un crime qu'elle n'a pas commis : car j'aurois grand tort de souffrir que ce que j'ai fait retombât sur elle. Je vais donc prendre la figure d'Amphitryon, comme tantôt, et mettre un trouble furieux dans cette famille : mais, après cela, j'expliquerai toute cette affaire, et viendrai secourir Alcmène lorsqu'il en sera temps; et je ferai qu'elle accouchera sans douleur de deux enfans dont elle est grosse : j'ai commandé à Mercure de me suivre, afin que, si j'ai affaire de lui, il soit là tout prêt. Maintenant, je vais parler à Alcmène.

SCENA II.

ALCUMENA, JUPPITER.

ALCUMENA.

Durare nequeo in ædibus. Ita me probri,
Stupri, dedecoris à viro argutam meo!
Ea quæ sunt facta, infecta refert, ac clamitat.
Quæ neque sunt facta, neque ego in me admisi, arguit:
Atque id me susque deque esse habituram putat.
Non edepol faciam, neque me perpetiar probri
Falso insimulatam : quin ego illum aut deseram,
Aut satisfaciat mihi ille, atque adjuret insuper,
Nolle esse dicta, quæ in me insontem protulit.

JUPPITER.

Faciundum est mi illud, fieri quod illæc postulat,.
Si'me illam amantem ad sese studeam recipere:
Quando ego quod feci, id factum Amphitruoni obfuit,
Atque illi dudum meus amor negotium
Insonti exhibuit : nunc autem insonti mihi
Illius ira in hanc et maledicta expetent.

ALCUMENA.

Et, eccum, video illum qui me miseram arguit
Stupri, dedecoris.

JUPPITER.

Te volo, uxor, colloqui.
Quonam ted avortisti?

ALCUMENA.

Ita ingenium meum est:
Inimicos semper osa sum obtuerier.

JUPPITER.

Eia autem inimicos!

ALCUMENA.

Sic est, vera prædico:
Nisi etiam hoc falso dici insimulaturus es.

AMPHITRYON.

SCÈNE II.⁽¹⁾

ALCMÈNE, JUPITER.

ALCMÈNE.

Je ne puis demeurer dans la maison. Quoi! est-il juste que mon mari m'accuse ainsi d'avoir manqué à mon devoir? Il nie ce qui est, et soutient ce qui n'est pas, en m'imputant, avec opiniâtreté, un crime dont je suis innocente. S'imagine-t-il que je me tairai? Je n'en ferai rien assurément. Je ne souffrirai jamais qu'on me calomnie ainsi; et je le quitterai, à moins qu'il ne me fasse une entière satisfaction, et qu'il ne me jure qu'il est extrêmement fâché de m'avoir offensée.

JUPITER.

Il faudra faire ce qu'elle demande, si je veux être bien reçu: car, comme toute la tromperie que j'ai faite retombe sur Amphitryon, et qu'il y a déjà du temps que mon amour lui cause tant de trouble, je vois bien que je paierai les emportemens qu'il a eus contre elle, quoique je ne l'aie point offensée.

ALCMÈNE.

Mais le voilà, celui qui me calomnie si cruellement.

JUPITER.

Madame, je voulois m'entretenir avec vous. D'où vient que vous me fuyez?

ALCMÈNE.

Je n'aime point à voir mes ennemis.

JUPITER.

Vos ennemis, bons dieux!

ALCMÈNE.

Oui, sans doute, mes ennemis, à moins que vous ne vouliez encore me soutenir que je mens.

---

(1) *Amphitryon*, de Molière, acte II, scènes IV et VI.

AMPHITRUO.

JUPPITER.

Nimis verecunda es.

ALCUMENA.

Potin' es ut abstineas manum?
Nam certo si sis sanus, aut sapias satis,
Quam tu impudicam esse arbitrare et prædicas,
Cum ea tu sermonem nec joco, nec serio
Tibi habeas, nisi sis stultior stultissimo.

JUPPITER.

Si dixi, nihilo magis es, neque esse arbitror.
Et id huc revorti uti me purgarem tibi.
Nam nunquam quicquam meo animo fuit ægrius,
Quam postquam audivi ted esse iratam mihi.
Cur dixisti? inquies. Ego expediam tibi.
Non edepol quo te esse impudicam crederem:
Verum periclitatus animum sum tuum,
Quid faceres, et quo pacto id ferre induceres.
Equidem joco illa dixeram dudum tibi,
Ridiculi caussa; vel id hunc rogato Sosiam.

ALCUMENA.

Quin huc adducis meum cognatum Naucratem,
Testem quem dudum te adducturum dixeras
Te huc non venisse?

JUPPITER.

Si quid dictum est per jocum,
Non æquum est id te serio prævortier.

ALCUMENA.

Ego illud scio quam doluerit cordi meo.

JUPPITER.

Per dexteram tuam te, Alcumena, oro, obsecro,
Da mihi hanc veniam, ignosce, irata ne sies.

ALCUMENA.

Ego istæc feci verba virtute irrita:
Nunc quando factis me impudicis abstines,

JUPITER.

Ah! madame, vous prenez les choses d'une étrange manière. (*Il veut lui prendre la main.*)

ALCMÈNE.

Ne me touchez pas. En vérité, si vous aviez un peu d'honneur, vous vous donneriez bien garde de parler, ni en raillant, ni autrement, à une femme dont vous avez si mauvaise opinion. Et il faut que vous soyez le plus lâche de tous les hommes.

JUPITER.

Si je vous ai dit quelque chose qui vous ait choquée, cela ne diminue rien de votre vertu; et ce n'est pas que je vous en croie moins honnête femme. Je reviens à présent pour vous en faire satisfaction; car jamais rien ne m'a donné tant de douleur que d'apprendre que vous êtes en colère contre moi. D'où vient donc, me direz-vous, que vous m'avez fait tous ces reproches? Ce n'est pas, et je le jure par les dieux, que j'eusse aucune mauvaise opinion de votre conduite: mais je voulois vous éprouver, et voir de quelle manière vous prendriez ce que je vous dirois. En vérité, tout ce que je vous ai dit tantôt, je ne l'ai dit qu'en raillant, vous pouvez le demander à Sosie.

ALCMÈNE.

Pourquoi, comme vous m'avez tantôt dit, n'amenez-vous pas avec vous mon cousin Naucrate, ce témoin qui doit si bien me soutenir que vous n'êtes pas venu ici cette nuit?

JUPITER.

Vous ne devez pas prendre sérieusement une chose que je n'ai dite que pour rire.

ALCMÈNE.

Les dieux sont témoins de la douleur que j'en ai sentie.

JUPITER.

Ma chère Alcmène, je vous conjure, par vous-même, de me pardonner, et de n'être plus en colère.

ALCMÈNE.

Je sais que ma vertu est au-dessus de tout ce que vous avez

Ab impudicis dictis avorti volo.
Valeas, tibi habeas res tuas, reddas meas.
Juben' mi ire comites?

JUPPITER.

Sanan' es?

ALCUMENA.

Si non jubes,
Ibo egomet, comitem pudicitiam duxero.

JUPPITER.

Mane, arbitratu tuo jusjurandum dabo,
Me meam pudicam esse uxorem arbitrarier.
Id ego si fallo, tum te, summe Juppiter,
Quæso, Amphitruoni ut semper iratus sies.

ALCUMENA.

Ah propitius sit potius.

JUPPITER.

Confide fore;
Nam jusjurandum verum te adversum dedi.
Jam nunc irata non es?

ALCUMENA.

Non sum.

JUPPITER.

Bene facis:
Nam in hominum ætate multa eveniunt hujusmodi:
Capiunt voluptates, capiunt rursum miserias.
Iræ interveniunt, redeunt rursum in gratiam.
Verum iræ si quæ forte eveniunt hujusmodi,
Inter eos rursum si reventum in gratiam est,
Bis tanto amici sunt inter se quam prius.

ALCUMENA.

Primum cavisse oportuit ne diceres;
Verum eadem si idem purgas, mihi patiunda sunt.

pu dire contre moi ; mais ce n'est pas assez que vous reconnoissiez présentement mon innocence : pourquoi falloit-il avoir un si cruel soupçon, et me dire des paroles si outrageuses? Je vous prie de consentir que nous nous séparions. Retenez votre bien, rendez-moi ma dot, et donnez ordre tout à l'heure que mes femmes me suivent.

JUPITER.

Êtes-vous sage?

ALCMÈNE.

Et si vous ne voulez pas qu'elles m'accompagnent, je m'en irai suivie seulement de ma vertu.

JUPITER.

Arrêtez, je vous prie, car je suis prêt à vous jurer de quelle manière vous voudrez, que je reconnois que ma femme est très-sage, et qu'il n'y a rien à redire à sa conduite; et, si je n'ai ce sentiment, puisses-tu, grand Jupiter, être éternellement irrité contre Amphitryon!

ALCMÈNE.

Ah! que plutôt il lui soit toujours favorable!

JUPITER.

Il le sera sans doute: car je ne vous ai point fait de faux sermens. Eh bien! madame, à présent êtes-vous encore en colère?

ALCMÈNE.

Non, je n'y suis plus.

JUPITER.

Que vous avez de bonté! Dans la vie, il arrive mille petites choses semblables; l'on a des plaisirs, l'on a des inquiétudes; on se fâche, on s'apaise : et lorsqu'il est arrivé de ces petites querelles entre un mari et une femme, et qu'ils se sont raccommodés, ils s'aiment mille fois davantage.

ALCMÈNE.

Vous ne deviez jamais me dire de pareils outrages; mais, puisque vous m'en faites réparation, je veux bien ne m'en pas souvenir.

JUPPITER.

Jube vero vasa pura adornari mihi,
Ut, quæ apud legionem vota vovi, si domum
Rediissem salvus, ea ego exsolvam omnia.

ALCUMENA.

Ego istuc curabo.

JUPPITER.

Evocate huc Sosiam,
Gubernatorem, qui in mea navi fuit,
Blepharonem arcessat, qui nobiscum prandeat.
Is adeo impransus ludificabitur.
Quum ego Amphitruonem collo hinc obstricto traham.

ALCUMENA.

Mirum qui solus secum secreto ille agat.
Atque aperiuntur ædes. Exit Sosia.

SCENA III.

SOSIA, JUPPITER, ALCUMENA.

SOSIA.

Amphitruo, assum, si quid opus es, impera, imperium exsequar.

JUPPITER.

Optume advenis.

SOSIA.

Jam pax est inter vos quæso duos?
Nam quia vos tranquillos video, gaudeo, et volupe est mihi,
Atque ita servum par videtur frugi sese instituere;
Proinde heri ut sint, ipse item sit; vultum ex vultu comparet:

AMPHITRYON.

JUPITER.

Je vous prie d'ordonner qu'on me prépare les vaisseaux qui servent aux sacrifices, afin que je m'acquitte d'un vœu que j'ai fait à l'armée, et que j'ai promis d'accomplir, si les dieux me faisoient la grace de revenir heureusement chez moi.

ALCMÈNE.

J'en aurai soin.

JUPITER.

Que l'on me fasse venir Sosie, afin qu'il aille dire à Blépharon, le pilote du vaisseau dans lequel je suis venu, qu'il vienne dîner avec nous. (*Il dit cela bas :*) Pour Sosie, il ne dînera point aujourd'hui ; et il sera bien attrappé, lorsque je prendrai Amphitryon au collet, et que je le chasserai d'ici.

ALCMÈNE.

Que peut-il faire là tout seul, et à qui parle-t-il ? Mais la porte s'ouvre, et Sosie vient.

SCÈNE III.⁽¹⁾

SOSIE, JUPITER, ALCMÈNE.

SOSIE.

Me voici, monsieur, si vous avez besoin de mon service, je suis prêt, vous n'avez qu'à commander.

JUPITER.

Tu viens fort à propos.

SOSIE.

A ce que je vois, la paix est donc faite entre vous? car je vous vois tous deux fort tranquilles; je vous proteste que j'en suis ravi. Et en vérité, un bon serviteur doit prendre tant d'intérêt en tout ce qui touche son maître et sa maîtresse, qu'il doit sentir tout ce qu'ils sentent, et accommoder son visage au leur; s'ils paroissent tristes, il faut qu'il soit triste,

---

(1) *Amphitryon*, de Molière, acte II, fin de la scène VI.

AMPHITRUO.

Tristis sit, heri si tristes : hilarus sit, si gaudeant.
Sed age responde, jam vos redistis in concordiam?

JUPPITER.

Derides, qui scis hæc jam dudum me dixisse per jocum.

SOSIA.

An id joco dixisti? equidem serio ac vero ratus.

JUPPITER.

Habui expurgationem, facta pax est.

SOSIA.

      Optume est.

JUPPITER.

Ego rem divinam intus faciam, vota quæ sunt.

SOSIA.

      Censeo.

JUPPITER.

Tu gubernatorem à navi huc evoca verbis meis
Blepharonem, ut re divina facta mecum prandeat.

SOSIA.

Jam hic ero, quum illic censebis esse me.

JUPPITER.

      Actutum huc redi.

ALCUMENA.

Nunquid vis? quin abeam jam intro, ut apparentur quibus opu'st.

JUPPITER.

I sane, et quantum potest parata fac sint omnia.

ALCUMENA.

Quin veni, quando vis, intro : faxo haud quicquam sit moræ.

et s'ils sont gais, il faut qu'il fasse éclater sa joie. Mais encore une fois, répondez-moi, s'il vous plaît, n'êtes-vous pas tous deux d'accord?

JUPITER.

Tu te moques de moi de me parler ainsi, toi qui sais que tout ce que j'ai dit à madame n'étoit que pour rire.

SOSIE.

Quoi! c'étoit pour rire? je croyois que c'étoit tout de bon.

JUPITER.

Je me suis justifié, et j'ai fait ma paix.

SOSIE.

Que j'en suis aise!

JUPITER.

Je vais faire un sacrifice aujourd'hui, et m'acquitter de ce que j'ai promis aux dieux.

SOSIE.

J'entends.

JUPITER.

Va-t-en donc vite au vaisseau dire au pilote Blépharon, que je le prie d'être du sacrifice, et de dîner avec moi après la cérémonie.

SOSIE.

Je serai de retour, que vous me croirez encore là.

JUPITER.

Reviens donc vite.

ALCMÈNE.

Ne me voulez-vous rien davantage, monsieur, et m'en irai-je pour donner les ordres nécessaires, afin que toutes les choses soient prêtes dans le temps que vous en aurez besoin?

JUPITER.

Allez, madame, ordonnez, je vous prie, que l'on se dépêche.

ALCMÈNE.

Vous n'avez qu'à venir quand vous voudrez, j'aurai soin de faire tenir tout en état.

JUPPITER.

Recte loquere, et proinde diligentem ut uxorem decet.
Jam hi ambo, et servus et hera frustra sunt duo,
Qui me Amphitruonem rentur esse: errant probe.
Nunc tu divine fac huc assis Sosia.
Audis quæ dico, tametsi præsens non ades:
Fac Amphitruonem jam advenientem ab ædibus
Ut abigas quovis pacto. Fac commentus sies.
Volo deludi illum, dum cum hac usuraria
Uxore nunc mihi morigero, hæc curata sint,
Fac sis proinde adeo, ut me velle intelligis,
Atque ut ministres mihi; mihi quum sacrificem.

SCENA IV.

MERCURIUS.

Concedite, atque abscedite, omnes de via decedite.
Nec quisquam tam audax fuat homo, qui obviam obsistat mihi.
Nam mihi quidem hercle qui minus liceat Deo minitarier
Populo, ni decedat mihi, quam servulo in comœdiis?
Ille aut navem salvam nunciat, aut irati adventum senis;
Ego sum Jovis dicto audiens, ejus jussu nunc huc me affero.
Quamobrem mi magis par est via decedere, et concedere.
Pater vocat me, eum sequor, ejus dicto imperio sum audiens;
Ut filium bonum patri esse oportet, itidem ego sum patri.
Amanti supparasitor, hortor, asto, admoneo, gaudeo.
Si quid patri volupe'st, voluptas ea mihi multo maxima est.
Amat; sapit: recte facit, animo quando obsequitur suo:
Quod omnes homines facere oportet, dum id modo fiat bono.
Nunc Amphitruonem vult deludi meus pater; faxo probe.

JUPITER.

Vous faites voir que vous n'êtes pas de ces femmes paresseuses. (*Il parle bas.*) Voilà la maîtresse et le valet bien attrapés; l'un et l'autre me croient Amphitryon. A présent, divin Sosie, viens ici, quoique tu sois absent, tu entends ce que je dis; souviens-toi d'éloigner Amphitryon de chez lui, de quelque manière que ce puisse être. Je veux que tu le joues, pendant que j'aurai le plaisir d'être avec sa femme; n'y manque pas, et fais comme tu sais que je veux que tu fasses: sers-moi pendant que je vais me faire un sacrifice à moi-même.

SCÈNE IV.

MERCURE.

Place, place, que tout le monde s'ôte de mon chemin, et qu'il n'y ait personne d'assez hardi pour se venir mettre devant moi. Car pourquoi, moi qui suis dieu, ne pourrai-je pas menacer le peuple aussi bien qu'un maraud de valet dans les comédies? Cependant tout ce que fait ce valet, c'est de venir dire qu'un vaisseau est arrivé à bon port, ou de venir apprendre le retour de quelque vieillard en colère. Au lieu que je viens ici par l'ordre de Jupiter: n'est-il donc pas bien plus raisonnable que l'on se retire de mon chemin? Mon père m'appelle, je viens à lui, j'obéis à ses commandemens, et j'ai pour lui toute la tendresse et toute la soumission qu'un fils doit avoir pour son père. Lorsqu'il aime, je le sers dans ses amours; je lui donne des avis et des conseils; je suis ravi lorsqu'il a quelque plaisir, et sa satisfaction m'est beaucoup plus chère que la mienne. Il est amoureux, il fait très-bien et très-sagement de chercher à se satisfaire. Tous les hommes doivent faire la même chose, pourvu néanmoins que cela se fasse sans danger. Mon père veut qu'Amphitryon soit joué, je le vais faire comme il faut. Il va l'être tout présentement, messieurs, et vous en allez avoir le plaisir. Je vais mettre une couronne

Jam hic deludetur, spectatores, vobis spectantibus.
Capiam coronam mi in caput, assimulabo me esse ebrium:
Atque illuc sursum ascendero; inde optume cispellam virum
De supero, quum huc accesserit, faciam ut sit madidus sobrius.
Deinde ille actutum sufferet suus servus poenas Sosia.
Eum fecisse ille hodie arguet, quæ ego fecero hic; quid id mea?
Meo me æquum est morigerum patri, ejus studio servire addecet.
Sed eccum Amphitruonem; advenit: jam ille hic deludetur probe,
Siquidem vos vultis auscultando operam dare.
Ibo intro, ornatum capiam, qui potis decet.
Dein sursum ascendam in tectum, ut illum hinc prohibeam.

FINIS ACTI TERTII.

sur ma tête et faire semblant d'être ivre; après cela, je monterai là haut, et de là je donnerai la chasse à Amphitryon, et je ferai de manière, que s'il n'a point bu, ce ne sera pas qu'on ne lui ait bien versé à boire. Il maltraitera son valet Sosie, et l'accusera d'avoir fait ce que j'aurai fait ici. Que m'importe? il est juste que j'obéisse à mon père, et que je le serve à sa mode. Mais voici Amphitryon qui arrive, il va être joué plaisamment; vous nous donnerez audience, s'il vous plaît, je vais un moment à la maison pour m'ajuster en homme qui fait la débauche; je monterai après cela sur la terrasse pour l'empêcher d'entrer chez lui.

FIN DU TROISIÈME ACTE.

ACTUS IV.

SCENA PRIMA.

AMPHITRUO.

Naucratem quem convenire volui, in navi non erat.
Neque domi, neque in urbe invenio quemquam, qui illum viderit:
Nam omnis plateas perreptavi, gymnasia et myropolia.
Apud emporium, atque in macello, in palæstra, atque in foro:
In medicinis, in tonstrinis, apud omnis ædis sacras.
Sum defessus quæritando: nusquam invenio Naucratem.
Nunc ibo domum, atque ex uxore hanc rem pergam exquirere,
Quis fuerit, quem propter corpus suum stupri compleverit.
Nam me, quam illam quæstionem inquisitam hodie amittere,
Mortuum satius est. Sed ædis occluserunt. Eugepæ!
Pariter hoc fit, atque ut alia facta sunt. Feriam foris.
Aperite hoc. Heus ecquis hic est? ecquis hoc aperit ostium?

SCENA II.

MERCURIUS, AMPHITRUO.

MERCURIUS.

Quis ad fores est?

ACTE IV.

SCÈNE PREMIÈRE.[1]

AMPHITRYON.

J'ai été chercher inutilement Naucrate au vaisseau; il n'y étoit pas, et je n'ai trouvé personne qui l'ait vu, ni chez lui, ni dans la ville. J'ai couru toutes les places, les salles d'armes, et les boutiques de parfumeurs; j'ai été à la foire, au marché; et il n'y a point de lieux d'exercice, point de boutiques d'apothicaires et de barbiers où je n'aie été. J'ai entré dans tous les temples; enfin, je me suis lassé à force de chercher, et je n'ai point trouvé de Naucrate en aucun lieu. Je vais donc entrer chez nous, pour apprendre de ma femme qui est celui qui a si bien pris ma place en mon absence; car j'aimerois mieux mourir que de n'en savoir pas aujourd'hui la vérité. Mais on a fermé la porte. Bon, cela va fort bien, et ne répond pas mal à tout ce qui s'est passé tantôt! il faut que je heurte. Holà! ouvrez; y a-t-il là quelqu'un? veut-on donc m'ouvrir?

SCÈNE II.[2]

MERCURE, AMPHITRYON.

MERCURE.

Qui heurte là bas?

---

(1) *Amphitryon*, de Molière, acte III, scène I. — (2) Acte III, sc. II.

AMPHITRUO.

Ego sum.

MERCURIUS.

Quid, ego sum?

AMPHITRUO.

Ita loquor.

MERCURIUS.

Tibi Juppiter
Dique omnes irati certo sunt, qui sic frangas fores.

AMPHITRUO.

Quomodo?

MERCURIUS.

Eo modo, ut profecto vivas ætatem miser.

AMPHITRUO.

Sosia.

MERCURIUS.

Ita, sum Sosia, nisi me esse oblitum existimas.
Quid nunc vis?

AMPHITRUO.

Sceleste, an etiam quid velim, id tu me rogas?

MERCURIUS.

Ita rogo. Pene effregisti, fatue, foribus cardines.
An foris censebas nobis publicitus præberier?
Quid me aspectas, stolide? quid nunc vis tibi? aut quis es tu, homo?

AMPHITRUO.

Verbero, etiam quis ego sim me rogitas? ulmorum acheruns?
Quem pol ego hodie ob isthæc dicta faciam ferventem flagris.

MERCURIUS.

Prodigum te fuisse oportet olim in adolescentia.

AMPHITRYON.

AMPHITRYON.
C'est moi.

MERCURE.
Qui, c'est moi?

AMPHITRYON.
Sans doute, c'est moi.

MERCURE.
Tu es bien maudit de tous les dieux, de rompre ainsi notre porte.

AMPHITRYON.
Comment?

MERCURE.
Voici comment. Sais-tu bien que je te mettrai dans un état que tu seras misérable le reste de tes jours, dusses-tu vivre un siècle.

AMPHITRYON.
Sosie!

MERCURE.
Oui, sans doute, je suis Sosie; crois-tu que j'aie oublié qui je suis? Eh bien! que me veux-tu?

AMPHITRYON.
Pendard, tu as l'insolence de me demander ce que je veux!

MERCURE.
Assurément, je te le demande, gros brutal, qui as presque mis la porte hors de ses gonds; est-ce que tu t'es imaginé que la ville nous en fera faire une neuve quand tu auras mis celle-ci en pièces? Pourquoi me regardes-tu, gros cheval? Que veux-tu dire? Qui es-tu?

AMPHITRYON.
Encore, tu me demandes qui je suis, maudit coquin, dont les épaules coûtent plus de bois qu'une fournaise? Par Pollux, je te les échaufferai aujourd'hui diablement.

MERCURE.
Tu m'as bien la mine d'avoir été prodigue, lorsque tu étois jeune.

AMPHITRUO.

Quidum?

MERCURIUS.

Quia senecta ætate à me mendicas malum.

AMPHITRUO.

Cum cruciatu tuo isthæc hodie, verna, verba funditas.

MERCURIUS.

Sacrufico ego tibi.

AMPHITRUO.

Qui?

MERCURIUS.

Quia enim te macto infortunio.

AMPHITRUO.

Tun' me mactes, carnufex? nisi formam dii hodie meam perduint,
Faxo ut bubulis coriis onustus sis, Saturni hostia :
Ita ego te certo cruce et cruciatu mactabo. Exi foras,
Mastigia.

MERCURIUS.

Larva umbratilis, tu me minis territas?
Nisi hinc actutum fugias, si denuo pultaveris,
Si minusculo digito increpuerint fores, hac tegula
Tuum deminuam caput, ut cum dentibus linguam excrees.

AMPHITRUO.

Tun', furcifer, meis me procul prohibessis ædibus?
Tun' meas pultare foreis? hasce illico toto demoliar cardine.

MERCURIUS.

Pergin'?

AMPHITRUO.

Pergo.

AMPHITRYON.

Pourquoi cela?

MERCURE.

Parce qu'à présent que tu es vieux, tu viens me demander que je te fournisse de bois.

AMPHITRYON.

Tu me paieras bien toutes ces impudences, coquin!

MERCURE.

De quoi te fâches-tu? je m'en vais aujourd'hui te faire un sacrifice.

AMPHITRYON.

Comment cela?

MERCURE.

C'est que je m'en vais t'immoler à grands coups de tuiles.

AMPHITRYON.

Tu m'immoleras, bourreau! si les dieux me conservent aujourd'hui, je ne laisserai pas un endroit sur ton dos qui ne soit couvert d'étrivières, digne victime de Saturne; et ce sera moi qui te traiterai comme tu le mérites. Sors seulement, maudit pendard!

MERCURE.

Tu oses me menacer, vieux fantôme! si tu ne t'enfuis d'ici tout présentement, si tu heurtes encore à cette porte, si tu y touches seulement du bout du doigt, je te donnerai un si bon coup de cette tuile par les mâchoires, que tu en cracheras la langue avec les dents.

AMPHITRYON.

Toi, maraud! tu m'empêcheras d'entrer chez moi, et je ne heurterai pas à cette porte! je vais tout-à-l'heure la faire sauter.

MERCURE.

Tu continues?

AMPHITRYON.

Oui, sans doute, je continue.

AMPHITRUO.

MERCURIUS.

Accipe.

AMPHITRUO.

Sceleste, in herum! si te hodie apprehendero,
Ad id redigam miseriarum, ut semper sis miser.

MERCURIUS.

Bacchanal te exercuisse oportuit, senex.

AMPHITRUO.

Quidum?

MERCURIUS.

Quando tu me tuum servum censes.

AMPHITRUO.

Quid! censeo?

MERCURIUS.

Malum tibi, præter Amphitruonem, herum novi neminem.

AMPHITRUO.

Num formam perdidi? mirum quin me norit Sosia.
Scrutabor: eho dic mihi, quis videor? num satis Amphitruo?

MERCURIUS.

Amphitruo? sanusne es, nonne tibi prædictum, senex,
Bacchanal te exercuisse, quum qui sis alium rogites?
Abscede, moneo, molestus ne sies, dum Amphitruo
Cum uxore, modo ex hostibus adveniens, voluptatem capit.

AMPHITRUO.

Qua uxore?

MERCURIUS.

Alcmena.

AMPHITRUO.

Quis homo?

AMPHITRYON.

MERCURE. *Il lui jette une tuile.*

Tiens donc, voilà pour toi.

AMPHITRYON.

Scélérat, quoi! sur ton maître! Si je puis t'attraper aujourd'hui, je te mettrai dans un état que tu t'en souviendras toute ta vie.

MERCURE.

Il faut que tu aies la cervelle bien à l'envers, vieux fou!

AMPHITRYON.

Que veut dire ce coquin?

MERCURE.

Quoi! tu t'imagines que je sois ton valet.

AMPHITRYON.

Quoi! je m'imagine?

MERCURE.

Les dieux te confondent: je ne reconnois point de maître qu'Amphitryon.

AMPHITRYON.

Est-ce donc que j'ai changé de visage? je suis bien surpris que Sosie me méconnoisse. Il faut voir ce qui en est. Sosie, parle un peu. Dis-moi, qui crois-tu que je suis? ne me trouves-tu pas assez l'air d'Amphitryon?

MERCURE.

D'Amphitryon, ne radotes-tu pas? eh, vieux fou! ai-je eu tort de te dire qu'il faut que ta raison soit égarée, puisque tu demandes aux autres qui tu es? Mais crois-moi, va-t'en, et ne fais pas ici tant de bruit: car Amphitryon, qui ne fait que d'arriver de l'armée, est couché avec sa femme.

AMPHITRYON.

Avec quelle femme?

MERCURE.

Avec Alcmène.

AMPHITRYON.

Qui? quel homme est couché avec Alcmène?

AMPHITRUO.

MERCURIUS.

Quoties vis dictum? Amphitruo,
Herus meus : molestus ne sies.

AMPHITRUO.

Qui cum cubat?

MERCURIUS.

Vide ne infortunium quæras, qui me sic ludifices.

AMPHITRUO.

Dic quæso, mi Sosia.

MERCURIUS.

Blandiris. Cum Alcumena.

AMPHITRUO.

In eodemne
Cubiculo?

MERCURIUS.

Imo, ut arbitror, corpore corpus incubat.

AMPHITRUO.

Væ misero mihi!

MERCURIUS.

Lucri'st quod miseriam deputat: nam uxorem usurariam
Perinde est præbere, ac si agrum sterilem fodiendum loces.

AMPHITRUO.

Sosia.

MERCURIUS.

Quid (malum) Sosia?

AMPHITRUO.

Num me novisti, verbero?

MERCURIUS.

Novi te hominem molestum, qui ne emas litigium.

AMPHITRUO.

Adhuc
Amplius; nonne ego herus sum tuus Amphitruo?

MERCURE.

Amphitryon, te dis-je; combien te le faudra-t-il dire de fois? ne m'importune pas davantage.

AMPHITRYON.

Avec qui est-il couché?

MERCURE.

Prends garde qu'en te moquant de moi, tu ne trouves ce que tu ne cherches pas.

AMPHITRYON.

Mon pauvre Sosie, dis-moi, je te conjure avec qui il est couché.

MERCURE.

Ha, ha! tu me dis des douceurs. Eh bien! c'est avec Alcmène.

AMPHITRYON.

Dans la même chambre?

MERCURE.

Tu te moques, c'est bien dans le même lit.

AMPHITRYON.

Que je suis misérable!

MERCURE.

Il se plaint d'une chose dont il devroit être ravi: car prêter sa femme, n'est-ce pas comme si l'on donnoit une méchante terre à ferme?

AMPHITRYON.

Sosie.

MERCURE.

Que male-peste veux-tu dire, avec ton Sosie?

AMPHITRYON.

Ne me connois-tu donc pas, maraud?

MERCURE.

Je te connois pour un homme qui cherche noise.

AMPHITRYON.

Encore une fois, ne suis-je pas Amphitryon, ton maître?

MERCURIUS.

Tu Bacchus es,
Haud Amphitruo. Quoties tibi dictum vis? num denuo?
Meus Amphitruo uno cubiculo Alcmenam complexu tenet.
Si pergas, eum hic sistam, neque sine tuo magno malo.

AMPHITRUO.

Cupio accersi. Utinam ne pro benefactis hodie patriam,
Ædeis, uxorem, familiam, cum forma una perduam!

MERCURIUS.

Accersam equidem, sed de foribus tu interea sis vide.
Credo jam quæ volebat sacrificia ad epulum conduxit:
Si molestus sis, evades nunquam, quin te sacrificem.

SCENA III.

AMPHITRUO, BLEPHARO, SOSIA.

AMPHITRUO.

Dii vestram fidem, quæ intemperiæ nostram agunt familiam? quæ mira
Video, postquam advenio peregre! nam veru'st, quod olim est auditum
Fabularier, mutatos Atticos in Arcadia homines,
Et sævas belluas mansitasse, nec unquam denuo parentibus
Cognitos.

BLEPHARO.

Quid illuc, Sosia? magna sunt, quæ mira prædicas.
Ain' tu alterum te reperisse domi consimilem Sosiam?

MERCURE.

Tu es le diable, non pas Amphitryon; combien de fois te faudra-t-il dire la même chose? Encore un coup, Amphitryon mon maître est couché avec Alcmène. Si tu continues, je le ferai venir ici, et tu n'en seras pas bon marchand.

AMPHITRYON.

Tu m'obligeras de le faire venir. Les dieux veuillent que je ne perde pas aujourd'hui patrie, maison, femme et biens pour les services que j'ai rendus à mon pays, et que je ne me perde pas moi-même!

MERCURE.

Oui-dà, je veux bien le faire venir; mais cependant éloigne-toi un peu, s'il te plaît, de cette porte: je crois que le sacrifice est achevé, et que l'on dîne présentement. Mais si tu continues d'être importun, l'on pourroit bien encore te faire servir de victime.

SCÈNE III.[1]

AMPHITRYON, BLÉPHARON, SOSIE.

AMPHITRYON.

O grands dieux, dans quelles extravagances sont tombés tous ceux de cette maison! Quels prodiges vois-je ici à mon arrivée! L'on ne doit plus douter de la vérité de ces vieilles histoires que nous avons ouï dire si souvent, qu'en Arcadie des hommes de l'Attique ont été métamorphosés en bêtes farouches, et ont été méconnus de leurs parens.

BLÉPHARON.

Que me dis-tu là, Sosie? en vérité, ce sont des choses bien surprenantes! quoi, tu as trouvé chez vous un autre Sosie semblable à toi?

---

(1) *Amphitryon*, de Molière, acte III, scènes III et IV.

AMPHITRUO.

SOSIA.

Aio. Sed heus tu, quum ego Sosiam, Amphitruonem Amphitruo,
    quid scis an
Tu forte alium Blepharonem parias? ô di faciant, ut tu quoque
Concisus pugnis, et illisis dentibus, id impransus creduas.
Nam ego ille alter Sosia, qui illic sum, me malis mulctavit modis.

BLEPHARO.

Mira profecto. Sed gradus condecet grandire : nam ut video,
Exspectat Amphitruo, et vacuus mihi venter crepitat.

AMPHITRUO.

                    Et quid aliena
Fabulor? in nostro olim Thebano genere plusquam mira memorant.
Martigenam ille aggressus belluam magnus Europæ quæstor,
    anguineo
Repente hosteis peperit seminio : et pugnata illac pugna
Frater trudebat fratrem hasta et galea : et nostræ auctorem gentis
Cum Veneris filia angueis repsisse tellus Epirotica
Vidit. De summo summus Juppiter sic statuit, sic fatum habet.
Optumi omnes nostrates pro claris factis diris aguntur malis.
Fata istæc me premunt, pertolerarem vim tantam, cladesque
Exanclarem impatibiles.

SOSIA.

Blepharo.

BLEPHARO.

        Quid est?

SOSIA.

                  Nescio quid mali suspicor.

AMPHITRYON.

SOSIE.

Rien n'est plus vrai. Mais que savez-vous si, comme j'ai enfanté un autre Sosie, mon maître, un autre Amphitryon, vous ne trouverez point aussi un autre Blépharon à votre arrivée? Veuillent les dieux que cela vous arrive, et qu'après avoir été comme moi tout le jour sans manger, meurtri de coups, et les dents rompues, vous ne puissiez plus douter de ce que je viens de vous dire! Car cet autre Sosie, ce moi qui suis là-dedans, m'a maltraité d'une cruelle manière.

BLÉPHARON.

Cela est prodigieux, assurément ; mais hâtons-nous, car nous faisons attendre Amphitryon, et je commence à m'appercevoir que mon estomac est vide.

AMPHITRYON. *Il continue.*

Mais, pourquoi parler de ce qui s'est fait ailleurs, puisque l'on nous conte encore des choses plus prodigieuses du fondateur de notre Thèbes? Ce grand et courageux prince, que son père envoya de tous côtés chercher Europe, après avoir attaqué et défait un monstre terrible et furieux, n'en eut pas pas plus tôt semé les dents, qu'il en vit naître des ennemis qui se séparèrent en deux bandes. Il se fit là un combat sanglant entre ces frères. Ce n'est pas tout, l'Épire a vu ce même Cadmus et sa femme changés en serpens. Le grand Jupiter l'a ainsi ordonné du haut du ciel : c'est là le décret du destin que tous ceux de notre maison, pour la récompense de leurs grandes actions, tombent dans des malheurs épouvantables ; c'est là ma destinée, que je souffre tant de disgraces, et que je sois exposé à tout ce que l'on peut imaginer de plus cruel.

SOSIE.

Blépharon.

BLÉPHARON.

Qu'y a-t-il?

SOSIE.

Je crois qu'il est arrivé quelque chose à mon maître.

BLEPHARO.
Quid?

SOSIA.
Videsis, herus salutator oppessulatas ante foreis graditur.

BLEPHARO.
Nihil est, famem exspectat obambulans.

SOSIA.
Curiose quidem: foreis enim
Clausit, ne prævorteretur foras.

BLEPHARO.
Oggannis.

SOSIA.
Nec gannio, nec latro.
Si me audias, observes. Nescio quid secum solus; puto
Rationes colligit: quid memoret, hinc excipiam. Ne propera.

AMPHITRUO.
Ut metuo, ne victis hostibus di partam expungant gloriam.
Totam miris modis nostram video turbatam familiam.
Tum vero uxor vitio, stupro, dedecore me plena enecat
Sed de patera miru'st: erat tamen signum obsignatum probe.
Quid enim? pugnas pugnatas prolocuta, et Pterelam oppugnatum,
Nostris occisum manibus fortiter. At, at, novi jam ludum:
Id Sosiæ factu'st opera, qui me hodie quoque præsentem ausit
Indigne prævortier.

SOSIA.
De me locutus, et quæ velim minus.
Hominem ne congrediamur, quæso, priusquam stomachum
detexerit.

BLEPHARO.
Ut lubet.

BLÉPHARON.

Pourquoi?

SOSIE.

Voyez-le, il se promène devant notre porte, comme un courtisan qui attend d'entrer pour aller faire sa cour.

BLÉPHARON.

Tu te moques, il se promène en attendant que la faim vienne à lui.

SOSIE.

Par ma foi, il a très-sagement fait, il a fermé la porte afin qu'elle ne vînt pas si tôt.

BLÉPHARON.

Que me viens-tu conter?

SOSIE.

Il ne faut point dire, que me viens-tu conter? Croyez-moi, écoutez-le; il dit quelque chose. Et d'ici je pourrai bien entendre ce qu'il dit. N'avancez pas.

AMPHITRYON.

Que j'appréhende que les dieux ne me fassent perdre tout l'honneur que m'avoit acquis la victoire que j'ai remportée sur les Télébéens. Je vois ma maison troublée d'une étrange sorte. Ma femme s'est déshonorée, je ne sais que penser de l'histoire de la coupe : car la cassette où je l'avois mise s'est trouvé fort bien cachetée. Que dis-je? ma femme même m'a conté toutes les particularités de la bataille contre les Télébéens; elle sait la défaite de Ptérélas, et comme je l'ai tué de ma main. Ha! ha! je connois le jeu, c'est un tour de Sosie, qui a eu aujourd'hui l'insolence de me prévenir.

SOSIE.

Il parle de moi, et en dit des choses qui ne me plaisent guère. Ne l'abordons pas, je vous prie, avant qu'il ait dit tout ce qu'il a sur le cœur.

BLÉPHARON.

Comme tu voudras.

AMPHITRUO.

AMPHITRUO.

Si illum datur hodie mastigiam apprenhendere, ostendam quid sit
Herum fallere, minis et dolis incessere.

SOSIA.

Audin' tu illum?

BLEPHARO.

Audio.

SOSIA.

Illæc machina meas onerat scapulas. Compellemus sis hominem.
Scin' quid volgo dici solet?

BLEPHARO.

Quid dicturus sis, nescio:
Quid tibi patiundum, fere hariolor.

SOSIA.

Vetu'st adagium, fames et mora
Bilem in nasum conciunt.

BLEPHARO.

Verum quidem. È loco compellemus
Alacre. Amphitruo.

AMPHITRUO.

Blepharonem audio. Mirum quid ad me veniat.
Opportune tamen se offert, ut uxoris facta convincam turpia.
Quid huc ad me, Blepharo?

BLEPHARO.

Oblitus tam cito, quam diluculo
Misisti ad navim Sosiam, ut hodie tecum conviverem?

AMPHITRUO.

Nusquam factum gentium. Sed ubi illic scelestus?

BLEPHARO.

Quis?

AMPHITRUO.

Sosia.

BLEPHARO.

Eccum illum.

AMPHITRYON.

AMPHITRYON.

Si je puis attraper ce maudit pendard, je lui ferai voir ce que c'est que de tromper son maître, et d'avoir eu l'insolence de le menacer.

SOSIE.

L'entendez-vous?

BLÉPHARON.

Très-bien.

SOSIE.

Vous verrez que tout ceci me va tomber sur les épaules. Abordons-le. Car savez-vous ce que l'on dit d'ordinaire?

BLÉPHARON.

Je ne sais ce que tu veux dire; mais je devine à peu près de quoi tu es menacé.

SOSIE.

C'est un vieux proverbe qui dit que la faim et le chagrin de trop attendre échauffent la bile.

BLÉPHARON.

Cela est vrai. Parlons-lui d'ici tout-à-l'heure. Amphitryon.

AMPHITRYON.

J'entends Blépharon : quel sujet peut l'amener ici? Il vient pourtant fort à propos pour m'aider à convaincre ma femme. Qui vous amène ici, Blépharon?

BLÉPHARON.

Avez-vous déja oublié que, dès la pointe du jour, vous avez envoyé Sosie au vaisseau pour me dire de venir dîner avec vous?

AMPHITRYON.

Je n'en ai pas seulement eu la pensée. Mais où est ce coquin?

BLÉPHARON.

Qui?

AMPHITRYON.

Sosie.

BLÉPHARON.

Le voilà.

AMPHITRUO.

AMPHITRUO.

Ubi?

BLEPHARO.

Ante oculos. Non vides?

AMPHITRUO.

Vix video præ ira, adeo me istic
Hodie delirum fecit. Ne te sacruficem, nunquam evades.
Sine me, Blepharo.

BLEPHARO.

Ausculta, precor.

AMPHITRUO.

Dic, ausculto. Tu, vapula.

SOSIA.

Qua de re? num satis tempori? non ocius quivi, si me
Dædaleis tulissem remigiis.

BLEPHARO.

Abstine, quæso, non potuimus
Nostros grandius grandire gradus.

AMPHITRUO.

Sive grallatorius, sive
Testudineus fuerit, certum'st mihi hunc scelestum perdere.
En tectum, en tegulas, en obductas fores, en ludificatum herum,
En verborum scelus.

BLEPHARO.

Quid mali fecit tibi?

AMPHITRUO.

Rogas? ex illo.
Tecto exclusum foribus, me deturbavit ædibus.

SOSIA.

Egone?

AMPHITRYON.

Où ?

BLÉPHARON.

Là, devant vos yeux. Ne le voyez-vous pas ?

AMPHITRYON.

Je ne vois presque goutte, tant la colère où je suis m'aveugle : car ce maraud m'a pensé tantôt faire perdre l'esprit. Je te tiens, scélérat ; tu n'échapperas pas de mes mains. (*Il veut le battre.*) Laissez-moi faire, Blépharon.

BLÉPHARON.

Écoutez, je vous prie.

AMPHITRYON.

Eh bien ! parlez. (*à Sosie, en lui donnant un coup de poing.*) Toi, cependant attrappe toujours cela.

SOSIE.

Pourquoi me battez-vous, monsieur ? est-ce que je ne suis pas venu assez tôt ? Quand j'aurois eu des ailes, je n'aurois pu venir plus vite.

BLÉPHARON.

Ne le battez pas, je vous en conjure. Nous sommes venus le plus vite qu'il nous a été possible.

AMPHITRYON.

Qu'il ait couru plus vite qu'un cerf, ou qu'il ait été plus lentement qu'une tortue, il faut que je lui donne mille coups. (*A chaque mot qu'il lui dit, il lui donne un coup de poing.*) Tiens, voilà pour la terrasse ; voilà pour les tuiles ; voilà pour la porte fermée ; voilà pour avoir joué ton maître ; et voilà enfin pour les insolences que tu as eu la hardiesse de me dire.

BLÉPHARON.

Que vous a-t-il donc fait ?

AMPHITRYON.

Ce qu'il m'a fait ? Après m'avoir fermé la porte au nez, il est monté sur la terrasse et m'a chassé à coups de tuiles.

SOSIE.

Moi, monsieur ?

AMPHITRUO.

AMPHITRUO.

Tu. Quid minitabas te facturum, si istas pepulissem fores?
Negas, sceleste?

SOSIA.

Quin negem? en testis ampliter, quicum venio:
Missus sedulo, ut ad te vocatum ducerem.

AMPHITRUO.

Quis te misit,
Furcifer?

SOSIA.

Qui me rogat.

AMPHITRUO.

Quando gentium?

SOSIA.

Dudum, jampridem, modo,
Ubi cum uxore domi redisti in gratiam.

AMPHITRUO.

Bacchus te irritassit.

SOSIA.

Nec Bacchum salutem hodie, nec Cererem. Tu purgari jusseras
Vasa, ut rem divinam faceres : et hunc me arcessitum mittis,
Ut tecum prandeat.

AMPHITRUO.

Blepharo, dispeream, si aut intus adhuc fui,
Aut si hunc miserim. Dic, ubi me liquisti?

SOSIA.

Domi cum Alcumena conjuge.
Ego à te abiens portum versus volito, hunc tuis verbis voco.
Venimus, nec te nisi nunc video postea.

AMPHITRYON.

Toi, coquin! Que menaçois-tu de me faire, si je touchois à cette porte? Tu le nies, scélérat!

SOSIE.

Pourquoi ne le nierois-je pas? voilà un bon témoin avec qui je suis venu. Vous m'avez envoyé, avec beaucoup d'empressement, pour vous l'amener.

AMPHITRYON.

Qui t'a envoyé, maraud?

SOSIE.

C'est vous.

AMPHITRYON.

Et quand? grands dieux!

SOSIE.

Ce matin, tantôt, il n'y a guère; lorsque vous vous êtes reconcilié avec madame.

AMPHITRYON.

Que Bacchus achève aujourd'hui de te rendre fou!

SOSIE.

Les dieux me gardent de voir aujourd'hui, ni Bacchus, ni Cérès! Cependant, monsieur, il est certain que vous m'avez commandé de nettoyer les vaisseaux qui servent aux sacrifices, parce que vous en vouliez faire un aujourd'hui; et vous m'avez envoyé prier Blépharon de venir dîner avec vous.

AMPHITRYON.

Blépharon, que je sois le plus misérable de tous les hommes, si j'ai entré chez moi depuis que je suis de retour, ou si je l'ai envoyé comme il dit. Parle: où m'as-tu laissé?

SOSIE.

Au logis avec madame; et, lorsque je vous ai quitté, je n'ai fait qu'un saut d'ici au port, où j'ai prié Blépharon de votre part, et nous voici. Depuis cela, je ne vous ai point vu qu'à présent.

AMPHITRUO.

AMPHITRUO.

Scelestum caput! cum uxore?
Nunquam abis, quin vapules.

SOSIA.

Blepharo.

BLEPHARO.

Amphitruo, mitte hunc mea gratia.
Et me audias.

AMPHITRUO.

En mitto. Quidvis loquere.

BLEPHARO.

Istic jamdudum mihi
Maxuma memoravit mira. Præstigiator forte, aut veneficus
Hanc excantat tibi familiam : inquire aliunde, vide quid siet.
Nec ante hunc excruciatum miserum facias, quam rem intelligas.

AMPHITRUO.

Recte mones : eamus : te adversum uxori etiam advocatum volo.

SCENA IV.

JUPPITER, AMPHITRUO, SOSIA, BLEPHARO.

JUPPITER.

Quis tam vasto impete has foreis toto convulsit cardine ?
Quis ante ædeis tantas tamdiu turbas concitat? quem si comperero,
Telebois sacruficabo manibus. Nihil est, ut dici solet,
Quod hodie bene succedat mihi. Deserui Blepharonem, et Sosiam,
Ut cognatum Naucratem convenirem : hunc non reperi, et illos
    perdidi.
Sed eos video; ibo advorsum, ut si quid habent, scisciter.

AMPHITRYON.

Maudit coquin! tu m'as laissé avec ma femme? Tu ne t'en iras jamais de devant moi que je ne t'aie cassé la tête.

SOSIE.

Blépharon.

BLÉPHARON.

Je vous prie, monsieur, de le laisser pour l'amour de moi, et de m'écouter.

AMPHITRYON.

Eh bien! soit, parlez.

BLÉPHARON.

Ce garçon m'a conté d'étranges prodiges. Quelque magicien pourroit peut-être avoir enchanté toute votre maison. Je vous conseille donc de voir ce que ce peut être, et de ne maltraiter pas ce misérable avant que vous soyez bien informé de tout.

AMPHITRYON.

Vous avez raison. Allons, je serai bien aise que vous me serviez de témoin contre ma femme.

SCÈNE IV.[1]

JUPITER, AMPHITRYON, SOSIE, BLÉPHARON.

JUPITER.

Qui est-ce donc qui frappe si rudement à cette porte, et qui l'a presque jetée par terre? Qui est-ce qui fait un si grand vacarme devant cette maison? Si je puis attraper ce maraud-là, je l'immolerai aux mânes des Télébéens. Rien ne me réussit aujourd'hui; j'ai quitté Blépharon et Sosie pour aller chercher mon cousin Naucrate; je ne l'ai point trouvé, et je les ai perdus.

---

[1] *Amphitryon*, de Molière, acte III, scène V.

AMPHITRUO.

SOSIA.

Blepharo, illic qui
Ex ædibus, herus est, hic vero veneficus.

BLEPHARO.

Proh, Juppiter!
Quid intueor? hic non est, sed ille. Amphitruo istic si fuat,
Illum sane non esse opportuit, nisi quidem sit geminus.

JUPPITER.

Eccum cum Blepharone Sosiam: compellabo hos prius. Sosia,
Tandem ad nos? esurio.

SOSIA.

Dixin' tibi hunc veneficum?

AMPHITRUO.

Imo ego hunc, Thebani cives, qui domi uxorem meam
Impudicitia impedivit, per quem teneo thesaurum stupri.

SOSIA.

Here, si tu nunc esuris, ego satur pugnis ad te volito.

AMPHITRUO.

Pergin', mastigia?

SOSIA.

Abi ad Acheruntem, venefice.

AMPHITRUO.

Men, veneficum?
Vapula.

JUPPITER.

Quæ, hospes, intemperiæ, ut tu meum verberes?

AMPHITRUO.

Tuum?

JUPPITER.

Meum.

AMPHITRUO.

Mentiris.

AMPHITRYON.

SOSIE.

Blépharon, celui que vous voyez sortir de la maison, c'est mon maître: celui qui est ici, c'est le sorcier.

BLÉPHARON.

O grand Jupiter! que vois-je? Ce n'est donc pas celui-ci, c'est l'autre! et, par ma foi, si celui-ci l'étoit, l'autre ne pourroit l'être, à moins qu'il ne soit double.

JUPITER.

Mais voilà Blépharon et Sosie, je vais les appeler. Sosie viendrez-vous enfin. Vous me faites bien attendre à dîner.

SOSIE.

Ne vous ai-je pas bien dit, que celui qui est avec nous est le sorcier?

AMPHITRYON.

Mais, moi, ô Thébains! mes chers compatriotes, je soutiens que celui qui a déshonoré ma femme dans ma maison, est le sorcier.

SOSIE.

Monsieur, si vous avez grand appétit, je vous assure que, pour moi, je viens à vous bien rassasié de coups de poing.

AMPHITRYON.

Tu continues, pendard!

SOSIE.

Va-t'en au diable, maudit sorcier!

AMPHITRYON.

Moi, sorcier? Tiens, voilà pour t'apprendre à parler.

JUPITER.

Quel insolent! vous osez battre mon valet en ma présence!

AMPHITRYON.

Ton valet?

JUPITER.

Assurément, mon valet.

AMPHITRYON.

Tu en as menti.

AMPHITRUO.

JUPPITER.

Sosia, i intro: dum hunc sacrufico, fac paretur prandium.

SOSIA.

Ibo. Amphitruonem (arbitror) ita comiter Amphitruo
Accipiet, ut dudum memet ego ille alter Sosia Sosiam.
Interea dum isti certant, in popinam devortundum'st mihi:
Lances detergam omneis, omneisque trullas hauriam.

JUPPITER.

Tun' me
Mentiri ais?

AMPHITRUO.

Mentiris, inquam, meæ corruptor familiæ.

JUPPITER.

Ob istuc indignum dictum, te obstricto collo hac arripiam.

AMPHITRUO.

Væ misero mihi!

JUPPITER.

At id præcavisse oportuit.

AMPHITRUO.

Blepharo, suppetias mihi.

BLEPHARO.

Consimiles sunt adeo, ut utri assim, nesciam: rixam tamen,
Ut potest, dirimam. Amphitruo, noli Amphitruonem duello per-
    dere;
Linque collum, precor.

JUPPITER.

Hunc tu Amphitruonem dictitas?

BLEPHARO.

Quidni? unus olim, nunc vero partus est geminus.
Dum tu vis esse, alter quoque esse forma non desinit.
Interea, quæso, collum linque.

JUPITER.

Sosie, va-t'en en la maison, et fais hâter le dîner, pendant que je vais traiter cet insolent comme il le mérite.

SOSIE.

J'y vais, monsieur. Je pense qu'Amphitryon va recevoir Amphitryon aussi amiablement que tantôt ce moi, cet autre Sosie a reçu le Sosie que voici. Mais, pendant qu'ils videront leur querelle, je m'en vais toujours, par avance, dans un cabaret, vider quelques brocs jusqu'à la dernière goutte, et faire les plats nets à merveille; et, après avoir bu comme il faut, je reviendrai ici.

JUPITER.

Tu as dit que j'en ai menti?

AMPHITRYON.

Oui; et je te le dis encore : tu en as menti, maudit corrupteur de ma famille !

JUPITER.

Pour cette insolence, je vais t'étrangler tout-à-l'heure.

AMPHITRYON.

Ah ! malheureux que je suis !

JUPITER.

Mais il falloit prévoir cela.

AMPHITRYON.

A mon secours, Blépharon !

BLÉPHARON.

Ils sont si semblables tous deux, que je ne sais quel parti je dois prendre. Je me contenterai donc de faire ce que je pourrai pour les séparer. Amphitryon, cessez, je vous prie, de maltraiter Amphitryon, et de l'étrangler.

JUPITER.

Quoi! tu dis qu'il est Amphitryon?

BLÉPHARON.

Pourquoi non: autrefois il n'y en avoit qu'un ; mais à présent j'en vois deux: car, pendant que vous voulez l'être, l'autre ne laisse pas de l'être aussi, s'il en faut juger par la figure. Cepen-

AMPHITRUO.

JUPPITER.

Linquo: sed dic mihi: videturne tibi
Istic Amphitruo?

BLEPHARO.

Uterque quidem.

AMPHITRUO.

Proh, summe Juppiter! ubi hodie
Mihi formam adimis? pergo quærere; tun' Amphitruo?

JUPPITER.

Tu negas?

AMPHITRUO.

Pernego, quando Thebis, præter me, nemo'st alter Amphitruo.

JUPPITER.

Imo, præter me, nemo; atque adeo tu, Blepharo, judex sies.

BLEPHARO.

Faciam id, si queo, signis palam. Tu responde prius.

AMPHITRUO.

Lubens.

BLEPHARO.

Antequam cum Taphiis à te pugna sit inita, quid mandasti mihi?

AMPHITRUO.

Parata navi, clavo hæreres sedulo.

JUPPITER.

Ut si nostri fugam facerent, illuc me tuto reciperem.

AMPHITRUO.

Item aliud. Ut bene nummatum servaretur marsupium.

dant, je vous prie de ne le tenir pas à la gorge plus long-
temps.

JUPITER.

Je le veux. Mais, dites-moi, est-ce que cet homme vous
paroît être Amphitryon?

BLÉPHARON.

Vous me paroissez l'être tous deux.

AMPHITRYON.

O grand Jupiter! quand m'avez-vous changé de la sorte?
Mais il faut que je l'interroge. Tu es Amphitryon?

JUPITER.

Et toi, tu le nies?

AMPHITRYON.

Oui, sans doute, puisque à Thèbes il n'y en a point d'autre
que moi.

JUPITER.

Mais, Blépharon, je veux que vous en soyez juge.

BLÉPHARON.

Je ferai ce que je pourrai pour éclaircir cette affaire. Vous,
répondez le premier.

AMPHITRYON.

De tout mon cœur.

BLÉPHARON.

Avant que de commencer le combat que vous donnâtes aux
Taphiens, que m'ordonnâtes-vous?

AMPHITRYON.

Que vous tînssiez un vaisseau tout prêt, et que vous ne quit-
tâssiez pas le gouvernail d'un moment.

JUPITER.

Afin que si nos gens prenoient la fuite, je pusse m'y retirer
en sûreté.

AMPHITRYON.

Je vous ordonnai encore autre chose, et je me souviens que
je vous dis de prendre bien garde à la cassette où étoit mon
argent.

AMPHITRUO.

JUPPITER.

Quæ pecuniæ?

BLEPHARO.

Tace sis tu, meum'st quærere. Scisti numerum?

JUPPITER.

Talenta quinquaginta Attica.

BLEPHARO.

Hic examussim rem enarrat: et tu,
Quot Philippei?

AMPHITRUO.

Duo millia.

JUPPITER.

Oboli vero bis totidem.

SOSIA.

Uterque
Rem tenet probe. Intus in crumena clausum alterum esse oportuit.

JUPPITER.

Attende sis, hac dextera (ut nosti) regem mactavi Pterelam,
Spolia ademi, et pateram, qua ille potare solitus est, in cistella
Pertuli: dono uxori meæ dedi, quicum hodie domi lavi,
Sacruficavi, cubui.

AMPHITRUO.

Hei mihi, quid audio? vix apud me sum:
Vigilans quippe dormio: vigilans somnio, vivus et sanus intereo.
Ego idem ille sum Amphitruo, Gorgophones nepos, imperator
    Thebanorum,
Et Creontis unicus Teleboarum perduellis: qui Acarnanes
Et Taphios vi vici, et summa regem virtute bellica.
Illisce præfeci Cephalum, magni Deïonei filium.

JUPPITER.

Ego idem latrones hostes bello et virtute contudi.
Electryonem perdiderant, nostræ et germanos conjugis:
Achaiam, Ætoliam, Phocidem. Per freta Ionium et Ægæum et
    Creticum
Vagati, vi vortebant piratica.

AMPHITRYON.

JUPITER.

Quel argent?

BLÉPHARON.

Taisez-vous, s'il vous plaît; c'est à moi à interroger, et non pas à vous. Savez-vous le compte de cet argent?

JUPITER.

Il y avoit cinquante talens attiques.

BLÉPHARON.

Il l'a dit. Et vous, combien y avoit-il de pièces d'or?

AMPHITRYON.

Deux mille.

JUPITER.

Et deux fois autant d'oboles.

SOSIE.

L'un et l'autre sont fort bien informés de tout. Très-assurément que l'un d'eux étoit enfermé dans la cassette.

JUPITER.

Attendez un peu, s'il vous plaît. De cette main, j'ai tué le roi Ptérélas, j'ai pris ses armes, et j'ai apporté ici la coupe où il buvoit; je l'ai donnée à ma femme, avec qui je me suis baigné, avec qui j'ai fait un sacrifice, et avec qui j'ai couché.

AMPHITRYON.

Ah! que je suis malheureux! Qu'entends-je? Je suis hors de moi! je n'en puis plus! Je dors tout éveillé, et je rêve les yeux ouverts. Je suis mort! Quoi qu'il en soit, je suis pourtant Amphitryon, neveu de Gorgophone, général des Thébains, et le seul des sujets de Créon à qui l'on a l'obligation de la défaite des Télébéens. C'est moi qui ai vaincu par mon courage les Acarnaniens et les Taphiens, et qui ai tué dans la mêlée le roi Ptérélas. C'est moi qui leur ai laissé pour gouverneur Céphale, fils du grand Déionée.

JUPITER.

Et moi-même j'ai défait toutes les troupes des ennemis qui avoient tué Électryon et les frères de ma femme, et qui, courant la mer Égée, celle d'Ionie et de Crète, ravageoient l'Achaïe, l'Étolie et la Phocide.

AMPHITRUO.

Di immortales! mihimet
Non credo, ita omnia, quæ facta illic, examussim loquitur. Vide,
Blepharo.

BLEPHARO.

Unum superest: id si fuat, Amphitruones fitote gemini.

JUPPITER.

Quid dicas, novi : cicatricem in dextro musculo ex illoc volnere
Quod mihi impegit Pterela.

BLEPHARO.

Eam quidem.

AMPHITRUO.

Apposite.

JUPPITER.

Viden'? en aspice.

BLEPHARO.

Detegite, aspiciam.

JUPPITER.

Deteximus, vide.

BLEPHARO.

Supreme Juppiter!
Quid intueor? utrique in musculo dextero, eodem in loco,
Signo eodem apparet probe, ut primum coivit cicatrix rufula,
Sublurida. Rationes jacent, judicium silet. Quid agam nescio.

SCENA V.

BLEPHARO, AMPHITRUO, JUPPITER.

BLEPHARO.

Vos inter vos partite : ego abeo, mihi negotium est.

AMPHITRYON.

O grands dieux! je ne me crois pas moi-même, tant il dit bien toutes les choses que j'ai faites! Que dites-vous à cela, Blépharon?

BLÉPHARON.

Il ne reste plus qu'une chose; si elle est, il faut, de nécessité, que vous soyez tous deux Amphitryon.

JUPITER.

Je sais ce que vous voulez dire; vous voulez parler de la cicatrice que j'ai au bras droit, de la blessure que me fit Ptérélas.

BLÉPHARON.

De cela même.

AMPHITRYON.

Très-bien.

JUPITER.

Tenez, la voilà; la voyez-vous?

BLÉPHARON.

Montrez votre bras tous deux, que je voie.

JUPITER.

Voilà nos bras nus, regardez.

BLÉPHARON.

Grand Jupiter! que vois-je? Ils ont tous deux une cicatrice en même endroit, et si semblable, qu'il n'y a pas la moindre différence; elle est livide et tant soit peu rouge comme les cicatrices des blessures qui sont fermées depuis peu de temps. Il n'y a point de raison qui débrouille tout ceci, ni de juge qui puisse démêler la vérité. Je ne sais comment me tirer de cet embarras?

SCÈNE V.

BLÉPHARON, AMPHITRYON, JUPITER.

BLÉPHARON.

Adieu, messieurs, j'ai des affaires, je ne puis être ici plus

Neque ego unquam usquam tanta mira me vidisse censeo.

AMPHITRUO.

Blepharo, quæso, ut advocatus mihi assis, neve abeas.

BLEPHARO.

Vale.

Quid opu'st me advocato? qui utri sim advocatus, nescio.

JUPPITER.

Intro hinc eo. Alcumena parturit.

AMPHITRUO.

Perii miser!
Quid ego? quem advocati jam atque amici deserunt.
Nunquam edepol me inultus istic ludificabit, quisquis est.
Nam jam ad regem recta me ducam, resque ut facta est eloquar.
Ego pol illum ulciscar hodie Thessalum veneficum,
Qui perverse perturbavit familiæ mentem meæ.
Sed ubi ille'st? intro edepol abiit, credo ad uxorem meam.
Qui me Thebis alter vivit miserior? quid nunc agam?
Quem omnes mortales ignorant, et ludificant, ut lubet.
Certum'st, introrumpam in ædibus, ubi quemque hominem
  aspexero,
Sive ancillam, sive servum, sive uxorem, sive adulterum,
Seu patrem, sive avum videbo, obtruncabo in ædibus.
Neque me Juppiter, neque di omnes id prohibebunt, si volent,
Quin sic faciam uti constitui : pergam in ædibus nunc jam.

FINIS ACTI QUARTI.

long-temps, accordez vous-mêmes vos démêlés. Non, je n'ai vu de ma vie de pareils prodiges.

AMPHITRYON.

Blépharon, je vous prie de ne me point quitter; ne refusez pas de m'aider de vos conseils.

BLÉPHARON.

Adieu: qu'est-il besoin de mes conseils, puisque je ne sais à qui de vous deux les donner?

JUPITER.

Je vais entrer, Alcmène est en travail d'enfant.

AMPHITRYON.

Je suis perdu! que ferai-je donc? me voilà abandonné de tous mes amis, et sans aucun secours. Par Pollux, qui que puisse être celui qui me joue, il ne le fera pas impunément. Je vais porter mes plaintes au roi, et lui conter toute cette affaire. Je me vengerai assurément aujourd'hui de ce maudit enchanteur, qui a troublé entièrement l'esprit à toute ma famille. Mais qu'est-il donc devenu? il ne faut pas le demander, il est sans doute retourné auprès de ma femme. Y a-t-il dans Thèbes un homme plus malheureux que moi? que ferai-je? puisque tout le monde ne me connoît plus, et que chacun se moque de moi comme il lui plaît. C'est une chose arrêtée, j'entrerai dans la maison malgré qu'on en ait, et je tuerai tout ce qui se trouvera devant moi, valet, servante, femme, galant, père et grand-père. Et ni Jupiter, ni les autres dieux, tous tant qu'ils sont, ne pourront m'en empêcher. Je vais donc entrer.

FIN DU QUATRIÈME ACTE.

ACTUS V.

SCENA PRIMA.

BROMIA, AMPHITRUO.

BROMIA.

Spes atque opes vitæ meæ jacent sepultæ in pectore,
Neque ulla'st confidentia jam meo in corde quin amiserim;
Ita mihi videntur omnia, mare, terra, cœlum, consequi,
Jam ut opprimar, ut enecer. Me miseram! quid agam nescio.
Ita tanta mira in ædibus sunt facta. Væ miseræ mihi!
Animo male'st, aquam velim, corrupta sum atque absumpta sum.
Caput dolet, neque audio, neque oculis prospicio satis.
Nec me miserior fœmina est, neque ulla videatur magis.
Ita heræ meæ hodie contigit. Nam ubi parturit, Deos sibi invocat.
Strepitus, crepitus, sonitus, tonitrus: ut subito, ut propere, ut
    valide tonuit!
Ubi quisque institerat, concidit crepitu. Ibi nescio quis maxima
Voce exclamat sic: Alcumena, adest auxilium, ne time:
Et tibi, et tuis propitius cœli cultor advenit.
Exsurgite, inquit, qui terrore meo occidistis præ metu.
Ut jacui, exsurgo. Ardere censui ædis, ita tum confulgebant.
Ibi me inclamat Alcumena: jam ea res me horrore afficit.

ACTE V.

SCÈNE PREMIÈRE.

BROMIA, AMPHITRYON.

BROMIA.

Il ne me reste plus aucune espérance, le repos de toute ma vie est perdu; je n'ai plus de courage, et il me semble que la mer, la terre, le ciel, enfin que toutes choses conspirent ensemble pour m'accabler, pour me perdre. Que je suis malheureuse! je ne sais ni ce que je ferai, ni ce que je deviendrai, tant je suis épouvantée des prodiges qui sont arrivés chez nous! Ah, mon dieu! j'ai mal au cœur, je voudrois bien de l'eau! je n'en puis plus, je suis morte; ç'en est fait, la tête me fait un mal horrible, je ne vois ni n'entends plus, et jamais femme n'a été dans un si pitoyable état que celui où je suis, pour avoir vu toutes les choses surprenantes qui viennent d'arriver à ma maîtresse: car, lorsquelle s'est vue en travail d'enfant, elle a imploré le secours des dieux. Tout d'un coup, quels bruits, quels éclairs, quels tonnerres! jamais l'on n'en a vu de si grands ni de si fréquens. Tout le monde est tombé par terre, tant ce bruit étoit effroyable! En même temps l'on a entendu une voix terrible, qui a dit, Alcmène, ne crains point, voici du secours, Jupiter vient te donner à toi et à toute ta famille des marques de sa protection. Levez-vous, a-t-il dit, vous que la frayeur de ma voix a fait tomber. Je me suis levée en même temps, et la maison m'a paru si éclairée, que j'ai cru qu'elle alloit brûler. Alors Alcmène

Herilis prævortit metus : ocius accurro, ut sciscam quid velit :
Atque illam geminos filios pueros peperisse conspicor :
Neque nostrum quisquam sensimus, quum peperit, neque præ-
vidimus.
Sed quid hoc ? quis hic est senex,
Qui ante ædis nostras sic jacet ? numnam hunc percussit Juppiter ?
Credo edepol : nam, proh Juppiter ! sepultus est, quasi sit mortuus.
Ibo et cognoscam quisquis est. Amphitruo hic quidem est, herus
meus.
Amphitruo.

AMPHITRUO.

Perii.

BROMIA.

Surge.

AMPHITRUO.

Interii.

BROMIA.

Cedo manum.

AMPHITRUO.

Quis me tenet ?

BROMIA.

Tua Bromia ancilla.

AMPHITRUO.

Totus timeo, ita me increpuit Juppiter,
Nec secus est, quam si ab Acherunte veniam. Sed quid tu foras
Egressa es ?

BROMIA.

Eadem nos formido timidas terrore impulit :
In ædibus, ubi tu habitas, nimia mira vidi. Væ mihi,
Amphitruo, ita mihi animus etiam nunc abest.

AMPHITRUO.

Agedum, expedi.
Scin' me tuum esse herum Amphitruonem ?

BROMIA.

Scio.

m'a appelée; à sa parole ma frayeur a redoublé : mais enfin la peur que j'ai eue pour elle a été la plus forte, j'ai couru, et, en approchant, j'ai vu qu'elle étoit heureusement accouchée de deux enfans, sans qu'aucun de nous s'en fût aperçu. Mais qu'est ceci? qui est ce vieillard que voilà couché devant la porte? n'auroit-il point été frappé du tonnerre? je le crois en vérité : car, ô grand Jupiter, il est comme s'il étoit mort! Il faut que je m'approche pour voir qui ce peut être. Eh, que vois-je! vraiment, c'est mon maître. Monsieur....

AMPHITRYON.

Je suis mort....

BROMIA.

Levez-vous.

AMPHITRYON.

Je suis perdu sans ressource!...

BROMIA.

Donnez-moi votre main.

AMPHITRYON.

Qui me tient?

BROMIA.

C'est Bromia, votre servante.

AMPHITRYON.

Que je suis dans un grand étonnement, et que Jupiter m'a épouvanté par le bruit qu'il vient de faire entendre! je suis comme si je revenois des enfers. Mais d'où vient que tu es sortie de la maison?

BROMIA.

Nous y avons eu autant de frayeur que vous en avez eu ici. Je viens de voir les plus grands prodiges du monde; et je vous proteste que je ne sais encore où je suis.

AMPHITRYON.

Dis-moi un peu, Bromia, sais-tu bien que je suis ton maître Amphitryon?

BROMIA.

Sans doute.

AMPHITRUO.

AMPHITRUO.
Viden' etiam nunc?

BROMIA.
Scio.

AMPHITRUO.
Hæc sola sanam mentem gestat meorum familiarium.

BROMIA.
Imo omnes sani sunt profecto.

AMPHITRUO.
At me uxor insanum facit
Suis fœdis factis.

BROMIA.
At ego faciam, tu idem aliter prædices,
Amphitruo, piam et pudicam esse tuam uxorem ut scias,
De ea re signa atque argumenta paucis verbis eloquar.
Omnium primum Alcumena geminos peperit filios.

AMPHITRUO.
Ain'tu geminos?

BROMIA.
Geminos.

AMPHITRUO.
Di me servant.

BROMIA.
Sine me dicere,
Ut scias tibi tuæque uxori deos esse omnes propitios.

AMPHITRUO.
Loquere.

BROMIA.
Postquam parturire hodie uxor occœpit tua,
Ibi utero exorti dolores, ut solent puerperæ:
Invocat deos immortales, ut sibi auxilium ferant,
Manibus puris, capite operto. Ibi continuo contonat
Sonitu maximo. Ædes primo ruere rebamur tuas.
Ædes totæ confulgebant tuæ, quasi essent aureæ.

AMPHITRYON.

Mais le sais-tu bien?

BROMIA.

Très-bien.

AMPHITRYON.

Voilà la seule de tous mes gens qui n'a point perdu l'esprit.

BROMIA.

Pardonnez-moi, monsieur, tous vos gens ont assurément l'esprit très-sain.

AMPHITRYON.

Mais la conduite de ma femme me met hors de moi.

BROMIA.

Je vais vous faire changer de langage tout présentement, et vous dire en peu de mots des choses qui ne vous permettront pas de douter de la fidélité et de la sagesse de madame. Mais il faut vous apprendre premièrement qu'elle est accouchée de deux garçons.

AMPHITRYON.

De deux garçons?

BROMIA.

De deux garçons.

AMPHITRYON.

Que les dieux me soient favorables!

BROMIA.

Laissez-moi achever, s'il vous plaît, et vous verrez qu'en effet tous les dieux vous sont propices à vous et à madame.

AMPHITRYON.

Parle.

BROMIA.

Sitôt qu'elle s'est trouvée mal, et que les douleurs ont commencé à la prendre, elle s'est lavé les mains, a couvert sa tête, et a fait ses prières aux dieux, pour implorer leur assistance. Alors il s'est fait tout d'un coup un tonnerre épouvantable; nous avons cru d'abord que votre maison alloit abymer. Elle étoit si brillante de lumière, qu'elle paroissoit être d'or.

AMPHITRUO.

Quæso absolvito hinc me extemplo, quando satis deluseris.
Quid fit deinde?

BROMIA.

Dum hæc aguntur, interea uxorem tuam
Neque gementem, neque plorantem nostrum quisquam audivimus:
Ita profecto sine dolore peperit.

AMPHITRUO.

Jam istuc gaudeo,
Ut ut erga me est merita.

BROMIA.

Istæc mitte, atque hæc quæ dicam accipe.
Postquam peperit pueros, lavare jussit nos. Occœpimus.
Sed puer ille quem ego lavi, ut magnus est, et multum valet!
Neque eum quisquam colligare quivit in cunabulis.

AMPHITRUO.

Nimia mira memoras: si istæc vera sunt, divinitus
Non metuo quin meæ uxori latæ suppetiæ sient.

BROMIA.

Magis jam faxo mira dices. Postquam in cunas conditu'st,
Devolant angues jubati deorsum in impluvium duo
Maximi: continuo extollunt ambo capita.

AMPHITRUO.

Hei mihi!

BROMIA.

Ne pave. Sed angues oculis omnes circumvisere.
Postquam pueros conspicati, pergunt ad cunas citi.
Ego cunas recessim rursum vorsum trahere et ducere,
Metuens pueris, mihi formidans: tantoque angues acrius
Persequi. Postquam conspexit angues ille alter puer,
Citus è cunis exilit, facit recta in angues impetum:
Alterum altera apprehendit eos manu perniciter.

AMPHITRYON.

Achève, je te prie, promptement; il me semble que tu t'es assez divertie. Eh bien, après cela?

BROMIA.

Pendant toutes ces choses, aucun de nous n'a ouï madame, ni crier, ni se plaindre, et elle est accouchée sans douleur.

AMPHITRYON.

Oh! pour cela j'en suis fort aise, quelque sujet de plainte qu'elle m'ait donné.

BROMIA.

Ah! ne songez plus au passé et m'écoutez. Quand elle a été accouchée de ces deux enfans, elle nous a commandé de les laver, nous l'avons fait; mais que celui que j'ai lavé est grand, et qu'il est fort! personne n'a pu l'emmaillotter.

AMPHITRYON.

Tu me contes là des choses bien surprenantes; si cela est vrai, je ne doute point que ma femme n'ait eu du secours du ciel.

BROMIA.

Vous allez bien vous étonner davantage. A peine cet enfant a-t-il été mis dans le berceau, que deux furieux serpens ont volé de dessus la maison dans la chambre. En même temps ils ont tous deux levé la tête....

AMPHITRYON.

Ah! grands dieux!

BROMIA.

N'ayez point de peur. Ils ont regardé tout le monde; et, après avoir aperçu les enfans, ils se sont élancés vers eux. Je me suis mise en même temps à tirer le berceau, en reculant tantôt d'un côté, tantôt d'un autre, avec une peur terrible pour les enfans et pour moi. Ces serpens nous poursuivent avec plus d'ardeur qu'auparavant. Lorsque l'enfant, dont je vous ai déja parlé, les a aperçus, il est sauté promptement à terre, et s'est jeté sur eux avec une impétuosité surprenante. Il en a pris un de chaque main.

AMPHITRUO.

Mira memoras: nimis formidolosum facinus prædicas.
Nam mihi horror membra misero percipit dictis tuis.
Quid fit deinde? porro loquere.

BROMIA.

Puer ambo angues enecat.
Dum hæc aguntur, voce clara exclamat uxorem tuam....

AMPHITRUO.

Quis homo?

BROMIA.

Summus imperator divum atque hominum Juppiter.
Is se dixit cum Alcumena clam consuetum cubilibus,
Eumque filium suum esse qui illos angues vicerit:
Alterum esse tuum dixit puerum.

AMPHITRUO.

Pol me haud pœnitet,
Scilicet boni dimidium mihi dividere cum Jove.
Abi domum, jube vasa pura actutum adornari mihi,
Ut Jovis supremi multis hostiis pacem expetam.
Ego Tiresiam conjectorem advocabo, et consulam
Quid faciendum censeat: simul hanc rem, ut facta est, eloquar.
Sed quid hoc? quam valide tonuit! Di, obsecro vostram fidem!

SCENA II.

JUPPITER, AMPHITRUO.

JUPPITER.

Bono animo es, assum auxilio, Amphitruo, tibi et tuis.
Nihil est quod timeas. Hariolos, haruspices
Mitte omnis: quæ futura et quæ facta, eloquar:
Multo adeo melius, quam illi, quum sim Juppiter.
Primum omnium Alcumena usuram corporis
Cepi, et concubitu gravidam feci filio.

AMPHITRYON.

AMPHITRYON.

Tu me dis là d'étranges choses; et voilà une action qui fait frayeur à l'entendre seulement raconter. Mais qu'est-il arrivé ensuite? achève.

BROMIA.

L'enfant a tué les deux serpens; cependant madame a été appelée à haute voix par....

AMPHITRYON.

Par qui?

BROMIA.

Par le roi des hommes et des dieux, par le grand Jupiter, qui a dit qu'il a couché avec Alcmène en votre absence, et que l'enfant qui a tué les serpens est à lui, et l'autre à vous.

AMPHITRYON.

Par Pollux, je ne suis pas fâché de partager ce bien avec Jupiter. Va-t'en à la maison, et me prépare les vaisseaux qui servent aux sacrifices, afin que par un grand nombre de victimes je me rende Jupiter favorable. Cependant je ferai venir le devin Tirésias, afin que je le consulte sur ce que je dois faire, et que je lui conte en même temps tout ce qui s'est passé. Mais qu'est ceci? quels tonnerres! ô dieux! secourez-moi, je vous prie.

SCÈNE II.(1)

JUPITER, AMPHITRYON.

JUPITER.

Amphitryon, n'aie point de peur, je viens pour te secourir, et pour remettre le calme dans ta famille: ne songe point à faire venir les devins, je suis Jupiter, je dirai mieux qu'eux ce qui arrivera, et ce qui est déja arrivé. Premièrement j'ai aimé Alcmène, elle a été grosse d'un enfant, dont je suis le père. Et

---

(1) *Amphitryon*, de Molière, acte III, scène II.

Tu gravidam item fecisti, quum in exercitum
Profectus. Uno partu duos peperit simul.
Eorum alter, nostro qui est susceptus semine,
Suis factis te immortali afficiet gloria.
Tu cum Alcumena uxore antiquam in gratiam
Redi. Haud promeruit, quamobrem vitio vorteres.
Mea vi subacta est facere. Ego in cœlum migro.

SCENA III.

AMPHITRUO.

Faciam ita ut jubes, et te oro, promissa ut serves tua.
Ibo ad uxorem intro; missum facio Tiresiam senem.
Nunc, spectatores, Jovis summi causa clare plaudite.

FINIS AMPHITRUONIS.

lorsque tu partis pour l'armée, tu la laissas aussi grosse d'un autre enfant : elle est accouchée de ces deux garçons en même temps. Celui qui est à moi t'acquerra une gloire immortelle par ses grandes actions. Va retrouver ta femme ; vivez tous deux dans votre première union. Elle ne mérite point que tu lui fasses des reproches. Pouvoit-elle résister à ma puissance ? je m'en retourne au ciel.

SCÈNE III.

AMPHITRYON.

Je ferai ce que vous commandez. Mais je vous prie de vous souvenir de vos promesses. Je vais voir ma femme, et je ne songe plus à faire venir Tirésias. Maintenant, messieurs, battez des mains de toute votre force pour l'amour du grand Jupiter.

FIN D'AMPHITRYON.

TABLE

DES PIÈCES CONTENUES DANS LE TOME SIXIÈME.

Le Tartuffe.

Notice historique et littéraire sur le Tartuffe.

Amphitryon.

Notice historique et littéraire sur Amphitryon.

Amphitruo, de Plaute, avec la traduction en françois.

FIN DU TOME SIXIÈME.

www.ingramcontent.com/pod-product-compliance
Lightning Source LLC
Chambersburg PA
CBHW070836230426
43667CB00011B/1814